KB213321

김정은 시대 북한의 국가전략

- DIME 분석과 삼벌(三伐) 구상

조성렬 지음

백산서당

김정은 시대 북한의 국가전략

- DIME 분석과 삼벌(三伐) 구상

제4장 군사(M) : 북한의 군사와 자위국방 전략

제7장 벌교(伐交) : 북한 연착륙을 위한 외교 해법
– 한반도 비핵화와 상응조치의 모색 –

제8장 벌병(伐兵) : 북한 연착륙을 위한 군사 해법
- 한반도 평화의 두 가지 길과 군비통제 -

표 차례

그림 차례

서 장

김정은 집권 10년차, 북핵 문제에서 다시 북한 문제로

2021년 12월 30일은 김정은 위원장이 2011년 당 정치국회의에서 북한군 최고사령관에 추대된 지 꼭 10년째 되는 날이다.[1] 올해 9월 18일은 1991년에 남북한이 유엔회원국으로 동시 가입한 지 서른 돌이 되는 날이며, 또한 7월 11일은 1961년에 북·중 우호협력조약이 체결된 지 예순 돌이 되는 날이기도 하다.

2011년 12월 17일 김정일 위원장이 사망하자 당 중앙위원회·중앙군사위원회, 국방위원회, 최고인민회의 상임위원회, 내각의 공동명의로 된 '전체 당원들과 인민군 장병들과 인민들에게 고함'이라는 부고문에서 "주체혁명 위업의 위대한 계승자이시며 우리 당과 군대와 인민의 탁월한 령도자이신 김정은 동지"라며 후계자를 처음 특정했다.[2] 이듬해 4월 당 대표자회와 최고인민회의에서 각각 당 제1비서, 국방위원

---

1) 『조선중앙통신』, 2011년 12월 31일.
2) 『로동신문』, 2011년 12월 19일.

회 제1위원장에 추대되면서 김정은 시대가 공식적으로 개막하였다.3)

김정은 위원장은 김정일 국방위원장의 3남 4녀 가운데 삼남이며 김여정 당 부부장과 오누이 사이다. 김일성 주석(1912.4.14.~1994.7.8.)은 1948년 8월 15일부터 사망 때까지 집권했고, 김정일 국방위원장(1942.2.16.~2011.12.17.)은 1974년 2월 제5기 제8차 당 전원회의에서 정치위원회 위원으로 추대된 뒤 김일성 주석이 사망할 때까지 김일성-김정일 공동집권기, 그리고 유훈통치기(1994.7.~1998.8.)를 거쳐 1998년 9월 9월부터 공식 집권을 시작하였다. 김정은 위원장(1984.1.8.~)은 2011년 12월 30일 최고사령관에 추대되면서 그의 시대를 열었다.

북한당국은 2020년 12월 30일 김정은 최고사령관 추대 9주년에 맞춰 『위인과 강국시대』 제목을 단 김정은 전기(傳記)를 출간했다. 여기서 김정은 시대를 가리켜 "전쟁의 위협과 외부의 간섭이 없는 땅에서 영원히 자주적이며 창조적인 삶을 누리려는 우리 민족의 세기적인 꿈이 실현되어 가는 새시대, 참다운 강국시대"라고 자평했다.4) 김 위원장의 업적으로 핵·미사일 개발에 대해 상세히 다루고 있는 반면, 비핵화에 대해서는 6.12 싱가포르 북·미 정상회담을 언급하거나 「싱가포르 북·미 정상회담 공동성명」을 소개할 때, 그리고 2019년 6.30 판문점 번개회동에 관한 남측 언론보도를 인용하면서 언급한 것이 고작이다.5)

2021년 1월 제8차 당대회 사업총화보고에서 김정은 위원장은 미국

---

3) 국방위원회 제1위원장의 호칭은 2016년 6월 29일 제13기 제4차 최고인민회의에서 국무위원장으로 바뀌었고, 당 제1비서는 2021년 1월 10일 제8차 당대회에서 당 총비서로 명칭이 바뀌었다.

4) 편집부, 『위인과 강국시대』, 평양출판사, 2020년 12월 30일, p.2.

5) 편집부, 『위인과 강국시대』, p.586, p.591 및 p.599.

에게 '새로운 북·미 관계 수립의 열쇠'라며 적대시 정책의 철회를 요구할 때도 한반도 비핵화를 언급하지 않았다. 우리측에게 '본질문제'를 논의하자며 한미군사연습, 첨단군사장비 반입의 중지와 남북정상합의의 이행을 요구하며 '2018년의 봄날'만 얘기했을 뿐 정작 한반도 비핵화에 대해서는 침묵했다. 1월 9일 채택된 결정서 「조선로동당 규약 개정에 관하여」에서는 조국통일을 위한 투쟁과업을 언급하며 "강력한 국방력으로 근원적인 군사적 위협들을 제압하여 조선반도의 안정과 평화적 환경을 수호한다"고 밝혀 '핵평화론'만 되풀이했다.6)

재8차 당대회 당시 김정은 위원장의 발언에서 눈에 띄는 것은 그가 북한의 핵전략 변화를 예고한 점이다. 「핵보유국 지위 공고화법」(2013.3.31.), 「공화국 정부 성명」(2016.1.6), 제7차 당대회 사업총화(2016.5.8.), 제7기 제3차 당 전원회의 결정서(2018.4.20.) 등에서 핵 선제불사용 원칙을 내세웠으나 점차 핵 선제사용을 허용하는 방향으로 변해 오고 있다. 2020년 10월 10일 당창건 75주년 열병식 연설에서 "전쟁억제력이 결코 람용되거나 절대로 선제적으로 쓰이지는 않겠"다며 '불남용'이 추가되기는 했으나 핵 선제불사용 원칙은 재확인됐다.

하지만 제8차 당대회 사업총화보고 때는 "침략적인 적대세력이 우리를 겨냥하여 핵을 사용하려 하지 않는 한 핵무기를 람용하지 않을 것"이라고 밝혀 '불남용'만 약속했을 뿐 핵 선제불사용 원칙을 언급하지 않았다. 반면, 전술핵무기 개발 및 초대형핵탄두 생산, 1만 5,000km 사정권의 핵 선제 및 보복타격능력의 고도화를 제시했다. 이같이 전술핵무기 개발을 언급하며 핵 선제불사용을 언급하지 않은 것은 북한의 핵전략이 기존의 '확증보복(Assured Retaliation)'을 넘어 선제공격 가

---

6) 『로동신문』, 2021년 1월 10일.

능성을 열어놓은 '확증보복 플러스' 나아가 '비대칭확전(Asymmetric Escalation)'으로 전환했음을 시사하는 것이다.[7]

이러한 핵전략 변화는 북한의 핵이 협상압박용을 넘어 직접적인 위협요인으로 등장했음을 의미한다. 2019년 2월 말 하노이 북·미 정상회담의 결렬 이후 북한이 비핵화의 조건으로 더 이상 경제제재 완화를 요구하지 않겠다고 밝히면서 이제 안보-안보 교환이라는 '본질 문제'를 제기하고 있다. 하지만 북한 핵문제의 해결이야말로 '본질 문제'의 관건적 고리이며, 북한 핵문제를 해결하기 위해서는 북한이라는 국가 체제와 국가전략을 올바로 이해해야만 한다.

이제 북한 핵문제를 외교적 접근법만으로 푸는 데는 한계가 있으며, 북한문제의 관점에 서서 북한 체제와 관련지어 해결책을 찾는 포괄적인 접근법이 필요하다. 손자병법의 "정책으로 다루되, 대책으로 이긴다(以正合 以奇勝)"는 가르침처럼,[8] 기본적으로 김정은 체제의 연착륙을 전제로 정책을 구사하되 난비행이나 경착륙의 경우도 염두에 두고 북한문제 해결을 통한 북핵 문제의 해결 방안도 준비해야 한다.

북한 체제의 DIME 분석과 삼벌(三伐) 전략구상

북한이라는 국가의 힘과 영향력, 전략을 평가하는 데 사용하는 분석 도구로서 DIME 모델이 있다. DIME이란 외교(Diplomacy), 정보(Information), 군사(Military) 및 경제(Economics)의 첫 글자에서 따온

---

7) 북한의 핵전략에 대해서는 조성렬, 『전략공간의 국제정치: 핵·우주사이버 군비경쟁과 국가안보』, 서강대 출판부, 2016년 9월, pp.151~157을 참조할 것.

8) 『孫子兵法』兵勢篇: "凡戰者 以正合 以奇勝."

것으로, DIME 개념은 한 국가가 집결할 수 있는 많은 권력기구를 외교, 정보, 군사 및 경제의 네 가지 요소로 분류한 것이다.9) 이는 4가지 요소를 통합적으로 운용하는 과정에서 다양한 효과를 발휘해 문제 해법을 찾으려는 접근법이다.

DIME 분석은 군사 충돌에 따른 최적의 결과를 얻기 위해서는 외교, 정보, 군사 및 경제라는 국가역량의 네 가지 요소들을 군사적 대결의 이전과 이후, 그 중간과정에서 통합적인 다영역 군사작전 계획으로 통합해야 한다는 관점에 주목해 미국에서 개발한 모델이다.10) 이 분석모델은 일관성 있는 전략이라면 외교, 정보, 군사, 경제의 네 가지 영역을 모두를 포함하며, DIME에 대한 종합적 분석이 네 가지 영역들의 합보다 크다는 사고를 기본 전제로 하고 있다.

DIME 모델을 북한에 적용한 국내 연구로는 북한 핵문제의 정책구상을 다룬 『북한 핵과 DIME구상』이 있는데, 이 책은 외교, 정보, 군사 및 경제의 통합적 해법을 모색한 것이다.11) 북한의 사이버·무인기 위협에 대한 분석과 조치를 검토한 논문으로 "북한의 사이버와 무인기 위협에 대한 대응방안 연구: PMESII 체계분석과 DIME 능력을 중심으로"가 있는데, 이 논문은 국가 총역량을 나타내는 DIME 요소를 중심

---

9) T Kodalle, D. Ormrod, C. Sample, K. Scott, "A General Theory of Influence in a DIME/PMESII/ASCOP/IRC2 Model," *Journal of information warfare*, Vol.19, No. 2, January 1, 2020.

10) Brandon Morgan, "Dropping DIMES: Leveraging All Elements of National Power on the Multi-Domain Battlefield," *Modern War Institute at West Point*, September 18, 2019.

11) 전경만·임수호·방태섭·이한희, 『북한 핵과 DIME 구상』, 삼성경제연구소, 2010년 4월.

으로 모든 능력을 동시·통합하는 제반 능력(수단)과 활동(기능)을 유기적으로 연동시켜 대응함으로써 전력운용의 승수효과를 달성하고자 한 것이다.12)

DIME 분석모델은 북한의 힘과 영향력을 분석하는 유효한 도구이기는 하지만, 정책수단 간의 관계와 정책 우선순위가 분명치 않다. 이런 점을 극복하기 위해 DIME 모델을 북한 체제와 전략에 대한 분석도구로 하되, 그 분석 결과를 토대로 하면서 중층적 해법을 모색하기 위해 삼벌(三伐) 전략구상을 생각해 볼 수 있다. 삼벌 구상이란『손자병법』에서 말하는 벌병(伐兵), 벌교(伐交), 벌모(伐謀)의 세 가지 개념에서 따온 것이다. 손자는 "최선책은 백전백승을 거두는 것이 아니라 싸우지 않고 이기는 것이다. 최상책은 상대 의지를 꺾는 것이고, 차선책은 상대 외교를 무력화하는 것이고, 차차선책은 상대 군사를 무력화시키는 것이며, 최하책은 전쟁수단을 사용하는 것인데, 전쟁은 부득이할 때만 해야 한다'고 가르치고 있다.13)

그렇다면 삼벌의 현대적 의미는 무엇인가? 벌교와 벌병의 대상은 각각 DIME 분석에서 나온 외교와 군사임은 쉽게 알 수 있다. 그렇다면 벌모의 대상은 무엇인가? 김정은 위원장은 2012년 4월 15일 김일성 생일 100주년 기념식에서 가진 첫 공개연설에서 "경제강국의 건설과 인민생활의 향상"을 통한 사회주의 경제강국 건설을 약속했다. 2018년 4월 20일 당 전원회의에서는 병진노선의 종료와 함께 경제건설 총력

---

12) 조관행 외 3인, "북한의 사이버와 무인기 위협에 대한 대응방안 연구: PMESII 체계분석과 DIME 능력을 중심으로,"『신아세아』, 27권 2호, 2020년 여름.

13)『孫子兵法』謀攻篇: "百戰百勝 非善之善者也, 不戰而屈人之兵 善之善者也. 故, 上兵伐謀 其次伐交 其次伐兵 其下攻城 攻城之法 爲不得已."

노선을 선언했다. 경제건설 총력노선은 하노이 북·미 정상회담 결렬에도 불구하고 지금껏 유지되고 있다. 이러한 사회주의 경제강국 건설이라는 의지 또는 국정과제에 대응하는 것이 바로 '벌모'이다. 그런 점에서 '벌모'를 성공적으로 실현하기 위해서는 기본적으로 경제적, 사회적 정책수단을 동원해야 한다.

삼벌 전략구상이라고 해도 북한 체제의 전망에 따라 정책수단이 달라진다. 난비행[rough flight] 시나리오에서는 제재 지속, 외교적 고립화 및 협상복귀 압박, 확장억제력 및 반격능력 강화 등을 통해 북한의 위협에 대비하는 것이 주요 정책 방향이다. 경착륙[hard landing] 시나리오에서는 긴급 식량·의약품 지원, 국제난민기구 설립 주도, 우발적 도발 억제 및 응징을 통해 북한의 리스크를 관리하는 것이 주요 정책 방향이다. 연착륙[soft landing] 시나리오의 경우는 북한 체제의 국제경제 체제 편입, 완전한 비핵화와 평화협정 체결 및 관계정상화, 군비통제를 통한 군사적 긴장완화 등이 주요 정책 방향이다.14)

본서의 구성과 출간의 경위

본서는 김정은 시대 북한의 체제와 국가전략을 분석한 제1부와 북한 체제를 시나리오별로 전망하고 북한의 연착륙 방안에 초점을 맞춰 경제, 외교, 군사 세 측면에서 해법을 모색한 제2부로 구성되어 있다. 제1부는 북한 문제를 해결하기 위해 북한의 국가 총역량(National Power)을 평가하였다. 북한의 국가 총역량에 대해 DIME 모델에 따라

---

14) 조성렬, 『전략공간의 국제정치: 핵·우주·사이버 군비경쟁과 국가안보』, 서강대출판부, 2016년, pp.168~170 및 pp.463~481 참조.

정보, 경제, 외교, 군사의 4개 장으로 나누어 분석했다. 제2부는 북한 체제를 연착륙, 경착륙, 난비행의 3가지 시나리오로 전망하고 삼벌 구상에 맞춰 위협 대비 및 리스크 관리, 평화적 협상 등 방안을 제시했다.

제1장은 북한 정보(I)에 관한 것으로, 북한의 체제와 국가전략 변화를 이해하기 위해 필요한 내부요인들을 분석하였다. 이를 위해 북한 체제의 내구성을 평가하고 국력의 분석과 함께 도전과제에 대해 서술하였다. 이는 졸고 "김정은 체제의 불안요인과 지속요인"(2015)의 기본틀을 바탕으로 내용 분석을 대폭 수정하고 발전시킨 것이다.15)

제2장은 북한 경제(E)에 관한 것으로, 북한 경제의 특성과 전개과정, 그리고 김정은 시대의 본격적인 개막을 알린 제7차 당대회와 제8차 당대회에 관한 분석이다. 이 부분은 본서를 위해 새로 집필한 것이다.

제3장은 북한 외교(D)에 관한 것으로, 북한 외교의 이념과 특징, 그리고 김정은 정권 이후 강대국외교를 중심으로 한 외교전략을 다루었다. 이 부분은 경남대 극동문제연구소가 발행한『미중 전략적 경쟁: 무엇이 문제이고 어떻게 풀어야 하나』에 수록됐던 졸고 "미중 패권경쟁과 북한의 대외전략"을 수정 보완한 것이다.16)

제4장은 북한 군사(M)에 관한 것으로 북한의 핵전략과 핵 지휘통제체제, 그리고 북한의 전쟁공간 확대와 재래식과 핵무기를 결합한 '재래식-핵 배합전략'에 대해 살펴보았다. 한국군사학회의 군사논단 100호 기념 특별논문집『새로운 안보환경과 한국의 생존전략』에 수록된

---

15) 조성렬, "김정은 체제의 불안요인과 지속요인,"『KDB 산업은행』, 통권 제5호, KDB산업은행, 2015년 12월.

16) 조성렬, "미중 패권경쟁과 북한의 대외전략,"『미중 전략적 경쟁: 무엇이 문제이고 어떻게 풀어야 하나』, 경남대 극동문제연구소 편, 페이퍼로드 출판사, 2020년 2월.

졸고 "북한의 핵·미사일 위협과 우리의 대응전략"17) 과 한국외교협회의 『계간 외교』에 게재된 졸고 "북한의 단거리발사체와 국가안보"18) 의 두 논문을 통합해 새로 구성한 것이다.

제5장은 본서에 맞춰 새로 집필한 것으로, 북한 체제를 연착륙, 경착륙, 난비행의 셋으로 나눈 뒤, 난비행과 경착륙 시나리오별로 삼벌 구상에 맞춰 대응방향을 제시하였고 연착륙 시나리오는 이후 제2, 3, 4장에서 보다 구체적으로 살펴보았다.19) 졸저 『전략공간의 국제정치: 핵·우주·사이버 군비경쟁과 국가안보』의 제6부 제2장에 소개된 삼벌 구상을 북한 체제의 전망시나리오에 맞춰 분석 전망한 것이다.

제6장은 북한경제의 연착륙에 관한 것으로, 북한이 가망 없는 자력갱생 전략에서 벗어나기 위한 출구전략과 국제경제체제에 편입되기 위한 조건과 절차를 다루었다. 이 부분은 졸저 『한반도 비핵화 리포트: 포괄적 안보–안보 교환론』 제7장의 '대북 경제제재 해제의 추진 방안'을 대폭 수정 보완하고 제8차 당대회에서 드러난 북한의 경제실태와 변화된 경제전략을 반영하여 재구성한 것이다.

제7장은 북한 외교의 연착륙에 관한 것으로 북핵 문제의 해결을 위해 한반도 비핵화와 상응조치의 로드맵을 체계화한 것이다. 졸저 『한반도 비핵화 리포트: 포괄적 안보–안보 교환론』 제4장의 '한반도의 완

---

17) 조성렬, "북한의 핵미사일 위협과 우리의 대응전략", 『새로운 안보환경과 한국의 생존전략』, 한국군사학회, 2020년 8월.

18) 조성렬, "북한의 단거리발사체와 국가안보," 『계간 외교』, 제134호, 한국외교협회, 2020년 7월.

19) 삼벌전략에 관한 소개 및 적용사례에 대해서는 다음을 볼 것. 조성렬, 『전략공간의 국제정치: 핵·우주·사이버 군비경쟁과 국가안보』, 서강대 출판부, 2016년 9월, pp.463~481.

전한 비핵화 추진방안'에서 논의된 문제의식을 바탕으로 2020년도 하반기에 진행됐던 한반도 비핵화 및 상응조치 로드맵에 관한 한미 공동연구의 내용을 더욱 발전시킨 것이다.

제8장은 북한군사의 연착륙에 관한 것으로, 한반도 비핵화를 위한 군비통제의 방향과 평화체제 구축을 위한 군비통제의 과제를 제시한 것이다. 이 글은 국방부에서 발간될 예정이던 2020년도 『한반도 군비통제』에 "핵 없는 한반도와 군비통제" 제하로 게재하기로 했다가 책자 발간이 보류되는 바람에 본서에 수록하게 된 것이다.

본서는 당초 2020년 9월 발간을 목표로 준비했던 것이다. 그러던 중 8월 19일 북한에서 당 전원회의가 열려 2021년 1월에 제8차 당대회를 소집한다고 예고한데다가, 11월 3일 미 대선을 앞두고 예측불허의 경합이 벌어지고 있는 시점이라 출간 시기를 2021년 봄으로 대폭 늦췄다. 정세변화를 반영하다 보니, 당초 준비했던 내용을 재작성 수준에서 보완해야만 했다. 이 때문에 완성된 전체 원고를 출판사로 넘긴 게 아니라, 원고들을 계속 수정 보완하며 한 달에 걸쳐 넘겼다. 만약 묵묵히 인내하며 원고를 기다려준 백산서당의 김철미 대표가 아니었으면 당초 목표했던 시점에 본서를 출판하지 못했을지 모른다.

2018년 12월 말 국가안보전략연구원을 퇴직한 이후로도 자문연구위원이란 직함을 갖고 연구활동과 정책자문활동을 지속해 왔다. 은퇴가 아닌 퇴직일 뿐이라고 강변해 왔듯이, 각종 세미나와 정부 자문활동에다 2019년 3월의 단행본 출간, 이번 새 책 발간준비 등으로 현직에 있을 때보다 더 바쁘게 생활한 것 같다. 본서의 최종원고를 출판사로 다 넘긴 뒤 마지막 교열 작업 중에 외교부 인사담당자로부터 특임공관장인 오사카 총영사에 내정됐다는 통보를 받았다.

개인사의 관점에서 볼 때, 성인이 된 이후 제1의 인생은 학생운동, 노동운동, 재야운동 등 민주화운동에 바쳤던 20대와 30대 초반에 걸친 치열한 삶의 시기였다. 제2의 인생은 30대 초 늦깎이로 대학원에 다녀 정치학 석박사 학위를 취득한 뒤 일본 도쿄대학과 게이오대학에서 방문연구자를 마치고 국책연구기관에 들어온 후 지내온 연구자로서의 삶이다. 이러한 삶은 정년퇴직 이후로도 계속됐다. 이제 짧게나마 공직자로서, 그것도 해외에서 제3의 인생을 시작하게 되었다.

다행히 인생의 동반자인 아내는 자기 업무분야의 최정점에 서 있고 딸도 대학 졸업 뒤 안정적으로 직장생활하고 있으며 아들도 대학병원에서 수련의 생활을 시작했으니, 남편과 아버지의 역할을 잠시 내려놓고 공직생활에 전념할 수 있지 않을까 생각한다. 그 동안 살아온 민주화 운동가로서의 신념과 국제안보 연구자로서의 경륜을 바탕으로 대한민국의 국익과 재일동포의 권익을 위해 현장에서 기량을 발휘해 볼 것을 다짐해 본다. 제3의 인생을 시작하기에 앞서 한반도의 평화통일과 전세계 한민족의 권익과 단결을 위해 애써오신 재외 동포 활동가들께 본서를 먼저 헌정하고자 한다.

2021년 4월
신용산 서재에서
조 성 렬

1

북한의 체제와 국가전략
– DIME 분석

제1장

정보(I) : 북한 체제와 대북 정보

I. 대북 기본정보로서의 체제 내구성과 국력 평가

2021년 새해 벽두에 북한은 제8차 당대회를 열고 국가경제발전 5개년 계획을 제시하며 자력갱생 전략을 재확인했다. 이것은 2019년 2월 27~28일 하노이에서 열린 제2차 하노이 북·미 정상회담이 결렬되자, 그해 말에 제7기 제5차 당 전원회의를 개최해 '미국과의 협상이 장기성을 띠고 있다'고 평가하면서 자력갱생을 통해 경제제재의 정면돌파전을 선언한 것의 연장선이다. 2020년 들어와 코로나19 감염병 (COVID-19)으로 상황이 어려워졌지만, 기조는 유지되어 제8차 당대회까지 이어진 것이다.

2018년 1월 1일 신년사를 통해 김정은 위원장은 평창동계올림픽 참가를 선언하면서 화해국면으로 방향전환했다. 3월 5일 그는 평양을 방문한 우리 정부의 특사단에게 "군사위협이 해소되고 체제안전이 보장된다면 핵을 가지고 있을 이유가 없다"면서 조건부로 비핵화 의사를 밝혔다. 4월 20일 제7기 제3차 당 전원회의에서는 경제·핵무력 건설 병진노선의 종료를 선언하고 경제건설 총력노선을 기본 국가노선으로 채택하였다. 그 뒤 3차례 남북정상회담이 열렸고, 오랜 적대관계에 있던 미국 대통령과도 2차례 정상회담과 한 차례 회동을 가졌다.

2016~17년은 한국전쟁의 휴전 이래 군사적 충돌 위험이 최고조로 달하던 해였다. 당시 북한은 35차례의 중·장거리 탄도미사일 시험발사와 3차례의 핵실험까지 실시했다. 특히 2017년 7월 4일과 28일 시험발사한 화성-14형과 11월 29일의 화성-15형은 미 본토에 도달할 수 있는 대륙간탄도미사일(ICBM)이었고, 9월 3일 제6번째 핵실험은 수소탄을 사용한 것이었다. 미국도 대북 군사행동을 경고하고 코피작전(Operation of Bloody Nose)을 검토하였으며 북한을 테러지원국으로 재지정하였다.

2013년 3월 31일 제6기 제23차 당 전원회의에서 북한은 경제·핵무력 건설 병진노선을 채택했고, 이를 토대로 경제개발구법의 제정과 함께 경제개발구를 지정하는 등 개방에 나설 채비를 차렸다. 2016년 5월에는 36년 만에 제7차 당대회를 열고 경제·핵무력 건설 병진노선을 공식적으로 기본적인 국가노선으로 채택하고, 이 노선에 기반해 23년 만에 국가경제발전 5개년 전략을 채택했다. 이것은 국가체제가 정비되어 어느 정도 안정화되면서 본격적으로 중장기 경제개발에 나서기 시작했다는 신호탄으로 볼 수 있는 것이다.

이처럼 김정은 시대에 들어와서 북한의 국가전략은 몇 차례 커다란 반전과 극적인 변화를 보였다. 북한지도부가 어떠한 국가전략을 수립하고 변경할 때는 정해진 국정목표와 추진계획뿐만 아니라 해당 시기의 국제 안보환경과 국제관계, 그리고 북한 국내사정, 특히 김정은 체제에 미칠 영향을 계산하며 판단하고 있는 것으로 보인다. 북한이 국

가전략을 변경하는 과정에서 북한 체제의 불안정이나 위기가 발생할
가능성을 고려하지 않을 수 없기 때문이다.

북한이 새로운 국가전략을 수립하거나 전략을 변경할 때, 그때마
다 우리 정부가 이러한 북한의 전략 변화를 얼마나 정확히 예측했고
충분히 대응 체계와 방안을 마련해 왔는지는 추후 연구가 필요하다.
어떤 경우든 북한의 국가전략이 변경될 때마다 그 선택의 토대가 되
는 북한 체제의 내구성과 전반적인 국력 등 국가체력을 미리 알고 있
어야 제대로 대처할 수 있을 것이다.

북한 체제를 올바로 파악하기 위해 먼저 북한 정권의 내구성을 분
석할 필요가 있다. 북한 정권의 내구성은 미국 평화기금과 외교전문
지『포린폴리시』(Foreign Policy)가 응집력, 경제, 정치, 사회의 네 요
소를 공동조사해 발표하는 취약국가지수(Fragile State Index)를 활용한
다. 다음으로 북한의 국력에 대해 영토나 부존자원 같은 주어진 요소
들은 제외하고 인구, 경제력, 군사력의 3요소에 따라 평가하고, 내부의
도전요인에 대해 살펴본다. 끝으로 북한 체제에 대한 정보실패가 우리
대북정책에 미치게 될 영향과 정책시사점을 살펴본다.

II. 김정은 정권의 내구성 평가와 변수들

1. 북한 체제의 내구성: 총괄적 평가

북한 체제의 내구성에 대한 논의와 평가가 다양하게 이루어지고 있
지만, 대부분의 지수들은 특정분야에 대한 평가에 기초해 전체를 평가

하는 '일반화의 오류'를 저지르는 경우가 많다. 그런 점에서 국가의 체제 내구성을 객관적인 정량데이터와 정성분석을 통해 비교적 객관적으로 평가해 온 미국 평화기금(The Fund for Peace)과 외교전문지 포린폴리시 공동의 취약국가지수에 주목할 필요가 있다.

미국 평화기금은 2006년부터 실패국가지수(Failed State Index)라는 이름으로 조사·평가해 오다가, 국제법상 공식 지위에 있는 국가는 멸망하지 않는다는 점과 '실패국가'의 용어에 대한 부정적 이미지를 고려하여 2014년부터는 국가의 체제 내구성을 기준으로 평가하는 취약국가지수(Fragile State Index)로 명칭을 바꾸었다. 여기서는 타이완, 북키프로스, 소말릴랜드와 같은 유엔 미승인국가는 조사대상에 포함시키지 않았다.

취약국가지수는 대분류상으로 응집력 지수(Cohesion Indicators), 경제 지수(Economic Indicators), 정치 지수(Political Indicators), 사회·교차 지수(Social & Cross-cutting Indicators)의 넷으로 구분되며, 각각의 지수는 다음과 같이 세부 항목 3개씩 도합 12개 항목으로 구분된다. 12개 항목에 대해 각각 10점 만점으로 120점을 기준으로 종합점수를 평가하고 이를 기준으로 순위를 매긴다.[20]

> 응집력 지수: 공안기구(SA), 지배층분열(FE), 집단갈등(GG)
> 경제 지수: 경제하락(EC), 불균형개발(UD), 인재유출(HF)
> 정치 지수: 국가정당성(SL), 공공서비스(PS), 인권·법치(HR)
> 사회·교차 지수: 인구압력(DP), 난민발생(RD), 외세간섭(EX)

---

20) 미국 평화기금(Fund for Peace) 홈페이지 http://ffp.statesindex.org

북한의 체제 내구성을 보여주는 종합순위는 조사대상 178개 국가 가운데, 14위(2006), 13위(2007), 15위(2008), 17위(2009), 19위(2010), 22위(2011, 2012), 23위(2013), 26위(2014), 29위(2015), 30위(2016, 2017)로 점차 안정화됐다가 2018~2019년 각각 28위, 26위로 다소 불안 정성을 보였지만 2020년에는 다시 30위로 안정을 되찾았다. 북한의 체 제 내구성은 2007년에 13위로 최하위였고, 2016, 2017년과 2020년에는 30위로 최상위의 지수를 보여주었다.

〈그림 1-1〉 북한의 취약국가지수(2006-2020)

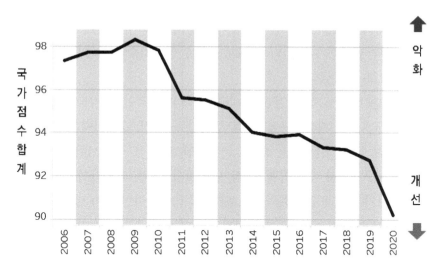

<출처> 미국 평화기금 홈페이지: http://fundforpeace.org/fsi/country-data

북한의 체제 내구성이 가장 취약했던 때는 2006년 10월 9일 제1차 핵실험을 단행하고 이에 유엔안보리가 대북제재를 결의했던 당시 상 황을 반영한 2007년 취약국가지수다. 이 당시 북한의 취약국가지수 종

합순위가 14위에서 13위로 역대 최저를 기록하였으며, 이때부터 외세간섭(EX) 지수가 높아지기 시작했다. 그리고 김정일 위원장의 갑작스런 죽음에 따른 북한 체제의 불안정을 반영해 2009년 취약국가지수는 98.3을 기록해 최악의 상황임이 드러났다.

김정은 시대가 열리면서 북한의 취약국가지수 순위는 출범 첫 해인 2012년의 22위에서 조금씩 향상되다가 4년이 지난 2016년과 2017년에 30위로 8단계 향상되었다. 2016~17년 북한의 잇단 전략도발과 미국의 강력한 군사행동 경고로 한반도 정세가 악화되면서 외세간섭(EX) 지수가 높아져 2018~19년 종합지수는 28위와 26위로 떨어졌다. 그 뒤 2018년 6월과 2019년 2월의 제1, 2차 북·미 정상회담, 2019년 6월 30일 남·북·미 정상의 판문점 회동이 성사되면서 외세간섭지수가 개선되어 2020년에는 종합지수가 90.2점으로 역대 최고를 기록했다.

2020년 현재 김정은 정권의 내구성을 나타내주는 취약국가지수는 공안기구 8.3점, 지배층분열 8.5점, 집단갈등 5.5점, 경제하락 8.6점, 불균형개발 7.2점, 인재유출 4.1점, 국가정당성 9.9점, 공공서비스 8.3점, 인권·법치 9.4점, 인구압력 6.8점, 난민발생 4.1점, 외세간섭 9.5점 등이다. 여기서 인재들의 해외유출, 난민 및 국내실향민(IDP) 발생 등 사회·치안 분야는 4점대로서 안정된 모습을 보여주고 있는 반면, 국가정당성이나 인권·법치, 외세간섭 등 요인들은 경제하락이나 불균형개발보다도 높은 9점대로 체제에 대한 최대의 불안정 요소로 작용하고 있다.

〈표 1-1〉 북한의 체제 내구성과 취약국가지수

연도	합계	순위	응집력 지수			경제 지수			정치 지수			사회·교차 지수		
			공안 기구	지배층 분 열	집단 갈등	경제 하락	불균형 개발	인재 유출	국가 정당성	공공 서비스	인권 법치	인구 압력	난민 발생	외세 간섭
			SA	FE	GG	EC	UD	HF	SL	PS	HR	DP	RD	EX
2020	90.2	30	8.3	8.5	5.5	8.6	7.2	4.1	9.9	8.3	9.4	6.8	4.1	9.5
2019	92.7	26	8.3	8.5	5.8	8.9	7.5	4.4	10	8.6	9.4	7.1	4.4	9.8
2018	93.2	28	8.3	8.8	5.8	8.9	7.5	4.4	10	8.6	9.4	7.2	4.4	9.9
2017	93.3	30	8.3	8.5	5.8	8.9	7.5	4.4	10	8.6	9.4	7.7	4.4	9.8
2016	93.9	30	8.5	8.5	6.0	8.9	7.7	4.1	10	8.8	9.6	7.9	4.6	9.3
2015	93.8	29	8.6	8.5	6.3	9.0	8.8	4.2	10	8.9	9.7	7.5	4.3	8.8
2014	94.0	26	8.5	8.2	6.6	9.0	8.0	4.4	9.9	9.2	9.6	7.5	4.7	8.4
2013	95.1	23	8.4	7.7	6.6	9.3	8.3	4.4	9.8	9.5	9.7	8.0	5.0	8.4
2012	95.5	22	8.1	7.7	6.6	9.3	8.6	4.4	9.9	9.4	9.6	7.9	5.3	8.7
2011	95.6	22	8.1	7.4	6.9	9.2	8.5	4.7	9.9	9.3	9.5	8.2	5.3	8.6
2010	97.8	19	8.1	7.8	7.2	9.6	8.8	5.0	9.9	9.6	9.5	8.5	5.6	8.2
2009	98.3	17	8.3	7.8	7.2	9.6	8.8	5.0	9.8	9.6	9.5	8.5	6.0	8.2
2008	97.7	15	8.3	7.6	7.2	9.6	8.8	5.0	9.8	9.6	9.7	8.2	6.0	7.9
2007	97.7	13	8.3	7.9	7.2	9.6	8.8	5.0	9.8	9.5	9.7	8.0	6.0	7.9
2006	97.3	14	8.3	8.0	7.2	9.5	9.0	5.0	9.8	9.5	9.5	8.0	6.0	7.5

* 공안기구(SA), 지배층분열(FE), 집단갈등(GG), 경제하락(EC), 불균형개발(UD), 인재유출
(HF), 국가정당성(SL), 공공서비스(PS), 인권법치(HR), 인구압력(DP), 난민발생(RD), 외세
간섭(EX)
<출처> 미국 평화기금 홈페이지: http://fundforpeace.org/fsi/country-data

그렇다면, 취약국가지수가 보여주는 북한의 내구성을 국제적으로
비교하면 어느 수준인가? 취약국가지수는 크게 △위험(Alert), △경고

(Warning), △안정(Stable), △지속가능(Sustainable)의 네 단계로 구분하고, 각 단계마다 최고, 고도, 저도로 평가하고 있다. 현재 북한은 평가대상 178개 국가 가운데 취약국가지수가 30위로서 위험단계에 있는 31개 국 가운데 상대적으로 낮은 '저도위험' 단계에 해당하는 30위로서, 끝에서 두 번째를 기록하고 있다.

〈표 1-2〉 국가취약지수 위험(Alert) 단계의 국가들

위험단계	국 가 명
최고위험(4)	예멘, 소말리아, 남수단, 시리아
고도위험(5)	민주콩고, 중앙아프리카, 차드, 수단, 아프가니스탄
저도위험(22)	짐바브웨, 카메룬, 부룬디, 하이티, 나이제리아, 기아나, 말리, 이라크, 에리트레아, 니제르, 리비아, 에티오피아, 미얀마, 기니비사우, 우간다, 파키스탄, 콩고공화국, 모잠비크, 베네주엘라, 케냐, **북한**, 라이베리아

<출처> 미국 평화기금 홈페이지: http://fundforpeace.org/fsi/country-data

2. 김정은 정권의 내구성: 분야별 평가

(1) 김정은 정권의 응집력: 공안기구, 지배층분열, 집단갈등

김정은 정권의 응집력을 파악하기 위해 두 가지 측면에서 살펴볼 필요가 있다. 하나는 평화기금의 3개 지수(공안기구, 지배층분열, 집단갈등)를 김정일 정권 때와 비교해 어떤 점들이 응집력의 개선/악화에 영향을 미쳤는지 따져보는 것이고, 다른 하나는 북한의 '수령–당–대중

단체-인민대중'의 통치 메커니즘이 잘 작동되는지 살펴보는 것이다.

먼저, 김정은 정권의 응집력을 파악하기 위한 공안기구 지수, 지배층분열 지수, 집단갈등 지수를 김정일 정권 때의 조사 시기와 비교해보기로 한다.

첫째, 「공안기구」 지수는 김정일 정권 때의 조사 기간(2006~2011) 지수 평균값 8.23에서 김정은 정권 기간(2012~2020)의 지수 평균값은 8.37점으로 다소 악화되기는 했으나, 2017~2020년에는 8.30점으로 큰 변동은 없었다. 그런 점에서 김정은 정권에 들어와 공안기구는 별 이상 없이 정상 작동하고 있음을 알 수 있다.

둘째, 「지배층분열」 지수는 김정일 정권 말기에 지수 평균이 7.75점이었지만, 김정은 집권 초기의 7.7점에서 점차 악화되어 2020년 현재 8.5점이다. 이것은 김정은 정권이 출범 초기부터 장성택 처형을 비롯해 군간부들에게 자행한 빈번한 숙청과 내부 충성경쟁 때문인 것으로 분석된다. 또한 북한이 경제회복이 더딘 가운데 전략도발을 지속하는 데 대한 지배층의 불안감을 반영한 것으로 보인다.

셋째, 「집단갈등」 지수는 김정은 정권의 출범 직후인 2012년 포전담당책임제의 시범 도입과 2014년 '5.30지침'을 통해 우리식 경제관리방법을 제기한 이후 지방시장(장마당)이 공식적으로 허용되고 기업소의 자율권이 신장되는 등으로 경제 관련 지수가 호전되면서 크게 개선되었다. 2006년의 7.2점에서 김정은 정권이 출범한 해인 2012년에는 6.6점, 그리고 제7차 당대회 개최와 국가경제발전 5개년 전략이 시작된 2016년부터 더욱 개선되어 2017~2019년 3년 동안 5.8점으로 나타났고, 2020년에는 5.5점을 기록하였다.

다음, 북한 체제의 응집력을 파악하기 위해 '수령-당-대중단체-인민대중'의 통치 메커니즘이 김정은 정권에 들어와 어떻게 작동하고 있는지 살펴보기로 한다. 조선노동당 규약 서문에서는 '김일성 동지의 당' 또는 '김일성–김정일 동지의 당'으로 규정하고 있다. 다시 말해 노동당은 당원이나 인민대중의 당이 아니라 수령의 당인 것이다. 따라서 노동당은 수령체제 안에서 수령의 영도를 받아 인민대중에 대해 지도적 역할을 수행하는 조직이다. 이렇게 노동당은 영도를 받아야 하는 수령의 하급기관이자, 북한 주민들을 지도하는 상급기관이다. 당과 주민을 이어주는 것이 인전대(引傳帶) 역할을 하는 당 외곽의 근로단체 조직들이다.21)

이렇듯 당이 북한 체제의 응집력을 이끌어내는 구심점 역할을 하는 만큼, 당원이 몇 명인지가 중요하다. 1980년 제6차 당대회 때는 대표 비율이 1,000명당 1명으로 당시 결의권 대표자 3,062명과 발언권 대표자 158명이 참가하였기에 당원수가 300만 명으로 추정됐다. 2016년 제7차 당대회 때는 결의권 대표자 3,467명과 발언권 대표자 200명이 참가했기에 1,300명 당 1명의 대표 비율을 적용하더라도 당원 수는 450만 명이 된다.22) 2021년 제8차 당대회에 당 중앙지도기관 성원 250명과 전당의 각급 조직에서 선출된 대표자 4,750명이 참석했다고 발표해,23) 당원 수는 617만 명으로 북한 전체인구 2,500만 명의 24.7%에 해당된다.24)

---

21) 통일교육원, 『2021 북한 이해』, 통일부 통일교육원, 2021년 2월, pp.61~64 참조.

22) 김갑식, "북한의 제8차 조선로동당대회 소집과 '새로운 길 시즌2'," 『Online Series』, 통일연구원, 2020년 8월 21일, p.3.

23) 『로동신문』, 2021년 1월 6일.

24) 중국공산당원의 인구 대비 비율이 6%이고 북한 내부적으로 인구의 10% 정도를 당원으로 한다는 원칙과도 배치되는 수치다. 정창현, "조선노동당 8

이와 같이 북한사회에 막강한 권한과 동원력을 가진 조선노동당에 결정적인 영향을 미치는 것은 당에 대한 영도체계이다. 김정은 정권은 공식 출범 직후인 2013년 6월에 「당의 유일적 영도체계 확립의 10대 원칙」을 개정해 김정은 중심의 유일영도체계의 확립을 위해 당 분위기를 쇄신하였다.[25] 문답식 경연, 반성문 제출, 정치학습을 실시한 데 이어 새로운 당원증 교부를 통해 주민들에 대해 사상검증으로 김정은 정권을 재정비하였다.(<표 1-3> 참조)

아울러 새로운 유일영도체제에 위협요인으로 판단되는 리영호 군 총참모장을 숙청한 데 이어, 장성택 당 행정부장과 현영철 인민무력부장을 처형하는 등 집단갈등의 예방을 위해 폭력적으로 숙청을 자행하였다.[26] 또한 김 위원장은 지배층 분열과 집단 갈등의 원인이 되는 부정부패에 연루된 당·정·군 간부들을 징계하고, 북한주민들의 생활현장을 방문하며 자신이 국정과제로 내건 인민생활의 향상을 진두지휘하는 모습을 연출했다.

차대회와 남북관계 전망," 『스페셜 리포트』, KPEI 평화경제연구소, 2021년 1월 25일.

25) 곽길섭, 『김정은 대해부』, 도서출판 선인, 2019년 4월, pp.77~78.

26) 유일적 영도체계 확립과 당원증 재교부, 핵심간부들의 숙청과의 관련성에 대해서는 다음을 참조. 李策, "党員證再交付で '索出'," 石丸次郎 編, 『北朝鮮配付影像・文書資料集: 金正恩の新「十代原則」策定・普及と張成澤肅清』, ASIA PRESS 出判部, 2014, p.45. 한편, 미국 자유아시아방송(RFA)은 현영철의 처형이유가 '불경죄' 때문이 아니라 북한산 마약인 '빙두'를 다량 복용했기 때문이라는 소문도 있다고 보도했다. 『자유아시아방송(RFA)』, 2015년 11월 13일.

<표 1-3> 북한의 유일영도체계 관련 규정

	제 목	제정일	내 용
김정일 시 대	당의 유일사상체계 확립의 10대 원칙	1994년 4월14일	**김일성의 혁명사상으로 온 사회를 일색화**하기 위하 여 몸바쳐 투쟁하여야 한다. (제1항) **김일성의 유일적 영도** 밑에 전당, 전국, 전군이 한결 같이 움직이는 강한 조직규률을 세워야 한다. (제9 항) 김일성이 개척한 혁명위업을 **대를 이어** 끝까지 계승 하며 완성하여나가야 한다. (제10항)
	조선로동당 규약 (제3차 당대표자회)	2010년 9월	서문: "조선로동당은 위대한 수령 **김일성 동지의 당**이다."
김정은 시 대	조선로동당 규약 (제4차 당대표자회)	2012년 4월	서문: "조선로동당은 위대한 **김일성동지와 김정일 동지의 당**이다."
	당의 유일적 영도체계 확립의 10대 원칙	2013년 8월13일	**온 사회를 김일성-김정일주의화**하기 위하여 몸 바 쳐 투쟁하여야 한다. (제1항) **영도자를 중심으로** 하는 전당의 사상의지적 통일과 혁명적 단결을 백방으로 강화하여야 한다. (제6항) **당의 유일적 영도** 밑에 전당, 전국, 전군이 하나와 같 이 움직이는 강한 조직규율을 세워야 한다. (제9항)
	조선로동당 규약 (제7차 당대회)	2016년 5월	서문: "조선로동당은 위대한 **김일성-김정일주의 당**이다."
	조선로동당 규약 (제8차 당대회)	2021년 1월	서문: "조선로동당은 위대한 **김일성-김정일주의 당**이다."

* 강조는 필자.

(2) 김정은 정권의 경제 내구성: 경제하락, 불균형개발, 인재유출

북한의 경제 내구성을 파악하기 위해서는 경제하락, 불균형개발, 인재유출의 3개 지수별로 김정일 재임시기, 김정은 위원장 취임, 2020년도 지수를 비교해 그 흐름을 고찰할 필요가 있다. 또한 역대 북한정부가 취한 경제정책의 흐름을 통해 김정은 시대의 경제 내구성을 어느 정도 예상해 볼 수 있다.

첫째, 「경제하락」 지수는 김정일 정권 후반부(2006~2011)의 평균치가 9.52점이었고 마지막 해인 2006년도에는 9.2점이었지만, 김정은 정권이 들어온 뒤 2012~13년에는 9.3점에서 출발해 점차 개선되어 2014~15년 9.0점, 2016~19년 8.9점, 그리고 2020년 8.6점으로 점차 개선되어 왔다.

둘째, 「불균형개발」 지수는 김정일 정권 후반부(2006~2011) 평균치 8.78점이었고 마지막 해인 2006년도에는 8.5점이었는데, 김정은 정권에 들어와 2012년 8.6점에서 출발해 2015년까지는 등락을 반복하다가 2016년 제7차 당대회에서 국가경제발전 5개년 전략을 추진한 뒤로는 7점대의 개선된 수치를 보여왔고, 2020년에는 7.2점을 기록했다. 이는 김정일 정권 후반기의 8.8점대에서 비교적 크게 개선되었다.

셋째, 「인재유출」 지수는 이미 김정일 정권 때부터 5점대로 비교적 안정세를 보여왔으며, 김정은 정권에 들어와서는 평균 4.3점으로 어느 지수보다도 가장 안정된 모습을 보이고 있다. 이것은 공장이 정상적으로 가동되기 시작하고 포전담당책임제, 사회주의 기업책임관리제와 같이 시장경제 요소가 도입되면서 경제효율성이 높아진 데 따른 것으로 분석된다.

김일성 시대에는 사회주의경제계획을 통해 일정하게 경제성장을 이루어왔다. 하지만 1970년대 이후 사회주의 경제가 전반적으로 위기에 빠지면서 북한도 합병법 제정, 라진·선봉 자유무역지대 설립 등 개방정책을 펼치기 시작했다. 하지만 옛소련이 해체되고 동유럽 사회주의 국가들이 체제전환하면서 김정일 시대에는 중장기 경제계획을 추진하지 못했으며, 2011년 어렵게 국가경제개발 10개년 전략계획을 수립했으나 김정일 위원장의 급사로 시행하지도 못하고 중단됐다.

〈표 1-4〉 북한 체제의 경제적 효율성 확보 과정

	기본노선	경제계획	개혁·개방 정책
김일성 시대	경제·국방 병진	인민경제 복구발전 3개년 계획 (1954~56) 인민경제발전 제1차 5개년 계획 (1957~60)* 인민경제발전 제1차 7개년 계획 (1961~1970)* 인민경제발전 6개년 계획 (1971~1976) 인민경제발전 제2차 7개년 계획 (1978~1984) 인민경제발전 제3차 7개년 계획 (1987~1993)*	· 합영법(1984.9.) · 라진·선봉자유무역지대 (1991.12.)
김정일 시대	국방공업 우선	*국가경제개발 10개년 전략계획 (2011~2020) -시행 못한 채 김정일 사망으로 중단	· 7.1 경제관리개선조치 (2002.7.) · 신의주경제특구(2002.9.) · 개성공업단지, 금강산관광 특구(2002.11.)
김정은 시대	경제·핵무력 병진	국가경제발전 5개년 전략 (2016~2020) 국가경제발전 5개년 계획 (2021~2025)	· 우리식 경제관리방법 (2012.6.) · 경제개발구법(2013.5.)

※ 북한당국의 제1차 5개년 계획은 목표보다 1년 앞당기기도 했으나, 제1차 7개년 계획은 3년이나 늦게 목표를 달성했고, 제3차 7개년 계획도 목표 달성에 실패해 2~3년의 완충기를 두지 않을 수 없었다. 그 뒤 한동안 북한당국은 중장기 경제계획을 추진하지 못했다.

김정은 시대에 들어와 경제건설에 매진했다. 김정은 위원장은 2012년 4월 15일 김일성 출생 100주년 기념 열병식 행사에서 "이제 인민이 더는 허리띠를 조이지 않도록 경제건설에 집중하겠다"고 운집한 북한 주민들에게 약속하였다.[27] 그 뒤로 김 위원장은 자신의 국정목표로

---

27) 『조선중앙통신』, 2012년 4월 15일.

'경제강국의 건설과 인민생활의 향상'을 제시하였다. 2016년 5월 36년 만에 당대회를 개최해 국가경제발전 5개년 전략을 제시했지만 경제·핵무력 건설 병진노선을 내거는 바람에 경제에 대한 집중도가 크게 떨어지고 국제사회의 대북 경제제재로 오히려 경제적인 곤란은 심화되었다.

2018년 4월 20일에 개최된 제7기 3차 당중앙위원회 전원회의에서 기존의 병진노선을 종료하고 새롭게 '사회주의 경제건설 총력노선'을 채택하여, 당과 국가의 전반사업을 사회주의 경제건설에 지향시키고 모든 힘을 총집중할 것임을 표명하였다. 그러나 유엔안보리 대북제재의 부분완화를 기대하며 추진했던 북·미 협상이 결렬되면서 북한경제는 또다시 어려움에 직면하게 되었다. 2021년 1월 제8차 당대회를 개최해 자력갱생 전략에 따른 국가경제발전 5개년 계획을 내놓았으나, 대북제재가 계속되고 있어 그 성과를 낙관하기 어렵다.

(3) 김정은 정권의 정치 내구성: 국가정당성, 공공서비스, 인권·법치

김정은 정권의 정치 내구성을 따지기 위해 먼저 평화기금의 3개 지수(국가정당성, 공공서비스, 인권·법치)를 김정일 정권 때와 비교해 정치안정에 미친 요인이 무엇인지 살펴보고, 다른 하나는 김일성 정권에서 김정일, 김정은 정권으로 이어지는 3대 세습체제를 통해 어떻게 정치적 정당성을 만들고자 했는지 살펴볼 것이다.

먼저, 김정은 정권의 정치 내구성 지수를 국가정당성, 공공서비스, 인권·법치 등 3가지 측면에서 살펴보기로 한다.

첫째, 「국가정당성」을 나타내는 지수는 12개의 취약국가지수 가운데 가장 나쁘게 나왔다. 김정일 정권 후반기(2006~2011)의 평균지수는

9.83이었지만 지난 9년간 김정은 정권(2012~2020)의 평균지수는 9.93 점으로 오히려 악화되었다. 특히 2015~19년 사이 5년 동안은 최하위인 10.0점을 기록했다. 북한의 3대 세습체제에 따른 절차적 정당성 결여 때문에 이러한 최악의 평가가 나온 것으로 보인다.

둘째, 「공공서비스」 지수는 김정일 정권 후반기 평균지수 9.52점에서 김정은 정권에 들어와 조금씩 개선되다가 2016년부터 8점대로 진입하였다. 이것은 북한당국이 시장경제 요소들을 제한적으로 수용하면서 공공부문의 서비스가 개선됐기 때문으로 보인다. 김정은 정권 기간의 평균지수는 8.88점으로 개선되었으며, 특히 2020년에는 8.3점으로 김정은 정권 첫해의 9.4점에서 1.1점이나 개선된 수치이다.

셋째, 「인권·법치」 지수는 전반적으로 낮은 수준으로 김정일 집권 후반기 평균지수 9.57점에서 김정은 정권 9년간 평균지수 9.53점으로 별다리 개선되거나 악화되지 않았다. 이것은 김정일 시대나 김정은 시대 할 것 없이 비슷한 수치로서, 전반적으로 인권유린이 자행되고 있고 법치보다 정치의 논리가 횡행하고 있음을 보여주는 것이다.

다음, 정치 내구성과 관련된 3개 지수는 응집력 지수나 경제지수, 사회지수보다 낮은 점수를 기록하고 있으며, 그나마 공공서비스 지수가 김정은 정권에 들어와 크게 개선된 편이라고 볼 수 있다. 하지만 3대 권력세습에 따른 국가정당성의 저하가 미국 평화기금의 취약국가지수로는 최저를 기록했지만, 북한 특유의 명분적 정당성과 절차적 정당성을 확보함으로써 현실적으로 김정은 정권의 정치적 내구성에는 별다른 영향을 미치지 못한 것으로 보인다.

명분적 정당성을 보면, 북한당국은 후계체제를 정당화하기 위해 혁명과업의 연속성을 강조하고 있다. 후계체제의 명분적 정당성 확보를 위한 키워드가 단기적으로 유훈 관철이라면 중기적으로는 혁명위업의 계승과 발전이 될 것이다.28) 김정은 위원장은 2012년 4월 15일 김일성 출생 100주년 기념 열병식행사에서 가진 첫 공개연설 자리에서 "일심단결과 불패의 군력에 새 세기 산업혁명을 더하면 그것은 곧 사회주의 강성국가"라고 정의하며 자신의 과업이 새세기 산업혁명의 완수를 통한 사회주의 강성국가에 있다고 밝힘으로써 3대 세습을 정당화했다.29)

〈표 1-5〉 북한 체제의 정치적 정당성 확보 과정

	명분적 정당성	절차적 정당성		
		군	당	국가
김일성 시대	정치사상강국 건설	군 창건(1932.4.25.) -조선인민혁명군창건	당 창건(1945.10.10.) - 조선공산당 북조선분국 결성	국가(1948.9.9.) -조선민주주의인민공화국 수립
김정일 시대	군사강국 건설	최고사령관 (1991.12.24., 당중앙위원회)	총비서 (1997.10.8. 당대표자회)	국방위원장 (1998.9.5. 최고인민회의)
김정은 시대	경제강국 건설→ 사회주의 강성국가 완성	최고사령관 (2011.12.30., 당정치국)	제1비서, 당중앙군사위장 (2013.4.11. 당대표자회)	제1국방위원장 (2013.4.13. 최고인민회의)

※ 1974년 당 전원회의에서 김정일이 정치위원에 오르며 사실상 후계자 지명(비공식), 2009년 1월 8일 김정은 후계자 결정 교시 하달.

※ 유훈통치기30): 전임지도자 사망에서 3대 영도체계 승계 완료 때까지 제1기 (1994.7.8.~1998.9?)와 제2기(2011.12.17.~2012.4.13)

---

28) 조성렬 외,『통일시대의 준비와 한반도판 마셜플랜 A&B』, 한국정책금융공사, 2014년, pp.33~34.

29)『조선중앙통신』, 2012년 4월 15일.

30) 이기동, "김정은 권력승계 과정과 과도기 권력구조,"『김정일 시대의 정치와 외교-선군인가, 선경인가』, 한울아카데미, 2014년 12월, pp.123~129.

절차적 정당성을 보면, 북한에서는 민주선거에 따른 지도자 선출과 달리 후계자가 수령의 영도체계를 물려받아 후대수령으로서 군과 당, 국가의 전반적 사업을 계승하는 과정으로 볼 수 있다. 김일성 시대에는 김일성 주석이 군과 당의 창설에 이어 국가의 수립을 주도함으로써 절차적 정당성을 확보했다. 김정일 위원장도 먼저 최고사령관 직책을 물려받은 뒤, 이후 당 총비서, 국방위원장의 사업을 계승하였다. 김정은 위원장의 경우도 김정일 국방위원장의 사망 직후 제일 먼저 최고사령관으로 추대되었으며, 이후 당 대표자회를 통해 제1비서와 당 중앙군사위원회 위원장, 그리고 최고인민회의에서 제1국방위원장 직책을 물려받았다.31)

(4) 김정은 정권의 사회 내구성: 인구압력, 난민 + 외세간섭

김정은 시대의 사회 내구성을 파악하기 위한 인구압력 및 난민발생 지수, 그리고 외세간섭 지수 등 평화기금의 3개 지수를 김정일 정권 후반기(2006~2011)와 비교하고 김정은 정권의 현 상태를 살펴본다.

첫째, 「인구압력」이 높으면 식량공급이나 질병, 자연재해, 영아사망률 등에 대해 북한당국이 제대로 대응하기 어렵다. 이 지수는 김정일 시대 후반부인 2006년에 8.0점을 기록하다가 김정일 위원장의 와병 이후 높아지기 시작해 8.5점까지 올라갔으나, 김정은 집권 이후 7점대로 진입해 점차 안정되기 시작하다가 2020년에는 6.8점으로 6점대에 진입했다.

둘째, 「난민발생」 지수는 해외난민의 발생뿐만 아니라 국내실향민

---

31) 조성렬 외, 『통일시대의 준비와 한반도판 마셜플랜 A&B』, pp.27~31.

(IDP)의 발생도 포함한다. 경제 관련 지수의 호전에 따라 공장가동률이 높아지고 시장이 활성화되면서 꽃제비와 같은 국내 부랑민이 줄어들어 2006년 6.0점에서 김정은 집권의 첫 해인 2012년에 5.3점으로 크게 떨어졌다가 2017~19년에는 4.4점으로 안정화되었고 2020년에는 4.1점을 나타내고 있다. 해외난민이나 국내실향민의 발생은 인재유출에 이어 두 번째로 안정적인 상태를 보여주고 있다.

셋째, 「외세간섭」 지수는 김정은 시대에 들어와 핵·미사일 시험이 크게 증가함에 따라 국제사회의 대응도 강화되면서 김정일 시대보다 더 악화되었다. 김정일 후반기인 2006년 7.5점에서 시작했지만, 2006년 10월 9일 제1차 핵실험이 실시되면서 2007년에는 7.9점으로 크게 악화되었다. 김정은 정권의 집권 첫해인 2012년에는 8.7점, 도발이 점증하고 국제사회의 제재가 본격화되기 시작한 2016년에는 9.3점을 기록했고 마침내 2017년 9.8점, 2018년 9.9점으로까지 낮아졌다. 2018년 남북 및 북·미 대화가 재개되면서 외세간섭지수가 조금씩 낮아져 2020년에는 9.5점을 기록했다.

III. 북한의 국력 평가와 도전과제

일반적으로 어느 나라의 국력은 인구·영토·부존자원과 경제력, 군사력으로 평가된다. 여기서는 북한의 국력 현황을 넘어 도전요인을 포함한 동태적 국력에 초점을 맞추고 있기 때문에 이미 주어져 있는 영토·부존자원 요소는 제외하고, 인구, 경제력, 군사력의 3요소만을 다루기로 한다.

1. 북한인구와 생산가능인구 부족

최근 북한의 인구 상황은 '고난의 행군' 시절(1995~1999년)의 출산율 저조가 20여 년이 지난 오늘날 북한에서는 생산가능인구(Working Age Population)의 부족으로 나타나고 있다. 북한의 2010년 인구증가율은 2.0%로서 이미 저출산 현상을 보였으며, 2020년 9월 현재 북한여성의 합계 출산율은 1.92명이다.[32]

〈표 1-6〉 남북한의 평균연령과 인구 전망

(1) 남북한의 평균연령(세)

	1950	1960	1970	1980	1990	1995	2000	2005	2010	2015
북한	18.0	19.9	21.0	21.9	25.1	27.4	29.5	31.6	33.1	33.9
남한	19.0	19.8	19.0	22.2	27.0	29.5	32.1	34.9	37.8	40.6

(2) 남북한의 총인구 전망(천명)

	2015	2020	2025	2030	2035	2040	2041	2042	2045	2050
북한	25,155	25,763	26,292	26,701	26,943	27,030	27,033	27,032	27,007	26,907
남한	50,293	51,251	51,982	52,519	52,715	52,398	52,279	52,144	51,649	50,593

<출처> 유엔경제사회국(UNDESA), 『세계인구 전망 2015년 개정판』, 2015년 7월 29일.

---

32) CIA, *The World Factbook*, September 2020.

북한사회도 이미 2004년부터 총인구 가운데 65세 이상의 인구가 차지하는 비율이 7%가 넘는 고령화사회에 진입했다.[33] 2020년 현재 북한의 65세 이상 고령인구의 비율은 9.65%로서,[34] 아직은 한국의 15.7%보다는 낮지만 세계평균인 8.3%보다는 높은 것으로 나타나고 있다. 참고로 통계청의 2019년 추계에 따르면, 한국은 2025년에 20.3%로 초고령사회에 진입할 것으로 예상되고 있다.[35]

이처럼 저출산·고령화 현상이 심화되면서 북한에서는 벌써부터 인적 자원의 부족 현상이 나타나고 있다. 이는 인구 전망을 통해 확인할 수가 있는데, 유엔 경제사회국(UNDESA)가 발표한 『세계인구전망 2015 개정판』은 2015년 현재 북한의 인구가 2,515만 5천 명이며 2041년 2,703만 명을 정점으로 그 이듬해부터 줄어들 것으로 전망하고 있다.[36] 북한의 인구는 2008년 2,405만 2천 명이었던 데서 2015년 2,515만 5천 명으로 7년 동안 110만 명 정도 늘어났으며, 2020년에는 2,576만 3천 명으로 추정된다.

북한은 1990년대 중반 '고난의 행군' 시기의 후유증과 2002년 '7.1 경제관리개선조치' 이후 불완전 고용상태의 증가, 그리고 2004년부터 고령화사회 진입, 2010년부터 시작된 저출산 현상의 심화 등으로 인구 사회학적 변화를 겪고 있으면서 북한의 국가발전전략 변화, 그리고 그

---

33) 최지영, 「북한 인구구조의 변화 추이와 시사점」, 『BOK 경제연구』, 2015-18호, 한국은행 경제연구원, 2015년 6월, pp.10~11.

34) CIA, *The World Factbook*, September 2020.

35) 통계청, 「보도자료: 2019년 장래인구특별추계를 반영한 세계와 한국의 인구현황 및 전망」, 2019년 9월 2일.

36) 유엔경제사회국(UNDESA), 『세계인구 전망 2015년 개정판』, 2015년 7월 29일.

에 따른 교육제도의 변화도 불가피하게 나타나고 있다.

북한의 노동력은 비교적 양질로서 상대적으로 풍부한 편이지만 저출산·고령화 사회 진입 등 장기적으로 생산가능인구의 수급 전망이 밝은 것은 아니다. 2002년 '7.1 경제관리개선조치' 이후 기업소들이 합리성을 중시하면서 적정 노동력만 채용하려는 경향이 나타나면서 불완전 고용이 늘어나고 있다.

일거리가 부족한 국영공장이나 국영기업소에서 노동자들이 일정 금액을 기업에 납부한 뒤 노동시장에 뛰어들어 자신의 노동력을 판매하는 '8.3노동자'가 생겨났다.[37] 불완전 고용상태는 초보적인 수준의 노동시장을 생성시켜 '8.3벌이'로 불리는 노동공급이 일반적인 형태로 자리잡고 있다. 최근 들어 북한당국은 공장·기업소 지배인 등을 대상으로 '8.3벌이'를 제재하라는 지침을 내려 대대적으로 단속하고 있다.[38]

북한당국은 생산가능인구의 부족 문제를 극복하기 위해 첨단과학기술에 입각한 지식경제시대의 개막을 선포하고, 이에 걸맞는 인재 양성을 위해 교육혁명을 추진하고 있다. 2012년 9월 북한당국은 법령으로 새로운 교육제도인 '전반적 12년제 의무교육'을 발표하였다. 1975년에 확립된 11년제 의무교육체제를 2012년 소학교 과정을 1년 늘려 12년제 의무교육체제로 변화시킨 것은 인구구성의 변화를 반영한 것이라고 평가할 수 있다. 학제 개편은 미래 노동력의 사회진출 및 군 인력 확보 등에서 1년씩 늦추어지는 효과가 있지만, 다른 한편으로 교육 연

---

37) 양문수·이석, "북한경제전문가 대화—북한의 시장 I: 발전, 구조 그리고 변화," 『KDI 북한경제리뷰』, 2021년 2월호, p.15.

38) 『Daily NK』, 2019년 1월 21일.

한을 확대함으로써 1인당 노동생산성 향상을 통해 새로운 지식집약형 성장전략의 변화를 추구하려는 것으로 해석할 수 있기 때문이다.39) 이후 김정은 위원장은 지식경제시대에 맞는 교육혁명을 지시하여 추진하고 있다.40)

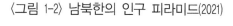

〈그림 1-2〉 남북한의 인구 피라미드(2021)

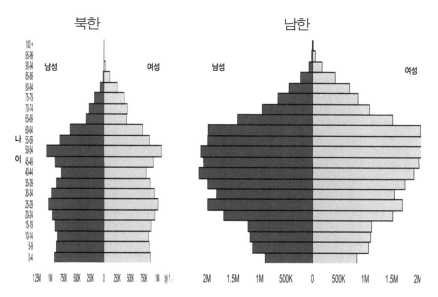

<출처> U.S. Census Bureau, International Data Base (CIA, *The World Factbook.* September, 2020)

---

39) 정영철, 「북한의 인구통계와 사회변화─교육체제의 변화와 군대 규모에 대한 새로운 추정」, 국회 정보위원회 정책연구용역보고서, 2015년 11월, pp.29~31.

40) 유영구, 『김정은의 경제발전전략1』, 경인문화사, 2020년 12월, pp.322~332.

〈그림 1-3〉 미 중앙정보국(CIA)의 북한 팩트북

NORTH KOREA

정부
 국가원수(명목): 최룡해 최고인민회의
  상임위원장
 국가수반(president): 김정은 국무위원회
  위원장 (최고영도자 역할)
 정부 유형: 독재정치, 단일정당국가, 공식
  국가이데올로기는 '주체사상'
 수도: 평양
 입법: 최고인민회의(단원제)
 사법: 중앙재판소(재판장 1인과 인민참심
  원 2인, 또는 경우에 따라 판사 3인)
 주미 대사관: 없음; 뉴욕에 북한 유엔 상
  주대표부
 미국 대사관: 없음; 평양주재 스웨덴 대사
  관이 미국인 영사 보호력 대리 행사

지리
 면적: 합계: 120,538 ㎢
  육지: 120,408 ㎢
  내수면: 130 ㎢
 기후: 온화(여름에 집중호우, 겨울은 장기
  혹한)
 천연자원: 석탄, 철광석, 석회석, 마그네
  사이트, 흑연, 구리, 아연, 납, 귀금속,
  수력

경제
 경제 개관: 매우 중앙집중된 명령형 및
  최소개방형 경제의 하나 : 주로 잘못
  된 경영, 고립, 대규모 군비 지출, 국
  제제재 등으로 경기침체, 투자 부진,
  만성적인 물자 부족에 직면
 GDP(구매력): 400억 달러(2015년 추산)
 1인당 GDP(구매력): 1,700달러(2015년
  추산)
 수출: 2억 2,200만 달러(2018년 추산)
  주요상대: 중국 86.3%(2017년)
 수입: 23억 2,000만 달러(2018년 추산)
  주요상대: 중국 91.9%(2017년)

주민 및 사회
 인구: 2,560만 명(2020년 7월 추산)
 인구 성장률: 0.51%(2020년 추산)
 인종: 단일민족; 소규모 화교집단 및
  극소수 일본계
 언어: 한국어
 종교: 전통적 불교, 유교 및 일부 기독교,
  천도교
 도시화: 도시인구: 전체인구의 62.4%
  (2020년)
  도시화율: 연간변화율 0.82%(2015~20
  년 추산)
 문자 해독률: 100%(2015년)

<출처> CIA, *The World Factbook*, September 2020.

2021년 1월 제8차 당대회에서 발표한 국가경제발전 5개년 계획을 자력갱생, 자급자족 방식으로 성공시키기 위해 생산가능인구를 공급해야 한다. 이 때문에 북한군의 복무기간을 대폭 줄인 것으로 알려졌다. 국정원의 국회 정보위 업무보고에 따르면, 북한의 군 복무기간은 남성이 현행 9~10년에서 7~8년, 여성이 6~7년에서 5년으로 단축됐다.[41] 당대회 직후인 2월 8~11일 개최된 제8기 제2차 당 전원회의에서 김정은 위원장은 당대회 때 제시된 5개년 계획에서 드러난 문제점을 지적하며 "통이 큰 작전안과 명철한 방도들"을 지시했다. 그 방도가 무엇인지 공개되지 않았지만, 그러한 방도의 하나가 군 복무기간을 줄여 경제가능인구를 확보하도록 한 조치인 것으로 평가되고 있다.

2. 경제력: 대북 경제제재 지속과 자력갱생의 한계

(1) 남북한 경제력 격차와 대중 무역의존도 심화

남북한의 경제력 격차는 해가 갈수록 커지고 있다. 국내총생산을 비교해 보면, 김정일 체제가 공식 출범했을 당시 한국경제가 북한경제의 20배가 채 되지 않았던 것이 김정은 체제가 공식 출범할 때는 40배가 되었고 2019년에는 60배 가까이로 더 벌어졌다. 무역규모는 같은 시점에 10배에서 40배로 뛰었으며 2019년 현재는 322배로 차이가 크게 벌어졌다. 경제성장률도 한국이 꾸준히 플러스성장을 해 온 반면, 북한은 플러스와 마이너스 성장으로 오르락 내리락 했다.

---

41) 『연합뉴스』, 2021년 2월 16일.

이와 같은 남북한의 경제적 격차는 북한 사회주의 경제체제의 구조적 한계와 정책당국의 경직된 운용에 기인한다. 설상가상으로 2016년부터 경제제재가 강화되면서 북한경제가 더욱 어려워졌다. 그 이전까지는 북·중 국경지대에서 지방정부의 묵인 아래 밀무역이 성행하였고, 중국 중앙정부도 유엔안보리 제재 결의안이 채택되면 3~4개월 이행하다가 이전상태로 되돌아가는 행태를 반복해 왔다. 이것이 대북 경제제재 무용론의 핵심 근거로 작용하기도 했다.42)

하지만 2016년 11월 9일 미 대선에서 도널드 트럼프가 미국 대통령에 당선된 직후인 그 해 11월 30일에 채택된 유엔안보리 대북제재 결의 2321호부터 중국은 과거와 달리 대북제재에 적극적으로 동참하기 시작하였다. 중국의 태도 변화는 무엇보다 대중 무역마찰을 예고한 트럼프 미 행정부에게 불필요하게 꼬투리를 잡혀 분란을 일으키지 않으려는 것이 가장 큰 이유로 보인다. 중국 중앙정부의 강력한 지침에 따라 지방정부도 밀무역을 엄격하게 단속하고 있다.

유엔안보리의 대북 경제제재에 중국이 동참하면서 북한경제는 커다란 타격을 받았다.43) 북한은 1991년부터 2016년 사이의 26년간 약 126억 달러의 외화수지 흑자를 기록한 것으로 추산되었지만, 유엔안보리

---

42) Lim Soo Ho, "Growth despite Sanctions? Revisiting the Effect of North Korea Sanctions," *KIEP Opinions*, September 18, 2017, pp.3~5.

43) 유엔안보리 결의 2321호는 북한의 제5차 핵실험에 대한 제재로 무연탄 쿼더를 설정한 것이라면, 2017년 8월 5일의 유엔안보리 결의 2371호는 미 본토를 겨냥한 대륙간탄도미사일 발사에 따른 조치로 철광석, 수산물 및 무연탄의 전면 교역금지를 규정하였다. 유엔안보리 결의 2375호는 북한의 수소폭탄 실험을 응징하기 위한 조치로서 북한의 섬유수출과 노동자 해외파견 금지를 담았으며, 유엔안보리 결의 2397호는 해외파견노동자의 24개월 내 철수, 민생용일지라도 중유 400만 배럴, 정제유 50만 배럴로 제한하였다.

결의 2371호 및 2375, 2397호 제재가 잇달으면서 북한의 무역적자는 2017년 20.1억 달러, 2018년 10~11억 달러, 2019년 9~10억 달러를 기록한 것으로 추정된다. 이 같은 무역적자가 지속된다면 북한 내 외화는 7년 안에 완전히 고갈되리라는 전망이 나왔으나,[44] 예상과 달리 환율이 비교적 안정세를 유지하고 있다. 그 원인에 대해서는 북한경제 연구자들은 달러라이제이션 가설, 외화수요 감소설, 외화소진 순서설, 충분한 외화버퍼설 등으로 분석을 시도하고 있다.[45]

〈표 1-7〉 남북한의 주요 경제지표 및 대중 교역 비교

		1990	1995	2000	2005	2010	2015	2016	2017	2018	2019	2020 (1~9)
한국	실질GDP (10억\)	200,556	436,989	651,634	957,448	1,322,611	1,658,020	1,740,780	1,835,698	1,898,193	1,919,040	1,898,193
	경제성장(%)	9.9	9.6	9.1	4.3	6.8	2.8	2.9	3.2	2.9	2.0	△1.0
	무역총액 (100만$)	112,219	266,453	332,749	545,581	891,589	963,243	901,889	1,034,600	1,144,340	1,046,018	878,245
	대중교역 (100만$)	69	16,976	34,495	111,991	206,835	275,718	255,003	280,604	310,880	284,339	258,879
	대중비중	0.1%	6.4%	10.4%	20.5%	23.2%	28.6%	28.3%	27.1%	27.2%	27.2%	29.5%
북한	실질GDP (10억\)	38,815	30,823	29,405	33,297	33,111	34,137	35,457	34,223	32,803	32,919	-
	경제성장(%)	△4.3	△4.4	0.4	3.8	△0.5	△1.1	3.9	△3.5	△4.1	0.4	-
	무역총액 (100만$)	4,170	2,052	1,969	3,002	4,174	6,252	6,532	5,550	2,844	3,245	
	대중교역 (100만$)	483	550	488	1,581	3,466	5,430	5,826	4,979	2,412	2,797	541
	대중비중	11.6%	26.8%	24.8%	52.7%	83.0%	91.3%	92.7%	94.8%	95.8%	95.4%	-

<출처> 한국은행,「국민소득」및「국민계정」; 한국무역협회,「국가의 수출입」; KOTRA 선양무역관,「2020년 북한의 대중 무역동향」, 2021년 2월 18일.; KDB산업은행,『2020 북한의 산업Ⅰ』, 2020년 12월, pp.53~54.

---

44) 임수호, "대북제재와 북한의 대응," (사)통일경제연구협회 통일경제정책워크숍 발제문, 2017년 9월 15일, pp.6~8.

2018년 들어 김정은 위원장이 핵실험과 대륙간탄도미사일 시험발사의 중단을 선언했지만, 북·미 비핵화 협상이 진전과 교착을 반복하면서 여전히 국제사회의 대북제재가 유지되고 있어 북·중 합작사업이 불가능한 상태이다. 몇몇 경제개발구는 개발잠재력을 갖고 있음에도 불구하고 국제사회의 대북제재가 지속되면서 투자유치가 전무한 상태이다. 이 때문에 북한은 제7차 당대회의 국가경제발전 5개년 전략에서 발표했던 경제개발구를 통한 대외경제의 발전 전략을 당분간 포기하고 대내 경제개혁에 집중했다.46)

국제사회의 대북제재는 대외무역에도 부정적 영향을 미쳤다. 한국과 일본의 독자제재에 따라 남북 교류·협력 및 북·일 교역이 중단되면서 북한의 대외무역에서 중국무역이 차지하는 비중이 매우 빠른 속도로 증가했다. 김정일 시대인 1990년 북한의 대외교역에서 중국의 비중이 11.6%였으나 1995년에는 26.8%, 2000년 24.8%, 그리고 2005년에는 52.7%로 급상승했으며 정권 말기인 2010년에 83.0%, 2011년에 88.5%로 가파르게 상승했다. 대중 무역의존도는 김정은 정권에 들어서도 높아져 2012년 88.3%를 시작으로 89.1%(2013)→90.1%(2014)→91.3%(2015)→92.7%(2016)→94.8%(2017)→95.8%(2018)→95.4%(2019)를 기록했다.

이와 같은 북한의 과도할 정도로 높은 대중 무역의존도 외에도 북한이 수입하는 정유제품 50만 배럴, 중유 400만 배럴의 대부분을 중국이 공급하고 있어 북한에 대한 중국의 강력한 영향력을 보여주고 있다. 이들을 근거로 중국역할론 내지 중국책임론이 나오고 있는 것이다. 바

---

45) 임수호, "'충분한 외화버퍼설': 북한 외화수지 추정의 쟁점과 전망," 『INSS 전략보고』, 국가안보전략연구원, 2020년 11월.

46) 김영희, "북한의 '경제발전 5개년 전략의 함의와 전망," 『KDB 북한개발』, 2016년 여름호(통권 제7호), pp.124~126.

이든 미 대통령도 후보시절에 『포린 어페어즈』 기고문을 통해 "핵 없는 한반도를 위해 중국이 북한에 압력을 넣도록 압박할 것"이라는 입장을 밝힌 바 있다.[47] 현재 중국정부는 북한의 비핵화 조치에 상응해 제재를 완화해줘야 한다는 입장이지만, 미·중 무역마찰에 부정적인 영향을 우려하여 석유공급 제한을 포함해 여전히 높은 대북제재 강도를 유지하고 있다.

(2) 과학기술 중시 정책과 자력갱생의 한계

자력갱생을 내세운 북한은 1998년부터 2017년까지 5년 단위로 '과학기술발전 5개년 계획'을 수립하면서 정보통신, 생명공학 등 첨단 과학기술 수준을 향상시켜 왔다. 실제로 2016~19년 동안 과학기술 관련 예산은 연평균 7.5% 늘어난 것으로 알려졌다. 이는 과학기술 강국의 실현을 위해 과학기술 인재 양성, 산업분야의 과학기술 도입, 연구기관 개편 및 역할 제고, 과학자 우대정책 등을 추진한 데 따른 것이다.

또한 종합대학 내에 과학기술 전문학과의 신설 및 확대, 과학기술전당의 설립, 화상 원격교육의 도입 등 과학기술 교육체계의 마련에도 힘을 쏟고 있다. 과학기술교육뿐만 아니라 컴퓨터수치제어(CNC) 등 과학기술을 응용한 통합생산체계 및 자동화 도입을 통해 산업부문 생산성 향상을 꾀하고 있다. IT·나노 등 첨단기술 중심으로 국가과학원 개편, 정보과학기술연구소 등 연구기관을 확충하고 과학자 우대정책의 일환으로 평양 여명거리 등에 대규모 과학자 주택과 편의시설을 건

---

47) Joseph R. Biden, Jr., "Why America Must Lead Again : Rescuing U.S. Foreign Policy After Trump," *Foreign Affairs*, March/April, 2020.

설하는 등 과학기술 중시 정책을 지속하고 있다.

제8차 당대회에서 발표된 국가경제발전 5개년 계획(2010~2025)에서는 국가경제의 자립적 구조를 완비한다는 목표 아래 관건적 고리인 금속공업과 화학공업에 투자를 집중한다고 밝혔다. 금속과 화학소재는 대북 경제제재와 코로나19 감염병으로 가장 큰 타격을 입은 분야이기 때문이다.48) 독자적인 기술을 완성하고 국내산 원료를 사용해 자력갱생, 자급자족의 최대 걸림돌인 금속공업과 화학공업의 중간소재들을 수입 대체해 수입의존도를 줄이겠다는 강한 의지를 보여주었다.

기존의 주체섬유(비날론), 컴퓨터수치제어공작기계(CNC) 외에 금속공업에서는 주체철 생산체계를 기술적으로 완성하고 생산능력을 확장하며 에너지절약형 제철 방식으로 신규 건설하고 갈탄으로 선철 생산에 이용하는 등 철강재 생산을 늘린다는 목표를 내놓았다. 또한 화학공업에서 국내산 석탄원료를 사용하는 주체적인 탄소하나화학을 창설한다는 방침을 제시했다. 그리고 이를 뒷받침하기 위해 전력을 증산하고 중장기적으로 조수력 발전에 집중하고 핵동력공업을 창설한다는 계획을 세워놓고 있다.49)

현재 북한이 주체철 생산체계의 기술적 완성과 능력확장이나 탄소하나화학공업 창설을 위한 화학공정 설비들의 국산화에 성공할 수 있을지도 의문이거니와, 설사 국산화에 성공한다고 해도 충분한 생산능력을 갖출 수 있을지, 전력을 제때 공급할 수 있을지 의문이 제기되고

---

48) 이석기, "북한 제8차 당대회(경제) 분석-토론," 「북한 제8차 당대회 평가와 전망」, 『통일전략포럼 자료집』, 제68호, 경남대 극동문제연구소, 2021년 1월, p.203.

49) 김정은, "조선로동당 제8차 대회에서 한 중앙위원회 사업총화보고," 『로동신문』, 2021년 1월 9일.

있다.50) 북한의 철강기술은 우리의 1980년대 중후반 수준이고 생산능력도 7.2%에 불과하다. 화학기술도 우리의 1970~80년대 수준이며 생산능력은 2.2~43.5%로 큰 편차를 보이면서 우리보다 뒤처져 있다. 북한이 자랑하는 정밀기계 분야의 CNC기술이 우리의 1990년대 초반 수준에 머물러 있다. 단지 IT의 소프트웨어 분야에서만 우리와 대응한 기술수준을 보여주고 있다.

〈그림 1-4〉 남북한의 주요 산업기술 및 산업별 생산능력 비교

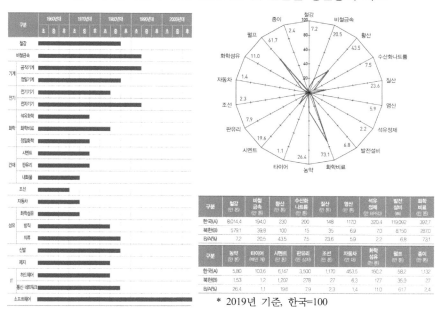

구분	철강 (만 톤)	비철 금속 (만 톤)	황산 (만 톤)	수산화 나트륨 (만 톤)	질산 (만 톤)	염산 (만 톤)	석유 정제 (만 BPSD)	발전 설비 (MW)	화학 비료 (만 톤)
한국(A)	8,014.4	194.0	230	200	148	117.0	320.4	119,092	392.7
북한(B)	579.1	39.8	100	15	35	6.9	7.0	8,150	287.0
B/A(%)	7.2	20.5	43.5	7.5	23.6	5.9	2.2	6.8	73.1

구분	농약 (만 톤)	타이어 (백만 개)	시멘트 (만 톤)	판유리 (만 상자)	조선 (만 톤)	자동차 (만 대)	화학 섬유 (만 톤)	펄프 (만 톤)	종이 (만 톤)
한국(A)	5.80	103.6	6,147	3,500	1,170	453.5	160.2	58.2	1,132
북한(B)	1.53	1.2	1,200	278	27	6.3	17.7	35.9	27
B/A(%)	26.4	1.1	19.6	7.9	2.3	1.4	11.0	61.7	2.4

* 2019년 기준, 한국=100

<출처> KDB산업은행, 『2020 북한의 산업 I』, 2020년 12월, p.xiv 및 p.viii.

50) 2021년 1월 17일 최고인민회의 제14기 제4차 회의에서 김승진 국가과학원장은 지난 5년간 과학기술이 북한 경제발전을 제대로 견인하지 못했다고 반성하며, 새로운 5개년 계획의 경제발전 목표를 달성하기 위해 총력을 기울이겠다고 밝혔다. 『로동신문』, 2021년 1월 18일.

(3) 시장화의 명암: 세도, 부정부패와 사회 양극화[51]

김정은 정권에 들어와 시장화가 매우 빠른 속도로 진행되고 있다. 1990년대 경제위기 이후 시장의 영향력이 확대되어 계획경제와 시장경제가 공존하고 있다. 농민시장·암시장 등 제한적으로 존재하였던 장마당이 2002년 '7.1 경제관리개선조치'를 계기로 종합시장으로 전환하여 2016년 말 현재 종합시장 404개가 인공위성 영상조사로 확인됐으며 시장 종사자도 110만 명을 넘는 것으로 추산되고 있다.[52]

기존 장마당 위주의 소비재시장 중심에서 종합시장으로 바뀌면서 점차 생산재, 금융, 노동, 서비스, 부동산 등 다양한 시장이 만들어지고 있다. 아직 금융시장과 노동시장은 상대적으로 활성화되지 못했지만, 장마당에서 자본을 축적한 개인사업가들이 투자를 늘려 전자제품수리·택배 등 개인서비스 시장이 확대되고 있다.[53]

이와 같은 시장화의 바람을 타고 북한사회 전역에 널리 포진한 신흥자본가 격인 돈주가 유통뿐만 아니라 제조와 건설 등 북한경제의 상당 부분을 담당하고 있다.[54] 돈주들은 보따리장사로 시작했지만, 1990년대 중반 이후 원자재와 에너지 부족으로 국영기업 설비가 멈추자 당국에 뒷돈을 주고 유휴설비와 노동력을 사용해 생필품을 만들어 장마당에 팔아 재산을 축적하였다. 2002년 '7.1 경제관리개선조치' 이후에는

---

51) 임을출, "김정은의 시장경제에 대한 인식: 평가와 전망," (사)통일경제연구협회 통일경제정책워크숍 발제문, 2017년 9월 15일, pp.17~20.

52) 양문수·이석, "북한경제전문가 대화—북한의 시장 I: 발전, 구조 그리고 변화,"『KDI 북한경제리뷰』, 2021년 2월호, p.18.

53) KDB산업은행,『2020 북한의 산업 I』, 2020년 12월, p.v.

54) 남문희, "붉은 모자 쓴 북한기업가,"『시사IN』, 제412호, 2015년 8월 11일.

돈주들이 지방의 제조공장에 자금을 대 큰 돈을 벌었다는 분석들로 볼때,55) 돈주는 중국 개혁・개방 초기의 개체호 수준을 넘어 사영기업가 수준까지 성장한 것으로 평가된다.

김정은 정권의 출범 이후 새로운 대형 돈주들이 등장했는데, 이들은 단순히 규모가 커진 것이 아니라 기존의 돈주들과 성격이 차별화될 수 있는 것으로 '붉은 자본가(Red Capitalist)'라고 부를 수 있을 사람이다. 이들 대형 돈주들은 국영무역회사들을 운영하면서 보따리장수 수준의 화교를 제치고 북한시장에서 큰손 행세를 하고 있다. 이들은 과거 외화상점에서만 살 수 있던 수입상품을 들여다 팔 뿐 아니라, 중국 현지공장에서 대량으로 물건을 구매해 합법적으로 국경을 통과한 뒤 교통이 좋은 대도시 물류거점을 통해 장사를 해 왔다.56)

'붉은 자본가'는 김 위원장이 공식 등장했던 2010년 9월 당 대표자 회에서 지도부에 대거 진입한 항일빨치산 2세들로서, 노동당과 군부의 고위층 자제들이 상대적으로 근무여건이 좋은 외교・무역 분야에 주로 근무한 것을 계기로 출현하였다.57) 해외로 수출되고 있는 북한 내광석, 석탄 등의 판매권이 북한 고위층 자제들로 이루어진 이들 특권층에게 장악되어 있고 중앙과 지방의 중소규모 무역회사들도 모두 이들의 영향권 내에 놓여 있다.58)

---

55) 이근영, 『무엇이 북한을 부패하게 했는가 - 부패 유형 변화와 제도적 원인』, 도서출판 선인, 2015년 2월, pp.174~179.

56) 박휘일, "북한의 신흥자본가 '돈주'의 활동과 그 파장," 『남북물류포럼 칼럼』, 제287호, 2015년 10월 20일.

57) 당시 리영호 군총참모장 아들과 김영춘 인민무력부장 사위, 이용무 국방위 부위원장의 아들 등이 무역회사 책임자로 일하고 있었다고 한다.

58) 대표적인 2세 인물들로는 오세현(오극렬 국방위 부위원장), 김 철(김원홍

'붉은 자본가'의 성격으로 볼 때 계획경제의 틀 속에서 비전략부문에 대한 시장화 허용은 김정은 체제에 대한 도전요인보다 강화요인으로 기능할 가능성이 높다. 다만 중국의 사례에서 보듯이, 핵심권력층 자제들에 의한 특권적 시장화는 부정부패를 만연시키고 북한사회의 양극화를 가져온다. 북한당국이 시장과 사기업, 돈주의 활동을 용인하면서, 북한사회 내부에서 계층분화가 진행되고 있는 것이다.59) 중장기적으로 특권적 시장화가 계속 심화된다면 기존 북한의 계획경제와 모순을 일으켜 체제전환의 기폭제가 될 가능성도 배제할 수 없게 될 것이다.

이 때문에 김정은 위원장은 정권 출범 이후 지속적으로 특혜비리와 부정부패의 척결을 강조해 왔다. 하지만 각종 특혜비리와 부정부패 사건이 끊이지 않고 발생하는 것으로 보인다. 국제투명성기구(IT)가 국가별 공공·정치 부문의 부패 정도를 평가하는 지표로 작성하는 '2020 국가별 부패인식지수(CPI)'에서 북한은 100점 가운데 18점을 얻어 180개 국가 가운데 170위를 기록했다.60) 이것은 아시아지역에서 최하위 점수이고 최하위 순위이다. 2019년에도 17점을 얻어 172위였던 데서

국가안전보위부장), 강태성(강석주 당 국제담당비서), 김철훈(김충일 김정일 서기실 前부부장), 김창혁(김창섭 국가안전보위부 정치국장), 리일혁(리수용 외무상), 백룡천(백남순 前외무상), 서동명(서 철 軍총정치국장), 조성호(조명록 前국방위 부위원장) 등이 거론된다(괄호안은 부친 이름과 직책).『뉴시스』, 2015년 2월 6일.

59) 돈주 세력의 등장에 따른 사회분화 메커니즘 및 사회계급의 분화에 관해서는 각각 다음을 볼 것. 임을출,『김정은 시대의 북한경제: 사금융과 돈주』, 한울아카데미, 2016년, pp.174~179 및 다니엘 튜더·제임스 피어슨(전병근 옮김),『조선자본주의공화국』, 비아북, 2017년 8월, pp.234~239.

60)『미국의 소리(VOA)』, 2020년 1월 29일.

별로 나아지지 못하고 있음을 보여주고 있다.[61]

　제8차 당대회 사업총화보고에서 김정은 위원장은 "우리 당이 세도와 관료주의, 부정부패 행위와의 전쟁을 선포하고 투쟁하여 왔지만 그것이 아직도 완전히 극복되지 못하고 있습니다"라고 강력히 경고하고 있다. 이와 관련해 2020년 8월 전당적인 규율강화를 위해 중앙검사위원회의는 집행부서로 규율조사부를 신설하였다. 하지만 이러한 특권세력들은 김정은 정권의 핵심기반이기 때문에 실질적인 단속이 이뤄질지 의문이며, 실제로 이들을 척결하려 할 경우 조직적인 반발도 예상된다.[62] 따라서 김정은 위원장이 명운을 걸고 이 세력들을 발본색원할지, 아니면 현상적으로 드러난 특혜나 부정부패의 해소에만 초점을 맞춘 미봉책에 그칠지는 좀 더 지켜볼 필요가 있다.

---

61) 『미국의 소리(VOA)』, 2020년 1월 24일.

62) 중국의 경우도 특권층의 조직적인 반발 때문에 부정부패를 척결하지 못해 오다가 시진핑 주석이 자신의 가족이 연루됐음에도 불구하고 부패척결을 명분으로 정적들을 제거해 나갔다. 블룸버그 통신의 분석에 따르면, 시진핑 주석 일가를 비롯해 중국 8대 원로들의 자제들이 중국 국부의 상당 부분을 보유하고 있었다. 당시 중국의 빈부격차는 상위1%가 국부의 1/3을 차지하고 있고 지니계수(Gini's coefficient)가 1995년 0.45에서 2002년 0.55, 2012년 0.73으로 나타날 정도로 심각했는데, 이 수치는 청나라 말기 태평천국의 난 당시와 비슷한 것으로 알려졌다. Bloomberg News, "Xi Jinping Millionare Relations Reveal Fortunes of Elite," *Bloomberg Business*, June 29, 2012.; Bloomberg News, "Heirs of Mao's Comrades Rise as New Capitalist Nobility," *Bloomberg Business*, December 27, 2012 및 北京大學 中國社會科學調査中心, 『中國民生發展報告書 2014』, 北京大學出版社, 2014年 10月1日.

3. 군사력: 재래식전력의 열세와 비대칭전력 강화

(1) 재래식 전력의 양적 우위, 질적 열세

『2020 국방백서』에 따르면, 병력수에서 한국군은 56만 명으로 북한군 128만 명의 절반에도 못 미친다.[63] 한국군은 국방개혁 2.0에 따른 국방인력구조 개편작업으로 2018부터 2021년까지 단계적으로 육군 18개월, 해군 20개월, 공군 21개월로 병역기간을 단축해 오고 있다. 징병제('초모제(招募制)'라고 부름)에 따라 고등학교 졸업 뒤 일정한 연령에 도달하면 군대에서 일정 기간 복무하는 북한군도 최근 남성이 9~10년에서 7~8년으로, 여성이 6~7년에서 5년으로 군복무 기간이 단축됐다.[64]

육군의 전력을 비교해 보면, 야포가 북한군 8,800여 문, 한국군 6,000여 문이고, 다연장로켓·방사포가 북한군 5,500여 문, 한국군 270여 문으로 양적으로 북한군이 우세하다. 전차도 북한군은 4,300여 대 보유하고 있고, 우리 군의 2,130대보다 2배 이상 많은 수량이다. 하지만 육군의 K-2 전차는 북한군 주력인 선군호, 폭풍호 전차보다 훨씬 뛰어난 성능을 갖추고 있는 등 무기체계의 질적인 측면에서는 한국군이 북한군을 압도하고 있다.

해군의 경우, 함정의 수량은 북한 해군이 800여 척으로 우리 해군 240척보다 양적으로는 훨씬 많지만, 함정 톤수는 우리 해군이 25.5만

---

63) 국방부, 『2020 국방백서』, 대한민국 국방부, 2020년 12월, p.290.

64) 『연합뉴스』, 2021년 2월 16일.

톤으로 북한군 11.1만 톤을 압도한다. 이것은 1척당 통수로 계산하면 한국 해군이 북한 해군보다 7~8배 대형의 함정을 보유하고 있음을 보여주는 것이다. 북한 함정은 대부분 연안 전투함인데다가 선체 연령이 수명주기를 대부분 초과했다.

공군의 전투임무기도 한국 공군이 410여 대, 북한의 항공·반항공군이 810대로 2배 가까이 차이가 난다. 하지만 한국 공군은 F-35A 스텔스 전투기를 비롯해 F-15K, KF-16 등 북한보다 한 세대 이상 앞서는 기종을 보유하고 있다. '피스아이'(Peace Eye)로 불리는 E-737 항공통제기, 공중급유기(KC-330) 등을 토대로 감시정찰, 원거리 정밀타격, 작전범위 등에서 질적 우위를 차지하고 있다.

〈표 1-8〉 남북한 및 주한미군 군사력 비교

(2020년 12월 현재)

총 병 력		북한군 약 128만 명	한국군 약 56만 명	주한미군 약 3만 명
육군	육군병력	약 110만 명	약 46만 명	약 2만 명
	전　　차	T-62,T-54/-55 등 약 4,300대	K-1, K-2, T-80 등 약 2,130대	M-1A2
해군	함　　정	약 800척 11.1만톤	약 240척 25.5만톤	지원부대
	구 축 함 프리깃함 잠 수 함	4척 25척	12척 13척 14척	
	해 병 대		약 29,000명	
공군	전투임무기	약 810기	약 410기	약 80기
	제3/4세대 전투기	Mig-23×56기 Mig-29×18기	F-4×30기 F-16×162기 F-15×59기	F-16×60기
참고	인　　구	2,551만 명	5,164만 명	
	병　　역	남성 7~8년 여성　5년	육군 18개월 해군 20개월 공군 21개월	* 한국군은 2018년부터 2021년까지 병역기간을 단계적으로 감축

<출처> 국방부, 『2020 국방백서』, p.290 및 防衛省·自衛隊, 『令和2年版 防衛白書: 日本の防衛』, 2020年 8月, p.90를 참고로 작성.

이 밖에도 우리 군은 「국방중기계획(2021~2025)」에 따라 군정찰위성, 중고도 정찰용 무인항공기, 고위력·초정밀 지대지미사일, 이지스 구축함(KDX-Ⅲ), 경항공모함, F-35A, 한국형 전투기(KF-X) 등 핵심 군사능력 중심의 주요 전력증강 계획을 추진하고 있다. 북한군도 최근 전술탄도미사일을 비롯한 단거리 발사체를 개발해 실전배치하고 있지만, 질적이나 양적인 면에서 한국군보다 열세에 있다. 따라서 재래식 전력 면에서는 주한미군 보유 장비를 제외하더라도 한국군이 북한군에 대해 압도적인 우위를 지속해 나갈 것으로 보인다.[65]

(2) 기술혁신형 군대화와 비대칭전력의 강화

앞서 살펴본 북한 인구의 변화는 북한군의 병역(兵役) 자원의 규모에도 영향을 미치고 있다. 현재 북한군의 규모에 관해 영국 국제전략문제연구소(IISS)의 『군사균형(*Military Balance*)』와 『일본방위백서』는 110만 명으로 기록하고 있다. 한국의 『2020 국방백서』는 영국, 일본 측보다 더 많은 128만여 명으로 추정하고 있다.[66] 이러한 추정대로라면 북한의 병역 비중이 아랍권에 둘러싸인 이스라엘보다 북한군 병력이 인구 대비 2.2배에 달한다고 하는 비현실적인 숫자가 나타난다.(<그림 1-5> 참조)

---

65) 미국 군사전문사이트인 GFP(Global Firepower.com)가 2021년 1월에 발표한 「글로벌파이어파워」 지수에 따르면, 재래식 종합전력에서 한국군은 전세계 6위의 화력을 보유하고 있는 데 비해 북한군은 28위에 머무르고 있다. 자세한 내용은 본서 제2부 제4장 4절의 1-(1) 및 다음의 GFP(Global Firepower.com) 사이트를 참조할 것.
　　https://www.globalfirepower.com/global-ranks-previous.asp
66) 국방부, 『2020 국방백서』, 대한민국 국방부, 2020년 12월, p.290.

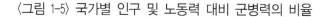

〈그림 1-5〉 국가별 인구 및 노동력 대비 군병력의 비율

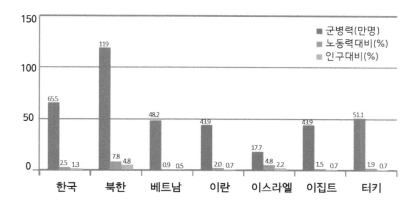

<출저> 정영철, 『북한의 인구 통계와 사회 변화—교육체제의 변화와 군대 규모에 대한 새로운 추정』 (2015년 11월, 국회 정보위원회 정책연구용역보고서), p.54.

2008년 10월 유엔인구기금(UNPF)의 지원을 받아 실시된 북한인구 조사의 결과를 분석해 보면,[67] 북한군의 상비병력은 연령별 총인구 2,405만여 명에서 지역별 총인구 2,334만여 명을 제외하면 70만 2천 명이 나오는데, 이 차이는 각 지역에 주둔하고 있는 군인 수의 차이로 추정된다.[68] 이러한 차이가 15~29세 남성층에 집중되어 나타나고 있

---

67) 10년 만인 2018년에도 유엔인구기금의 지원을 받아 북한 인구조사가 실 시될 예정이었으나 보류된 상태이다.

68) 미야모토 교수는 "1999년 발표된 북한 인구연구소연구원 논문에서 이는 '군인을 제외했기 때문'이라고 설명한 만큼, 69만 1천 27명이 상비병력임을 북한당국이 간접 인정한 셈"이라고 말했다. 宮本 悟, "朝鮮人民軍の軍制と 戰力," 『오늘의 북한학, 한반도 통일을 말하다: 2015 세계 북한학 학술대회 발표논문집』, 2015년 10월 13~14일 참조.

는데, 남성이 94.4%인 67.6만 명이며, 이 숫자에다 영외 근무하는 장교의 수를 감안하더라도 북한군의 총병력수는 70만 명을 넘지 않을 것으로 추정된다.[69)]

김정은 시대에 들어와 지식경제시대에 대비한 경제정책의 우선순위 조정과 인구사회학적 변화에 따라 북한당국은 국방정책에서도 일정한 변화를 나타내고 있다.[70)] 김정은 위원장이 김일성 100회 생일 기념 열병식 연설에서 밝힌 '새 세기 산업혁명'을 통한 사회주의 강성국가의 실현을 위해 병역자원의 감소 문제를 해결하지 않으면 안 된다. 이에 따라 북한군은 대군주의(大軍主義)에 따른 노동집약형 군대에서 벗어나 정예주의(精銳主義)에 따른 기술혁신형 군대로의 전환을 가속화하고 있다. 이는 병역자원이 크게 감소하면서 부족한 군사력의 공백을 군사혁신(RMA)으로 보완하려는 시도로 풀이된다.

이러한 군사혁신에 따라 북한군은 경제적 군비이자 기술혁신형 무기로서 핵무기의 개발 및 소형화·경량화와 더불어 생화학무기의 개발에도 박차를 가해 왔다. 뿐만 아니라 운반수단인 중장거리 미사일 개발에 이어 무인기, 잠수함발사 탄도미사일(SLBM) 개발에도 총력을 기울이고 있다. 북한은 미사일부대를 총괄 지휘통제할 전략로켓트군을 창설하고 2013년에 조선인민군 전략군(Strategic Forces)을 제4군종으로 공식화하면서 높은 수준의 군사력을 구축해 나가고 있다.

---

69) 정영철, 「북한의 인구통계와 사회변화─교육체제의 변화와 군대 규모에 대한 새로운 추정」, 국회 정보위원회 정책연구용역보고서, 2015년 11월, pp 55~66.

70) 유영구, 『김정은의 경제발전전략1』, 경인문화사, 2020년 12월, p.296.

(3) 북한의 첨단무기 개발과 국제커넥션, 제약요인

　김정은 위원장은 제8차 당대회 사업총화보고에서 화성포 계열의 중거리·대륙간탄도미사일, 북극성 계열의 수중·지상 발사 탄도미사일, 핵무기의 소형경량화·규격화·전술무기화, 초대형 수소탄 개발 완성의 개발성과를 제시하면서, 다탄두개별유도체(MIRV), 극초음속 순항미사일, 핵잠수함을 지속적으로 개발해 나간다는 핵능력 강화의 방향을 공개했다. 북한의 과학기술력과 경제사정으로 볼 때 그러한 군비증강 계획을 실행하기 쉽지 않을 것으로 보였지만, 지금까지 예측보다 한발 앞서 신형무기를 선보였고 최근 신형무기 개발에 속도가 붙고 성공확률도 높아졌다는 점에서 과소평가는 금물이다.

　북한이 조악한 산업기술력에도 불구하고 국방과학기술 분야에서 잇달아 성과를 거두고 있는 이유는 어디에 있나? 북한군의 주력이던 스커드 단거리 탄도미사일은 중동전쟁 때 이집트를 도와준 대가로 손에 넣은 뒤, 역공학(reverse engineering) 방식으로 자체 개량했다는 것이 정설이다. 원자탄·수소탄과 중거리·대륙간탄도미사일의 경우는 옛 소련이 해체될 때 우크라이나로부터 핵 과학자, 미사일 기술자들을 평양으로 초청해 이들이 기억을 되살려 그린 설계도면을 확보해 놓았다는 고위 탈북자의 증언도 있다. 이를 바탕으로 북한은 외국에서 군사기술을 절취하거나 이중용도기술·민간기술을 도입해 군사적으로 전용하는 방식으로 국방과학기술을 발전시켜 온 것으로 보인다.[71]

---

71) 2011년 7월 27일 우크라이나에서 액체연료엔진, 로켓연료 공급시스템 기술이 담긴 비밀문서를 절취하려다 북한공작원이 체포되기도 했다. 이들의 정보수집 목표는 탄도미사일, 미사일시스템, 미사일 개조, 우주선 엔진, 태

최근 북한이 시험발사한 단거리발사체 기술들의 원천은 다른 곳에서도 찾아볼 수 있다. 북한의 신형전술유도탄은 「중거리핵전력(INF)조약」에 묶여 러시아가 사거리 500km 이하로 개발한 신형 이스칸데르-M과 유사하다.[72] 각종 첨단 미사일 기술의 입수경로로는 이란과의 협력 가능성을 생각해 볼 수 있다. 2020년 1월 6일 미군의 드론 공격으로 이라크 주둔 현지사령관이 사망하자 이란군이 적외선영상탐색기가 장착되어 원형공산오차(CEP) 3m 정도로 매우 정밀한 단거리탄도미사일로 미군기지를 공격했다.[73] 이란의 첨단 미사일기술이 북한에게 일부 흘러갔을 가능성을 배제할 수 없다.

김정은 정권에 들어와 다종다양한 탄도미사일들이 대거 등장했는데, 이는 북한이 독자적인 '진화적 및 연속적·동시병렬적 개발 방식'을 확립한 데 기인한다. 북한의 탄도미사일 개발은 '1차 단계: 전략급 탄도미사일 개발 중심(2013~2017)' → '2차 단계: 전술급 탄도미사일 개발 중심(2016~2021)' → '3차 단계: 신형 전략급 탄도미사일 개발 중심 + 제한적 첨단탄도미사일 개발(2019~ 2023)'의 개발방식으로 추진되고 있다. 이 방식은 초강대국 미국과의 적대적 대치와 유엔안보리의 경제제재로 국가 재원과 자원이 제약받는 상황에서, 개발 기간 단축과 사업비 증가를 방지해 비용과 일정 등과 관련한 개발 위험을 줄이면서 최신 무기체계의 신속한 전력화가 가능하다는 장점을 갖고 있다.[74]

양열 배터리, 급속배출 연료탱크, 에너지 축적장치, 이동식 발사대응 미사일 수납컨테이너 등이었다. 『CNN』, August 25, 2017.

72) 조성렬, "북한의 단거리 발사체와 국가안보," 『계간 외교』, 제134호, 한국외교협회, 2020년 7월, pp.129~130.

73) 신영순, "최근 북한의 미사일/방사포 도발 의도," 『국가안보전략』, 2020년 5월호, 한국국가안보전략연구원, pp.32~33.

다만, 유엔안보리 제재가 장기화되면서 북한의 무기개발도 제약을 받을 가능성이 있다. 대북제재의 장기화에 따른 경제난 속에서 국가 재원과 자원을 무기개발에 투입하는 데는 제약이 따를 수밖에 없으며, 미국을 비롯한 국제사회가 국제공조를 통해 미사일 기술과 관련 소재・부품・장비를 철저히 관리하고 있어 북한으로의 유입도 쉽지 않다. 유엔안보리는 UNSCR 2321 때부터 필요 이상의 항공유가 제공되지 않도록 제한하고 고체연료엔진용 화학소재의 수출금지 등으로 제재 수위를 더욱 높이고 있어, 국방과학기술 분야에서 북한이 지금까지 보여준 성공과 달리 앞으로도 그러한 성과를 이어갈지 불확실하다.

Ⅳ. 북한 정보실패의 위험과 정책 시사점

지금까지 살펴본 취약국가지수로 볼 때 대북 경제제재나 코로나19 감염병, 자연재해 등 여러 가지 어려움에도 불구하고 김정은 체제는 점차 안정되어 가는 모습이다. 김정은 위원장이 공개석상에서 첫 모습을 드러낸 2012년도 취약국가지수가 95.5점이었지만 9년이 지난 2020년도에는 90.2점으로 크게 향상되었고, '위험(Alert)' 단계에 있는 31개국 가운데 30위를 차지해 현재의 추세라면 몇 년 안에 이 단계를 벗어나 '경고(Warning)' 단계로 진입할 가능성도 있다.

---

74) 신승기, 「북한의 유도무기 개발 방식, 함의 및 전망」, 『동북아안보정세분석』, 한국국방연구원, 2021년 1월 25일, pp.1~2 및 신승기, 「북한의 유도무기 개발 과정 분석과 향후 전망」, 『동북아안보정세분석』, 한국국방연구원, 2021년 1월 27일

지금까지 국내 일부 북한전문가나 외교안보전문가들이 북한 체제에 대한 정보를 잘못 해석하거나 고의적으로 과장·왜곡 해석함으로써 우리의 올바른 대북정책 수립을 방해해 왔다. 비전문가들의 온정주의나 감상주의는 그렇다 치더라도, "정부가 국익에 부적절하거나 비생산적 조치를 취하도록 상황을 오인"하도록 한 정보실패(intelligence failure) 때문이다. 이는 △정보 수집·분석에 대한 전문가의 역량 부족, △과장·왜곡·날조로 인한 정보의 정치화, △북한의 부정·기만(denial and deceit) 정보에 속은 판단 착오 때문에 생긴 것이다.[75]

흔히 저질러지는 정보실패의 대표적인 사례로 식량 부족, 경제제재에 따른 경제적 곤란, 외화보유고의 고갈을 곧바로 체제붕괴의 신호로 과장하는 일반화의 오류(fallacy of hasty generalization)나, 3대 세습이나 인권유린이 북한주민들의 저항을 낳아 정권 동요의 계기가 될 것이라는 희망주의적 사고(wishful thinking)를 들 수 있다. 북한 내 시장화 현상을 북한 체제 민주화의 출발점으로 보는 시각도 마찬가지다.

자유민주사회의 시각으로 북한을 바라보는 오해석(misunderstand-ing)도 자주 나타난다. 앞서 살펴본 국가취약지수도 미국의 관점에서 바라본다는 한계를 안고 있다. 북한의 정치지수들이 최하위라는 것이 미국식 가치로는 국가취약성을 나타내는 것으로 이해할지 모르지만, 현실에서는 북한 체제의 내구성이나 북한의 국가전략에 미치는 영향이 미미할 수 있다.

미국식 가치로 사회주의를 판단했다가 정보실패한 대표적인 사례가

---

75) Abram Shulsky & Gary Schmitt, *Silent Warfare: Understanding the World of Intelligence*, 3rd ed. Brassey's Inc., 2002, p.63. *박종재, "안보정책 결정 과정에서 국가정보 생산자와 소비자 관계 고찰," 『국가정보연구』, 제7권 1호, 2014년, p.40에서 재인용.

중국의 세계무역기구(WTO) 가입 허용이다. 미 행정부는 전문가들의 조언을 받아들여, 중국의 WTO 가입을 허용했다. 이는 중국이 시장화로 점차 민주화가 촉진될 것이라는 희망주의적 집단사고와 오해석 때문이다. 하지만 중국은 연성권위주의에서 역행해 경성권위주의로 후퇴했다. 경성권위주의가 되면 경제가 침체할 것이라는 전망과 달리 아직까지는 그 반대의 현상이 나타나고 있다.[76]

북한의 국력은 남북한과 비교할 때 인구는 물론이고 경제력, 재래식 군사력이 크게 뒤떨어지는 것이 객관적인 사실이다. 하지만 북한이 '경제적 군비'라고 부르는 핵무기 개발로 비대칭전력을 확보함으로써 두 가지 열세를 극복하려 하고 있다. 만약 북한이 두 마리 토끼를 잡을 수 있다면, 아무리 한국이 종합국력에서 우위에 있다고 해도 전략적 지위의 우위를 장담할 수 없게 된다.

하지만 현실은 북한의 국가전략이 의도했던 것과 다른 방향으로 전개되는 경우도 나타날 수 있다. 김정은 정권은 자력갱생 전략을 성공시켜 자주적인 사회주의 강성국가로 나아가고 싶겠지만, 그 결과는 정반대로 난비행(亂飛行, rough flight)이나 경착륙(硬着陸, hard landing)으로 귀결될 수도 있다. 그런 점에서 우리의 대북전략 방향은 북한의 내부 혼란을 막고 한반도 정세를 안정시키기 위해 북한 체제가 연착륙(軟着陸, soft landing)할 수 있도록 북한이 스스로 국가전략을 변경하도록 이끌어유도해야 한다.

---

76) 미국의 중국전문가 데이비드 샴보(David Shambaugh) 조지 워싱턴대 교수는 신권위주의(1989~92)에서 벗어난 중국이 연성권위주의(1998~2008)에서 준민주주의로 갈 것으로 기대했으나, 결과적으로는 경성권위주의(2008~현재)로 퇴보했다고 평가했다. 데이비드 샴보(최지희 옮김), 『중국의 미래』, 한국경제신문사, 2018년 2월, pp.18~23.

우리가 대북 우위를 유지하면서 대북정책의 목표를 실현하려면 북한의 국력 요소뿐만 아니라 북한이 추진하고 있는 국가전략의 맹점을 읽고 대북정책에 활용할 수 있어야 한다. 북한의 국가전략을 변화시킬 수 있는 포인트는 국력 격차 그 자체보다는 올바른 정보판단에 근거해 북한의 국력 요소(인구, 경제력, 군사력)에 내재된 구조적 도전요인들에서 찾아내는 것이다. 이러한 도전요인들을 잘 활용함으로써 우리가 추구하는 대북정책의 목표, 즉 완전한 비핵화를 통한 한반도 평화체제 구축의 방향으로, 더 나아가 민족자결에 의한 평화통일로 북한이 나아가도록 유도해 갈 수 있을 것이다.

경제(E) : 북한의 경제와 자립경제 전략

Ⅰ. 북한경제의 3중고와 머나먼 자립경제

일찍이 김일성 주석은 주체사상의 경제적 지침으로 '경제에서의 자립'을 내걸었다. 그 동안 북한은 사회주의 강성국가를 최종적인 국가목표로 하면서 김일성 정권의 정치사상강국, 김정일 정권의 군사강국, 김정은 정권의 경제강국으로 단계적인 국가목표를 발전시켜 왔다. 그런 점에서 경제강국의 건설을 통한 사회주의 강성국가의 완성은 김정은 정권의 최대목표라고 할 수 있다. 이러한 경제강국의 토대는 바로 자립적 민족경제의 건설이다.

북한의 역대 정권들이 줄곧 자립적 민족경제의 건설을 내세웠지만, 방점은 서로 달랐다. 김일성 시대에는 경제·국방 병진노선의 기치 아래 중공업 우선정책을 취했다면, 김정일 시대에는 '고난의 행군'을 겪은 뒤라 한정된 재원 때문에 인민경제 부문에 대한 국가 통제를 완화하면서 선군경제 건설노선을 추진하였다. 김정은 시대 초기에는 경제

· 핵무력 건설 병진노선을 통해 일부 선군경제 건설노선을 계승했지만, 2016년 5월에 36년 만에 제7차 당대회를 열고 야심차게 국가경제 발전 5개년 전략을 추진했다.1) 하지만 김정은 위원장 스스로 "매우 미진하다"고 혹평했듯이, 그 결과는 사실상 실패로 끝났다.

하노이 북·미 정상회담의 결렬로 국제사회의 대북제재가 완화될 조짐이 없는 가운데 예기치 않게 코로나19 감염병 사태가 발생하자 김정은 위원장은 당초 계획됐던 관광단지 개발사업을 전면 중단하고 당 창건 75주년인 2020년 10월 10일 개원을 목표로 평양종합병원 건설에 나섰다. 하지만 여름철 수해로 인해 각종 복구작업의 수요가 폭발적으로 늘어난데다가 북·중 국경폐쇄로 자재, 자금난까지 겹쳐 각종 의료장비와 의약품 등의 조달에 실패하면서 평양종합병원을 개원하지 못했다.

결국 김정은 위원장은 당 창건 75주년 기념 열병식 연설에서 '고맙다', '면목이 없다'를 수차례 반복하면서 눈물의 사과를 하지 않을 수 없었다. 이 자리에서 그는 "가혹하고 장기적인 제재 때문에 모든 것이 부족한 속에서 비상방역도 해야 하고 혹심한 자연피해도 복구해야 하는 엄청난 도전과 난관에 직면"했다고 하면서 2021년 1월에 제8차 당대회를 개최해 "(부흥번영의) 실현을 위한 방략과 구체적인 목표를 제시하게 될 것"이라며 "인민의 행복을 마련해나가는" 새로운 단계가 될 것이라고 약속했다.2)

'태산명동서일필(泰山鳴動鼠一匹)'이라는 말이 있듯이, 2021년 1월

---

1) 권영경, "북한의 경제건설노선 변화과정에 대한 분석과 향후 전망," 통일부 통일교육원 연구과제논문, 2018년 12월.

2) 『조선중앙통신』, 2020년 10월 10일.

에 개최된 제8차 당대회에서 김정은 위원장이 제시한 경제노선은 소리가 요란했던 것에 비해 변변한 내용이 담기지 않았다. 북한주민들은 물론 전 세계 전문가들이 과연 어떠한 새로운 경제전략을 내놓을까 주목했지만, 예상했던 것과 달리 '자력갱생, 자급자족'이라는 새롭지 않은 전략을 다시 꺼내들었다. 이와 관련해 김 위원장은 "현 단계에서 우리 당의 경제전략은 정비전략, 보강전략"이라는 해명성 입장을 내놨다.

제8차 당대회에서 제시된 경제전략은 미래비전보다는 정상화에 초점을 맞춘 것으로, 과거 김일성 시대 때의 '완충기' 설정과 유사해 보이기는 하지만 그 성격은 크게 다르다. 김일성 시대의 '완충기'는 예정된 목표를 달성하지 못했을 때 계획 기간을 연장했던 것이다. 이에 비해 김정은 시대의 '보정전략, 보완전략'은 미·중 전략경쟁의 심화와 한반도 정세, 한국 정치판도의 불확실성 등을 고려해, 단순히 계획 기간의 연장이 아니라 유동적인 정세가 어떻게 바뀌더라도 대비할 수 있도록 체제 정비에 우선 힘을 쏟고자 한 것으로 평가해 볼 수 있다.

이 장에서는 우선 북한경제의 특징을 경제의 분절과 경제관리 운영방식 두 측면에서 분석하고 북한의 자립적 민족경제 노선의 전개와 시장화 및 대외경제관계를 살펴보았다. 다음으로 김정은 시대의 경제정책을 제7차 당대회 개최를 중심으로 이전의 병진노선 시기와 북·미 협상의 통한 경제건설 모색기, 하노이 노딜 이후 '새로운 길' 모색기로 나누어 살펴보았다. 끝으로 미·중 전략경쟁 시대에 북한이 제8차 당대회를 열고 새롭게 제시한 경제노선 분석과 평가 및 향후 북한이 취할 대외경제전략을 전망해 보았다.

Ⅱ. 북한의 자립경제 노선과 경제력 건설

1. 북한 경제제도의 특징

(1) 인민경제와 특수경제

북한은 당이 국가를 지도하는 당국가 체계이고, 군을 정치적으로 우선하는 선군정치 방식이 강한 영향력을 지니고 있다. 그렇기에 당, 군과 같은 특수단위들은 독자의 경제를 운영하고 있다. 당 경제는 70년대 중반 김정일이 후계체제 구축에 필요한 자금조달을 위해 별도의 이권사업을 조직한 데서 시작되었고, 군 경제는 1966년 10월 당 대표자회에서 경제·국방 병진노선을 제기한 뒤 1970년대 초 제2경제위원회를 만들면서 시작됐다. 인민경제와 분리된 군 경제와 당 경제는 별개의 주체에 의해 관리된다는 점에서 북한경제는 분절(分節)경제라고 볼 수 있다.

당은 최고 수준의 정책을 결정하는 가장 강력한 권력 기관이다. 북한의 노동당은 내각과는 독립적인 영역에서 자체적으로 필요한 자금 마련을 위해 별도의 경제활동을 해왔다. 1974년 2월 제5기 제8차 당 전원회의에서 후계자로 공인된 김정일이 후계체제 구축에 필요한 자금조달을 위해 '평양상사(대성총국 전신)'를 조직해 송이버섯 및 전복 채취, 금광 채굴 등을 한 것이 당 경제의 시초로 알려져 있다.3)

---

3) 당의 여러 부서가 돈벌이에 나서지만, 대표적인 조직으로는 당 38호실, 39호실이 있다. 38호실은 호텔·식당, 외화벌이 상점을 운영하고, 39호실은 광산, 송이버섯 채취를 통해 외화벌이를 했는데, 2009년 5월 두 조직이 하나로 통합됐다. 박영자·이교덕·한기범·윤철기, 『김정은 시대 북한의 국

군수공업을 담당하는 제2경제위원회는 내각의 제2기계공업부에서 군수공업 관리 기능을 인수하면서 설립됐다. 이후 정무원(내각의 전신) 예산과는 별도의 독자적인 예산에 근거한 제2경제권이 형성됐다. 제2 경제의 자금과 자원은 국가계획위원회의 계획에 따라 일부는 공식 예산으로 일부는 당으로 보내지지만, 나머지는 자체적으로 획득 및 조달한다. 그밖에도 호위사령부, 국방성, 국가보위성, 인민보안성 등의 경제활동도 내각이 관할하는 경제영역 밖에서 이루어진다.

당 경제와 군 경제는 경제난, '고난의 행군'으로 배급 체계가 무너져 기관별로 자력갱생을 해야 하는 처지로 내몰린 이후로 비중이 급격히 커졌다. 실제로 북한 내 특수경제가 과도하게 비대해지면서 내각경제가 유명무실해진 상태이다.4) 이러한 분절경제는 북한경제의 회생을 어렵게 만드는 최대의 요인으로 지목되고 있다. 이 때문에 김정은 위원장은 집권하자마자 인민경제의 중요성을 강조하며 경제사령부로서 내각의 책임을 부각시켰다.

집권 10년차를 맞이했건만 여전히 이 문제는 해결되지 못한 채로 있다. 김 위원장이 제8차 당대회 결론 연설에서 "당 대회 이후에도 특수성을 운운하며 국가의 통일적 지도에 저해를 주는 현상에 대해서는 그 어느 단위를 불문하고 강한 제재 조치를 취하여야 한다"고 역설한 것도 이 때문이다.5) 이 발언은 북한 내에 엄존하는 특수경제(당경제, 군경제)를 축소하고 내각 중심의 인민경제에 힘을 실어주기 위한 것이다.

가기구와 국가성』, 통일연구원, 2018년 12월 15일, pp.75~76.

4) 임수호, "8차 노동당대회 이후 북한, 중앙집권성 경제관리 강조 가능성," 『통일시대』, 2021년 2월호, p.21.

5) 김정은, "조선로동당 제8차 대회에서 한 결론," 『로동신문』, 2021년 1월 13일.

(2) 사회주의 기업 관리운영방식

북한의 경제제도는 사회주의 계획경제이면서 동시에 자립적 민족경제를 지향한다. 1948년 9월 10일 발표된 「조선민주주의인민공화국 10대 정강」에서 일제 식민지 경제의 편파성을 극복하기 위해 자립적 민족경제의 발전을 강조했으나 다분히 선언적인 것이었다. 자립적 민족경제 건설 노선은 제1차 5개년 계획을 앞두고 소련의 대북 원조가 어렵다는 사정을 파악한 뒤 1962년 10월 최고인민회의에서 처음 공식화한 뒤 본격적으로 추진되었다.6)

1972년 사회주의헌법이 제정되면서 자립적 민족경제 건설 노선과 사회주의 생산관계가 결합되어 나타났다. 북한헌법 제19조는 북한이 사회주의적 생산관계와 자립적 민족경제의 토대에 의거한다고 밝히고 있다. 또한 북한헌법 제26조는 "사회주의 자립적 민족경제 로선을 틀어쥐고 인민경제의 주체화, 현대화, 정보화, 과학화를 다그쳐 인민경제를 고도로 발전"시킨다고 규정하고 있다. 특히 북한헌법 제34조는 "조선민주주의인민공화국의 인민경제는 계획경제이다"라고 사회주의경제의 본질이 계획경제제임을 분명히 하고 있다.

북한은 1961년 12월 김일성 수상이 대안전기공장을 현지 지도하는 과정에서 지배인이 아니라 당이 기업의 의사결정을 주도하도록 한 '대안의 사업체계'를 제시하였다. 이것은 당비서, 지배인, 기사장, 근로단체 책임자, 기술자대표와 생산핵심당원 등이 참여하는 당 위원회가 기

---

6) 이창희, "북한의 자립적 민족경제건설노선의 형성과 특징," 동국대학교 대학원 박사학위논문, 2013년, pp.50~51.

업소의 생산활동 전반을 집단적으로 관리 운영하는 방식이다.[7] 대안의 사업체계는 1961년 11월 27일 제4기 제2차 당 전원회의에서 채택된 뒤 1972년 12월 사회주의헌법에 포함되어 북한헌법에 47년간 명문 규정으로 남아 있었다.

2019년 4월 최고인민회의는 1972년 사회주의헌법 제정 이래 계속 유지되어 왔던 '농업지도체계'(청산리방법)와 함께 기존의 생산·기업 관리 방법론인 '대안의 사업체계'를 헌법의 수정보충을 통해 삭제하였다. 그 대신 헌법에 명시하지는 않았지만 농업 생산과 분배에서 자율성을 높인 포전담당책임제를 확대 운용한 데 이어, 수정헌법에 기업 경영방식과 이익 배분, 가격 결정의 자율성을 높여 시장 활성화를 꾀하기 위한 '사회주의 기업책임관리제'를 공식화하였다.

사회주의 기업책임관리제는 소유관계(생산수단의 사회적 소유), 조직관계(국가의 통일적 지도 아래 집단주의적 경영), 분배관계(이익 배분과 가격) 가운데 사회주의적 소유관계는 그대로 둔 채 조직과 분배의 관계를 개선한 것이다. 즉, 조직관계에 생산단위의 경영 자율성을 높이고 분배관계에서 근로자의 생활향상을 추구할 수 있도록 한 것이다. 하지만 사회주의적 소유와 집단주의를 유지한다는 점에서 완전한 시장경제는 아니며 계획경제 속에 시장 요소를 받아들인 것이라고 볼 수 있다.[8]

---

7) 유영구, 『김정은의 경제발전전략1』, 경인문화사, 2020년 12월, p.352.

8) 유영구, 『김정은의 경제발전전략1』, pp.346~347. 임수호는 사적소유가 법적으로 금지되어 있으나 2000년대 이후 '돈주'에 의한 생산수단의 '사실상 사적소유'가 진전됐으며 최근에는 국영농장, 협동농장으로까지 영역이 확대되고 있다고 한다. 및 임수호, 「북한 '사회주의 기업책임관리제' 분석 및 시사점」, 『INSS전략보고』, 제49호, 2019년 12월, p.8.

대안의 사업체계 (1972.12. 사회주의헌법)	사회주의 기업책임관리제 (2019.4. 사회주의헌법 수정보충)
제33조 국가는 생산자대중의 집체적힘에 의거하여 경제를 과학적으로, 합리적으로 관리운영하는 사회주의경제관리형태인 **대안의 사업체계**와 농촌경리를 기업적방법으로 지도하는 **농업지도체계**에 의하여 경제를 지도관리한다. 국가는 경제관리에서 **대안의 사업체계**의 요구에 맞게 독립채산제를 실시하며 원가, 가격, 수익성 같은 경제적공간을 옳게 리용하도록 한다.	제33조 국가는 생산자대중의 집체적지혜와 힘에 의거하여 경제를 과학적으로, 합리적으로 관리운영하며 **내각의 역할을 결정적으로 높인다.** 국가는 경제관리에서 **사회주의 기업책임관리제**를 실시하며 원가, 가격, 수익성같은 경제적공간을 옳게 리용하도록 한다.

2. 북한의 자립적 민족경제 추진과 점진적 시장화

(1) 김일성 시대: 경제·국방 병진노선과 계획경제

해방 직후 북한은 일제의 식민잔재를 청산하고 사회주의 경제기반을 구축하기 위해 토지개혁과 주요시설 국유화를 단행해 해방 전의 생산수준을 회복했다. 하지만 3년간의 한국전쟁으로 그동안 복구한 산업생산시설은 거의 대부분이 파괴되었다. 김일성 정권은 조속한 전후 복구를 위해 일련의 경제 개발계획을 수립하고 시행하였다. 인민경제 복구발전 3개년계획(1954~1956년)을 통해 파괴된 시설을 복구했을 뿐만 아니라 공장과 기업소를 재배치하였다.9)

김일성 주석은 제3차 당대회에서 사회주의의 기초마련을 위한 인민

---

9) 박은진, "북한 정권별 산업정책 변천과 전망," 『KDB 북한개발』, 2017년 여름호 (통권11호), pp.170~174.

경제발전 제1차 5개년 계획(1957~1961년)을 수립해 당초 목표를 1년 앞당겨 달성하였다. 중공업 우선정책을 강력히 추진함과 동시에 농업 협동화 작업을 완료함으로써 사회주의 경제건설을 위한 기반을 구축하였다. 이 과정에서 천리마운동과 청산리방법과 같은 북한 특유의 사회주의 노력동원 운동을 고안해냈다.

이러한 성과를 발판으로 제4차 당대회에서는 사회주의 공업의 고도화를 위한 인민경제발전 제1차 7개년 계획(1961~1967년)을 추진하였다. 김일성 주석은 "중공업은 인민경제 발전의 기초이다. 중공업을 발전시키지 않고는 경공업과 농업을 발전시킬 수 없으며 인민경제의 모든 부문을 현대적 기술로 장비할 수 없다. 특히 중공업은 나라의 정치경제적 독립의 물질적 기초로서 그것 없이는 민족경제라고 말할 수 없고 국방력도 강화할 수 없다"[10]고 하며 중공업 우선주의를 다시 밝혔다.

하지만 중·소 분쟁, 베트남전쟁 등 국제정세의 악화로 제1차 7개년 계획은 3년 연장된 1970년에야 달성되었고, 인민경제발전 6개년 계획(1971~76)과 제2차 7개년 계획(1978~84) 등 세 번의 경제개발계획은 매번 완충기를 둘 정도로 성과가 부진했다. 북한의 마지막 경제개발계획인 제3차 7개년 계획(1987~93)은 사회주의국가들의 체제전환, 냉전 해체로 인한 북한 경제난의 도래 등으로 제대로 시행되지도 못했다. 이후 북한은 국가 차원의 경제개발계획을 수립하지 못할 정도로 경제에 대한 국가의 통제조절 능력이 크게 약화되었다.

한국은행의 분석 조사에 따르면, 김일성 시대에 해당하는 1956~1989년 사이 북한의 GDP 성장률은 중공업 우선정책에 힘입어 13.7%(1956~60년) 고성장을 기록했지만, 1960년대 이후 4.1%(1961~1970년),

---

10) 김일성, 『김일성저작집 19』, 조선노동당출판사, 1965, p.294.

2.9%(1971~1980년), 2.4%(1981~1989년)로 점차 낮아졌다. 이는 외연적 성장이 내포적 성장으로 이행하지 못한 결과로 보인다. 1961~1988년 북한의 1인당 실질 GDP 성장률은 1.0%로, 같은 기간 루마니아(2.9%), 헝가리(2.2%), 폴란드(2.1%), 소련(2.0%), 체코(1.8%) 등 동유럽국가보다 낮은 수치이다.[11]

〈표 2-2〉 김일성 시대 중장기 경제발전계획

구 분	결정기관	목 표			내 용
		국민소득	공업생산	곡물(조곡)생산	
인민경제 복구발전 3개년 계획 (1954~56)	최고인민회의 제1기 제7차 회의(1954.4)	1.75배	2.6배	' 49년 대비 1.19배	- 파괴된 시설 복구, 공장 기업소 재배치
인민경제발전 제1차 5개년 계획 (1957~60)	제3차 당대회 (1956.4)	1.5배	2.6배	376만톤	- 중공업 우선, 경공업・농업 동시발전 - 계획보다 1년 앞당겨 4년 만에 달성
인민경제발전 제1차 7개년 계획 (1961~1970)	제4차 당대회 (1961.9)	2.7배	3.2배	660만톤	- 경제・군사 병진 및 4대 군사노선 - 계획보다 3년 뒤늦게 10년 만에 달성
인민경제발전 6개년 계획 (1971~1976)	제5차 당대회 (1970.11)	1.8배	2.2배	700~750만 톤	- 산업설비 근대화 및 기술혁명, 차관 도입
인민경제발전 제2차 7개년 계획 (1978~1984)	최고인민회의 제6기 제1차 회의(1977.12)	1.9배	2.2배	1,000만톤	- 인민경제의 주체화, 현대화, 과학화 - 합영법 시행 및 독립채산제 강화
인민경제발전 제3차 7개년 계획 (1987~1993)	최고인민회의 제8기 제2차 회의(1987.4)	1.7배	1.9배	1,500만톤	- 주체사상, 및 새로운 무역체계 도입 - 나진선봉 자유무역지대 건설

<출처> 김석진, "경제정책,"『북한 제7차 당대회 분야별 평가 및 향후 전망』, 통일연구원, 2016년 8월, p.41및 박은진, "북한 정권별 산업정책 변천과 전망,"『KDB북한개발』, 2017년 여름호 (통권11호), p.174를 참조하여 필자가 재작성.

---

11) 조태형・김민정, "북한의 장기 경제성장률 추정: 1956~1990년,"『BOK 경제연구』, 제2020-17호, 2020년 7월 28일, p.30 및 pp.42~43.

(2) 김정일 시대: 선군경제 건설노선과 시장의 도입

김정일 시대는 김일성 주석의 갑작스런 사망과 뒤이은 자연재해의 극복과정으로 시작됐다. 김정일 위원장은 '고난의 행군'까지는 김일성 주석이 사망하기 직전에 개최한 제6기 제21차 당 전원회의에서 밝힌 혁명적 경제전략(농업, 경공업, 무역 3대 제일주의)를 계승하는 자세를 취했다.[12] 하지만 1998년 9월 김정일 체제가 공식 출범한 뒤 선군정치 노선과 함께 경제분야에서 선군경제 건설노선이 제시되었다.[13]

김정일 위원장은 취임 직후 '고난의 행군'에서 벗어나 사회주의 강행군을 시작했다. 이것은 선군시대의 개막과 함께 기존의 혁명적 경제전략에서 선군경제 건설노선으로 전환하기 시작했음을 의미했다. 김정일 위원장은 1999년 1월 1일 '당 중앙위원회 책임일군들과 한 신년 담화'에서 "군사는 국사 중의 제일국사이며 국방공업은 부강조국 건설의 생명선입니다. 군사와 국방공업을 떠나서는 경제강국도 건설할 수 없으며 나라와 인민의 안녕도 생각할 수 없습니다."라며 선군경제 건설노선의 추진을 선언했다.[14]

김정일 위원장은 선군경제 건설노선의 성공적인 추진을 위해 국방공업 및 관련 중공업과 같은 전략부문에 투자를 집중하다 보니, 경공업과 지방공업 부문과 같은 비전략부문에 대한 투자가 소홀해질 수밖

---

12) 『김정일 선집』, 제13권, 1994년 10월 16일 문건.

13) '선군정치'라는 용어는 『로동신문』 1998년 5월 26일자 정론에서 처음 등장했으며, 그 해 9월 9일 김정일 체제의 출범과 함께 공식화되었다.

14) 『김정일 선집』, 제14권, 1999년 1월 1일 문건.

에 없었다. 또한 전략부문의 추진을 위해 경공업이나 지방공업에서 발생한 초과수익을 전략부문으로 이전할 필요가 있었다. 이러한 선군경제 건설을 뒷받침하기 위해 새로운 경제관리 조치가 필요했는데, 그것이 바로 '7.1 경제관리개선조치'이다.

2002년 7월 1일 북한당국은 가격 및 임금의 대폭 인상, 가격결정방식 개편, 배급제의 단계적 축소, 국가계획수립의 분권화, 기업 자율권 확대와 인센티브제 도입 등을 골자로 한 일련의 경제개혁 조치를 발표했다.[15] 2003년 3월 종합시장 개설, 국영상점의 기관·기업소 임대, 개인상업 허용 등 유통분야의 개혁, 2004년 1월에는 가족영농제 시범실시, 기업의 계획·생산·판매·노무·이윤처리 권한 확대 등 농업 및 기업분야의 개혁조치를 단행하였다. 이러한 '7.1 경제관리개선조치'는 국방공업 및 관련 중공업에 집중 투자하기 위해 비전략부문에 투자하지 않으면서, 이 부문에서 발생한 이윤을 전략부문으로 이전하기 위해 시장을 확대하고 공식경제에 편입시키기 위한 조치이다.[16]

하지만 2005년을 기점으로 기존의 경제개혁조치들을 되돌리는 반시장 조치들이 시행되기 시작했다. 2005년 10월 양곡전매제를 시행하고, 11월에는 국가배급제를 부활하려는 시도가 있었으며 2006년 4월에는 부동산 전면실사, 2007년 초 개인 서비스업 실태조사를 시행하였다. 2007년 4월 김정일의 신임 속에 경제개혁을 이끌던 박봉주 총리가 실각하였고, 2007년부터 시장에서 장사할 수 있는 연령 및 품목을 제한하는 등 시장을 비사회주의의 온상으로 규정하고 강력한 시장통제

---

15) 권영경, "2012년체제 구축전략과 북한경제의 변화," 『KDI 북한경제리뷰』, 한국개발연구원, 2012년 3월호 참조.

16) 유영구, 『김정은의 경제발전전략 1』, p.480 및 임수호, 『북한 '사회주의 기업 책임관리제' 분석 및 시사점』, p.10.

정책이 실행되었다.

반개혁 역주행 정책에 정점을 찍는 대표적인 사례는 시장경제에 대한 북한당국의 통제력 회복을 목적으로 2009년 11월에 단행한 화폐교환 조치다. 모든 종합시장을 폐쇄하고 외화 사용을 금지시켰다. 하지만 주민들의 강력한 반발에 부딪히자, 2010년 2월 1일 전국적으로 시장통제를 해제해 사실상 북한당국이 두 손을 들었다.17) 이처럼 북한 내 반개혁세력의 저항과 정부재원의 부족, 인프라 미비, 금융시스템의 개혁이 동반되지 못하는 바람에 김정일 정권이 추구했던 경제개선조치들은 별다른 성과를 거두지 못하고 실패로 끝나고 말았다.

〈표 2-3〉 7.1 경제관리개선조치의 주요 내용

구 분	내 용
가격·임금 인상	- 식량 가격 수십배 인상(농민시장 가격 수준) - 교통요금, 주택사용료, 광열수도비 등 공공 서비스 요금 수십배 인상 - 모든 근로자의 월평균 급여 15~20배 인상
환율 현실화	- 북한 원화의 공식환율을 달러당 150원으로 현실화 - '외화와 바꾼 돈표'를 폐지
원부자재 시장 개설	- 사회주의 물자공급시장을 개설해 기업소 및 농장이 기자재와 투입요소를 거래할 수 있도록 허용
분권화 확대	- 중앙의 계획권한 중 일부를 기업소와 농장에 이양 - 독립채산제 강화를 통하여 경영관리 자율성 부여 - 기업 노임 지급의 자율성 확대, 농장의 자체분배 확대

<출처> 손기웅 외, 『북한 분야별 실태분석 및 향후 대북정책 추진방향』, 통일정책연구
협의회, 2009년, p.140.

___

17) 북한당국은 화폐교환조치의 실패에 따른 책임을 물어 2010년 3월 12일 박남기 당 재정부장을 공개 총살시켰다.

(3) 김정은 시대: 경제·핵무력 건설 병진노선과 시장의 공식화

김정은 위원장이 첫 공식 석상에 모습을 드러낸 2012년 4월 15일 김일성 주석 100회 생일 기념 열병식에서 한 일성은 "다시는 우리 인민의 허리띠를 조이지 않겠다"는 것이었다. 이것은 2013년 김정은 위원장의 첫 신년사에서 '경제강국 건설과 인민생활 향상'으로 집약되어 나타났으며, 그 최종목표가 "이 땅 우에 사회주의 강성국가, 천하제일 강국을 보란 듯이 일떠세울 것"임을 밝히고 있다.[18]

김정은 위원장은 김일성 시대의 정치사상강국에 이어 김정일 시대의 군사강국, 그리고 자신의 시대에 경제강국을 건설해 최종적으로 사회주의 강성국가를 만들겠다고 포부를 밝혔다. 김정은 위원장의 사망으로 군사강국 목표를 이루지 못하자, 선대목표인 군사강국과 자신의 목표인 경제강국의 두 과제를 결합시킨 경제·핵무력 건설 병진노선을 내걸었다. 병진노선의 논리는 핵무력 건설을 바탕으로 더 이상 재래식 군비경쟁에 내몰리지 않고 경제건설에 매진할 수 있도록 해준다는 것이다. 그런 점에서 병진노선이 추구하는 경제건설의 최종목표는 사회주의 경제강국, 즉 사회주의에 바탕을 둔 자립적 민족경제의 건설이라고 할 수 있다.

김정은 정권의 출범 이후 북한경제 전반에 걸쳐 경제강국을 건설하기 위한 조치들이 시행되기 시작했다. 그것은 바로 우리식 경제관리방법의 도입이다. 김정은 정권이 공식 출범한 직후인 2012년 6월 28일 "우리식의 새로운 경제관리체계를 확립할 데 대하여"(「6.28방침」)라는

---

18) 김정은, "신년사," 『로동신문』, 2013년 1월 1일.

새로운 경제관리조치가 내부적으로 발표되었고, 그 뒤『조선신보』를 통해 그 내용들이 소개되기 시작했다.[19] 이는 사회주의 기업책임관리제를 언급한 2014년 5월 김정은 위원장의「5.30담화」에서 공식화되었다.[20] 이것을 토대로「기업소법」과「농장법」,「무역법」,「재정법」,「중앙은행법」,「상업은행법」등이 잇달아 제정·개정되었다.

「5.30담화」는 사회주의기업에 생산권, 분배권, 무역권을 부여해 경영의 자율권의 범위를 확대한다는 내용을 담고 있다. 특히 계획메커니즘(중앙지표)을 축소하고 시장메커니즘(기업소지표) 작동영역을 70% 이상으로 확대했다는 점에서 사회주의 기업책임관리제의 도입으로 북한의 시장화는 크게 확대될 수 있게 진행되었다.[21] 다만 북한당국의 주도로 이루어졌고, 당 위원회의 집체적 지도를 강조하면서 지배인책임제의 도입까지는 받아들이지 않았다. 이처럼 우리식 경제관리방법은 전면적인 시장경제의 도입과 같은 중국식 실용주의와 달리 사회주의 원칙 고수와 시장에서의 실리 획득에 목적을 두고 있다.

이후로도 김정은 위원장은 2014~2019년 신년사와 2016년 5월 제7차 당대회 결정서 등에서 사회주의 기업책임관리제, 우리식 경제관리방법의 실시를 독려했으며, 마침내 2019년 4월 북한헌법에도 사회주의

---

19)『조선신보』, 2013년 5월 10일.

20) 정창현, "5.30문건과 사회주의 기업책임관리제,"『통일뉴스』, 2014년 12월 8일. 유영구는 '5.30담화'가 우리식 경제관리방법의 확립을 지시한 공식 문헌이라고 밝히고 있다. 유영구,『김정은의 경제발전전략1』, 경인문화사, 2020년 12월, p.342.

21) 양문수, "시장화 측면에서의 김정은 체제 5년,"『김정은 체제 5년, 북한을 진단한다』, 늘품플러스, 2016년 12월, pp.118~121 및 임수호,『북한 '사회주의 기업 책임관리제' 분석 및 시사점』, p.10.

기업책임관리제가 정식으로 포함되었다. 2021년 1월 제8차 당대회 사업총화보고에서 김 위원장은 '경제관리개선의 근본 대책'을 주문했고, 2월 8~11일에 열린 제8기 제2차 당 전원회의에서 김덕훈 내각총리는 "사회주의 기업책임관리제를 정확히 실시하여 근로자들이 경제관리의 실질적 주인이 되게 하기 위한 현실성 있는 방법론을 완성하겠다"고 다짐했다.[22] 이는 기업책임관리제가 후퇴하고 엄격한 계획경제로 회귀하려는 것이 아니라 아직 구체적인 방법이 마련되지 않았거나 제대로 뿌리내리지 못하고 있음을 보여주는 것이다.

〈표 2-4〉 우리식 경제관리방법의 주요 내용

구 분	내 용
협동 농장	- 시장가격이 반영된 생산비용을 선(先) 지급 - 작업분조 단위 축소(10~25명→4~6명) - 생산량의 70%는 국가, 30%는 생산 분조에 처분권 부여 - 노동과 실적에 기반한 차등 분배
공장· 기업소	- 시장가격이 반영된 생산비용을 선(先) 지급 - 각 기업소가 독자적인 생산 계획을 수립, 필요한 만큼의 인원,토지, 설비 등을 국가에 요청하고 불필요한 부분은 국가에 반납 - 노동시간, 기여도 등에 따른 성과급제 도입
배급제	- 국가계획을 할당받는 단위(군수공장, 중앙급 공장기업소)는 배급제 유지, 독립채산제 단위(4~7급의 중소규모 지방 기업소 등)는 생활비 체계로 전환

<출처> 조성렬 외, 『통일시대의 준비와 한반도 마셜플랜 A&B』, 한국정책금융공사, 2014년, p.75.

---

22) 『로동신문』, 2021년 2월 12일.

앞에서 살펴본 김정일 시대의 '7.1 경제관리개선조치'와 김정은 시대의 '우리식 경제관리방법'을 시장화의 관점에서 △원자재 및 생산재의 자율적 시장거래, △시장 형성 가격의 인정 여부, △생산제품 및 업종의 자율성, △고용 및 임금 결정권 등 네 가지로 나누어 살펴보면 <표 2-5>와 같다.

〈표 2-5〉 7.1 경제관리개선조치와 우리식 경제관리방법 비교

구 분	7.1 경제관리개선조치 (2002년)	우리식 경제관리방법 (2012년)
원자재 및 생산재의 자율적 시장 거래	국가 주도 '사회주의 물자공급시장' 개설	기업과 개인의 원자재 거래 및 생산물자 자율처분권을 확대
시장 형성 가격의 전면 인정	지방 중소기업에 한해서만 국가 감독 하에 자율적 가격 책정 허용	가격 책정 권한을 기업과 시장에 일임
생산제품 및 업종의 자율 결정	국가가 정한 생산품목 안에서 부분적 자율성 인정	국가가 생산계획을 정해주지 않고 기업·공장이 생산제품을 스스로 결정. 시장 상황에 따라 기업은 업종 전환 가능
고용 및 임금 결정권 전면 위임	기업은 근로자 고용 및 해고 권한 없음	근로자 고용 및 해고, 인센티브 및 기본임금 결정 권한을 기업에 부여

<출처> 조성렬 외, 『통일시대의 준비와 한반도 마셜플랜 A&B』, 한국정책금융공사, 2014년, p.89.

3. 북한의 대외경제 정책

북한의 대외경제정책은 크게 무역사업의 발전, 합영합작사업, 과학기술교류, 경제특구, 국제금융 거래발전 등으로 나눠볼 수 있다. 김일성 시대(1948~1994)에는 무역사업에 치중하다가 1980년대 들어와 합영합작사업에 관심을 기울이는 정도였다. 북한의 대외경제정책이 체계를 갖추기 시작한 것은 김정일 시대에 들어와서였다. 김정일 시대(1994~2011)에는 다양한 대외경제관계를 모색하였으나 사회주의권의 붕괴로 공산권 경제상호원조회의(COMECON)가 해체된 이후로는 국제경제체제로부터 고립되었다. 김정은 시대(2012~현재)에는 기본적으로 김정일 시대의 대외경제정책을 계승, 확대했으나 핵실험을 비롯한 탄도미사일 개발로 유엔안보리를 비롯한 각국의 경제제재를 받으면서 거의 성과를 거두지는 못하고 있다.

(1) 김일성 시대: 자립경제 노선과 무역다변화의 모색

김일성 시대 때부터 자력갱생을 강조하며 자립경제노선을 추구해 왔지만, COMECON에 준회원국으로 참가해 경제개발에 필요한 자금과 기술을 지원받았다. 1960년대 들어와 소련의 무상원조가 중단되자 북한은 자력갱생을 위해 공산권 국가들로부터 우대가격으로 원부자재, 중간재를 수입했으며, 북한경제가 성장할수록 수출능력이 신장되고 그만큼 수입도 늘어나는 등 무역이 증가했다.

북한은 1960년대 중·소 분쟁으로 경제계획이 차질을 빚은 경험으로부터 1970년대에 들어와 서방국가들과 무역을 확대하고 차관을 도입하는 등 무역 다변화를 시도했다. 그리하여 제1차 6개년 계획(1971~76년)에는 서방으로부터 차관을 빌려 자본재, 기계·설비·기술을 도입했다. 이 기간 동안 북한의 차관액 21억 5천만 달러 가운데 57.8%인 12억 4,200만 달러가 서방국가로부터 들여온 것이었다.23) 하지만 대서방 무역적자의 급증과 석유파동으로 외채가 급증하면서 1976년 북한은 채무불이행사태(default)에 빠졌다.

　북한은 채무불이행사태에서 벗어나기 위해 대외경제관계의 확대에서 돌파구를 찾고자 했다. 그리하여 1984년 9월 최고인민회의 상설회의는 '대외개방'의 첫 조치로서 외국인 직접투자와 외국과의 공동사업을 허용하는 「합영법」을 제정했다. 1986~88년에는 무역이 20% 증가하는 등 호조를 보이기도 했으나, 외국인투자 건수는 합영법 제정 이후 1993년말까지 140여 건에 1억 5,000만 달러가 체결되는 데 그쳤으며, 그나마 실제 성사된 것은 100여 건에 불과했다. 합영사업에서 경영과 소유, 인사권이 제약되어 있어 외국인들이 투자를 꺼렸고, 대부분을 차지하는 재일 조총련계 상공인의 투자는 소액에 그쳤다.24)

　1990년대 들어와 옛소련과 동유럽 사회주의국가들의 체제가 붕괴하면서 북한의 대외경제관계는 더욱 악화되었다. 옛소련은 사회주의 우대가격을 폐지하고 경화 결제를 요구하였고 그 결과 대외무역이 크게 줄어 한국은행 추정으로 1990~94년 사이에 연속으로 마이너스 성

23) 유영구, 『김정은의 경제발전전략2』, 경인문화사, 2020년 12월, p.321.

24) 김영윤, "북한 대외경제정책의 변화과정과 한계(1)," 『북한』, 1999년 10월 호, p.171.

장을 기록하게 되었다. 1991년 10월 김일성 주석은 중국을 방문해 경제특구를 시찰하고 돌아온 뒤 그 해 12월 라진・선봉지역을 자유무역지대로, 라진항・선봉항・청진항을 자유무역항으로 지정했으며 1993년 3월에는 '자유경제무역지대 국토건설총계획'을 발표했다.

북한은 무역을 확대하기 위해 1992년 「북・중 무역협정」을 체결하고, 그 해 12월 무역부와 대외경제사업부를 통합해 대외경제위원회를 만들고 정무원(내각 전신)의 각 위원회・부, 지방 행정경제위원회에 무역권을 부여했다. 1993년 12월 제6기 제21차 당 전원회의는 농업・경공업과 함께 '무역 제일주의'를 3대 혁명적 경제전략이라고 선언하면서 대외경제전략을 구체화하기 시작했다. 1994년 4월 제9기 최고인민회의 제7차 회의는 중앙정부의 무역독점권을 지방으로 일부 넘겼다. 이처럼 북한은 무역제일주의 전략과 새로운 무역체제를 채택해 무역확대를 꾀했으나, 그 해 7월 8일 김일성 주석의 사망으로 무역제일주의 전략은 실행에 옮겨지지 못하고 끝나고 말았다.25)

(2) 김정일 시대: 경제특구 확대와 국제금융기구 가입 시도

① 경제개발구의 본격 도입

북한은 김일성 주석의 갑작스런 사망과 뒤이은 자연재해로 '고난의 행군'이라는 최악의 경제 상황을 맞이하였다. 김정일 국방위원장은 3년 동안의 유훈통치기를 거쳐 1997년 10월 8일 당 중앙위원회와 당 중앙군사위원회에서 총비서로 추대되었고, 1998년 9월 5일 최고인민회

---

25) 유영구, 『김정은의 경제발전전략 2』, pp.323~324.

의 제10기 제1차 회의에서는 헌법을 개정해 국방위원장에 재추대되었다. 이날 최고인민회의 결정으로 대외경제위원회를 폐지하고 무역성을 부활했으며 대외건설국과 합영지도국을 통폐합하여 경제협조관리국을 신설했다.26)

김정일 위원장은 2001년 1월 상하이(上海)를 방문해 발전한 모습에 '상전벽해', '천지개벽'이라며 감탄하고 푸둥개발지구가 300억 달러의 외자를 유치해 세계적인 첨단산업단지가 된 것을 직접 눈으로 보았다. 그는 귀국 뒤에 연구조사를 거쳐 2002년 '7.1 경제관리개선조치'를 발표하고 신의주경제특구(2002.9.)를 지정했다. 개성공업단지(2002.11.)와 금강산관광특구(2002.11.)가 지정된 것도 이 무렵이다.

2008년 8월 김정일 위원장이 뇌출혈로 쓰러진 이후에도 경제특구에 대한 정책은 계속되었다. 2009년 12월 17일 김정일 위원장이 라선시를 방문한 뒤 2010년 1월 4일에 라선특별시로 승격시켰고, 2011년 6월 6일 북한 최고인민회의 상임위원회는 「황금평, 위화도 경제지대(특구)에 대한 정령」을 발표하였다. 북한은 황금평, 라진 특구를 '강성대국 선도구역'이라 부르며 북한식 개방으로 나아가기 위해 본격적인 정비에 나섰다. 이렇듯 북한은 강성대국 건설을 목표로 중앙계획경제의 골격을 유지하는 가운데 외국인 투자의 유치를 위한 조직 및 법령의 정비를 단행하였다.

북한은 2009년 하반기부터 계획을 수립하기 시작한 뒤, 2011년 1월 내각 결정으로 국가경제개발 10개년 전략계획을 채택하고 국가경제개발총국을 설립했다.27) 내각은 인프라건설과 기초공업, 지역개발 등 12

---

26) 유영구, 『김정은의 경제발전전략 2』, p.324.

27) 『조선중앙통신』, 2011년 1월 15일.

개 사업 분야에 걸쳐 총 1천억 달러의 해외투자를 유치한다는 계획을 발표하고 공식적인 외자유치 창구로 조선대풍국제투자그룹을 설립하여 개발사업을 총괄토록하였다. 하지만 미국을 비롯한 국제사회의 대북 금융제재로 외자유치에 실패한 데다가 김정일 위원장의 급사 이후 조선대풍국제투자그룹은 2012년 5월 초 해체되었다.[28]

② 국제금융기구의 가입 시도와 좌절

북한이 추진하는 경제전략이 성공하기 위해서는 외자 도입이 불가피하다. 이것을 잘 아는 북한은 이미 1991년부터 경제개발에 필요한 외자를 도입하기 위해 국제금융기구의 가입을 모색했으며, 그 가운데에서도 세계은행(World Bank)이나 IMF보다 아시아개발은행(ADB)의 가입을 우선적으로 추진했다. 1988년에 미국정부가 북한을 테러지원국으로 지정한 이후부터 이를 근거로 미국은 북한의 국제금융기구의 가입에 반대했고, 일본정부는 일본인 납치문제 등의 현안에서 납득할 만한 결론이 있어야 한다는 점을 내세우면서 북한의 국제금융기구 가입에 반대해 왔다.

북한은 1997년 4월 아시아개발은행(ADB)에 가입하기 위해 신청서를 정식으로 제출하였으나, 대주주인 미국과 일본이 테러지원국이라는 이유로 거부권을 행사하여 무산되었다. 그 뒤에도 북한은 2000년 8월 김룡문 무역성 부상이 ADB 총재에게 가입 의사를 담은 서한을 보내는 등 지속적인 관심을 표시했지만 역시 테러지원국으로 지정된 상태라 승인받지 못하였다.[29] 2001년에는 국제통화기금(IMF)과 국제개

---

28) 『연합뉴스』, 2012년 8월 5일.

발은행(IBRD) 가입 의사를 재표명하기도 하였다.

북한은 국제금융기구의 가입을 가로막고 있는 테러지원국 지정 해제를 위해 외교력을 집중하였으며, 비핵화 이행조치에 따라 미국이 취한 상응조치로 2008년 6월 28일 테러지원국에서 벗어나는 데 일단 성공했다. 미국이 「2.13 합의」의 약속에 따라 북한에 대한 '테러지원국 지정'을 해제하고 「적성국교역법(Trading with the Enemy Act)」 적용대상을 종료하도록 조치함으로써 북한이 국제금융기구에 가입할 수 있는 최소요건을 충족하였다.

하지만 2017년 2월 13일 말레이시아 쿠알라룸푸르 국제공항에서 김정은 위원장의 이복형인 김정남이 VX독극물로 살해되는 사건이 발생하자, 2017년 11월 20일 미 국무부는 김정남 암살을 국가테러로 규정해 북한을 '테러지원국'으로 재지정하였다.[30] 현재 북한에 대한 「적성국교역법」의 적용은 종료되었지만, 「적성국교역법」에 의거한 시행령은 「대외경제비상조치법」으로 이관되어 여전히 제재가 작동되고 있다.

(3) 김정은 정권: 대외개방의 제도화와 국제금융기구 가입 노력

① 「경제개발구법」의 제정

김정은 정권은 등장 초기부터 경제난 해결을 위해 다양한 경제발전 정책을 추진하고 있다. 그 가운데 하나가 외국인투자를 유치하고 대외

---

29) 한국은행 국제협력국, 『국제금융기구(2018년판)』, 한국은행, 2017년 12월 29일, p.336.

30) Dianne E. Rennack, "North Korea: Legislative Basis for U.S. Economic Sanctions," Congressional Research Service R41438, June 11, 2018, p.13.

경제협력을 확대해 경제발전을 도모하는 경제개발구이다.31) 김정일 시대 경제특구 정책의 실패를 교훈 삼아 김정은 정권은 경제개발구 정책 관련 법제도들을 정비하였다. 2013년 5월 최고인민회의 제12기 7차 회의에서 「경제개발구법」을 제정하여 경제개발구의 국내법적 근거를 마련하였다.

이 법에 따르면 경제개발구는 세금 감면, 토지 이용, 인력 고용 등 방면에서 혜택이 주어지는 일종의 경제특구다. 하지만 이는 특정지역에 맞춘 「○○○경제특구법」과 달리 모든 개발구에 적용되는 일반법의 성격을 가지고 있다. 「외국인투자법」 제2조는 경제개발구를 특수경제지대라고 부르면서 "국가가 특별히 정한 법규에 따라 투자, 생산, 무역, 봉사와 같은 경제활동에 특혜가 보장되는 지역"으로 정의하고 있다. 경제개발로 지정된 지역은 개인과 외국 법인, 국외 교포 등의 투자가 허용되며, 세금 감면, 특혜관세 적용 등 경제활동에 이점이 제공된다.

하지만 북한의 경제개발구는 외국인 투자의 유치만을 목표로 하고 있으며, 북한 내수시장의 활용, 북한 노동력의 관리, 외화 반출입 등 관련 제도가 아직 미비하고 폐쇄적이다. 최근 들어와 북한은 이러한 미비점을 보완해 외국인 투자보호제도를 강화하고자 하고 있다. 현재 북한이 추진 중인 외국인 투자보호제도로는 △국유화 제한, △투자자금 회수 보장, △내국민 대우 및 자의적 차별 금지가 있다.

「경제개발구법」이 제정된 2013년 11월 전국에 걸쳐 13개의 경제개발구를 지정했다. 이후에도 지역별로 경제개발구 지정이 이어졌으며,

---

31) 박해식·이윤석, 『북한의 경제개발을 위한 금융 활용방안』, 한국금융연구원, 2018년 9월, pp.37~41.

2017년 12월 맨 마지막으로 평양 외곽지역에 강남경제개발구가 추가로 지정되었다.[32] 경제개발구는 관리 소속에 따라 중앙급 개발구와 지방급 개발구로 구분되며 현재 5개의 경제특구와 4개의 중앙급 개발구, 18개의 지방급 개발구가 추진 중이다. 사업 성격에 따라 공업개발구, 농업개발구, 관광개발구, 수출가공구, 첨단기술개발구 등 5가지 유형으로도 구분된다. 2021년 초 현재 27개의 경제개발구가 운영 또는 추진 중이다.

② 국제금융기구의 가입 노력

북한의 김정은 정권은 '경제강국 건설과 인민생활 향상'이라는 국정목표를 실현하기 위해 나름의 개혁·개방 정책을 발표하면서 외국자본의 유치를 위해 국제경제기구에 가입하려고 시도해 왔다. 하지만 현재 북한이 국제경제기구에 가입해 활동하고 있는 것은 「상품공동기금(CFC)」 회원국, 「국제결제은행(BIS)」 옵저버, 유엔 산하 국제무역법위원회의 국제무역법규인 「유엔 물품매매협약(CISG)」 회원국 정도이다.
먼저, 북한은 상품공동기금(CFC)의 회원국으로 가입되어 있다. CFC의 회원은 유엔 및 산하 전문기구 또는 국제원자력기구(IAEA)에 가입한 국가 및 CFC의 업무와 관련된 기능을 수행하는 정부간기구이다. 여기서 정부간기구는 투표권이 없으며 손실 발생 시에도 아무런 재정적 의무를 부담하지 않는다. 2016년 말 현재 101개 국가와 9개 기구가 CFC에 가입하고 있는데, 북한은 1987년 6월 5일에 가입하였으며 투표권 비중은 0.62%이다.[33]

---

32) 『조선중앙통신』, 2017년 12월 23일.

다음, 북한은 국제통화협력을 목적으로 선진국이 중심이 되어 결성한 국제금융기구인 국제결제은행(BIS)에는 정식회원이 아니라 옵저버로 참석하고 있다. 정기적으로 개최되는 BIS 중앙은행 총재회의에서는 주요 선진국 중앙은행을 중심으로 통화, 외환 및 은행감독 등 정책현안에 대해 활발한 논의가 이루어지고 있는데 이는 직·간접적으로 각국 중앙은행의 정책수행에 상당한 영향을 미치고 있다. BIS는 2000년부터 조선중앙은행 총재를 BIS 연차총회 및 총재회의에 여러 차례 초청하였는데, 2004년 6월 BIS 연차총회에 김완수 조선중앙은행 총재가 옵저버 자격으로 참석한 바 있다.[34]

북한은 2019년 4월 유엔 산하기관인 국제무역법위원회(UNCITRAL)의 국제무역법규인 「유엔 물품매매협약(CISG)」에 90번째 회원국으로 가입했다. CISG는 국제무역의 기준을 제시한 국제무역시스템의 하나로, 이 협약에 가입하면 국제무역에서 법적 분쟁 예방과 거래비용 절감 등을 기대할 수 있다. 현재와 같이 고강도 대북 제재가 유지되는 한 사실상 국제무역이 불가능한 상황임에도 북한이 CISG에 가입했다는 것은 북한이 비핵화 협상이 진전돼 제재가 완화될 경우를 염두에 둔 것으로 보인다.[35]

그밖에도 북한은 외무성과 유엔개발계획(UNDP), 유엔인구기금(UNFPA), 세계식량계획(WFP), 유엔아동기금(UNICEF), 세계보건기구(WHO), 식량농업기구(FAO) 등 북한 주재 6개 유엔기구들이 지속가능한 개발을 위한 「유엔-북한 협력전략 계획 2017~2021(Strategic

---

33) 한국은행 국제협력국, 『국제금융기구(2018년판)』, p.441.

34) 한국은행 국제협력국, 『국제금융기구(2018년판)』, pp.137~139.

35) 『연합뉴스』, 2019년 4월 5일.

Framework for Cooperation between UN and DPRK 2017~2021)」에 참여하고 있다. 이는 일종의 북한식 개발모델로서 "북한 내 유엔 업무의 핵심은 원칙적으로 자원 전달이 아니라 국제사회의 원칙과 가치, 표준과 노하우를 공유하고 전달하는 데 있다."[36]

이 계획이 밝히고 있는 전략적 우선협력분야는 유엔의 지속가능한 발전목표(SDGs)와 연계되어 있으며, △식량 및 영양 보전(food and nutrition security), △사회 개발 서비스(social development services), △회복력과 지속 가능성(resilience and sustainability), △데이터와 개발 관리(data and development management) 등 네 가지이다.

III. 김정은 정권의 체제정비와 국가경제 5개년 전략

1. 병진노선과 유엔안보리 제재 심화(2016.1~2017.12)

(1) 경제·핵무력 건설 병진노선과 경제개혁

2013년 3월 31일 제6기 제23차 당 전원회의에서는 경제·핵무력 건설 병진노선을 전략노선으로 채택하였다. 이 자리에서 김정은 위원장은 병진노선을 "주석님과 장군님께서 지시하시고 철저히 구현하여 오신 독창적인 경제·국방 병진노선의 빛나는 계승이며 새로운 높은 단

---

36) 정태용, "북한경제 개방과 국제금융기구의 역할," 경제인문사회연구회-중앙일보 공동 학술회의 자료집, 2018년 12월 21일, p.148.

계에로의 심화·발전"이라고 의미를 부여하였다. 이와 함께 "경제건설과 핵무력건설을 병진시킬 데 대한 전략적 로선은 자위적 핵무력을 강화 발전시켜 나라의 방위력을 철벽으로 다지면서 경제건설에 더 큰 힘을 넣어 사회주의 강성국가를 건설하기 위한 가장 혁명적이며 인민적인 로선"이라고 규정했다.[37]

병진노선의 경제적 의미에 대해 당 전원회의는 "새로운 병진로선의 참다운 우월성은 국방비를 추가적으로 늘이지 않고도 전쟁억제력과 방위력의 효과를 결정적으로 높임으로써 경제건설과 인민생활향상에 힘을 집중할 수 있게 한다는 데 있다'고 주장했다.[38] 핵무기는 개발과정에 많은 비용이 들지만 일단 개발하면 추가 개발비용이 적게 드는 수단이기 때문에, 예전과 달리 군수 부문에 투입되는 자원을 줄여서 경제건설에 자원과 노동력을 투입할 수 있게 된다는 뜻으로 풀이된다.

김정은 정권의 병진노선은 핵무력 건설을 포함하고는 있으나 경제건설을 앞세움으로써 김정일 시대의 선군 노선과 비교할 때 '경제'에 보다 방점을 두고 있는 것으로 평가된다. 북한이 상대적으로 '경제'를 중시할 수밖에 이유는 김일성, 김정일 정권을 거치면서 군사방면에서는 장거리 미사일 발사 및 핵실험 등 일련의 성과를 거둔 데 비해 경제방면의 성과는 저조하였기 때문이다. 이에 따라 김정은 정권은 체제의 안정적인 정착을 위해서라도 새로운 국가경제개발계획을 준비하지 않을 수 없었다.

하지만 이러한 김정은 위원장의 필요와 기대와는 달리, 북한경제는 원만하게 돌아가지 않았다.

---

37) 『조선중앙통신』, 2013년 3월 31일.

38) 『조선중앙통신』, 2013년 3월 31일.

첫째는 개혁작업의 부진이다. 북한은 김정일 시대에 당 경공업부 부부장, 화학공업상을 거쳐 내각 총리(2003.9~ 2007.4)를 지냈던 실물경제 전문가 박봉주를 2013년 4월에 내각총리로 재임명하여 병진노선 하의 경제개발을 맡겼다.39) 병진노선에 따라 핵·미사일 개발의 자금 수요를 우선 충당하는 바람에 어느 정도 국산화와 경공업 복원의 성과에도 불구하고 민생경제의 발전에 제약요인이 되었다.40)

둘째는 경제개발구 구상의 실패이다. 김 위원장은 핵무력의 토대 위에 본격적인 경제개발에 나서겠다고 했지만, 유엔안보리 제재의 강화로 외국인 투자나 국제금융기구의 차관 도입은커녕 경제생활에 필수적인 원부자재, 중간재 등의 도입조차 어렵게 되었다. 특히 정유제품과 중유처럼 북한에서 부족한 석유류 도입의 제한은 북한경제에 치명적으로 작용했다.

(2) 제7차 당대회 개최와 국가경제발전 5개년 전략

2016년 5월 개최된 제7차 당대회 사업총화보고를 통해 김정은 위원장은 국가경제발전 5개년 전략(2016~2020)을 추진한다고 발표했다. 중장기 경제발전계획은 1994년 김일성 주석의 사망 이후 중단됐다가 김정일 시대 말기인 2011년 1월에 내각 결정으로 국가경제개발 10개년 전략계획이 수립되기는 했으나 실제로 추진되지 못한 채 끝난 적이 있다. 새롭게 5개년 전략을 추진하게 된 것은 과도기를 넘어 김정은 시대

---

39) 한기범, 『북한의 경제개혁과 관료정치』, 도서출판 북한연구소, 2020년 7월, pp.184~188.

40) 한기범, 『북한의 경제개혁과 관료정치』, pp.297~317.

가 본격적으로 시작됐음을 보여주려는 의도로 보인다.

북한은 1980년 제6차 당대회(10.10~14.) 개최 이후 36년 만에 제7차 당대회를 개최하였다. 김정은 시대가 공식 개막된 지 4년 만에 당대회를 개최할 수 있게 되었다는 것은 북한경제가 1990년대 수준으로 회복하였음을 시사하는 것이다. 이와 관련해 총련 기관지 『조선신보』는 "1990년대 이후는 국가경제가 난관에 처하여 전망 계획을 세울 형편이 되지 않았다"고 실토하고 있다. 그러면서 당대회에서 5개년 전략을 채택할 수 있게 된 것과 관련해 "단년도가 아닌 5년 간의 목표가 '국가경제발전전략'으로 정립되고… 조선의 경제가 본연의 체계를 갖추어 나가고 있음을 보여주는 징표다"라고 평가하고 있다.[41]

국가경제발전 5개년 전략은 경제강국 건설을 위한 전략노선으로 자립경제(인민경제의 자립성과 주체성), 과학기술과 경제의 일체화(현대화·정보화·과학화)의 두 가지 과제를 제시하였다. 하지만 두 과제는 상충되는 측면이 있다. 현대화·정보화·과학화를 추진하기 위해서는 선진적인 해외경제와의 교류 확대가 필수적이나, 핵무기 개발과 자립경제를 추구하는 한 실현되기 어려운 것이다.[42] 그렇기 때문에 결과적으로 5개년 전략은 핵미사일 등 국방기술과 국방공업에 치중되었고 민수산업 분야의 발전은 더디게 진행되었다.

국가경제발전 5개년 전략은 기본목표로서 "국방건설과 경제건설 및 인민생활에 필요한 물질적 수단들을 자체로 생산 보장"하는 것을 내세웠다. 이러한 국산화 정책은 김정은 시대에 들어와 본격화되었다. 국산

---

41) 『조선신보』, 2016년 5월 17일.

42) 김석진, "경제정책," 『북한 제7차 당대회 분야별 평가 및 향후 전망』, 통일연구원, 2016년 8월, p.41.

화 정책의 초기에는 경공업 부문에 맞춰져 이 부문의 원료·자재 국산화를 추진했다. 2015년부터는 수입대체전략을 추진해 설비의 국산화를 강조하였다. 2017년에 들어와서는 주민생활과 관련된 경공업 제품의 국산화를 넘어 금속, 화학공업의 국산화로 범위를 확대했다.

〈표 2-6〉 김정은 시대 북한의 국산화 정책 전개과정

시 기	주 요 내 용
국산화 추진 제도구축기 (2013년)	· 경공업 국산화, 특히 원료자재의 국산화 강조, 전국 경공업대회 개최, 기초식품·1차 소비품 생산증대 · 경공업 관련 기관 및 공장,기업소, 경영 및 기업전략 수립 시작
경공업 관련 지방공업 발전기 (2014년)	· 경공업 공장들, 원료·자재의 국산화 비중 제고 지침 하달 · 질 좋은 인민소비품 생산 정상화 등 지방공업 발전에 초점
수입대체전략 도입기 (2015년)	· 공장·기업소의 수입제한조치 시행 · 수입대체 가능한 산업군 중심으로 국산화 진행 · 설비의 국산화 강조
국산제품의 품질 강조기 (2016년)	· 주민 관련 국산제품의 질 제고 정책 지시 · 자재의 국산화를 위한 정책 지원 강조
국산화 청사진 집행 초기 (2017년)	· 금속·화학공업의 국산화 재도약기, 금속·화학 공장 등의 석탄과 수송 수요가 최우선 과제 · 과학기술 활용한 원료·연료·설비의 국산화 강조

<출처> 유영구, 『김정은의 경제발전전략1』, 경인문화사, 2020년 12월, p.72.

북한은 국가경제발전 5개년 전략 수행의 마지막 해를 맞이해 2020년 8월 19일 제7기 제6차 당 전원회의를 개최해 "혹독한 대내외 정세가 지속되고 예상치 않았던 도전들이 겹쳐드는 데 맞게 경제사업을 개선하지 못했다… 계획됐던 국가경제의 장성 목표들이 심히 미진되고

인민생활이 뚜렷하게 향상되지 못하는 결과도 빚어졌다'고 평가하고,43) 2021년 1월에 제8차 당대회를 소집한다고 결정하였다. 제8차 당대회 사업총화 보고에서도 김정은 위원장은 "국가경제발전 5개년 전략 수행 기간이 지난해까지 끝났지만 내세웠던 목표는 거의 모든 부문에서 엄청나게 미달됐다'고 평가하였다.44)

2. 경제건설 총력노선 채택과 제재완화 시도 (2018.1~2019.2)

(1) 2018년의 대반전: 경제 · 핵 병진노선 종료와 경제건설 총력노선

북한은 2017년 11월 29일 '국가핵무력의 완성'을 선언한 이후 새로운 경제전략노선을 모색하기 시작했다. 2018년 1월 1일 김정은 위원장은 평창동계올림픽 참가를 선언하면서 한반도 정세의 대반전을 주도했다. 3월 5~6일 김정은 위원장을 만난 뒤 미국을 방문한 정의용 국가안보실장(당시)은 3월 9일 트럼프 대통령을 예방한 자리에서 "김정은 위원장이 스스로 북한을 가난한 나라(poor country)라고 했다'는 말을 전달했다.45) 김정은 위원장이 남측 특사단에게 군사위협 해소와 체제 안전 보장을 조건으로 비핵화를 수용하겠다고 한 배경에는 새로운 경제발전의 길로 나아가겠다는 의지가 담겨 있었던 것으로 볼 수 있는

---

43) "제7기 제6차 당 전원회의 결정서," 『로동신문』, 2020년 8월 20일.

44) 김정은, "조선로동당 제8차 대회에서 한 중앙위원회 사업총화보고," 『로동신문』, 2021년 1월 9일.

45) *The New York Times*, March 11, 2018.

부분이다.

　2018년 4월 20일에 개최된 제7기 제3차 당 전원회의에서 김정은 위원장은 "국가핵무력 완성을 선포한 후 우리의 주동적인 행동과 노력에 의하여 전반적 정세가 우리 혁명에 유리하게 급변하고 있다"고 주장하면서 한반도와 동북아 지역에서 긴장완화와 평화로 향한 새로운 기류가 형성되고 국제정치구도에서 극적인 변화들이 일어나고 있다고 평가하였다. 이러한 정세 인식에 기초하여 "세계적인 정치사상강국, 군사강국의 지위에 확고히 올라선 현 단계에서 전당, 전국이 사회주의경제건설에 총력을 집중하는 것, 이것이 우리 당의 전략적 로선"이라며 전략노선의 전환 입장을 밝혔다.46)

　북한이 선택한 경제적 대안은 핵무기 포기 카드를 활용해 체제안전을 보장받고 개방과 국제경제체제 편입을 통해 '가난한 핵보유국'이아닌 '핵 없는 개발도상국'의 길을 가는 방안이다. 실제로 당 전원회의에서는 5년간 추진해 온 경제·핵무력 건설 병진노선을 마무리짓고, 경제건설에 총력을 집중하는 새로운 전략 노선을 공식적으로 채택하였다. 당 전원회의에서 채택된 결정서 「혁명발전의 새로운 높은 단계의 요구에 맞게 사회주의경제 건설에 총력을 집중할 데 대하여」에는 경제건설 총력노선의 방향을 다음 4가지로 제시하고 있다.47)

　첫째, 당과 국가의 전반사업을 사회주의경제 건설에 지향시키고 모든 힘을 총집중할 것이다.

　둘째, 사회주의경제 건설에 총력을 집중하기 위한 투쟁에서 당 및 근로단체조직들과 정권기관, 법기관, 무력기관들의 역할을 높일 것이다.

---

46) 『조선중앙통신』, 2018년 4월 21일.

47) 『조선중앙통신』, 2018년 4월 21일.

셋째, 각급 당조직들과 정치기관들은 당중앙위원회 제7기 제3차 전원회의 결정집행 정형을 정상적으로 장악 총화하면서 철저히 관철하도록 할 것이다.

넷째, 최고인민회의 상임위원회와 내각은 당중앙위원회 전원회의 결정서에 제시된 과업을 관철하기 위한 법적, 행정적, 실무적 조치들을 취할 것이다.

(2) 경제건설 총력노선과 과학기술력 중시

2018년 4월 북한은 새로운 전략 노선으로 공식화한 '사회주의 경제건설 총력집중 노선'은 세계적인 정치사상강국, 군사강국의 지위에 확고히 올라선 현 단계에서 당과 국가의 전반 사업을 사회주의 경제건설에 집중하려는 것이라고 밝히고 있다. 이를 위해 제7차 당대회에서 채택한 국가경제발전 5개년 전략(2016~2020년)에서 내건 당면목표인 공장·기업소의 생산 정상화를 실현하고 장기목표로 경제의 주체화·현대화·정보화·과학화를 높은 수준에서 달성할 것을 강조하고 있다.[48]

김정은 위원장은 경제건설 총력노선으로 전환하면서 지식경제시대에 맞는 과학기술과 과학교육사업의 중요성을 강조하고 있다. 그는 "경제건설에 총력을 집중할 데 대한 문제는 과학교육사업의 급속한 발전을 떠나서 생각할 수 없다"고 말하고 과학교육사업에서 혁명적인 전환을 일으키자고 주장하였다. 이에 따라 당 전원회의에서는 두 번째 결정서로 「과학교육사업에서 혁명적 전환을 일으킬 데 대하여」를 채택하였다.[49]

---

48) KDB산업은행, 『2020 북한의 산업 I』, 2020년 12월 28일, p.65.

경제건설 총력노선에 따라 과학기술을 통한 경제강국을 건설하기 위한 방향으로 △ 과학기술의 위력으로 경제강국건설의 대통로를 열어나갈 것, △ 지식경제시대의 요구에 맞게 우리나라를 사회주의 교육강국, 인재강국으로 만들기 위한 투쟁을 힘있게 벌릴 것, △ 과학교육부문에서 따라앞서기, 따라배우기, 경험교환 운동을 힘있게 벌리며 본위주의를 철저히 없앨 것, △ 과학기술과 교육사업에 대한 국가적 투자를 늘이며 전사회적으로 과학중시, 교육중시 기풍을 더욱 철저히 확립할 것 등이다.

〈표 2-7〉 역대 북한지도자의 경제정책노선 비교

구 분	연도	
김일성 시대 경제·국방 병진노선	1966	'국방에서의 자위를 실현하려면 경제건설과 국방정책을 옳게 배합해야 한다'고 하면서 병진노선의 당위성을 주장
김정일 시대 선군경제 건설노선	1998	최악의 경제위기로부터 탈출하고 체제 생존을 담보하기 위해 국방공업을 우선 발전시키면서 경공업과 농업을 동시에 발전시키는 노선
김정은 시대(1) 경제·핵무력 건설 병진노선	2003	'경제건설과 핵무력 강화를 동시에 병행하며 핵무력 강화가 과학기술 발전을 초래하고 경제부문의 발전도 추동할 것'이라고 주장
김정은 시대(2) 사회주의 경제 건설총력노선	2018	세계적인 정치사상강국, 군사강국의 지위에 확고히 올라선 현 단계에서 당과 국가의 전반 사업을 사회주의 경제건설에 집중

<출처> KDB산업은행, 『2020 북한의 산업Ⅰ』, 2020년 12월 28일, p.66.

---

49) 『조선중앙통신』, 2018년 4월 21일.

2019년 2월 하노이 북·미 정상회담은 결렬됐지만, 과학기술력을 통해 경제를 건설한다는 원칙은 유지되었다. 그해 4월 11일 최고인민회의 제14기 제1차 회의에서 북한헌법의 수정보충을 통해 경제건설 총력노선을 관철하기 위한 과학기술의 역할에 대해 신설하였다. 수정보충된 북한헌법 제27조에 "과학기술력은 국가의 가장 중요한 전략적 자원… 국가는 모든 경제활동에서 과학기술의 주도적 역할을 높이며 과학기술과 생산을 일체화하고 대중적 기술혁신운동을 힘있게 벌려 경제건설을 다그쳐나간다"는 조항을 추가하고, 제50조에는 "과학연구 부문에 대한 국가적 투자 증대"의 내용을 명시하였다.

3. 경제제재 정면돌파전 구상과 좌절(2019.3~2020.12)

북한은 북·미 관계의 개선을 통해 대북 경제제재가 어느 정도 풀리게 되면 경제건설 총력노선에 따라 전면적인 경제발전을 이룰 수 있다고 기대했던 것으로 보인다. 하지만 2019년 2월 27~28일 하노이 북·미 정상회담이 합의문을 채택하지 못한 채 결렬되자, 직후인 그해 4월 12일 최고인민회의 제14기 1차 회의에서 김정은 위원장은 시정연설을 통해 "적대세력들의 제재 돌풍은 자립, 자력의 열풍으로 쓸어버려야 합니다."라며 정면돌파의 의지를 드러냈다. 정면돌파의 수단으로 생각한 것이 관광산업의 활성화이지만, 코로나19 감염병 확산과 수해로 인해 당초 구상은 좌절되고 외화 사용금지와 국가공채 발행 등 경제 위기관리에 나서지 않을 수 없었다.

(1) 관광산업을 통한 정면돌파 구상과 좌절

북한은 국가경제발전 5개년 전략을 통해 대외경제관계에서 공산품 수출과 기술무역, 서비스 무역의 비중을 높여 무역구조를 개선하고, 합영합작을 조직하고 선진기술을 도입하며, 경제개발구와 관광산업을 활성화한다는 목표를 세웠다.50) 하지만 제2차 북·미 정상회담이 결렬되자, 대북 경제제재가 쉽게 풀리지 않을 것으로 판단하고 자력부강, 자력발전에 의한 정면돌파전을 구상하였다. 특히 유엔안보리 결의 2397호에 따라 그해 12월 22일까지 해외파견근로자들이 귀환하게 됨에 따라 외화벌이 대책도 세우지 않을 수 없게 되었다.

북한은 미국의 경제제재 속에서 경제개발구 구상이 거의 진척되지 못하자 관광산업의 활성화에 눈을 돌렸다. 북한이 정면돌파전의 정책 수단으로 주목한 것은 제재 속에서도 관광산업을 통해 외화벌이에 나선 쿠바 모델이었다. 북한당국은 그 이전까지만 해도 외국인의 북한관광을 '체제선전 수단' 정도로 간주했으나, 김정은 정권에 들어와 경제강국 건설에 필요한 '외화'를 벌어들이는 '산업'으로 인식하기 시작했다.51) 실제로 국제사회의 대북 제재가 본격화된 2016년 이후에도 외국인 관광객이 20만 명 수준으로 어느 정도 성과가 있었기 때문이다. 그리하여 국제사회의 제재 하에서도 외화벌이가 가능한 관광산업에 주목하게 된 것이다.

---

50) 김정은, "조선로동당 제7차 대회에서 한 중앙위원회 사업총화보고," 『로동신문』, 2016년 5월 9일.

51) 김영희, "최근 북한 관광산업 동향," 『KDB 북한개발』, 제22호, 한국산업은행, 2020년 6월, p.115.

〈그림 2-1〉 북한 내 외국인 관광객 추이

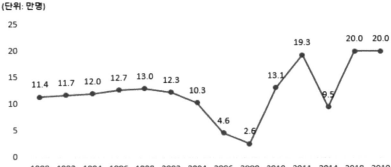

<출처> 김영희, "최근 북한의 관광산업 동향," 『KDB 북한개발』, 통권 22호, 한국산업
은행, 2020년 6월, p.135.

관광산업은 다른 산업과 비교해 볼 때 초기투자비용이 상대적으로 작
고, 일정한 수준으로 인프라가 구축된 뒤에는 커다란 추가투자가 없어도
안정적으로 외화를 벌어들일 수 있다. 또한 관광산업과 연계해 낙후된 지
방경제를 활성화할 수도 있다. 실제로 쿠바나 베트남과 같은 사회주의 체
제전환국의 경우에도 체제전환의 초기에 관광산업을 통해 벌어들인 외
화수익을 통해 경제개발의 재원으로 활용해 성공한 경험이 있다.[52]

특히 쿠바는 1990년대 경제위기에서 새로운 성장 분야로 관광산업
을 선택하고, 관광 인프라 조성을 위해 △외국인 투자 때 세금면제를
포함한 우대조치, △외국인 경영자의 쿠바의 시설 임대 허용, △ 쿠바
인의 고용 허용 등 외국인 투자 활성화 정책을 취하였다. 그 결과 2000

---

52) 이해정·김성환·강성현, "북한의 관광정책 추진 동향과 남북 관광협력에
대한 시사점," 대외경제정책연구원 전략지역심층연구 19-06, 2020년 8월 3일.

년 초 기준으로 26개 합영회사를 통해 9억 달러의 외국인 투자가 이루어졌고, 1994년 이후 관광소득은 쿠바의 총 현금소득(재화 및 서비스 수출)의 36%를 차지하였으며, 관광산업에 종사하는 노동자는 1998년 기준으로 81,000명, 쿠바 노동력의 2%를 차지하였다.[53]

북한당국은 관광산업 활성화를 통해 외화 획득뿐 아니라 후방연관 효과를 노리고 있다. 2019년 9월 22일 블라디보스톡에서 열린 '2019 국제무역투자전시회'에서 북측 인사는 국제세미나 발표를 통해 관광단지 조성을 넘어 고속철도·도로 인프라 구축, 발전소, 태양광 온실과 목장, 시멘트·제강소·광산 및 금융·보험·의료·이동통신·인터넷으로 이어진다는 구상을 밝혔다. 그는 관광산업을 통해 '자력갱생의 대진전'에 나서겠다는 포부를 밝힌 뒤 이는 북한 자체의 자원과 기술, 능력으로 충분히 실현시킬 수 있다며 자신감을 드러냈다.[54]

하지만, 2020년 1월에 들어와 코로나19 감염병이 크게 확산되면서 관광산업 활성화로 국제사회의 대북제재를 정면돌파하려던 북한의 구상은 차질을 빚게 되었다. 코로나19의 확산으로 대면접촉이 제한되면서 전형적인 대면·서비스 업종인 관광산업이 커다란 타격을 입게 된 것이다. 당초 외국인 관광객을 20만 명에서 50만 명 이상으로 끌어올려 외화를 벌어들이려던 계획이 국경 폐쇄로 좌절될 수밖에 없었다. 결국 북한이 야심차게 추진하려 했던 관광산업의 활성화는 전세계적으로 집단면역이 형성될 때까지 뒤로 미뤄지게 되었다.

53) 김연철, 『북한의 경제개혁이 북한에 주는 시사점』, 대외경제정책연구원, 2002년 12월 30일, pp.49~53.

54) 강영호(북한 블라디보스톡 총영사관 경제담당 영사), "사람이 길을 만들고, 사람이 다녀야 길이 좋아진다." 『통일뉴스』, 2019년 9월 22일. (출처: http://www.tongilnews.com/news/articleView.html?idxno=129983)

당초 북한당국은 백두산 관광, 마식령 스키장, 원산-금강산 국제관광지구, 양덕온천을 개발하는 등 다양한 관광상품을 내놓아 외국관광객을 이전보다 3배 늘린다는 목표를 세웠다. 북한은 삼지연지역의 제2단계 현대화사업을 끝낸 뒤 2019년 12월 1일 삼지연군을 삼지연시로 승격하였으며, 현재 제3단계 건설 중이다.[55] 하지만 2020년 1월부터 코로나19가 창궐하면서 서비스산업인 관광업은 사실상 문을 닫았다. 김정은 위원장의 직접 지시에도 불구하고 두 차례나 연기됐던 원산·갈마 해양관광지구 건설사업도 중단되었다.

〈표 2-8〉 북한이 추진 중인 관광개발구 현황

구분	소재지	명칭	성격	중점유치산업
중앙급	양강도 삼지연시	무봉관광개발구	전문관광개발구	관광
	강원도 원산시	원산-금강산국제관광지대		
	함경북도 명천군	칠보산관광개발구		
지방급	평안북도 삭주군	청수관광개발구		
	함경북도 온성군	온성섬관광개발구		
	황해북도 신평군	신평관광개발구		
	평안북도 신의주시	압록강경제개발구	통합관광개발구	관광휴양, 농업
	평안남도 숙천군	숙천농업개발구		관광,농업,무역
	자강도 만포시	만포경제개발구		관광휴양,농업
	강원도 원산시	현동공업개발구		기념품산업,정보산업,경공업
	양강도 혜산시	혜산관광개발구		관광,수출가공,농업,무역

<출처> 김영희, "최근 북한의 관광산업 동향," 『KDB 북한개발』, 통권 22호, 2020년 6월, p.116.

---

55) 김영희, "최근 북한 관광산업 동향," 『KDB북한개발』, 통권 22호, 한국산업은행, 2020년 6월, p.124.

(2) 달러라이제이션과 외화 사용금지조치

최근 북한 시장에서는 북한화폐와 함께 달러화, 유로화, 위안화 등 외화를 함께 쓰는 달러라이제이션(dollarization) 현상이 만연해 왔다. 이 때문에 그 동안 북한의 시장물가는 외환시세와 연동되어 있어, 환율 변동에 따라 시장가격도 변동되는 현상을 보여왔다.[56] 하지만 최근에는 외환 가격폭락에도 불구하고 전반적으로 시장물가가 오르고 있으며, 수입물품의 가격이 폭등하고 있는 데 비해 국내에서 조달되는 생필품의 가격은 비교적 안정세를 보이는 현상이 나타나고 있다.[57]

달러라이제이션은 금융시스템이 취약한 개발도상국에서 흔히 발생하는 현상으로,[58] 안정적인 달러화 등 외화와 물가를 연동함으로써 인플레이션을 완화해 준다는 긍정적인 측면도 있지만, 북한당국이 시장조절통제력을 발휘하지 못하고 외부경제의 변동에 직접 영향을 받는 등의 부작용을 낳을 수도 있다. 실제로 북한 내 달러라이제이션 현상은 공식환율과 시장환율 격차 확대, 외화보유 정도에 따른 빈부격차 발생 등 북한경제에 부정적 영향을 끼쳤다.

최근 들어 국제사회의 경제제재로 달러 부족이 심각한 반면, 2020년 들어 코로나19 감염병으로 북·중 교역이 크게 줄어들어 북한당국의 무

---

56) 문성민·김병기, "달러라이제이션이 확산된 북한경제에서 보유외화 감소가 물가·환율에 미치는 영향," 『경제분석』, 제26권 제2호, 한국은행 경제연구원, 2020.6, pp.36-38.

57) 동용승, "북한의 시장물가 폭등, 신경제노선 실험을 멈추고 북·미대화로 풀어라," 『현안진단』, 제246호, (재)평화재단, 2020.12.

58) 정연욱, "디달러라이제이션 정책 사례 및 북한 적용 가능성," 『KDB북한개발』, 통권 23호, KDB산업은행, 2021년 1월 22일, p.89.

역수지 적자 폭이 크게 감소하는 등 외화 수요가 상대적으로 줄어들었다. 북한당국은 코로나19 감염병으로 인한 북·중 무역의 대폭 축소로 외화 수요가 크게 줄어든 틈을 이용해 북한당국은 밀수나 개인 환전상을 통제하고 주민들의 외화 사용금지하고 북한원화 사용을 장려하고 있다.

이러한 북한당국의 조치는 달러라이제이션 현상으로 북한 시장에 외부경제의 영향력이 크게 작용하고 있는 상황에서 달러라이제이션 진행 속도를 늦출 뿐만 아니라, 더 나아가 디달러라이제이션(de-dollari-zation)을 추구하고 있는 것으로 평가할 수 있다. 디달러라이제이션 정책의 목적은 △ 북한주민이 보유한 외화의 흡수, △ 북한경제당국의 시장 조절통제력 확보의 두 가지이다.[59]

직불카드와 선불카드를 이용해 부족한 외화를 시장을 통해 흡수하는 방법은 그 이전부터 사용해 왔고,[60] 경제가 어려워질수록 가치저장수단으로 주민들의 외화 선호가 커지기 때문에 주민들의 반발이 클 수 있어 주민들의 외화를 흡수하려는 목적은 크지 않은 것으로 보인다.[61] 최근 북한당국이 취하고 있는 2단계 디달러라이제이션 정책은 경제주체들(북한기업소뿐만 아니라 일반주민들)이 자국통화를 사용하도록 인센

---

59) 이석기는 최근 북한당국이 외화 사용을 제한하는 목적이 북한주민이 보유한 외화를 흡수하는 데 있다고 보기에는 무리가 있다고 평가하고 있다. 이석기, "2021년 북한경제 전망,"『2021 한반도 및 남북관계 전망』, 우리민족서로돕기운동 평화나눔센터 토론회, 2021년 1월 4일, pp.19~20.

60) 현재 조선중앙은행의 전성카드, 조선무역은행의 나래카드, 고려은행의 고려카드, 대성은행의 금길카드, 황금의 삼각주은행의 선봉카드가 사용되고 있으며, 최근 '전선'전자지불체계를 개발해 스마트폰 결제를 도입했다. 김학일, "북 스마트폰 결제 도입,"『노컷뉴스』, 2020년 10월 21일.

61) 이정철, "북한의 제8차 당대회 및 남북관계 전망,"『2021 한반도 및 남북관계 전망』, 우리민족서로돕기운동 평화나눔센터 토론회, 2021년 1월 4일, p.8.

티브를 부여하고 환위험의 인식도를 높여 외화 사용을 줄이도록 거시와 미시 정책을 아우른 종합 프로그램을 추진하는 것으로 평가된다.62)

하지만 이러한 외환 정책이 성공을 거두기 위해서는 공급능력을 확보해야만 한다. 지금까지는 그나마 북·중 국경의 밀무역을 통해 부족한 공급능력을 보완해 왔으나, 국경폐쇄가 지속되면 경제는 침체됐는데 물가인상이 계승되는 스테그플레이션을 막을 수 없다. 이러한 딜레마를 해결하기 위해서는 어떤 형태로든 외부공급망의 확충이 불가피하기 때문에 코로나19 사태가 진정되면 북·중 교역을 전면 재개하고 그 결과 외화 사용금지조치도 풀릴 수밖에 없을 것으로 전망된다.

(3) 국가재정 위기와 국가공채의 발행

북한은 부족한 국가예산수입을 충당하기 위한 타개책으로 「중앙은행법」 제33조에 의거해 2020년 4월 '국가기관공채'와 '국가무역공채'를 발행했다.63) 공채(公債)란 재정수입이 줄어들자 북한당국이 국가예산적자를 메우기 위해 발행하는 것으로, 지금까지 북한에서 1946년, 1950년, 2003년 등 세 차례 공채를 발행한 적이 있으며, 이번이 네 번째에 해당된다.

---

62) 정연욱, "디달러라이제이션(De-dollarization) 정책 사례 및 북한 적용 가능성," 『KDB북한개발』, 통권 23호, KDB산업은행, 2021년 1월 22일, p.100.

63) 「조선민주주의인민공화국 중앙은행법」은 2004년 9월 최고인민회의 상임위원회 정령으로 채택됐으며 2015년 7월에 한 차례 수정보충되어 현재에 이르는 것으로, 제33조에서 "중앙은행은 국가가 승인한 채권의 발행을 등록하고 관리하여야 한다. 채권발행을 승인받은 기관은 채권발행등록보고서를 중앙은행에 내야 한다"고 규정하고 있다.

〈표 2-9〉 최근년 발행된 북한의 국가공채 비교

	인민생활공채	국가기관공채	국가무역공채
판매 기간	• 2003년 5월~11월	• 2020년 4월~12월 (추정)	
발행 근거	• 최고인민회의 제10기 6차회 의 결정	• 당 중앙위원회 정치국회의 결정(2020.4.11) *최고인민회의 승인 등 정식 결의 미확인	
발행 목적	• 주민 여유자금 동원을 통한 예산부족 보충 • 화폐(북한원) 유통량 흡수 를 통한 통화량 조절	• 국가재정지출을 공채로 대용	• 주민 보유 외화 흡수
종류	• 액면가 500원, 1000원, 5000 원	• 해당 없음 (재정승인 요청 에 따라 지급)	• 미상 (액면가 상 당 외화로 구입)
판매 대상	• 북한 주민 및 해외동포	• 국가재정지출 대상 기관· 기업소	• 신흥 부유층
판매 기관	• 인민생활공채위원회(비상 설, 도·시·군) 및 인민생 활공채상무 • 공채협조상무(기관·기업 소·리·읍·구·동)	• 조선중앙은행	
판매 방법	• 일시불 혹은 3개월 분할 • 북한원(주민) 및 외화(해외 동포)	• 국가계획위원회의 국가재 정승인 획득 후 중앙은행이 공채구입확인영수증 발급 • 영수증을 기관·기업소간 물자구매대금 결제에 이용	• 공채 구입 땐 상 업권 허가증 발급
상환 방법	• 연 1~2회 추첨제 상환(당첨 금은 원금의 2~50배) • 미당첨 공채는 2008.12월 이 후 연1회 원금상환	• 해당 없음 (국가재정 대신 지급되는바 설비·운영자금 으로 사용, 상환의무 없음)	• 해당 없음 (상환방법 규정 없 음)
인센 티브	• 100만원 이상 구매자 앞 '애 국표창' 수여	• 해당 없음	• '애국표창' 등 수여

<출처> 김영희·김민관, "북한의 최근 공채 발행 현황과 향후 전망," 『KDB북한개발』, 통권
23호, KDB산업은행, 2021년 1월 22일, p.130 및 pp.133~134.

해방 직후인 1946년과 한국전쟁 기간인 1950년 10월 북한당국이 긴급자금을 마련하기 위해 인민경제발전채권을 발행한 바 있다. 그리고 2003년 5월에도 인민생활공채를 발행하였다.[64] 2003년 5월의 인민생활공채 발행은 사회주의권 붕괴에 따른 대외교역의 축소와 '7.1 경제관리개선조치'(2002.7)에 따른 인플레이션 등 경제난에 대응하기 위해 필요한 국가예산을 충당하기 위한 것이었다.

2020년 4월에 국가공채를 발행한 것은 2016년부터 유엔안보리의 고강도 대북 경제제재가 시행되고 있는 데다가 코로나19 감염병의 확산과 자연재해로 인해 수출감소, 외국인관광수입 감소, 노동자 송금 중단 등 외화 수입선이 막히면서 외화 부족으로 산업용 에너지, 자원의 수입이 어려워지고 국영기업, 기업소의 생산활동이 감소해 국가예산을 확보하는 데 어려움을 겪고 있기 때문이다.

국가기관공채는 기관과 기업소의 결재수단으로 사용되어 기간산업 간 물자유통 촉진 등 주요 산업의 활성화에 기여한 것으로 평가된다. 하지만 국가무역공채는 약 4개월 동안 운영했으나 당초 계획의 20%만 판매되어 주민들의 보유 외화를 흡수하는 데 실패했다. 이처럼 국가무역공채의 판매실적이 저조한 데다가 코로나19와 자연재해 등이 겹치자 국가기관공채와 국가무역공채의 유통이 임시 중단되었다.[65]

---

64) 김영희, 김민관, "북한의 최근 공채 발행 현황과 향후 전망," 『KDB북한개발』, 통권 23호, KDB산업은행, 2021년 1월 22일, pp.127~128.

65) 성재용, "김정은, 경제 실패 인정 후 공채발행 '중단'," 『데일리 NK』, 2020년 10월 22일.

Ⅳ. 미·중 전략경쟁 시대 북한 자력갱생 전략의 변용

1. 제8기 당대회의 경제노선과 경제전략

(1) 경제건설 총력노선 하의 자력갱생 전략

김정은 위원장은 제7차 당대회를 개최한 지 만 5년이 되지 않은 2021년 1월에 제8차 당대회를 열었다. 제7차 당대회에서는 2013년 3월의 제6기 제23차 당 전원회의에서 채택된 경제·핵무력 건설 병진노선을 공식화했지만, 2018년 4월 20일에 열린 제7기 제3차 당 전원회의에서 이미 병진노선의 종료를 선언하고 '경제건설 총력노선'을 채택했었다. 그렇기 때문에 제8차 당대회에서는 새로운 경제노선의 제시는 없었다.

2020년 8월 19일 당 전원회의에서 김정은 위원장은 2021년 1월에 제8차 당대회를 개최해 국가경제발전 5개년 계획을 내놓겠다고 예고하였다. 같은 해 10월 10일 당창건 75주년 기념 열병식 연설에서도 "우리 인민이 더는 고생을 모르고 유족하고 문명한 생활을 마음껏 누리게 하는 것"이 제8차 당대회의 목표라며 "(부흥번영의) 실현을 위한 방략과 구체적인 목표를 제시하게 될 것"이라고 예고했다. 이 자리에서는 제7기 5차 당 전원회의에서 채택된 '자력갱생'의 원칙과 투쟁구호인 '정면돌파전'을 직접 언급하지 않고 '혁신과 발전'이라는 용어를 사용해 주목을 받았다.

이번 제8차 당대회의 핵심의제는 이미 예고한 대로 새로운 국가경제발전 5개년계획의 발표다. 제7차 당대회에서는 시장경제를 염두에 둔 '5개년 전략'을 말했고 2019년 수정헌법에서는 "국가는 경제관리에서 사회주의 기업책임관리제를 실시"한다고 밝혀 사실상 시장경제를 공식 인정했다. 하지만 2016년부터 대북제재가 본격화된 데다가 지난해 코로나19 감염병과 수해가 겹치면서 국가경제발전 5개년 전략의 성적표는 초라했다.(<표 2-10> 참조)

그렇기 때문에 2020년 8월 당 전원회의 결정서는 "계획했던 국가경제의 장성 목표들이 심히 미진"했다는 점은 인정한 데 이어, 2021년 1월 제8차 당대회에서도 김정은 위원장은 "국가경제의 장성 목표들이 심히 미진되고 인민생활 향상에서 뚜렷한 진전을 달성하지 못"했다고 질타했다. 대북 경제제재가 장기화되는 가운데 코로나19 사태와 수재의 발생 등 3중고를 겪으면서 새로운 방향을 찾지 않을 수 없게 되었다.

김정은 위원장은 북·미 비핵화 협상의 재개도 쉽지 않고 설사 재개된다고 해도 타결 전망이 밝지 않아 대북제재는 장기화될 수밖에 없다고 인식하고 있다. 그런 점을 고려해 "새로운 국가경제발전 5개년계획의 기본 종자, 주제는 여전히 자력갱생, 자급자족이다"라고 밝히면서 현실적 가능성을 고려하여 새로운 5개년계획의 목표를 국가경제의 자립적 구조를 완비하고 수입의존도를 낮추며 인민생활을 안정시키기 위한 방향으로 설정했다. 대외경제활동에 대해서는 "자립경제의 토대와 잠재력을 보완, 보강하는 데로 지향시키는 것"이라고 그 임무를 규정했다.[66]

---

66) 김정은, "조선로동당 제8차 대회에서 한 중앙위원회 사업총화보고"

<표 2-10> 북한의 주요 경제지표 추이

구 분		1990	1995	2000	2005	2010	2015	2016	2017	2018	2019
인 구	천명	20,221	21,715	22,702	23,561	24,187	24,779	24,897	25,014	25,132	25,250
명목GNI	십억원	16,407	17,170	18,978	24,792	30,049	34,512	36,373	36,631	35,895	35,562
1인당GNI	만원	81	79	84	105	124	139	146	146	143	141
실질GDP	십억원	38,815	30,823	29,405	33,297	33,111	34,137	35,457	34,223	32,803	32,919
경제성장률	%	△4.3	△4.4	0.4	3.8	△0.5	△1.1	3.9	△3.5	△4.1	0.4

<출처> 한국은행

(2) 새로운 국가경제발전 5개년 계획의 추진

제8차 당대회 사업총화보고에서 김정은 위원장은 새로운 국가경제발전 5개년 계획(2021~2025)을 발표하였다. 이번 5개년 계획은 지난번에 '전략'으로 표현했던 것과 달리 전통적인 개념인 '계획'으로 표현해 북한 당국의 강한 개입 및 추진 의지가 담겼다는 것을 알 수 있다. 새로운 국가 경제발전 5개년 계획의 특징은 다음 3가지로 나눠 살펴볼 수 있다.

첫째, 이번 5개년계획의 특징은 새로운 목표를 제시한 경제계획이 아니라 지난 국가경제발전 5개년 전략의 실패에 따른 '정비전략, 보강 전략'이라는 점이다. 김정은 위원장은 사업총화보고에서 새로운 계획에 대해 "현 단계에서 우리 당의 경제전략은 정비전략, 보강전략으로서 경제사업체계와 부문들 사이의 유기적 련계를 복구 정비하고 자립적 토대를 다지기 위한 사업을 추진하여 우리 경제를 그 어떤 외부적 영향에도 흔들림 없이 원활하게 운영되는 정상궤도에 올려 세우는 것을 목적으로 하고 있다"고 정리했다.

새로운 5개년 경제계획의 목표는 ① 경제사업체계와 부문들 사이 유기적 연계의 복구 정비, ② 외부적 영향에 흔들림 없이 자립적 토대를 장상궤도에 올리는 것으로 요약된다. 이는 제7차 당대회에서 채택했던 5개년 경제전략의 문제점을 보완하고 새로운 경제도약을 위한 완충기 전략으로 우선적으로 경제 전반의 정비와 보강이 필요하며, 이를 통해 경제부문 간의 유기적 연계성 강화를 통해 전후방 연관효과를 높여나갈 것을 강조한 것이다.

둘째, 제한적 투자재원의 효율 극대화를 위한 5개년계획의 전략으로 경제발전의 "중심고리에 력량을 집중" 강조하는 이른바 '선택과 집중'에 맞춰져 있다는 점이다. 북한당국은 새로운 국가경제발전 5개년계획의 중심과업으로 대외무역의 부진으로 도입이 어려운 철강, 기계, 화학제품의 자급자족을 늘리기 위해 선택과 집중 전략을 채택하고 있다. 특히 자력갱생의 상징인 주체철 생산과 탄소하나화학공업의 창설에 초점을 맞추고 있다.

김정은 위원장은 제8차 당대회 결론에서 "금속공업과 화학공업을 경제발전의 관건적 고리로 틀어쥐고 기간공업 부문들 사이의 유기적 련계를 강화하여 실제적인 경제활성화를 추동하며 농업부문의 물질기술적 토대를 향상시키고 경공업 부문에서 원료의 국산화 비중을 높여 인민생활을 한 계단 올려세우는 것"으로 "나라의 경제력을 타산 없이 여기저기 분산시킬 것이 아니라 철강재 생산과 화학제품 생산능력을 대폭 늘이는데 최대한 합리적으로 동원 리용할 수 있게 경제작전과 지휘를 강화하는 것"이라고 강조하고 있다.[67]

---

67) 김정은, "조선로동당 제8차 대회에서 한 결론."

〈표 2-11〉 제7차와 제8차 당대회의 경제 부문 주요 내용 비교

		제7차 당대회	제8차 당대회
경제발전계획		국가경제발전 5개년 전략 (2016~2020년)	국가경제발전 5개년 계획 (2021~2025년)
대내경제	중점산업	• 전력, 석탄, 금속, 철도운수, 기계 • 농업, 경공업	• 금속, 화학 • 농업, 경공업
	경제관리	• 내각중심제, 내각책임제 • 우리식 경제관리방법 • 사회주의 기업책임관리제	• 내각중심제, 내각책임제 • 국영상업망 발전 • 우리 시정에 부합, 최량화·최적화 위한 경제관리방법
	특 징	• 과학기술의 성장 견인 강조	• 재정, 금융, 가격 공간의 활용 강조
대외경제		• 가공품수출, 기술·봉사무역 확대 • 합영·합작과 경제개발구 개발 • 관광사업 활성화	• 관광사업(금강산 관광지구 개발)

<출처> 홍제환·최지영·정은이·정은미·조정아, 「조선노동당 제8차 대회 분석(2): 경제 및 사회문화 분야」, 『Online Series』, 통일연구원, 2021년 1월 15일, p.4.

이번 계획에서는 소재부문의 공급역량 강화를 최우선 과제로 설정하고 있다.[68] 금속과 화학 소재는 대북 경제제재 및 코로나19 감염병으로 가장 큰 타격을 입은 분야라는 점에서, 금속공업과 화학공업에 투자를 집중해 나갈 것으로 보인다.

먼저, 금속공업에서는 주체철 생산체계를 기술적으로 완성하고 능력을 확장하며 철강재 생산을 확대하는 데 주안점을 두고 있다. 이를 위해 주요 제철, 제강소의 생산공정을 선진기술로 개조하고, 새로운 에너지 절약형 제철로 건설, 북부지구 갈탄을 선철생산에 이용하기 위한

---

68) 이석기, "북한 제8차 당대회(경제) 분석," 「북한 제8차 당대회 평가와 전망」, 『통일전략포럼 자료집』 제68호, 경남대 극동문제연구소, 2021년 1월 14일, pp.203~204.

과학적 문제를 해결하는 것을 과제로 제시하였다.

다음, 화학공업에서는 기술역량의 강화, 화학공업의 구조 개선, 경제건설과 인민생활향상에 필요한 화학제품의 생산증대를 목표로 내놓았다. 이를 위해 첨단기술을 통하여 주체적인 화학공업 창설, 자체 원료에 의존하는 화학공업으로 전환 등을 제시하고 있다. 지난 경제발전 5개년 전략에서 제시됐던 탄소하나화학공업의 창설에 대해서는 구체적으로 언급되지 않았으나 이와 관련된 기술문제 해결 및 투자사업이 주된 과제가 될 것으로 보인다.[69]

셋째, 경제관리방법의 개선으로 국가의 통일적 경제지도를 강조하고 있다. 이것은 지난 국가경제발전 5개년 전략의 실패를 되풀이하지 않고 경제위기를 관리하기 위해 "새로운 규률 감독체계를 수립"한다는 데 목표를 두고 있다. 이와 같은 당과 국가의 통제력 강화를 위한 경제관리방법 개선의 기본방향은 국가경제의 자립성과 계획성, 인민성을 강화해 생산물에 대한 국가의 통일적인 관리를 통해 인민대중의 요구와 이익을 실현하는 데 두고 있다고 밝히고 있다.

경제관리개선의 기본방향을 원가 절하와 품질 제고에 두고 이를 위해 ① 경제사업에 대한 국가의 통일적 지도를 실현하고, ② 국가적인 일원화 통계체계를 강화하며, ③ 공장, 기업소의 경영활동 조건을 개선하고자 하고 있다. 또한 경제적 효율을 강화하기 위한 방법으로 △ 생산력의 합리적 재배치, △ 경제부문의 취약점 발굴, △ 균형적 발전이 필요한 부문의 보강을 제시하고 있다. 이를 위해 △ 계획화 사업 개선, △ 재정과 금융, 가격 등 경제적 공간의 활용을 추진한다고 밝혔다.

---

69) 이찬우, "북한의 5개년 전략목표와 탄소하나화학 산업,"『서민에너지에서 평화에너지로』, 대한석탄공사, 2020년 11/12월호

〈표 2-12〉 제8차 당대회에서 제시된 경제정책

구분		비고
	성과	개괄적으로 언급
제 7 차	5개년 전략 미달성 원인	○ 국가경제발전 5개년 전략 기간 예견했던 목표 미진 ○ 대외적인 원인(객관적 요인) - 미국을 비롯한 국제사회의 강도 높은 대북제재 - 매년 발생한 자연재해 - 2019년 발생한 코로나 상황 장기화 ○ 대내적인 원인(주관적 요인) - 국가경제발전 5개년 전략 수립에서 과학적 타산 부족 - 경제과학기술의 부진 - 불합리한 경제사업체계와 질서 - 일군들의 사상관점, 무책임한 사업 태도, 무능력, 구태의연한 사업방식
제 8 차	전략과 방향	경제전략 •정비전략 - 경제사업체계 복구 정비 - 경제 부문 간 유기적 연계 복구 정비 •보강전략 - 자립적 토대
		총적방향 •금속, 화학공업에 대한 투자 집중 - 공업, 특히 경공업 부문에 대한 원부자재 해결 - 농업무문 비료, 농기계 등 물질기술적 문제 해결
	현실적인 5개년 계획수립	목표 •지속적인 경제발전과 가시적인 생활 향상
		전제 •내각책임제, 내각중심제 수행 등 •경제관리개선 •과학기술에 의한 생산성 강화, 개건 현대화, 원료자재 국산화 •대외경제활동에 의한 자립경제 토대 보강
		고려 및 요구사항 •현실적 가능성 고려 •요구사항 반영 - 경제의 자립적 구조완비, - 수입의존도 감소, - 주민생활 안정
	5년간 경제 부문별 발전 방향과 과제	정비보강 필요산업 •기간산업(금속, 화학, 전력, 석탄, 채취, 임업) •교통운수, 건설, 건재, 체신, 상업, 국토환경, 도시경영, 대외경제
		식의생활개선 필요산업 •농업, 경공업, 수산
		시, 군 지방 발전 •농촌건설, 지역경제
		경제관리개선 •통계체계 일원화 •공장, 기업소 경영활동 여건 개선 •생산력 재배치 필요부문 보강 •재정, 금융, 가격 등 경제적 공간의 올바른 이용

<출처> 김영희, "북한 제8차 당 대회(경제) 분석", 「북한 제8차 당대회 평가와 전망」, 『통일전략포럼 자료집』 제68호, 경남대 극동문제연구소, 2021년 1월 14일, pp.187~188.

여기서 경제관리개선과 관련해 주목되는 부분은 2016년 5월 제7차 당대회에서 전면적 확립을 제기한 데 이어 2019년 4월 헌법 개정 때 공식화됐던 '우리식 경제관리방법'이 대한 언급이 없다는 점이다. 그 대신 '경제관리를 결정적으로 개선'해야 한다고 강조하면서 국가의 일원화 통계체계 강화, 상업활동의 국가 주도성 등 경제에 대한 국가의 통일적 관리를 강조하고 있다. 하지만 제8차 당대회에서 제시된 경제관리 방향은 국가가 직접 시장메커니즘에 직접 개입한다기보다 행정수단 등을 통해 경제주체들의 행위에 영향을 미치는 방식을 취하는 것으로 평가되고 있다.[70]

〈표 2-13〉 제7차 및 제8차 당대회의 경제관리개선 방법의 비교

	제7차 당대회	제8차 당대회
경제발전 계획	국가경제발전 5개년 전략 (2016~2020년)	국가경제발전 5개년 계획 (2021~2025년)
주요 내용	· 경제사업에 대한 국가의 통일적 지도와 전략적 관리 실현 · 국가적인 통계체계에 모든 경제 부문과 단위들을 망라 · 계획, 재정, 금융, 가격 등 경제수단을 활용 · 가변적 기준가격제도 확립	· 자립성, 계획성, 인민성 강화 · 생산물에 대한 통일적 관리 · 인민대중을 중심에 놓고 인민의 요구와 이익 우선시 · 원가 저하와 질 제고 · 국가적인 일원화 통계체계 강화 · 공장, 기업소의 경영활동조건 개선 · 생산력 합리적 재배치 · 재정, 금융, 가격 등 경제적 공간 이용
시장과의 관계	· 사회주의 기업책임관리제 전면 실시 · 분조관리제 안에서의 포전담당책임제를 자체 실정에 맞게 적용	· 국가의 통일적 지도 · 사회주의 기업책임관리제, 포전담당책임제 언급 없음

<출처> 제7차 및 제8차 조선로동당 대회 사업총화보고를 참고로 필자가 작성.

---

70) 이석기, "2021년 북한경제 전망," p.19.

제2장 **경제(E)**: 북한의 경제와 자립경제 전략 ▎ 123

2. 제8차 당대회의 재정 정책 및 외화벌이 대책

3중고로 북한경제가 악화되면서 국가예산수입이 줄어들자 북한당국은 재정 확보에 고심하고 있다. 북한의 「재정법」 제13조는 "국가예산수입은 국가의 수중에 집중되는 화폐자금이다. 재정기관은 국민소득의 늘어나는 데 따라 국가예산수입을 체계적으로 늘여야 한다"고 규정하고 있다. 또한 「재정법」 제15~19는 국가예산을 △기본투자 및 인민경제사업비, △인민적 시책비와 사회문화사업비, △국방비, △국가관리비, △예비비 등에 지출하도록 하고 있다.[71]

그런데 북한당국은 국방력 강화를 위해 막대한 국방비를 지출하고 있고, 국제사회의 경제제재가 지속되는 가운데 설상가상으로 코로나19 감염병과 자연재해가 겹치면서 경제활동이 급격히 위축되면서 국가수입이 크게 줄어들었다. 북한당국은 부족한 국가재정을 충당하기 위해 2020년 4월 국가공채를 발행한 데 이어, 2021년 1월 제8차 당대회에서는 국영상업을 확대한다고 결의하였다.

(1) 국영상업의 확대

북한이 국가예산수입을 늘리기 위한 새로운 방안으로 국영상업의 확대를 제시하고 있다. 북한의 「국가예산수입법」[72] 제2조에 따르면,

---

71) 「조선민주주의인민공화국 재정법」은 1995년 8월 최고인민회의 상설회의 결정으로 채택됐으며 10번째로 2015년 4월 최고인민회의 상임위원회 정령으로 수정보충되어 현재에 이르고 있다.

국가예산수입은 거래수입금, 국가기업이익금, 협동단체이익금, 봉사료수입금, 감가상각금, 부동산사용료, 사회보험료, 재산판매 및 가격편차수입금, 기타수입금으로 이루어진다.

그런데 상업활동과 관련해 북한당국은 부동산사용료와 기타수입금을 통해 예산수입을 올린다. 「국가예산수입법」 제39조는 "부동산사용료는 국가의 부동산을 리용하는 대가로 국가예산에 납부하는 자금이다. 부동산사용료의 납부는 토지, 건물, 자원 같은 것에 대하여 한다"고 되어 있고, 제62조에서 "공민은 시장 같은 데서 합법적인 경리활동을 하여 조성한 수입금의 일부를 해당 기관, 기업소, 단체에 내야 한다. 이 경우 기관, 기업소, 단체는 정한데 따라 수입금을 해당 재정기관에 납부하여야 한다"고 규정하고 있다.

2016년 5월 제7차 당대회에서는 전혀 언급이 없었으며, 지금까지 상업은 대부분 민간부문이 맡아왔다. 하지만 2019년 12월 당 전원회의에서는 경제관리제도의 개선을 위해 사회주의상업의 복원이 필요하다고 운을 띄운 바 있다. 2021년 1월의 제8차 당대회 사업총화 보고에서 김정은 위원장은 부문별 과제의 하나로 국가상업망의 확충을 통해 국가의 주도적 역할, 조절통제력을 회복해야 한다고 강조하였다.

> "현시기 우리 상업이 반드시 해결하여야 할 중요한 과제는 상업봉사 활동 전반에서 국가의 주도적 역할, 조절통제력을 회복하고 인민을 위하여 복무하는 사회주의상업의 본태를 살려나가는 것이다."[73]

---

72) 「조선민주주의인민공화국 국가예산수입법」은 최고인민회의 상임위원회 정령으로 2005년 7월에 제정되어 2011년 11월 3번째로 수정 보충되었다.

73) 김정은, "조선로동당 제8차 대회에서 한 중앙위원회 사업총화보고"

북한당국이 국가의 주도적 역할과 조절통제력을 회복한다는 명분으로 상업 부문에도 본격적으로 개입하겠다고 나선 것이다. 국영상업의 확대 조치는 시장에 대한 국가의 감독을 강화해 사회주의상업의 본래 모습으로 돌아가겠다는 것이지만, 국영상업의 확대를 통해 국가의 수입금을 늘려 재정을 충당하려는 조치는 결과적으로 시장 기능의 약화를 초래할 것으로 전망된다.

〈표 2-14〉 북한 시장에 부과된 조세 및 준소세

		직접적 납부자	조세·준조세와 시장의 연계 형태	비고
조세	공장기업소의 거래수입금 및 국가기업이익금	공장기업소	액상계획(현금계획), 계획외 생산 및 유통, 더벌이, 8.3작업반	
	종합시장의 시장사용료, 국가납부금('장세')	종합시장 매대 상인	종합시장 내 상품 판매	
	서비스업 기관/기업소의 봉사료 수입금	(수매)상점,(협의제)식당,목욕탕, 수영장, 당구장, 가라오케, 운수업 등 서비스업체	일반주민 대상의 서비스 판매	
	무역회사의 국가납부금	무역회사, 산하 기업소	수출품의 국내 매집, 수입품의 국내 판매 등	
	토지사용료 ('땅세')	소토지/뙈기밭 운영자	소토지/뙈기밭	
	부동산사용료	기관·기업소, 협동단체, 개인	토지, 주택, 건물 등 국토를 사용하는 제반 시장 관련 경제활동	
준조세	혁명자금	각급 기관 및 산하 무역회사	국내시장, 및 해외무역과 연관된 제반 시장경제활동	수취자는 최고지도자, 일부는 공적 경제활동에 투입
	정책과제, 사회적 과제	기관·기업소, 무역회사	시장과 연계된 제반 경제활동	공적 경제활동에 투입되는 재원
	헌금/기부금.현물상납, 애국미 등	개인 및 돈주	시장과 연계된 제반 경제활동	자발적+비자발적
	세외부담	기관·기업소, 개인	시장과 연계된 제반 경제활동	사실상 비자발적

<출처> 조한범 외,『북한에서의 사적경제활동이 공적경제부문에 미치는 영향 분석』, 통일연구원, 2016년, pp.152~153.

(2) 관광산업의 활성화

이번 제8차 당대회에서는 대외경제활동으로 관광산업의 활성화만을 내걸고 있다. 제8차 당대회 사업총화보고에서 김정은 위원장은 관광사업을 "인민들이 보다 문명한 생활을 누리게 하고 나날이 변모되는 우리 국가의 모습을 세상에 널리 떨치기 위한 중요한 사업"으로 규정했다. 하지만 북한이 관광산업을 활성화하려는 속내는 장기화되고 있는 유엔안보리의 제재에서 상대적으로 자유로운 관광산업을 통해 안정적으로 외화벌이를 하려는 데 있다. 북한이 본격적으로 관광산업에 집중한 시점이 유엔안보리의 대북제재가 본격화한 2016년부터라는 사실이 이를 잘 보여준다.[74]

제7차 당대회 사업총화에서는 '관광의 활발한 조직'을 언급하였다. 북한은 유엔안보리 경제제재 속의 한정된 자원 속에서 전체 관광개발구를 개발하기보다 원산–금강산국제관광지대(원산–갈마해안관광지구), 무봉국제관광특구(삼지연지구), 양덕온천관광지구를 집중적으로 개발하는 선택과 집중의 방식을 취하였다. 2021년 1월 제8차 당대회 사업총화에서는 "관광대상에 대한 소개 선전 방법을 개선하며 관광로정과 안내도 다양하게 조직하여야 한다"고 강조했다. 여기서는 금강산지구를 우리식의 현대적인 문화관광지로 연차별, 단계별로 개발하는 문제가 집중적으로 다루어졌다.

2019년 10월 김 위원장이 금강산을 방문해 남측 시설물들의 철거를 지시하면서 "금강산관광지구일대를 금강산과 원산갈마해안관광지구,

---

74) 이해정·강성현, "문헌으로 본 김정은 시대 북한의 관광산업 인식," 세종연구소 편, 『국가전략』, 제26권 3호 2020년 가을호, p.159.

마식령스키장이 하나로 연결된 문화관광지구로 세계적인 명승지답게 잘 꾸려야 한다"며 "금강산에 고성항해안관광지구, 비로봉등산관광지구, 해금강해안공원지구, 체육문화지구를 꾸리고 이에 따른 금강산관광지구총개발계획을 3~4단계로 갈라 연차별로, 단계별로 건설하여야 한다"고 지시한 바 있다.[75]

2020년 12월 김덕훈 내각 총리도 금강산을 시찰하면서 "금강산지구를 현대적이며 종합적인 국제관광문화지구로 훌륭히 꾸리기 위한 개발사업을 연차별, 단계별 계획에 따라 밀고 나가"겠다며 '금강산관광지구총개발계획'의 추진을 구체화하였다.[76] 2021년 1월 제8차 당대회의 언급된 금강산 총개발계획에 따라 고성항 부두에 있는 해금강호텔을 비롯한 시설물들을 모두 철거하고 5개년 계획에 맞춰 단계적으로 개건 작업에 들어갈 것으로 보인다.[77]

3. 대외경제전략과 북·중 경제협력의 확대 가능성

(1) 중국경제 편승 전략

북한은 새로운 자력갱생 전략의 경제실험 속에서 직면하고 있는 여러 가지 어려움을 극복하기 위해 대외경제관계로 눈을 돌리고 있다. 그 대표적인 국가가 바로 중국이다. 북한은 사회주의 국제체제의 해체

---

75) 『로동신문』, 2019년 10월 23일.

76) 『로동신문』, 2020년 12월 20일.

77) 김정은, "조선로동당 제8차 대회에서 한 중앙위원회 사업총화보고."

이후 중국경제와 긴밀한 협력관계를 유지하면서 점차 의존도를 높여 왔다. 특히 유엔안보리 제재가 본격화되면서 북한의 대외무역에서 차지하는 중국의 비중이 크게 증가했다.

먼저, 북한이 2020년 10월 중국의 당 제19기 5중전회의에서 결의한 쌍순환(dual circulation) 경제전략에 편승해 새로운 경제발전을 모색하는 방안을 생각해 볼 수 있다. 쌍순환 전략은 2035년을 목표로 중국이 내수 중심의 국내대순환을 강화하면서 동시에 국제대순환을 통해 기술자립과 역내 공급사슬의 구축을 모색한다는 산업가치사슬 보장방안이자 새로운 발전방식(新發展格局)이다.[78] 이를 위해 중국은 한국·일본과의 기술혁신 협력으로 기술수요를 충족하고, 동유럽·동남아·북한과의 생산협력으로 저부가가치제품의 생산기지로 활용하고자 하고 있다.[79]

쌍순환 경제전략은 2020년 5월 14일 중국공산당 중앙정치국 상무위원회에서 시진핑 주석이 "중국의 세계 최대규모 시장과 내수 잠재력이라는 장점을 살려 국내·국제 쌍순환이 서로를 촉진하는 새로운 발전구조를 만들어야 한다"고 말한 데서 시작됐다.[80]

북한이 국제공급망의 최하위에 편입되어 저부가 가치상품들을 생

78) 최필수, "중국의 쌍순환 구상과 산업정책," 『성균 차이나 브리프』, 제9권 제1호(통권 58호), 2020년 12월 31일, p.42. 및 이왕휘, "19기 5중전회의 정치경제적 함의: 쌍순환 발전전략 분석을 중심으로," 『성균 차이나 브리프』, 제9권 제1호(통권 58호), 2020년 12월 31일, p.49.

79) 이왕휘, "19기 5중전회의 정치경제적 함의: 쌍순환 발전전략 분석을 중심으로," p.52.

80) Shannon Tiezzi, "China's Fifth Plenum : What You Need to Know China's leaders issued a blueprint for the next five years–and beyond. Below, the highlights," The Diplomat, October 29, 2020.

산해 커다란 내수시장을 가진 중국에 수출할 수 있다면, 대북 경제종속의 심화 위험성 속에서 새로운 개발도상국의 길에 들어설 수 있는 기회를 가질 수 있게 된다.(<그림 2-2> 참조)

〈그림 2-2〉 중국의 쌍순환 전략 개념과 북·중 국제분업 가능성

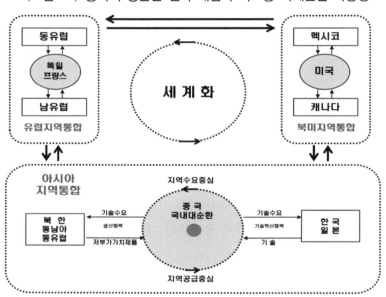

출처: ICBC Internatioanl, *New round of globalization: 'Multi-modal structure'*, 2020.

다음, 북한은 중국이 일대일로의 7번째 회랑으로 구상 중인 '동북아 경제회랑'의 시범사업인 북·중 양강무역대[(中朝兩江經濟帶)]에 참여하는 방안이 있다.[81] 중국은 일대일로 구상의 일환으로 5대 회랑에서

---

81) 朴健一, 「"一帶一路"国際合作与"中蒙俄經濟走廊"建設及"东北亚經濟 走廊"構想」(PPT), 中国社会科学院 亚太与全球战略研究院 东北亚研究

출발했으나 2015년에 중·몽·러 경제회랑을 추가해 6대 경제회랑의 건설을 추진하고 있는데, 근년 들어 중국의 랴오닝, 지린, 헤이룽장, 네이멍구와 남북한을 잇는 동북아 경제회랑을 구상 중이다.

　중국의 일대일로 사업에서 경제회랑의 핵심사업은 인프라 건설이며, 이 가운데서도 철도, 도로 연결사업이다. 중국이 최근 7번째로 동북아 경제회랑 구상의 시범사업을 설계하면서 중점을 두고 있는 것도 역시 철도·도로 연결사업이다. 이를 위해 동북 3성 및 북한 내부의 철도·도로망 건설, 그리고 양국 간 철도·도로의 연결이 검토되고 있으며, 우선 압록강과 두만강을 둘러싼 철도 건설과 북·중 간 연결을 고려하고 있다. (〈그림 2-3〉 참조)

〈그림 2-3〉 북한의 철도 현황과 동북아경제회랑에 따른 북·중 철도연결 구상

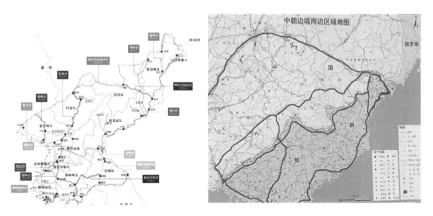

<출처> KDB산업은행, 『2020북한의 산업Ⅰ』, 2020년 12월 28일, p.157 및 朴健一, 「"一帶一路" 国際合作与"中蒙俄經濟走廊"建設及"东北亚經濟走廊"構想」, 中国社会科学院 亚太与全球战略研究院 东北亚研究中心, 2020年11月25日.

中心, 2020年11月25日.

이러한 북·중 경제협력의 가능성을 보여주는 것이 최근 북·중 관계이다. 시진핑 주석은 2019년 6월 평양방문에 앞선 『로동신문』 기고문에서 관광, 지방, 인민생활 등의 교류·협조 약속을 약속했고,[82] 북한정권 72주년 축전에서 "코로나19 발생 이후 서로 협력해 북·중 우호가 더욱 심화됐다"고 평가했다.[83] 2020년 10월 10일 노동당 창건 75주년을 맞아 보낸 축전에서는 "지역의 평화와 안정 및 발전 번영을 위해 적극 기여하고자 한다"고 언급했다. 10월 29일 공개된 김정은 위원장 앞으로 보낸 시진핑 주석의 답전에서는 "보다 훌륭한 복리를 마련해주고 지역의 평화와 안정, 발전을 추동할 용의가 있다"고 밝혔다.

미·중 전략적 경쟁이 심화되고 있는 오늘날, 북한은 각종 국제현안에서 중국 입장을 지지해 주고 있으며, 그 대신에 중국은 인도적 지원이나 지역가치사슬과 같은 '복리'와 '지역의 발전 번영'을 북한에 제공하겠다고 약속하고 있는 것이다. 최근 북·중 관계를 단적으로 보여주는 것이 제7차 및 제8차 당대회에서 보여준 중국에 대한 북한의 태도 변화이다. 제7차 당대회 사업총화에서 김정은 위원장은 사실상 중국을 가리키는 '사회주의 배신자'라는 표현을 사용한 데 비해,[84] 제8차 당대회 사업총화에서는 중국을 '하나의 운명'이라고 추켜세우며 북·중 관계 발전에 선차적인 힘을 넣겠다고 밝혀 북·중 경제협력의 가능성을 강하게 시사하고 있다.

---

82) 습근평, "중조친선을 계승하여 시대의 새로운 장을 계속 아로새기자," 『로동신문』, 2019년 6월 19일.

83) "习近平就朝鲜国庆72周年向朝鲜最高领导人金正恩致贺电," 『人民網』, 2020年 9月 9日. https://www.fmprc.gov.cn/web/wjdt_674879/gjldrhd_674881/t1813299.shtml

84) 김정은, "조선로동당 제7차 대회에서 한 중앙위원회 사업총화보고"

(2) 북한 대외경제전략의 두 갈래 길: 중국경제권 편입 vs. 대외경제 관계 다각화

그렇다면 북·중 경제협력은 3중고에 처한 북한경제의 출구가 될 수 있을 것인가? 제8차 당대회에서 북한은 대외경제관계의 주요추진 방향을 '사회주의국가'라는 동질성을 전제로 한 중국과의 협력에 역점을 두고 있다. "사회주의를 핵으로 하는 조중 친선관계"라고 언급하였고, 2021년 1월 11일 제8차 당대회를 기념해 시진핑 주석도 중국공산당 총서기 명의의 축하서한에서 양국관계를 "친선적인 사회주의 린방"이라고 밝혀 양국이 '사회주의국가'임을 강조하였다.[85]

김정은 위원장은 제7차 당대회 사업총화보고까지만 해도 대외경제사업을 활성화해야 한다면서 "대외경제부문에서는 자립적 민족경제건설노선에 철저히 입각하여 나라의 경제토대를 강화하는 데 절실히 필요한 부분과 고리를 보충하는 방향에서 대외경제협조와 기술교류, 무역 활동을 다각적으로, 주동적으로 책략 있게 벌려야 합니다'라고 밝혔다.[86] 그러나 2016~2017년에 북한이 집중적으로 핵실험, 중장거리 탄도미사일 시험을 강행하면서 유엔안보리 차원의 대북제재가 부과되고 대외 경제협력이 차질을 빚게 되자 중국에 대한 의존도를 높인 것이다.

하지만 북한경제가 중국 주도의 쌍순환 경제전략에 편승하거나 북·중 양강무역대를 만들어 자유무역지대를 만들기 위해서는 넘어야

---

85) 『로동신문』, 2021년 1월 12일.
86) 『로동신문』, 2019년 12월 31일.

할 장애물들이 있다. 지속되고 있는 유엔안보리의 각종 경제제재와 중국에 대한 높은 경제의존도라는 문제점을 극복해야만 한다. 유엔안보리 제재가 지속되는 한 중국의 국제대순환 구조에 편입되어 경제성장을 도모하는 것은 사실상 불가능하다. 또한 90%가 넘는 북한의 높은 대중 무역의존도를 고려할 때 일방적으로 중국경제에 의존하거나 중국의 경제순환 구조에 편입되는 경제전략은 예속 위험성을 높일 수 있어 그동안 북한이 추구해 왔던 자립적 민족경제노선과도 배치된다.

북한당국도 이러한 위험성을 잘 알고 있기 때문에 여러 나라들과 경제협력을 모색하면서 대외경제관계의 다각화를 추구하고 있으며, 2021년 7월 도쿄올림픽을 계기로 일본과의 관계개선에도 눈을 돌리고 있다. 2020년 7월 북한 외무성 아시아담당 부상을 지낸 비교적 고위급인 리길성이 싱가포르 대사로 부임한 것도 경제난 타개를 위해 동남아 국가들과의 관계를 개선하려는 의도와 무관치 않다.

이와 함께 중장기적으로 북한은 유엔안보리 제재를 단계적으로 완화해 나가기 위해 남북대화의 복원은 물론 북·미 비핵화 협상의 재개 가능성을 닫아놓지 않고 있다. 제8차 당대회 사업총화보고에서 김정은 위원장은 '첨단군사장비 반입 및 미국과의 연합군사연습의 중지'를 조건으로 남북관계를 회복할 수 있다고 밝히고, '대북 적대시정책의 철회'를 조건으로 새로운 북·미관계의 수립 가능성을 열어놓고 있는 것이다. 이처럼 현 단계에서 북한은 미·중 전략경쟁 상황에서 중국에 밀착 접근하는 태도를 보이고 있지만, 미래를 대비해 미국과의 관계 개선을 위한 끈도 놓치지 않고 있어 북한의 대외경제전략을 섣불리 규정해서는 안 될 것이다.

V. 북한 자력갱생 전략의 한계와 정책시사점

북한은 오랫동안 자력갱생의 기치 아래 '자립적 민족경제 건설 노선'을 견지해 왔다. 이 노선은 중공업 발전을 우선하면서도 내부자원의 동원을 극대화해 경제발전을 이루려는 것이다. 흐루쇼프 소련 공산당 서기장이 COMECON을 확대 강화하면서 북한에게 사회주의 국제분업체제에 들어올 것을 요구했지만, 당시 소련의 압력에도 불구하고 북한은 자력갱생 정책을 고수했다.

북한당국은 탁월한 당의 영도와 주민들의 혁명적 열의를 토대로 국내자원을 총동원해 계획경제를 성공적으로 운영하였다고 자평하고 있다. 하지만 소련과 중국의 원조나 원부자재에 대한 우대가격 제공이 없었다면 불가능한 것이었다. 북한 스스로는 구소련의 사회주의 국제분업을 거부하며 자립경제구조를 지향했지만, 과거 옛소련이 주도했던 COMECON에 준회원국으로 참가해 경제개발에 필요한 자금과 기술, 에너지 등을 공급받아 왔다. 그런 점에서 현실적으로는 한 번도 명실상부한 자립경제를 달성한 적이 없었다.

냉전 종식 이후 구소련과 동유럽의 사회주의 체제가 무너지면서 북한의 자립적 민족경제 건설 노선은 한계를 드러냈다. 사회주의권의 붕괴로 이러한 각종 혜택을 더 이상 받을 수 없게 되었기 때문이다. 사회주의국가 간에 우대가격이 사라졌으며, 북한에 수출되는 석유, 역청탄과 같은 원부자재나 자본재에 대해 달러화와 같은 경화 결제를 요구했지만 북한은 그만한 여력이 없었다.

냉전 종식 이후 경제위기에다가 자연재해까지 덮친 북한은 심각한 체제위기 속에서도 동유럽국가들의 전철을 밟지 않기 위해 개혁·개방보다는 최대한 국내자원을 활용해 자력갱생 노선을 유지한 채 대량살상무기의 개발에 몰두했다. 하지만 북한이 핵·미사일을 개발하면 할수록 유엔안보리를 비롯한 국제사회의 경제제재로 외화 유입이 차단되면서 경화 부족이 심화되어 경제개발에 필요한 자본재 수입에 어려움을 겪게 되면서 자력갱생도 쉽지 않게 되었다.

북한은 국제적 고립에서 탈피하기 위해 중국과의 협력을 모색하기도 했다. 중국 동북 3성의 지방정부와 경제적으로 밀접한 관계를 맺어 왔다. 2009년 8월 중국국무원이 '창지투(長吉圖) 선도구 개발계획'을 비준하면서 제2차 두만강 개발(GTI : Great Tumen Initiative) 붐이 일어나기도 했다. 중국 중앙정부는 두만강 개발계획이나 창지투 개발계획을 통해 낙후한 동북 3성과 북한경제를 연계하여 개발하고자 했다. 이마저도 북한의 소극적인 태도로 인해 별다른 성과를 거두지 못했다.

경제강국의 건설과 인민생활의 향상을 국정목표로 내걸며 출범한 김정은 체제는 2012년 4월 15일 김일성 탄생 100주년 기념식에서 "다시는 인민의 허리띠를 졸라매게 하지 않겠다"고 약속했다. 하지만 2019년 2월 말 하노이 제2차 북·미 정상회담의 결렬 이후에 개최된 12월 31일 당 중앙위 제7기 5차 전원회의에서는 "허리띠를 졸라매더라도 기어이 자력부강, 자력번영"하겠다는 것으로 후퇴했다.[87]

김정은 체제에 들어와 북한은 군수산업이나 중화학공업과 같은 국가부문은 기존처럼 정부가 직접 통제하는 계획경제를 유지하면서도, 생활필수품을 만드는 기업이나 농장의 경영에는 상당한 자율성을 부

---

87) 『조선중앙통신』, 2020년 1월 1일.

여하는 '개혁'을 추진해 왔다. 하지만 원부자재와 자본재가 부족한 북한으로서는 이러한 내부자원의 동원과 효율적 관리만으로는 경제성장을 이루기에 한계가 있었다.

앞으로 북한경제가 회생을 위해 나아갈 길은 우선적으로 북한에 가해지고 있는 경제제재를 푸는 데 집중하는 것이어야 한다. 그렇게 해야 미국 주도의 자유주의 국제경제체제에 편입되어 본격적인 개발도상국의 길을 갈 수 있으며, 또는 중국 주도의 쌍순환 경제전략에 편승해 경제회생의 가능성을 도모할 수 있다. 그렇지 못하면 북한이 아무리 핵 억제능력을 강화한다고 해도 옛소련이 갔던 몰락의 길을 가지 않는다는 보장이 없다. 그런 점에서 김정은 위원장은 국제사회의 제재를 풀기 위해서라도 한반도 비핵화의 가능성을 닫지 않고 대화의 문을 열어놓을 것으로 보인다.

제3장

외교(D) : 북한의 외교와 자주외교 전략

I. 북한의 '작은 나라' 인식과 자주외교

외교전략이란 한 국가가 국가목표의 실현을 위한 여러 수단들 가운데 대외관계에서 추진해야 할 정책들에 대한 종합적이고 체계적인 계획과 구상을 가리킨다. 그 동안 북한은 사회주의 강성국가를 최종적인 국가목표로 하면서 김일성 정권의 정치사상강국, 김정일 정권의 군사강국, 김정은 정권의 경제강국으로 단계적인 국가목표를 발전시켜 왔다. 북한의 외교전략은 각 단계마다 이러한 국가목표들을 실현하기 위한 수단으로 복무해 왔다. 북한의 외교정책도 기본적으로 외교전략의 틀 속에서 이루어진다.

북한의 외교전략은 최고지도자들이 스스로의 국제적 위상을 어떻게 보고 있는지에 좌우된다. 김일성, 김정일로 이어지는 북한의 최고지도부들은 공통적으로 북한을 스스로 '작은 나라'(小國)이라고 인식하고 있었다. 김일성 주석은 "우리나라는 큰 나라들 사이에 위치하고 있는 자그마한 반도의 나라'라고 북한을 평가하였고[1]), 이를 바탕으로 "우리나라는 작은 나라이므로 분렬되면 무력하게 되며…"라고 말하며 내부 결속의 중요성을 강조하였다.[2])

냉전 해체 직후인 1991년 5월 5일 김정일 국방위원회 제1부위원장 (당시)도 "작은 나라가 혁명과 건설을 자체 힘으로 해 나가는 것은 쉬운 일이 아닙니다. 특히 우리나라와 같이 제국주의 강적과 첨예하게 대치되고 있고…"라고 언급하고 있다. 이것은 북한이 작은 나라라는 전제 아래, 사회주의 세계체제의 해제라는 급변화한 국제안보환경을 설명하면서 자신들이 놓인 처지 속에서 핵무기 개발과 선군노선의 등장을 정당화하려고 한 것이다.[3])

김정은 정권이 들어선 지 3년이 지난 2015년 5월 30일 북한외무성은 자신들의 핵무기 개발을 정당화하는 논리를 밝힌 대변인 담화를 통해 "작은 나라가 침략과 전쟁의 원흉으로부터 자기를 지키기 위해 취한 너무도 정정당당한 이 자위적 조치를 그 무슨 '도발'로 매도하는 것 자체가 곧 엄중한 도발"이라고 밝혔고,[4]) 2021년 1월 8일 제8차 당대회 사업총화보고에서 김정은 위원장은 북한을 가리켜 "령토와 인구도 그리 크지 않고"라면서 역시 작은 나라라는 인식을 드러냈다.[5])

이처럼 역대 최고지도자들은 북한의 국제적 위상을 일관되게 '작은 나라'로 인식하거나 규정한 것은 미국이나 중국, 러시아 등 강대국들,

---

1) 『김일성 저작집』, 제41권, 1988년 4월 24일 문건.
2) 『김일성 저작집』, 제32권, 1977년 12월 22일 문건.
3) 『김정일 선집』, 제11권, 1991년 5월 5일 문건.
4) 『조선중앙통신』, 2015년 5월 30일.
5) 김정은, "조선로동당 제8차대회에서 한 당중앙위원회 사업총화보고," 『로동신문』, 2021년 1월 9일.

더 나아가 한국을 의식하거나 겨냥한 것이다. 북한지도부는 단지 나라의 규모가 작을 뿐 아니라 사회주의대국들의 내정간섭이나 제국주의 대국들의 침략야욕 등을 거론하며 국제안보환경이 적대세력들에게 둘러쌓여 있다는 피포위 의식(siege mentality)도 드러냈다. 북한 지도자들은 이러한 '작은 나라' 인식을 바탕으로 자주외교를 외교전략의 기본으로 삼았다.

그렇다면 김정은 정권은 현 단계 국제정세를 어떻게 보고 북한의 국제적 위상을 어느 수준으로 보고 있는가? 이 장에서는 먼저 김정은 시대 북한의 국제정세에 관한 인식과 공식적인 외교정책 이념을 살펴보고, 북한이 취해 온 외교전략을 자주 외교전략, 비동맹 외교전략, 편승 및 균형 외교전략으로 나누어 분석한다. 다음으로 북한의 탈냉전기를 맞아 추진된 북한의 선군 외교전략을 분석한 뒤 이 시기 북한의 강대국 외교전략을 알아본다. 이어서 본격화되고 있는 미·중 전략경쟁이 북한의 외교전략에 미치는 영향을 살펴보고, 2017년 11월 북한의 '국가핵무력의 완성' 선언 이후 전개된 북한의 강대국 외교전략과 2021년 1월 개최된 제8차 당대회 사업총화에서 나타난 외교전략을 분석한다.

II. 북한의 국제정세 인식과 외교전략

1. 북한의 피포위 의식과 탈피 노력

북한의 국제안보환경에 대한 인식은 한마디로 적대세력에 의해 둘러싸여 있다는 피포위 의식이다. 1945년 8월 일본제국주의의 패망 직후에는 미·소 간 협조 분위기에 기대를 걸면서도 미국의 외교정책을 비판하는 경향을 띠었다. 김일성 주석은 1948년 3월 28일 조선로동당 제2차 대회의 당 중앙위원회 사업결산보고에서 "세계를 지배하려는 미 제국주의자들의 발악이 심하면 심할수록 그를 반대하는 국제민주 력량은 일층 강하여지며 세계는 미국사람들의 뜻대로 움직이는 것이 아니라 국제민주력량이 움직이는 방향으로 나아가고 있다"고 국제정세를 평가하였다.[6]

동유럽국가들의 체제 전환이 본격화되고 동서독이 서독 주도로 통일되었을 뿐 아니라 한·소 수교와 한·중 수교가 이루어지자 북한의 위기의식은 최고조에 달했다.[7] 냉전 종식 이후 미국의 유일패권체제가 완성되면서 미국은 서방진영에 속하지 않은 반미국가들을 불량국가(rogue state)로 부르고 대량살상무기 능력을 보유한 북한, 이란, 이라크를 악의 축(axis of evil) 국가로 낙인찍었다. 김일성 주석은 한국이 북한을 흡수통일하려 한다고 비난하면서, "동부독일은 서부독일에 흡수 통합되어 망하였는데 우리나라는 그렇게 되지 않을 것"이라고 언급하여 위기의식을 드러내고 있다.[8]

김정일 시대 초기에 국제적 고립이 계속되는 가운데 홍수와 가뭄으로 대기근까지 겹쳐 '고난의 행군'에 직면하면서 북한의 체제위기감은 최고조에 달했다. 당시 상황에 대해 『로동신문』은 "세계적 판도에서 사회주의 국가들이 련이어 무너지고 제국주의자들이 저들의 승리를

---

6) 국토통일원, "북조선로동당 제2차 전당대회 회의록," 『조선노동당대회 자료집』, 제1집, 1980, p.128.

7) 이종석, 『새로 쓴 현대북한의 이해』, 역사비평사, 2000, p.539.

8) 『김일성 저작집』, 제44권, 1994년 6월 30일 문건.

요란스럽게 광고하며 제 세상을 만난 듯이 기고만장하여 날뛰던 그때 … (중략) … 혁명의 위대한 수령을 잃었던 것이다 … (중략) … 그에 편승이나 하듯 이번에는 또 수백 년래에 처음 보는 무서운 자연재해가 련이어 들씌워졌다'라고 회고하고 있다.9) '고난의 행군'을 계기로 북한은 혁명적 군인정신을 강조하는 선군외교 전략을 내걸었다.10)

김정은 위원장은 2013년 신년사에서 2012년 정세를 평가하며, "오늘 국제무대에서는 주권국가들에 대한 제국주의자들의 간섭과 군사적 침략책동으로 하여 인류의 평화와 안전에 엄중한 위험이 조성되고 있으며 특히 조선반도를 포함한 아시아태평양지역은 항시적인 긴장이 떠도는 세계 최대의 열점지역으로 되고 있습니다"라고 회고하였다.11) 이후 북한의 신년사에서는 북한을 고립 압살하기 위한 미국의 대북 적대시정책이 계속되고 있다고 비난하면서, 북한의 핵보유가 불가피한 것이었다고 주장하였다.

36년 만에 개최된 2016년 5월의 조선노동당 제7차 대회 사업총화보고에서 김 위원장은 "나라의 자주권과 우리 인민의 운명을 침해하고 우리 제도를 압살하려는 적들의 로골화되는 군사적 공갈과 침략 책동" 속에 살고 있다고 밝혔다.12) 그러면서 "핵무기 연구부문에서는 세 차례의 지하 핵시험과 첫 수소탄 시험을 성공적으로 진행함으로써 우리 나라를 세계적인 핵강국의 전렬에 당당히 올려세우고 미제의 피비린

---

9)『로동신문』, 2000년 10월 3일.

10) 김갑식, "1990년대 '고난의 행군'과 선군정치,"『북한의 정치 2』, 경인문화사, 2006, pp.319~320.

11) 김정은, "신년사," 2013년 1월 1일.

12) 김정은, "조선로동당 제7차 대회에서 한 당중앙위원회 사업총화보고,"『로동신문』, 2016년 5월 9일.

내 나는 침략과 핵위협의 력사에 종지부를 찍게 한 자랑찬 승리를 이룩하였습니다'라고 주장했다.

그 뒤로도 북한은 2016년 9월과 2017년 9월에 제5차, 제6차 핵실험을 단행하고 미 본토를 타격할 수 있는 대륙간탄도미사일의 개발에 성공하면서 마침내 2017년 11월 29일 '국가핵무력의 완성'을 선언하였다. 이에 따라 2018년 1월 1일 김정은 위원장의 신년사에서는 '평화를 사랑하는 책임 있는 핵강국'으로서 미국과 맞상대할 수 있는 '세계가 공인하는 전략국가의 지위'로 올라섰다고 스스로를 자리매김하고 있다.[13]

2021년 1월에 개최된 제8차 당대회에서도 김 위원장은 "이 행성에 우리나라처럼 항시적인 전쟁위협을 받고 있는 나라는 없으며 그만큼 평화에 대한 우리 인민의 갈망은 매우 강렬하다"면서 "조미사이의 력학관계를 극적으로 변화시켜 … 제국주의 반동들의 사면포위 속에 들어있는 우리 공화국의 대외적 지위에서 비약적인 상승변화가 일어나게" 되었다며, 한편으로 피포위 의식을 드러내면서 다른 한편으로 대미관계에서 전략적 지위가 대등하게 바뀌었다는 인식을 보였다.[14]

2. 북한의 공식적인 외교정책 이념

(1) 북한의 외교정책 3대 이념과 원칙

북한이 처음에 내건 외교정책의 이념은 '프롤레타리아 국제주의'와

---

13) 김정은, "신년사," 『로동신문』, 2018년 1월 1일.

14) 김정은, "조선로동당 제8차대회에서 한 당중앙위원회 사업총화보고"

'자주노선'이다. 1972년 12월 27일 최고인민회의 제5기 제1차 회의에서 채택된 북한 사회주의헌법 제16조에서는 "국가는 맑스-레닌주의와 프롤레타리아 국제주의 원칙에서 사회주의 나라들과 단결하고 제국주의를 반대하는 세계 모든 나라 인민들과 단결하며 그들의 민족해방투쟁과 혁명투쟁을 적극 지지 성원한다"고 언급하고 있다. 아울러 "대외관계에서 완전한 평등권과 자주권을 행사"한다고 밝히고 있다. 이러한 프롤레타리아 국제주의에 기초한 평등권과 자주권의 내용은 1972년 12월 최고인민회의에서 채택된 사회주의헌법에서 처음 포함되었다.

1980년 10월 10일 조선노동당 제6차 대회에서 김일성 주석은 총화보고를 통해 "대외활동에서 자주성을 확고히 견지하고 세계 여러 나라들과의 친선 협조 관계를 발전시키며, 세계의 평화와 안전을 보장하기 위하여 적극 노력"할 것이라고 연설하였다.[15] 그 뒤 1992년 4월 9일 최고인민회의 제12기 제1차 회의에서 수정 보충된 북한 사회주의헌법 제17조에서는 기존의 '맑스-레닌주의와 프롤레타리아 국제주의 원칙'이라는 표현 대신에 "자주성을 옹호하는 세계 인민들과 단결하며 온갖 형태의 침략과 내정간섭을 반대하고 나라의 자주권과 민족적, 계급적 해방을 실현하기 위한 모든 나라 인민들의 투쟁을 적극 지지 성원"하는 것으로 수정되었다.[16]

북한의 3대 외교정책 이념은 '자주, 친선, 평화'이다. 하지만 소련이 해체되고 동유럽국가들이 체제 전환을 겪는 등 국제안보환경이 크게

---

15) 『조선중앙년감』, 조선중앙통신사, 1981, pp.66~67.

16) 북한헌법은 최고인민회의에서 1998년 9월 5일(제8차, 김일성 헌법), 2009년 4월 9일(제9차), 2010년 4월 9일(제10차), 2012년 4월 13일(제11차, 김일성-김정일 헌법), 2013년 4월 1일(제12차), 2016년 6월 30일(제13차)에 이어 2019년 4월 11일(제14차)에 수정보충이 이루어졌다.

변화되자 북한당국은 외교 이념과 원칙에서 순서를 바꿔 '평화'를 '친선'보다 앞에 두었다. 1990년 5월 최고인민회의 제9기 제1차 회의에서 김일성 주석은 북한의 외교원칙을 기존의 '자주, 친선, 평화'에서 '자주, 평화, 친선'으로 순서를 바꾸어 언급했다. 1998년 9월 5일 개최된 최고인민회의 제10기 제1차 회의에서 수정보충된 사회주의헌법에서도 "자주, 평화, 친선은 조선민주주의인민공화국의 외교정책의 기본리념이며, 대외활동원칙"이라고 규정하고 있다. 이것은 사회주의국가들의 체제위기 속에서 평화공존을 앞세워 체제 보위를 꾀하기 위한 것으로 보인다.

(2) 김정은 정권의 외교정책 이념 계승

김정은 시대에 들어와서도 북한은 외교정책의 기본이념으로 '자주, 평화, 친선'의 3대 이념을 견지하고 있다. 김정은 정권이 들어선 직후인 2012년 4월 13일 최고인민회의 제12기 제5차 회의에서 수정보충된 북한 사회주의헌법의 전문(前文)은 "김일성과 김정일이 조선민주주의인민공화국의 외교정책의 기본이념을 밝히고, 그에 기초하여 나라의 대외관계를 확대 발전시켰으며 공화국의 국제적 권위를 높이 떨치게 하였다"고 밝히면서, 김정은 정권이 김일성, 김정일 시대의 외교정책을 계승할 것임을 분명히 하고 있다.

2013년 1월 김정은 국방위원회 제1위원장은 육성으로 발표한 그의 첫 신년사에서 "앞으로도 자주, 평화, 친선의 리념 밑에 우리나라의 자주권을 존중하고 우리를 우호적으로 대하는 세계 여러 나라들과의 친선 협조관계를 확대 발전시키며 지역의 평화와 안정을 수호하고 세계의 자주화를 실현하기 위하여 적극 노력할 것"이라며 자주, 평화, 친선을 공식적인 외교이념으로 재확인하고 있다.

2014년 1월 신년사에서 김 제1위원장은 "앞으로도 자주, 평화, 친선의 대외정책 이념을 확고히 견지하면서 우리나라의 자주권을 존중하고 우리를 우호적으로 대하는 모든 나라들과의 친선협조 관계를 확대 발전시키며 세계의 평화와 안전, 인류공동의 번영을 위하여 적극 노력할 것"이라고 밝히고 있다.

한반도 군사적 긴장이 최고조에 달했던 2017년 한반도 정세에 대해 김정은 위원장은 "지난해 미국과 그 추종세력들의 반공화국 고립 압살 책동은 극도에 달하였으며 우리 혁명은 류례 없는 엄혹한 도전에 부닥치게 되었습니다"라고 평가하면서, "우리는 나라의 자주권을 믿음직하게 지켜낼 수 있는 최강의 국가방위력을 마련 … (중략) … 전체 인민이 장구한 세월 허리띠를 조이며 바라던 평화수호의 강력한 보검을 틀어쥐였습니다"라고 자평했다.[17]

남북관계 및 북·미 관계가 대화국면에 들어선 2019년 1월의 신년사에서 김정은 위원장은 "우리 당과 공화국 정부는 자주, 평화, 친선의 이념에 따라 사회주의 나라들과의 단결과 협조를 계속 강화하며 우리를 우호적으로 대하는 모든 나라들과의 관계를 발전시켜 나갈 것입니다"라고 밝히면서 3대 외교 이념과 원칙을 재천명하였다.

2019년 8월 29일 수정보충된 북한의 사회주의헌법 제17조에는 '자주, 평화, 친선'을 외교정책의 기본이념이자 외교활동의 원칙으로 제시하면서 다음과 같이 규정하고 있다.

"자주, 평화, 친선은 조선민주주의인민공화국의 대외정책의 기본리념

---

17) 김정은, "신년사," 2018년 1월 1일.

이며 대외활동 원칙이다. 국가는 우리나라를 우호적으로 대하는 모든 나라들과 완전한 평등과 자주성, 호상존중과 내정불간섭, 호혜의 원칙에서 국가적 또는 정치, 경제, 문화적 관계를 맺는다. 국가는 자주성을 옹호하는 세계 인민들과 단결하며 온갖 형태의 침략과 내정간섭을 반대하고 나라의 자주권과 민족적, 계급적 해방을 실현하기 위한 모든 나라 인민들의 투쟁을 적극 지지 성원한다."[18]

3. 북한 외교전략의 3대 방향

일반적으로 소국이 취하는 외교 행태는 세계적 현안에 대한 낮은 참여, 외교정책 현안에 대한 좁은 시야, 지역적 문제들에만 한정된 행위, 군사적 수단보다는 외교적·경제적 수단의 활용, 국제법·도덕적 이상에 대한 높은 지지, 다자적 조약·기구에 대한 적극 참여, 중립적 입장 견지, 강대국에 대한 의존, 갈등 회피 및 협력 지향, 자국의 안전과 생존을 위한 외교자원의 불균형적 할당 등의 모습을 띠고 있다.[19]
'작은 나라'로서 역대 북한정권들이 강대국들을 상대로 취했던 전략은 크게 자주(self-reliance), 중립/비동맹(neutrality/nonalignment), 편승(bandwagoning), 균형(balancing) 등으로 구분할 수 있다. 이와 같은 북한의 전략을 중심으로 북한이 취해 왔던 외교전략의 내용과 흐름에 대해 살펴본다.

---

18) 「조선민주주의인민공화국 사회주의헌법」, 2019년 8월 29일.

19) 김 덕, 『약소국 외교론: 국제체제 속의 약소국』, 탐구당, 1992, p.45

(1) 자주 외교전략

북한의 공식적인 외교전략은 자주(self-reliance) 외교전략이라고 할 수 있다. 김일성 주석은 1955년 '사상에서의 주체'를 필두로 1950년대 후반부터 1960년대 전반에 걸쳐 '경제에서의 자립', '정치에서의 자주', '국방에서의 자위'를 표방하였다. 이 가운데 '정치에서의 자주'는 1957년 11월 소련 10월 혁명 40주년 기념식에서 나온 「모스크바 선언」에서 사회주의국가 간의 평등성과 자주성을 존중하고 내정에 불간섭한다는 원칙이 발표되자, 같은 해 12월 5일 당 전원회의에서 결의한 것이다. 이러한 네 가지의 자주성 원칙은 1965년 4월 14일 인도네시아의 알리 아르함 사회과학원에서 김일성 주석이 연설을 통해 종합적으로 정리하였다.

여기서 한 걸음 더 나아가, 1966년 10월 5일 당 대표자회에서 김일성 주석은 공산권 외교정책을 추진하면서 '내정불간섭과 호상평등'을 담은 '대외관계에서의 자주'를 표방하였다. 이것은 '정치에서의 자주'가 북한에 대한 중·소의 내정간섭을 반대한다는 의미가 강했다면, '대외관계에서의 자주'는 좀 더 적극적인 의미에서 소련, 중국과의 대등한 관계임을 강조한 것이다.[20]

김정일 국방위원장은 후계자 시절인 1982년 3월에 쓴 「주체사상에 대하여」에서 "세계에는 큰 당과 작은 당, 큰 나라와 작은 나라, 경제적으로 발전한 나라와 뒤떨어진 민족은 있으나 모든 당, 모든 나라와 민족은 다 평등하고 자주적"이라면서 "그 누구도 남의 자주권을 침해하

---

20) 전현준·김성철 외, 『북한 이해의 길잡이』, 박영사, 2005, pp.39-42

지 말아야 하며 또 자기의 자주권을 침해당하지 말아야' 한다고 지적했다.[21)

이와 같은 북한의 자주 외교전략은 탈냉전 이후 고립무원한 국제안보환경 속에서 김정일 국방위원장의 선군 외교전략에 바탕을 둔 핵무기·탄도미사일 개발로 이어진다.[22) 북한은 전략군 대변인 담화를 통해 자신의 핵무력에 대해 "미국의 가증되는 핵위협과 공갈로부터 우리 민족 모두를 지키고 지역의 평화와 안전을 유지하기 위한 자위적 보검"이라고 합리화하고 있다.[23)

김정은 위원장은 2016년 5월 제7차 당중앙위원회 사업총화 보고에서 "지난 세기말 세계적인 반사회주의, 반혁명의 역풍속에서 엄중한 도전에 부닥치게 되였습니다"라고 평가하면서 자주 외교전략의 의미와 성과에 대해 다음과 같이 평가하였다.

"랭전 종식 후 적지 않은 나라들이 미국의 군사적 압력과 전횡에 기가 눌리워 원칙을 저버리고 타협과 굴종의 길로 나아가고 있을 때 … (중략) … 조선로동당은 무적필승의 총대의 위력으로 조국과 인민의 운명을 지키고 사회주의를 수호하며 전진시키기 위한 투쟁을 승리에로 이끌었습니다."[24)

---

21) 김정일, "주체사상에 대하여: 위대한 수령 김일성 동지 탄생 70돐 기념 전국주제사상 토론회에 보낸 론문," 1982년 3월 31일.

22) 조성렬, 『뉴 한반도 비전: 비핵 평화와 통일의 길』, 백산서당, 2012, pp.102-108

23) 『로동신문』, 2014년 3월 6일.

24) 김정은, "조선로동당 제7차대회에서 한 당중앙위원회 사업총화보고"

2019년 김정은 신년사는 "2018년은 우리 당의 자주노선과 전략적 결단에 의하여 대내외 정세에서 커다란 변화가 일어나고 사회주의 건설이 새로운 단계에 들어선 역사적인 해"라고 평가하면서, 2018년 이후 한반도 비핵화와 평화구축을 위한 대화국면이 자신이 추진한 자주노선의 성과라고 선전하고 있다.

(2) 비동맹 외교전략

북한은 대외적으로 자유주의진영과 사회주의진영 간의 냉전구조 속에서 북한은 양대 진영의 어디에도 속하지 않는다는 중립노선인 '빨럭불가담 외교' 즉 비동맹 외교를 전개하였다. 비동맹운동(NAM, Non-Alignment Movement)은 1950년 네루 인도 대통령이 어떤 형태의 군사동맹에도 참여하지 않는다고 표방한 데서 비롯되었으며, 1956년 인도·유고·이집트 3국 정상들이 만나 창설되었고 1961년 유고 베오그라드에서 제1차 비동맹 정상회의가 열렸다. 이에 북한은 1960년대 중·소 분쟁 속에서 '대외관계에서의 자주'라는 자주 외교전략에 따라 적극적인 외교관계를 전개해 21개 비동맹국들과 수교했다.

1970년대에 들어 1971년 중국이 유엔회원국이 되고 1972년 닉슨 대통령이 중국을 방문하고 1973년 한국정부가 '6·23 평화통일외교정책선언'을 발표하는 등 국제적인 데탕트가 전개되는 분위기에서 유엔과 국제기구에서 남북한의 세 대결에 대비해 지지세력의 확보에 나섰다.[25] 이러한 분위기 속에서 북한은 서유럽 및 북유럽 국가들과 수교를 추진하고 대미 평화협정을 제의한 데 이어 1975년에는 김일성 주석

---

25) 윤기관·고성호 외, 『현대 북한의 이해』, 법문사, 2004, p.105.

이 아프리카의 알제리와 모리타니아 등 비동맹국가들을 방문하였다. 이러한 성과를 기반으로 1975년 8월 30일 페루 리마에서 열린 비동맹 외상회의에서 북한은 비동맹운동의 정회원국으로 가입하였다.

1980년대 들어서도 북한은 비동맹운동에서의 위상을 높이기 위해 각종 비동맹 회의를 개최하였으며, 제8, 9차 비동맹 정상회의에서 부의장국으로 피선되기도 했다. 김정일 국방위원장은 후계자 시절인 1982년 3월에 발표한 논문 「주체사상에 대하여」에서 "우리나라는 령토완정과 주권에 대한 존중, 불가침, 내정불간섭, 평등과 호혜의 원칙에 기초하여 쁠럭불가담 나라들, 신흥세력 나라들과 단결"한다고 밝히며 비동맹국가들과의 관계 강화 의지를 나타내었다.[26]

냉전 종식 이후 비동맹운동이 점차 반제 국제연대에서 일탈해 자국의 국가이익을 추구하는 실리외교로 바뀌고 북한의 대외전략에서 지정학적 요인이 차지하는 비중이 커지면서 북한은 상대적으로 비동맹운동에 대한 관심이 떨어지게 되었다.[27] 하지만 2000년 이후에도 비동맹운동 정상회의에 국가수반 격인 김영남 최고인민회의 상임위원장이 매번 참석했으며, 비동맹운동 각료회의에는 외무상이 참석하였다. 2018년 4월 아제르바이잔에서 열린 비동맹운동 각료회의에 리용호 외무상이 참석하는 등 비동맹운동과의 끈을 유지하고 있다.[28]

---

26) 김정일, "주체사상에 대하여: 위대한 수령 김일성 동지 탄생 70돐 기념 전국주제사상 토론회에 보낸 론문."

27) 김용호, "북한의 외교정책 결정요인," 『북한외교정책』, 도서출판 서울프레스, 1995, p.70.

28) 『조선중앙통신』, 2018년 4월 6일.

(3) 편승 및 균형 외교전략

북한과 같은 작은 나라들이 취하는 일반적인 외교전략은 편승 (bandwagoning)이다. 북한은 한국전쟁 당시 세계 최강국인 미국과 전쟁을 벌였기 때문에 냉전 시기는 물론 지금까지도 적대관계에 있다. 북한의 최고지도자들이 스스로 인정하듯이 북한은 작은 나라이기 때문에 단독으로는 미국과 맞상대하기 어렵다. 북한은 강대국 미국의 위협에 직면했을 때 또 다른 소련이나 중국과 같은 강대국과 동맹을 맺어 편승함으로써 미국에 대해 균형을 취하게 된다. 따라서 북한은 소련이나 중국과 같은 사회주의 대국들에 편승하여 미국과 균형 (balancing)을 취하는 전략을 취하였다.

하지만 1960년대에 들어 사회주의 대국인 소련과 중국 사이에 이른바 중·소 분쟁이 발생하면서 북한의 외교는 딜레마에 빠졌다. 사회주의 종주국이라고 할 수 있는 소련과 사회주의 대국 중국과의 갈등은 1950년대 말부터 시작됐다. 북한의 8월 종파사건에 중국과 소련이 개입하여 북한과 중·소의 관계가 불편했지만, 1957년 11월 모스크바에서 열린 각국 공산당대회에서 모택동 중국 주석이 김일성 주석을 만나 8월 종파사건에 중국이 개입한 것에 대해 사과의 뜻을 전달하면서 북·중 양국의 갈등은 해소되어 있었다.[29]

중·소 갈등의 결정적 계기는 스탈린 사후 열린 소련공산당 20차 당대회에서 스탈린 개인숭배에 대한 비판과 전쟁가피론(戰爭可避論)에 따른 평화공존론을 제기하면서부터다. 이 가운데 개인숭배 비판

---

29) 이종석, 『북한–중국관계 1945~2000』, 도서출판 중심, 2000, p.216.

은 중국공산당의 모택동 주석뿐 아니라 김일성 주석에게도 해당되는 것이었다. 그렇기 때문에 북한은 양 대국 사이에서 등거리외교 (equi-distance diplomacy)를 표방했지만, 사실상 중국의 입장을 지지했다.

북한은 한국의 5·16쿠데타, 한일 국교정상화, 미국의 동아시아 지역통합 전략구상 등으로 동북아 안보환경이 악화되자, 1961년 7월 6일과 11일에 각각 소련과는 「조·소 우호협력 및 상호원조 조약」(이하 북·소 안보조약)을, 중국과는 「조·중 우호협력 및 상호원조 조약」(이하 북·중 안보조약)을 체결하였다. 두 조약에는 "체약 일방이 어떠한 국가 또는 몇 개 국가들의 연합으로부터 무력침공을 당함으로써 전쟁상태에 처하게 되는 경우 체약 상대방은 지체 없이 군사 및 기타 원조를 제공"한다는 규정을 두고 있어 무력충돌 시 군사적 자동개입을 규정한 사실상의 동맹조약이다.30)

두 사회주의 대국들과 안보조약을 체결 직후 중·소 갈등이 심화되면서 북·소 관계도 냉각되었다. 그리하여 소련은 한동안 북한에 대한 군사원조를 중단하는 등 북·소 관계가 악화되면서 북·소 안보조약도 허울만 남았다.31) 냉전 종식 직후인 1990년에 한·소 수교가 이루어지고 1994년 6월 김영삼 대통령이 러시아를 방문했을 때 옐친 대통령이 북·소 안보조약의 폐기를 강력히 요청하였다. 마침내 1995년 8월 7일 러시아 정부가 북·소 안보조약을 연장하지 않는다고 북측에 통보하여, 1996년 9월 10일 이후 효력이 상실되었다. 2000년 2월 이바

---

30) 고수석,『북한 중국 동맹의 변천과 위기의 동학: 동맹이론의 적용과 평가』, 고려대학교 북한학과 박사학위논문, 2007, pp.339~340.

31) 조성렬, "노태우 정부의 북방정책과 남북관계,"『한반도 국제관계사』, 한울아카데미, 2019년 12월, pp.283~284.

노프 외무장관이 평양을 방문해 '자동군사개입 조항'을 삭제한 채「조
·러 친선선린 협조조약」을 다시 체결했다.[32]

북한과 중국의 관계는 북·러 관계는 물론 한중 관계와도 다르다.
중국은 한국과 국교를 정상화한 뒤 전략적 전면협력동반자 관계로까
지 발전했지만 한미동맹이 존속하는 한 그 이상의 진전을 쉽지 않다.
이에 비해 북·중 양국은 국공내전과 한국전쟁을 함께 치렀으며, 특
히 중국은 한반도에서 지정학적 이해관계를 가지고 있다. 따라서「한
미상호방위조약」에 자동군사개입조항이 없는 데 비해, 북·중 양국은
여전히 '자동군사개입 조항'이 포함된 조중 안보조약을 그대로 유지
하고 있다.

이러한 북·중의 특수관계 때문에 2006년 시작된 유엔의 대북제재
가 시작되었음에도 불구하고 2016년 11월 유엔안보리 결의 2321호
(UNSCR 2321) 때까지는 북한에 실제적 압박을 주지 못한 것도 거부
권을 가진 중국이 실효성 있는 강한 제재를 반대했기 때문이다. 하지
만 트럼프 미 행정부의 등장 이후 중국은 자국의 이익이 걸린 미·중
무역전쟁이 본격화되자 유엔안보리의 대북제재에 적극 동참하게 되
었다. 이처럼 중국의 태도 변화로 미국에 맞서 균형을 취할 수 없게
되자 북한은 '국가핵무력의 완성'을 계기로 새로운 외교전략을 모색
하였다.

---

32) 북·러 안보조약은 기간이 10년이고 '일방이 기한만료 1년 전에 통보'하면
   폐기되는 반면, 북·중 안보조약은 무기한이며 폐기하기 위해서는 '쌍방 간
   의 합의'가 필요하다. 윤기관·고성호 외, 『현대 북한의 이해』, pp.101~102.

Ⅲ. 탈냉전기 북한의 선군 외교와 강대국 외교전략

1. 북한의 핵무력 개발과 선군 외교 노선

(1) 북한의 국제적 고립과 핵무력 개발

역대 북한정권이 추구해온 외교전략의 목표는 안정적인 외교안보 환경의 조성이라고 할 수 있다. 북한을 둘러싼 적대적인 외교안보 환경은 냉전시기 동서 양대 진영이 대립하고 있는 구도 속에서 만들어졌다. 냉전시기 동북아지역에서는 한·미·일 3국의 남방삼각과 북·중·러 3국의 북방삼각이라는 대립구도가 만들어졌는데, 이것은 북한정권으로서는 가장 안정적인 지역구도라고 할 수 있다. 이 시기 북한은 소련 또는 중국에 대한 편승을 통해 한미 연합세력에 균형을 취하는 전략을 구사하였다.

김일성 정권은 미국 주도의 자유주의진영과 소련 주도의 사회주의진영 간의 전략적 대치기 상황에서 북한혁명역량, 남한혁명역량, 국제혁명역량 등 3대 혁명역량의 강화를 통해 '하나의 조선'이라는 명분 아래 한반도의 적화통일을 전략목표로 삼았었다. 특히 베트남전쟁의 수렁에 빠진 미국의 개입 능력 약화를 이용해 한반도에서 제2전선을 구축하고자 여러 차례 대남 군사도발을 자행하였다.

냉전이 종식되면서 1990년 9월에 한국과 소련(현 러시아)이 수교하고, 1991년 9월의 남북한 유엔 동시가입에 이어 1992년 8월 한중 수교

가 이루어짐으로써 냉전시기의 북방삼각은 완전히 해체되었다. 북한
은 불안정한 외교 안보환경에 대응한다는 구실로 비밀리에 핵개발에
착수했지만, 이것이 미국에 의해 탐지되면서 북한 핵위기가 시작되었
다. 1차 북한 핵위기는 미북 양자대화를 통해 「제네바 기본합의」(1994)
를 도출함으로써 일시 봉합되었다.

그러나 1998년 8월 김정일 정권의 공식출범을 앞두고 북한은 인공
위성 발사로 위장된 장거리 로켓을 발사하고 본격적으로 농축우라늄
의 개발에 나섰다. 하지만 이것 역시 미국에 의해 탐지되면서 2002년
말부터 2차 북한 핵위기가 재연되고, 마침내 남북한과 미국, 중국, 일
본, 러시아의 주변 4개국이 참가하는 6자회담이 시작되었다. 하지만
북한 측 입장에서 볼 때 6자회담은 기본적으로 5:1로 북한을 압박하는
구도였기 때문에 그리 달가운 것이 아니었을 것이다.

김정일 정권은 소련의 해체와 동구권의 몰락으로 사회주의 세계체
제가 붕괴된 국제혁명역량의 소멸이라는 전략적 수세기 상황에서, △
대내적으로 선군정치 통해 핵 억제력의 확보를 추진하고 △대외적으
로 남북한 UN동시가입,「남북기본합의서」 채택 및 미국과 일본과의 관
계개선을 통해 체제안전을 전략목표로 삼았다. 특히 북한은 남북한
UN동시가입과 남북기본합의서가 채택된 이후 핵 프로그램을 내세워
미국과의 협상카드로 활용하였다.

2008년 12월 6자회담 수석대표회담이 마지막으로 열렸으나, 미국과
북한 간에 북한이 신고한 핵시설에 대한 검증 시기와 방법을 놓고 팽
팽한 이견을 표출했다. 결국 회담은 결렬되었으며 그 뒤로 더 이상 6자
회담이 개최되지 못했다. 대화가 장기간 열리지 못함에 따라 6자회담
의 동력은 완전히 소진되어 버렸다. 몇 차례의 대화 재개 노력이 있었
으나, 대화가 중단된 사이에 북한은 잇달아 핵실험을 실시했고 핵탄두

의 운반수단으로 이용되는 신형 엔진 개발과 장거리 탄도미사일 발사에도 성공하는 등 핵·미사일 능력을 강화했다.

(2) 김정은 정권의 병진노선과 새로운 경제노선 채택

김정은 정권이 등장할 무렵에 미국은 아시아 재균형 정책의 추진을 선언하면서 동북아 안보질서는 크게 요동쳤다. 2011년 12월 미국의 오바마 행정부는 아시아재균형 정책의 구현을 위해 미·일 동맹을 강화하고 북한의 핵·미사일 위협에 대한 「한·일 군사정보보호협정 (GSOMIA)」을 매개로 한국을 포함하는 한·미·일 삼각 군사협력체제를 구축한다는 구상을 본격적으로 추진했다. 이에 대항해 중국과 러시아는 2015년 5월 양국 정상회담을 통해 전략적 협력관계를 한층 강화하고 역내 안보협력을 강화하기로 합의했으며, 중국은 한국의 박근혜 정부에 대해 전략적 접근을 강화하였다.

이와 같은 동북아지역에서 미·일 대 중·러의 대립구도의 형성은 김정은 정권에게는 유리한 기회의 측면과 불리한 도전의 측면이라는 양면성을 가졌다. 한편으로 미·일 대 중·러 대립구도는 북한이 경험했던 가장 안정적인 국제관계인 한·미·일 남방삼각과 북·중·러 북방삼각 대립구도와 유사하다는 점에서 북한에게 안정적인 외교안보환경을 제공할 수 있는 기회로 작용한다. 하지만 중국 시진핑 체제의 출범 직전에 북한이 우주로켓 발사와 제3차 핵실험을 감행하고 중국이 유엔안보리 대북제재에 찬성하는 바람에 북·중 관계가 경색되어 있어 기회로 활용하지 못하였다.

다른 한편으로 국제적인 대북 제재국면 속에서 한중 전략적 협력관계가 형성되고 북·중 혈맹관계가 이완되고 악화되었다는 점은 북한에게 도전으로 작용했다. 2012년 4월 15일 태양절 100주년 기념 열병식 연설에서 김정은 위원장은 "우리 인민이 다시는 허리띠를 조이지 않게 하며 사회주의 부귀영화를 마음껏 누리게 하자는 것이 우리 당의 확고한 결심입니다"라고 밝혔으며, 그 뒤 시장경제 요소의 도입을 골자로 하는 '6·28 방침'을 내놓았다. 2013년 신년사에서는 경제강국 건설, 인민생활 향상, 새세기 산업혁명을 국가목표로 제시하고, 국가급 및 지방급 경제개발구를 무더기로 설치한다는 계획을 발표했다.[33]

이와 같은 김정은 위원장의 구상은 핵무기 개발이 어느 정도 이루어진 단계에서 더 이상 재래식 군비경쟁에 국력을 소모하지 않고 본격적으로 경제개방에 나서겠다는 것이었다. 2013년 3월 31일 조선노동당 중앙위원회 제6기 23차 전원회의에서 새로운 전략적 노선으로 경제·핵무력 건설 병진노선을 채택하면서 "새로운 병진노선의 참다운 우월성은 국방비를 추가적으로 늘이지 않고도 전쟁억제력과 방위력의 효과를 결정적으로 높임으로써 경제건설과 인민생활 향상에 힘을 집중할 수 있게 한다는 데 있다"고 설명하고 있다.[34]

하지만 북한의 핵무력 건설에 대해 미국을 비롯한 국제사회는 유엔 안보리 제재를 가하였다. 이와 같이 국제사회의 대북 제재가 계속되면서 병진노선을 통해 이루고자 했던 외국자본의 유치와 국내 자원의 동원이라는 목표는 달성하기 어렵게 됐다. 북한당국이 병진노선을 추진하면서 직면한 딜레마는 2016년 5월 제7차 당대회에서 발표된 김정은 위원장의 총화보고에서 잘 드러난다.

김 위원장은 "세계적인 정치사상강국, 군사강국의 지위에 확고히 올

---

33) 김정은, "신년사,"『로동신문』, 2013년 1월 1일.

34)『로동신문』, 2013년 4월 1일.

라선 현 단계에서 전당, 전국이 사회주의 경제 건설에 총력을 집중하는 것, 이것이 우리 당의 전략적 로선"이라고 밝힘으로써 당초 경제건설과 핵무력 건설을 병진하려던 의도와 달리, 아직까지 경제건설의 성과는 없었음을 사실상 인정하였다. 결국 북한은 2018년 4월 20일 당 중앙위원회 제7기 3차 전원회의를 열어, 핵무력 건설을 종료하고 경제건설에 총력을 기울이는 새로운 전략노선을 채택하게 된 것이다.

2. 김정은 정권의 외교관계와 대미, 대일 전략

(1) 대미전략과 북·미 관계

북·미 관계를 한마디로 말한다면 '적대관계'이다. 북한과 미국 양측이 적대관계인 이유는 과거에 서로 전쟁을 했고 현재도 전쟁상태에 있으며 미래에 언제라도 전쟁할 수 있기 때문이다. 북한과 미국이 오늘날과 같이 적대관계로 된 직접적인 배경은 1950년 발발한 한국전쟁에서 교전당사자였다는 데 있다. 북한은 미국에 대해 한국전쟁을 일으켜 엄청난 인적, 물적 피해를 가져다 준 철천지원수로 바라보고 있다. 반면, 미국은 북한에 대해 한국을 침공한 침략자로 바라보고 있다. 이러한 현격한 인식 차이와 적대감, 그리고 진영외교 때문에 냉전시기에 북·미 양측은 이렇다 할 대화를 하지 않았다.

북·미 간 대화의 계기가 마련된 것은 냉전체제가 붕괴한 뒤 미국의 유일패권이 확립된 이후이다. 북한은 세계의 유일 패권국가가 된 미국과 어떤 형태로든 관계를 맺지 않으면 살아갈 수 없게 되었던 것이다. 바로 이 시기에 북한이 선택한 방법은 핵무기 개발이다. 북한은 미국

〈표 3-1〉 미국의 법령에 의한 대북 적대시 정책

	제재 사유				
	안보위협	공산주의 (비시장경제)	테러지원국	WMD 확산	인권
대외경제 비상조치법	포괄적 자산동결			해당기업 자산동결	
수출관리법	수출제한	수출제한	수출제한	해당기업 수출입제한 (미사일확산)	
무기수출통제법	군수품목 거래금지		군수품목 거래금지	해당기업 수출입 제한 (미사일 확산) 원조(인도지원 예외), 군수품수출, 국제금융기구 및 美은행 금융지원 금지(핵확산·핵실험)	
대외원조법		미국·국제금융기구 원조 금지	미국·국제금융기구 원조 금지		인권문제로 경제제재, 테러지원국 지정
수출입은행법		수출입은행 보증·보험·신용 금지		수출입은행 보증·보험·신용금지 (핵확산·핵실험)	
브레튼우즈 협정법		IMF 원조 금지	IMF 원조 금지		
국제금융기구법			국제금융기구 원조금지		
무역법		정상교역관계·일반 특혜관세 거부	정상교역관계·일반 특혜관세 거부		
무역제재개혁법			대북 상업수출 지원 금지		
국제종교자유법					경제제재
인신매매 피해자 보호법					경제제재
이란·북한· 시리아 비확산법				해당기업의 군수품·이중용도품목 수출, 미국정부 조달계약 금지	
핵확산방지법				해당기업 미국정부 조달계약 금지	
북한위협감소법				핵협력협정의 발효금지, 핵관련 물자·서비스·기술이전 금지	
대외활동수권법	채무경감금지		미국 원조 금지, 채무 경감 금지, 수출입은행 원조·차관·신용·보험·보증 금지	핵관련 장비·연료·기술 대북이전 시 수출입은행 기금사용 금지(핵실험)	
대북제재강화법				재정, 상품·서비스, 석탄·철광·철 광석, 섬유 수입, 사치품 수출입 금지	인권유린행위 책임·관여·조력
적성국제재법				유류제공, 온라인상업활동, 어업권 구매, 식료품·농수산물 구매, 노동자 송출, 북한금융기관 운영 금지	
오토웜비어 북한 핵 제재 및 집행법				금융서비스 제공	

<출처> 조성렬, 『한반도 비핵화 리포트: 포괄적 안보·안보 교환론』, 백산서당, 2019년 3월, pp.351~2 및 정민정, 「최근 미국의 대북제재 법령 동향과 시사점」, 『외국입법 동향과 분석』 제66호, 2020년 11월 11일, pp.2~4.

과 등지고 살기 위해서가 아니라, 나름대로 자주권을 유지하며 미국과 관계를 개선하기 위해 핵무기 개발에 나선 것이다. 그런 의미에서 탈냉전기 북·미 관계의 전개는 북한의 핵문제를 떼어놓고는 이야기할 수 없을 정도이다.

북한이 미국에 접근하는 방식은 여타 소국의 외교전략과 다른 강소국(强小國) 외교전략을 취하고 있다. 냉전시기에는 소련이나 중국에 편승하여 대미 균형외교를 전개했지만, 냉전 해체 직후에는 편승할 강대국이 존재하지 않았다. 그렇기 때문에 초기에는 핵 프로그램을 지렛대로 미국과의 관계정상화 협상을 전개해 체제안전을 도모하고자 했다.35) 북·미 양자는 북핵 문제를 계기로 대화를 시작했고 1차 북핵 위기를 거쳐 마침내 1994년「제네바 북·미 기본합의」를 통해 점차 정치적, 경제적인 관계를 회복하기 시작했다. 하지만 2002년에 북한이 비밀리에 우라늄농축계획을 추진한다는 의혹이 제기되면서 2차 북핵 위기가 발발했다. 그 뒤 오바마 행정부가 출범한 직후인 2009년 5월 제2차 핵실험을 단행함으로써 3차 북핵 위기가 시작되었다.

김정은 정권이 출범한 이후인 2013년 1월 북한 외무성은 성명을 통해 "미국의 적대시정책이 조금도 변하지 않았다는 것이 명백해진 조건에서 세계의 비핵화가 실현되기 전에는 조선반도 비핵화도 불가능하다는 최종결론을 내"리고 "자주권 존중과 평등의 원칙에 기초한 6자회담 9·19공동성명은 사멸되고 조선반도 비핵화는 종말을 고하였다"고 밝혔다.36) 미국은 이에 맞서 키-리졸브(KR) 연습과 독수리(FE) 훈련

---

35) 서 훈, 『북한의 선군외교: 북한의 선군외교: 약소국의 대미 강압외교 관점에서』, 도서출판 오름, 2008에서 이러한 북한의 강소국(强小國) 전략을 가리켜 '선군외교전략'이라고 명명하였다.

36) "조선민주주의인민공화국 외무성 성명(2013년 1월 23일)," 『로동신문』,

에서 핵항공모함과 전략폭격기 'B-52H'를 포함한 핵 타격수단을 투입했다. 그러자 북한은 3월 31일 당 중앙위원회 전원회의를 열고 경제·핵무력 건설 병진노선을 공개하며 맞섰다.

이와 같은 북한의 외교전략은 독자적인 핵무기 보유를 통해 미국과의 군사적 균형을 이루고자 하는 강소국 외교전략인 것이다. 2015년 1월 9일 조선중앙통신은 북한 외무성 대변인을 인용하며 2015년 1월 9일 미국 측에 한미 연합군사훈련을 임시 중단하면 핵실험을 임시로 중단할 수 있다는 뜻을 전달하고, 미국이 이 문제와 관련한 대화를 필요로 한다면 북한이 미국과 언제든지 마주앉을 준비가 되어 있다는 입장을 밝혔다고 보도했다.37) 하지만 미국은 이러한 북한의 제의를 즉각 거부했다.

2016년 7월 6일 북한은 공화국 정부 성명을 통해 한국과 미국을 대상으로 한반도 비핵화의 전제조건 다섯 가지를 제시하였다. 북한은 자신이 주장하는 비핵화는 한반도 전역의 비핵화이며 여기에는 한국의 핵폐기와 한국 주변의 비핵화가 포함되어 있다고 강조하면서 아래의 조건을 제시하였다.

"첫째, 남조선에 끌어붙여놓고 시인도 부인도 하지 않는 미국의 핵무기들부터 모두 공개하여야 한다. 둘째, 남조선에서 모든 핵무기와 그 기지들을 철폐하고 세계앞에 검증받아야 한다. 셋째, 미국이 조선반도와 그 주변에 수시로 전개하는 핵 타격수단들을 다시는 끌어들이지 않겠다는것을 담보하여야 한다. 넷째, 그 어떤 경우에도 핵으로, 핵이 동원되는 전쟁행위

2013년 1월 24일.

37) 『조선중앙통신』, 2015년 1월 10일.

로 우리를 위협공갈하거나 우리 공화국을 반대하여 핵을 사용하지 않겠다는 것을 확약하여야 한다. 다섯째, 남조선에서 핵 사용권을 쥐고 있는 미군의 철수를 선포하여야 한다."[38]

이러한 북측 제의에 대해 미국이 적극 호응하지 않자, 북한은 본격적으로 핵무력의 증강에 착수했다. 그리하여 2017년 3월 18일 액체연료를 사용하는 신형 백두산 엔진을 개발하였고, 같은 해 7월 8일과 28일에는 백두산 엔진 1개를 장착한 사거리 7,000km의 대륙간탄도미사일의 고각발사 시험에 성공하였다.[39] 9월 3일에는 6번째 핵실험으로 수소탄 실험을 성공리에 마쳤고, 마침내 11월 29일 백두산 엔진 2개를 장착하고 미 본토를 타격할 수 있는 사거리 14,000km의 대륙간탄도미사일의 고각발사 시험을 끝냈다. 화성-15형의 시험발사에 성공하자 북한은 대륙간탄도미사일의 개발과 수소탄 실험에 성공한 뒤 '국가핵무력의 완성'을 선언하였다.

(2) 대일 전략과 북·일 관계

남과 북이 분단되고 1948년 서울과 평양에 단독정부가 수립되었지만, 북한은 일본과 정식 국교를 맺지 못한 채 오늘에 이르고 있다. 따라서 북한의 대일 전략은 미국뿐 아니라 일본과도 관계를 정상화해 안정적인 국제환경을 만드는 것이다. 아울러 식민지 배상금을 통해 경제

---

38) "조선민주주의인민공화국 정부 대변인성명(2016년 7월 7일)," 『로동신문』, 2016년 7월 7일.

39) 조성렬, 『한반도 비핵화 리포트: 포괄적 안보-안보 교환론』, p.44.

발전에 필요한 자금과 기술을 확보하고자 하는 의도도 갖고 있다. 그 밖에 재일 총련계 동포들의 권익 신장도 포함되어 있다.

북한이 일본과 관계정상화에 나선 것은 냉전이 해체된 직후 1990년 9월 자민당·사회당 대표단이 방북한 이후다. 1991년 1월부터 1992년 11월까지 8차례에 걸쳐 북·일 수교회담이 열렸지만 북핵 문제와 '이은혜 문제'로 결렬됐다. 2000년에 들어 남북관계가 화해무드로 바뀌자 7년 반만인 2000년 4월 제9차 회담이 재개되었다.[40]

북·일 관계는 2002년 9월 17일 고이즈미 총리가 평양을 방문해 김정일 국방위원장과 정상회담을 갖고 「평양 선언」을 채택하면서 기대감이 높아졌다.[41] 「평양 선언」은 ① 국교정상화 조속 실현, ② 식민지 지배의 반성·사죄 및 수교 뒤 경제협력 실시, ③ 국제법 준수 및 상호 위협 금지, ④ 동북아시아 평화·안정 강화 및 2003년 이후까지 미사일 발사 보류 등 4개항을 담았다. 하지만 2002년 10월 제12차 회담에서 북핵 문제와 납치문제로 결렬된 채 중단됐다.

2004년 5월 고이즈미 총리가 1년 8개월만에 평양을 재방문해 제2차 북·일 정상회담이 열렸다. 이 자리에서 북·일 양측은 국교정상회 회담을 재개하기로 하였지만 회담은 열리지 못했다. 그 뒤 2008년 8월 북·일 실무자급 회의에서 납치문제와 제재해제를 교환하기로 합의됐지만 후쿠다 총리가 퇴임하면서 백지화되었고, 2011년 일본 민주당 정

---

40) 김기수,『북한정책론』, 팔복원, 2013년 7월, pp.314~317.

41) 이 자리에서 김정일 위원장은 일본인 납치를 시인하며 '8명 사망, 5명 생존'이라고 밝혔다. 하지만 일본정부는 일시방문한 생존자 5명의 북한귀환을 거부하며 '8명 사망'을 인정할 수 없다며 '모든 피해자의 생환'을 요구했다. 그 뒤 일본정부는 북측이 건낸 '요코다 메구미'의 유골이 가짜이며 납치피해자는 모두 17명이라고 주장하며 북측의 입장과 평행선을 달리고 있다.

권에서도 재추진이 시도되었으나 동일본 대지진이 발생하면서 추진력을 또다시 잃어버렸다.[42]

2012년 4월 김정은 정권이 공식 출범하고 같은 해 12월 제2기 아베 내각이 들어서면서 북·일 관계는 더욱 악화됐다. 아베 총리는 '국교정상화를 진행하며 납치문제를 해결한다'는 「북·일 평양선언」의 합의를 뒤집으며 ① 납치문제는 일본의 최중요과제, ② 납치문제 해결 없이 국교정상화는 없다, ② 납치피해자 전원 생환 등 3가지 원칙을 내걸었다.

그 뒤 2014년 5월 28일 스톡홀름에서 북·일이 접촉해 이른바 ① 납치희생자 재발견 및 귀국, ② 북송자가족 고향방문 및 귀국, ③ 해방 직후 북한잔류 일본인 참배 및 유골반환 문제의 '포괄적 해결'을 약속한 「스톡홀름 합의」를 체결하였다. 일본정부는 북한이 납치자문제가 해결됐다는 종래 입장을 바꿨다고 보고 같은 해 7월 3일 '납치문제 해결을 위한 특별조사위원회'를 설치하는 등 적극적으로 나왔다. 하지만 북한이 기존 입장을 고수하는 바람에 북·일 교섭은 진전되지 못했다.

이처럼 북·일 교섭이 답보상태에 있는 가운데, 2018년부터 한반도 주변에서 정상외교가 활발히 전개되자 아베 총리는 조건 없는 북일 정상회담을 주장하고 나섰다. 6자 회담 참가국 가운데 유일하게 일본만이 북한과 정상회담을 갖지 못했기 때문이다. 아베 총리는 2019년 『산케이신문』 인터뷰(5.2)와 유엔총회 연설(9.24), 2020년 시정방침연설(1.20), 『산케이신문』 인터뷰(5.8) 등에서 '조건 없이' 김정은 위원장과 직접대화하겠다고 밝혔다. 후임 스가 요시히로(菅義偉) 총리도 자민당 총재선거 입후보 연설(9.2)과 임시국회 소신표명 연설(10.26)에서 같은

---

42) 박정진, "급변하는 북·일 관계와 아베의 야망," 『오마이뉴스』, 2014.08.04. (출처 http://m.ohmynews.com/NWS_Web/Mobile/at_pg.aspx?CNTN_CD=A0002017799#cb)

입장을 피력했다.

하지만 북·일 국교정상화 논의는 평행선을 달리고 있다. 송일호 북일 국교정상화 교섭담당 대사는 일본측이 '조건 없는 북일 정상회담'이라며 핵·미사일·납치문제를 논의하자는 것은 모순이며, 재일 조선학교에 대한 차별을 철회하라며 그 이전엔 '북·일 관계가 1mm도 움직이지 않는다'고 강조했다.[43] 조선중앙통신사는 잇단 논평에서 "랍치문제는 이미 다 해결된 문제"이며, 일본이야말로 조선인 840만여 명을 강제납치해 전쟁터와 고역장에 내몬 세계최대의 범죄국이며,[44] "랍치되었다고 하던 행불자들이 자국 내에서 계속 발견"되었다며 비판하고 있다.[45]

3. 김정은 정권의 외교관계와 대중, 대러 전략

(1) 대중 전략과 북·중 관계

북·중 관계는 한국전쟁 때 중국의 참전으로 흔히 '혈맹'으로 불리지만, 1950년대 후반 8월 종파 사건을 비롯해 중·소 분쟁 과정에서 양국 간에 갈등이 없었던 것은 아니다. 특히 김일성 주석의 사망 직후 중국정부가 즉각 김정일 후계체제를 지지하는 등 신속한 태도를 보였

---

43) 『연합뉴스』, 2019년 9월 18일.

44) 조선중앙통신 론평, "세계최대의 랍치범죄국의 흉상부터 털어버려야 한다," 『조선중앙통신』, 2020년 12월 23일.

45) 조선중앙통신 론평, "세계최대의 랍치범죄를 덮어버리려는 파렴치한 망동," 『조선중앙통신』, 2021년 2월 2일.

지만, 이후 국제고립과 자연재해까지 겹치면서 북한 김정일 체제가 '고난의 행군'이 불가피하게 되는 등 최악의 사회·경제 상황에 빠졌을 때 장저민(姜澤民) 체제의 중국은 북측의 요청이 없었다는 이유로 경제지원을 제공하지 않으면서 양극 갈등은 증폭되기도 했다.

하지만 갑작스러운 김정일 위원장의 사망과 후계자 김정은 체제의 등장하면서 김정은 정권 초기의 북·중 관계는 비교적 우호적으로 출발하였다. 중국은 김정일 위원장의 사망과 김정은 체제의 출범에 대하여 깊은 애도와 함께 큰 관심으로 반응하였다. 후진타오(胡錦濤) 국가주석을 비롯한 중국공산당 상무위원 9명 전원이 베이징 주재 북한 대사관을 찾아 조문하는 등 최고의 조의를 표시하였으며, 2012년 4월 11일 후진타오 국가주석은 중국 공산당 총서기 명의로 김정은 제1비서의 추대를 축하하는 축전을 발송하였다.

하지만 시진핑 체제의 출범을 전후해 북·중 관계는 다시 악화되었다. 2013년 3월에 공식 출범한 중국의 시진핑 체제는 '신형대국관계'를 내걸며 미국과의 우호관계를 희망하고 한국의 박근혜 정부와도 관계 증진을 추진하였다. 반면에 중국은 북한과 핵무기 개발을 둘러싼 이견으로 갈등하면서 전통적인 북·중 관계가 흔들리고 있었다. 러시아도 북한의 핵무기 보유에 부정적인 태도를 취했지만 신동방정책을 추진하며 북한에 대한 전략적 접근을 강화하고 있는 것과는 대조적이었다.

북·중 관계 악화의 직접적인 계기는 북한이 시진핑 정부의 공식출범 직전인 2012년 12월 우주로켓 발사를 단행하면서부터다. 특히 중국의 만류에도 불구하고 북한이 장거리 로켓 발사에 이어 2013년 2월 제3차 핵실험을 단행하자 중국과 북한의 관계는 냉랭하게 바뀌었다. 이후 중국의 유엔안보리 대북제재 동참, 북·중 고위급교류의 중단 등으로 양국관계의 회복이 지연되고 있다. 특히 2014년 7월 3-4일 사상 최초로 시진핑 중국주석이 평양에 앞서 서울을 방문함으로써 냉랭한 북·중 관계가 지속되는 빌미가 되었다.

북한의 핵·미사일 도발과 중국의 유엔안보리 제재 동참으로 북·중 양국관계가 악화되었지만, 북한은 최대 후원국인 중국과의 관계 회복을 통해 국제적인 고립에서 탈피하고자 하였다. 중국은 유엔안보리 결의안 준수, 통관 강화, 불법체류 노동자 단속강화, 금융거래 중단 및 특구개발 속도조절 등의 대북 제재조치를 취하고 있다. 이러한 중국 정부의 조치는 국제 의무 준수, 법치주의 확립, 경제논리에 따른 경제협력 등으로 해석될 수 있다. 이에 대해 북한은 6자회담 복귀를 협상카드로 삼아 지속적으로 중국의 대북제재 완화를 요구하면서 북·중 경제협력의 확대를 시도했다.

이처럼 김정은 정권의 출범 이후 북·중 양국은 새로운 관계를 모색했으나 북한의 장거리 탄도미사일 발사와 잇단 핵실험으로 양국관계는 회복되지 못하였다. 중국은 한반도의 평화·안정을 최우선하면서도 미국의 한반도 군사개입을 초래할 수 있는 북한 핵문제에 대해서도 단호한 입장을 견지하고 있다. 시진핑 체제가 들어선 이후, 한·중 정상회담은 상호방문으로 5차례 열렸지만 북·중 정상회담은 김정은 국방위원장이 비핵화 입장을 천명한 2017년 말까지는 한 번도 열리지 못하였다.

2016년 5월 제7차 당대회 사업총화보고에서 김 위원장은 "국제무대에서 제국주의자들과 사회주의 배신자들의 책동으로 여러 나라들에서 사회주의가 런이어 무너지는 비극적인 사태가 빚어졌으며"라면서 사실상 중국과 러시아를 사회주의 배신자로 규정했다.[46] 2017년

---

46) 김정은, "조선로동당 제7차 대회에서 한 중앙위원회 사업총화보고"

4월 7일 미·중 정상회담에서 중국이 대북제재 동참을 시사하자, 노동신문은 개인필명 논평에서 중국이 남한과 외교관계를 맺고 순수한 경제교류를 벗어나 정치·군사관계를 심화시키는 신의 없고 배신적인 행동을 했다면서 "조중친선이 아무리 소중한 것이라고 해도 목숨과 같은 핵과 맞바꾸면서까지 구걸할 우리가 아니다"라며 중국을 비난했다.[47]

〈표 3-2〉 시진핑 집권기 북한 핵실험에 대한 유엔안보리 결의와 중국의 조치

북한 핵실험	유엔안보리	중국 입장	중국 조치
3차 핵실험 (2013.2.12.)	2094호	결연반대 (堅決反對)	- 중 상무부: 북한의 대규모 살상무기 및 부품 수입 금지 (2013.9.23.)
4차 핵실험 (2016.1.6.)	2270호	결연반대 (堅決反對)	- 중 상무부: 대북 수출입 금지품목 명단 발표 (2016.4.5.)
5차 핵실험 (2016.9.9.)	2321호	결연반대 (堅決反對)	- 중 상무부: 북한석탄 수입 잠점정지 발표 (2016.12.31.)
6차 핵실험 (2017.9.3.)	2375호	결연반대 (堅決反對) 강렬규탄 (强烈譴責)	- 중 상무부: 유엔안보리 결의 2321호 따른 북한산 석탄수입 중단발표 (2017.2.8.) - 중 국가외국전가국: 유엔안보리 결의 2375호 따른 북 인력제한 발표 (2017.9.22.) - 중 상무부: 유엔안보리 결의 2375호 따라 120일 내에 북한 설립 기업의 폐쇄 공고 (2017.9.28.)

<출처> 유현정, 「시진핑2기 중국의 한반도 정책과 우리의 대응방향」, 『INSS전략보고』, 국가안보전략연구원, 2018년 6월, pp.6~7.

---

47) 김 철, "조중관계의 기둥을 찍어버리는 무모한 언행을 더 이상 하지 말아야 한다," 『로동신문』, 2017년 5월 3일.

(2) 대러 전략과 북·러 관계

북한은 과거 사회주의 종주국이었던 소련과는 1948년 10월 12일 일찌감치 외교관계를 수립했다. 냉전시기에는 같은 공산진영 국가인 북·러는 긴밀한 관계를 유지했으며, 1961년 7월 「우호협력 및 상호원조조약」을 체결해 사실상 군사동맹을 맺었다. 1984년 5월과 1986년 10월 두 차례에 걸쳐 김일성 주석이 소련을 방문했고, 1985년 12월 「원자력발전소 건설협정」을 맺어 소련이 북한에 원자력 기술을 제공하였다.

하지만 1990년 8월 한·소 수교가 이뤄지면서 북·소 관계가 멀어지기 시작했으며 1991년 8월에 발생한 소련의 공산쿠데타를 북한이 지지했으나 쿠데타가 실패로 끝나고 옐친 체제가 지속되면서 양국관계가 냉각되었다. 마침내 1995년 9월 7일 러시아 정부가 「우호협력 및 상호원조조약」을 연장하지 않겠다고 밝히면서 양국관계는 동맹에서 일반 국가관계로 바뀌는 등 푸틴 대통령의 집권 이전까지 양국 관계는 미진했다.

2000년 푸틴 대통령 집권을 전후해 '자동군사개입' 조항이 빠지고 '고려연방제 지지' 조항이 사라진 「북·러 우호선린 협조조약」(2000.2)이 정식 발효되었다. 그 뒤 2000년 7~8월 푸틴 대통령이 북한을 방문해 「북·러 공동선언」을 채택했으며, 2001년 7.26~8.18일 김정일 위원장이 러시아를 방문해 「북·러 모스크바 선언」(8.4)을 발표했다. 2002년 8월에도 김정일 위원장이 러시아 극동지역을 방문함으로써 3년 연속 북·러 정상회담을 개최하였다. 2004년 2월 9일에는 두만강 지역의 국경선 획정에 합의한 「국경조약 의정서」가 조인되었다.

이처럼 정상회담과 인사교류 등을 통해 한·러 수교 이후 소원해진 북·러 관계가 어느 정도 회복 기미를 보였으나, 북한의 경제난과 대러 채무 미상환 문제 등으로 인해 러·북 간에 실질적인 협력의 확대는 한계가 있었다. 러시아측 주도로 5년 만인 2006년 12월 북·러 채무상환협상과 7년 만인 2007년 3월 북·러 경제공동위원회가 개최되었으나 합의 도출에 실패하였다.[48] 2011년 8월 20~25일 김정일 위원장의 마지막 러시아 방문이 있었다.[49]

김정은 정권에 들어와 북·러 양국 관계의 최대 걸림돌이었던 채무문제가 해결되었다. 2012년 9월 북·러 양측은 옛소련 시절 북한이 러시아에 진 109.6억 달러 상당의 채무 중 90%를 탕감하고, 남은 10억 9천만 달러에 대해 20년간 연 2회, 총 40회에 걸쳐 무이자 분할상환하되 상환된 채무액은 양측이 합의하는 북한 내 각종 프로젝트에 재투자하기로 하기로 협정을 체결하였다. 마침내 2014년 5월 푸틴 대통령은 북한의 러시아 채무를 해결하는 내용을 담은 협정에 서명하였다.[50]

북한이 러시아와의 관계개선에 적극 나섰는데, 그 배경에는 중국과의 관계가 소원해지면서 그 대안을 찾은 데 따른 것이다. 크림반도 합병 이후 서방의 대러 제재를 완화하기 위해 아시아에서 새로운 활로를 찾고 있던 러시아의 이해와도 부합되는 것이었다. 북한은 기존의 부채를 탕감받는 데 그치지 않고 신규 차관과 에너지, 원자재, 식량 공급을 포함한 무역거래에서 가격보조와 우대를 요청하기도 했다. 북한은 러시아와의 경제협력을 강화하면서 러시아의 영향력을 빌어 중국의 압

---

48) 외교부 유라시아과, 『2016 러시아 개황』, 외교부, 2018년 6월, p.192. pp.186~187.

49) 김기수, 『북한정책론』, pp.325~331.

50) 외교부 유라시아과, 『2016 러시아 개황』, p.192.

력을 상쇄하고자 하는 것이다.51)

2019년 12월에는 러시아지역에 파견되어 일하던 북한노동자들이 대부분 북한으로 귀국했다. 2007년 8월 체결된「북·러 간 한시적 근로활동에 관한 협정」에 따라 수만 명에 달하는 북한노동자들이 러시아로 송출되어 외화벌이 활동을 벌였지만, 2017년 12월에 채택된 유엔안보리 결의 2397호에서 24개월 내에 유엔 회원국 내 북한노동자 전원을 송환하도록 의무화함에 따라 러시아정부도 이에 따라 대통령령을 마련해 2019년 말까지 북한노동자 대부분을 귀국시켰다.

김정은 정권에 들어와 첫 북·러 정상회담이 2019년 4월 25일 러시아 극동지역에서 개최되었다. 이 자리에서 푸틴 대통령은 단계적 비핵화를 주장하는 김정은 위원장의 입장에 이해를 나타내기도 했다. 김정은 위원장은 제8차 당대회에서 지난 5년간 러시아와의 관계에 대해 "전통적인 조로관계의 새로운 발전을 중시하고 두 나라 사이의 친선협조관계를 발전시키기 위한 대외활동을 진행하여 로씨야와의 친선관계를 확대 발전시킬 수 있는 초석을 마련하였다"고 평가하였다.52)

---

51) 윤성학, "우크라이나 사태 이후 강화된 러시아의 극동정책," 『오마이뉴스』, 2014년 8월 4일. http://m.ohmynews.com/NWS_Web/Mobile/at_pg.aspx? CNTN_CD=A0002019554#cb

52) 김정은, "조선로동당 제8차대회에서 한 당중앙위원회 사업총화보고"

Ⅳ. '국가핵무력 완성' 선언 이후 북한의 미·중 외교

1. 미·중 전략경쟁과 북한의 '국가핵무력 완성' 선언

(1) 미·중 전략경쟁과 북·중 관계 파급영향

중국은 2001년에 세계무역기구(WTO)에 가입한 이후 세계의 공장 역할을 하면서 빠른 속도로 경제성장을 이룩하였다. 마침내 2010년에는 일본을 앞지르면서 세계 제2의 경제대국이 되었다. 중국은 이에 만족하지 않았다. 시진핑 주석은 한발 더 나아가 일대일로 구상, 중국제조 2025 및 군비확장 등을 통해 2050년에는 세계 제1위의 경제대국이 되겠다는 야심찬 '중국몽'을 제시하였다.

중국이 급부상하자 미국의 오바마 행정부는 '아시아 재균형 정책'을 내세우며 서둘러 아프가니스탄과 이라크에서 전쟁을 마무리 짓고 군사력과 외교력을 아시아지역으로 되돌리고 있다. 이러한 정책은 트럼프 행정부에 들어와서도 지속되었다. 트럼프 미 대통령은 '미국 제일주의(America First)'와 '힘에 의한 평화(Peace through Strength)'를 내걸면서 중국의 패권 도전에 대해 한층 강경하고 적극적으로 나왔다.

트럼프 행정부는 2017년 4월에 열린 첫 미·중 정상회담에서 중국이 스스로 대미 흑자 개선책을 내놓기로 하면서 '100일 계획'에 합의했지만, 중국이 만족할만한 해결책을 제시하지 않자 본격적으로 대중압박에 들어갔다. 미 백악관은 2017년 12월 발표한 「국가안보전략보고서(NSS)」에서 중국을 수정주의 세력이자 전략적 경쟁자로 규정하고 압도적인 군사 우위를 위해 첨단 핵무기를 개발할 것이라고 공언했다.[53] 2018년 10월 4일 마이크 펜스 미 부통령도 한 연설에서 중국을 '현실의 적'으로 규정하며 대중 무역전쟁을 지지한다고 밝혔다.[54]

2019년에 들어와 미국은 중국산 제품에 대한 고율관세를 부과하며 본격적으로 무역전쟁을 시작하였다. 또한 통신장비업체인 중국 화웨이를 5세대 이동통신(5G) 네트워크 구축 사업에서 배제하는 등 기술전쟁도 병행하였다. 하지만 중국은 아직 미국과 정면으로 상대하기에는 힘이 부족하다는 점을 인정하고, 미·중 무역전쟁의 전선을 확대를 피하기 위해 미국산 농산품의 수입을 늘리는 등 타협을 시도하였다. 마침내 2020년 1월 15일 미·중 양국은 1단계 무역협정에 합의하였다. 하지만 미·중 패권전쟁은 이제 시작에 불과하다.

중국은 지정학적인 이해관계나 한국전쟁의 참전국으로서 한반도 비핵화와 평화체제에 큰 관심을 보여 왔다. 북한이 핵무기를 개발하고 탄도미사일을 시험 발사하자 중국은 고위급 인사교류를 제한하는 등 북한에 불편한 기색을 보였지만 유엔안보리의 대북제재에는 소극적인 태도를 보였다. 하지만 2016년 11월 초 미 대통령선거에서 대중 무역에서 강경한 입장을 보였던 미 공화당의 트럼프 후보가 대통령에 당선되자, 중국은 그동안 '한반도 정세의 안정'을 내세우며 소극적이었던 기존 태도를 크게 바꾸었다.

시진핑 체제가 들어서자 중국은 유엔안보리의 대북 제재 결의에 동

---

53) White House, *2017 National Security Strategy of the United States of America,* Dec. 18, 2017.

54) Mike Pence, "Vice President Mike Pence's Remarks on the Administration's Policy Towards China," Hudson Institute, October 4, 2018.

제3장 **외교(D)**: 북한의 외교와 자주외교 전략 ▌ 175

참하였을 뿐만 아니라 한반도문제에도 한발 물러서는 자세를 취했다. 시진핑 주석은 당초 예상됐던 2018년 9월 9일의 북한의 정권수립 70주년 기념식(9·9절) 행사에 불참했을 뿐 아니라, 같은 해 9월 12일 블라디보스토크에서 열린 동방경제포럼에서도 중국이 당분간 한반도문제에 개입하지 않겠다는 입장을 밝히기도 했다.[55]

(2) 대중 편승을 통한 대미 균형 외교전략

중국의 지지로 유엔안보리 대북 제재가 본격적으로 가동되면서 김정은 정권이 당초 구상했던 경제강국 건설은 물론이고 북한 인민생활에도 커다란 타격이 가해졌다. 따라서 북한정권으로서는 어떻게든 중국과의 관계를 회복하고 미국이 주도하고 있는 유엔안보리 대북제재를 해제하도록 할 필요가 있었다. 하지만 중국정부는 북한의 핵무기 개발로 미국이 한반도문제에 적극 개입해 들어오는 것을 부담스럽게 생각하고 있었다. 그렇기 때문에 중국은 북·중 관계개선의 조건으로

---

55) 시진핑 주석이 2018년 9월 12일 동방경제포럼에서 밝힌 발언은 다음과 같다. "중국뿐 아니라 러시아도 그렇게 소망한다. 우리들은 이러한 평화보장을 할 수 있다. 우리 나름대로 노력하겠지만 이는 국제사회의 공동보장이 필요하다. 이러한 문제를 해결할 수 있는 주인공은 누구인가? 바로 당사자이다. 지금 당사자는 북한, 한국, 미국이다. 중국말에 '방울을 건 사람이 풀어야 한다'는 말이 있다. 그들은 계속하여 협조해야 하며, 한반도 비핵화, 평화프로세스에서 각종 사업을 추진하여야 한다."(我相信俄方都有这样的意愿，我们可以来做这方面的和平保障的 。从我们的角度做这种努力，但是它需要国际社会共同保障，而解决这个问题的主角是谁呢？ 就是当事方 。现在的当事方就是朝，韩，美 。中国人讲'解铃还需系铃人' 。他们应该继续我们这个协助他们推动做好朝鲜半岛无核化和和平进程的各种工作 。)

'비핵화' 추진을 요구하였다. 하지만 미국은 '선의의 무시', '전략적 인내' 등 선(先)비핵화를 요구하며 북한과의 대화에 응하지 않고 있었다.

대미 핵 억제력을 바탕으로 개혁·개방에 나서겠다는 김정은 정권의 기본구상이 어긋날 수밖에 없었다. 당초 북한은 핵 프로그램을 지렛대로 미국과 협상할 생각이었으나 미국이 북·미 대화에 쉽사리 응하지 않자 미 본토를 겨냥한 국가핵무력의 완성에 본격적으로 나섰다. 북한으로서는 미·중이 무역전쟁을 벌이는 상황에서 수소폭탄과 대륙간탄도미사일을 보유해 협상 지렛대로 삼는 것이 외교적 방식으로 한반도문제를 풀기에 유리하다고 판단한 것이다.

마침내 북한은 2017년에 들어와 '백두산엔진'의 개발에 성공하고, 7월 4일과 28일 사거리 7,000km가 넘는 대륙간탄도미사일 화성-14형의 시험발사에 성공하였고, 뒤이어 9월 3일에는 여섯 번째 핵실험을 실시해 수소탄 실험을 성공시켰다.[56] 그리하여 마침내 11월 29일 북한은 최대 사거리 14,000km에 달하는 대륙간탄도미사일 화성-15형을 성공리에 시험발사하였다. 이처럼 수소탄 실험과 화성-15형 시험발사가 성공한 직후 북한은 '국가핵무력의 완성'을 선언하였다. 2018년 들어와 북한은 한반도 비핵화를 수용한다는 입장을 밝힘으로써 중국의 지지를 얻은 뒤, 비핵화를 지렛대로 본격적인 대미 협상에 뛰어들었다.

<표 3-3>에서 보듯이, 북한은 먼저 김정은 정권에 들어와 첫 북·중 정상회담을 열어 중국의 지지를 얻은 뒤, 판문점에서 남북 정상회담을 개최함으로써 한국을 우호세력으로 끌어안았다. 트럼프 대통령이 초

---

56) 북한당국은 2019년부터 대륙간탄도미사일 화성-14형의 시험발사에 성공한 7월 4일을 '7.4혁명'이라고 부르고, 2020년부터는 화성-14형의 재발사에 성공한 7월 28일을 '7.28 기적적 승리', 국가핵무력 완성을 선언한 11월 29일을 '11월 대사변'이라고 부르며 기념하고 있다.

강경파 존 볼턴을 백악관 국가안보보좌관으로 임명하고 오바마 행정부 때 체결한 이란핵합의(JCPOA)를 일방적으로 파기한다고 선언하자, 5월 7~8일 다롄에 머물고 있던 시진핑 주석에게 급히 달려가 제2차 북·중 정상회담을 갖고 중국의 지원을 요청했다. 그리하여 시진핑 주석이 트럼프 대통령에게 전화를 걸어 중재에 나섰다.57) 북한이 북·중 회담 직후 펜스 부통령과 폼페이오 국무장관을 비난하는 성명을 잇달아 발표하자, 미국은 중국 배후론을 제기하며 합의됐던 제1차 북·미 정상회담의 취소를 결정했다.

이에 당황한 북한은 5월 25일 문재인 대통령에게 중재를 요청하여 마침내 5월 26일 전격적으로 판문점에서 남북정상이 회동하였다. 이 자리에서 6·12 싱가포르 북·미 정상회담의 성공을 위한 긴밀한 협력과 「4·27 판문점선언」의 조속한 이행 의지를 확인하고, 문 대통령이 이를 트럼프 대통령에게 전달함으로써 꺼져가던 비핵화 협상의 동력을 살려냈다. 그리하여 마침내 6월 12일 예정대로 역사적인 제1차 북·미 정상회담이 싱가포르에서 열리게 되었다. 회담 직후 김정은 위원장은 북·미 정상회담의 결과를 설명하기 위해 중국 베이징을 또다시 방문하여 양국의 결속을 다짐하였다.

2019년 2월 27~28일 제2차 북·미 정상회담을 앞두고 김정은 위원장은 네 번째 중국행을 선택했다. 그리하여 김 위원장은 자신의 생일인 1월 8일 베이징에서 북·중 정상회담을 갖고 제2차 북·미 회담에 앞서 중국의 조언을 듣고 양국의 입장을 조율하였다. 하지만 하노이 2차 북·미 정상회담이 합의문 채택에 실패하면서 북한은 크게 좌절했다. 중국으로서는 네 번씩이나 김 위원장이 방중한 데 따른 답

57) http://www.hani.co.kr/arti/international/international_general/843828.html

방 필요성과 북한이 비핵화 프로세스에서 이탈하지 못하도록 하는 등 다목적으로 시진핑 주석이 평양을 방문해 제5차 북·중 정상회담을 가졌다.

〈표 3-3〉 북한의 한국, 미국, 중국과의 정상회담 상관성

북·중 정상회담	3.25~28 (베이징)		5.7~8 (디롄)		6.19~20 (베이징)		1.7~10 (베이징)		6.20 (평양)
남북 정상회담		4.27 (판문점)		5.26 (판문점)		9.18~20 (평양)			
북·미 정상회담					6.12 (싱가폴)			2.27~28 (하노이)	

2. 북·미 협상을 전후한 북한의 중국 접근

(1) 남북 및 북·미 정상회담에 앞선 김정은 위원장의 방중

김정은 위원장은 2017년 11월 29일 '국가핵무력의 완성'을 선언한 뒤, 같은 해 12월 백두산에 올라가 새로운 정국구상을 마치고 나서 북한선수단의 평창 동계올림픽 참가를 계기로 한 남북대화의 재개를 결정하였다. 이러한 김정은 위원장의 백두산 행보는 고모부인 장성택 당 행정부장을 처형하기 직전인 2013년 2월과 김정일 국방위원장의 3년 탈상을 앞둔 2014년 11월에도 백두산에 올라가 국정운영에 대한 구상을 한 것과 유사한 패턴이다.

김정은 위원장의 2018년 신년사를 계기로 남북고위급회담이 개최되고 마침내 북한선수단이 평창올림픽에 참가하였다. 평창올림픽 개

막식에 참석한 김영남 최고인민회의 상임위원장과 김 위원장의 친동생인 김여정 당 제1부부장이 이튼날 청와대를 방문해 김정은 위원장의 친서를 문재인 대통령에게 전달하였다. 그 뒤 남북·미 정보당국 간의 실무회의를 거쳐 2월 25~27일 김영철 당 부위원장의 방한과 3월 5~6일 정의용 국가안보실장의 방북 등 특사교환이 있었고, 여기서 남북 정상회담 개최가 확정되었다. 그리고 우리 측 특사단이 북한을 대신해 워싱턴을 방문해 북·미 정상회담의 개최에도 합의하였다.

이처럼 남북 정상회담과 북·미 정상회담의 분위기가 무르익고 있는 가운데, 전격적으로 김정은 위원장의 베이징 방문이 이루어졌다. 3월 25~28일에 걸쳐 이루어진 김정은 위원장의 중국 방문으로 제1차 북·중 정상회담이 개최되었다. 당시까지 냉랭하던 북·중 관계에도 불구하고 김정은 위원장이 남북, 북·미 정상회담에 앞서 중국을 찾은 것은 불확실성이 높은 대남, 대미 협상에서 안전판을 확보하고자 한 것으로 보인다.

무엇보다 이러한 불확실성 속에서 만의 하나 북·미 협상이 실패하거나, 설사 성공하더라도 성과가 나올 때까지 상당한 시간이 걸릴 수밖에 없다는 점을 고려할 때 북한으로서는 중국을 활용하고 의지할 필요가 있었던 것이다. 실제로 북한경제는 대외무역의 90% 이상을 중국에 의존하고 있다. 게다가 유엔안보리 결의 2397호 4항과 5항에 따라 북한은 석유수입량을 원유 연간 400만 배럴(52.5만 톤), 정제유 연간 50만 배럴(약 6.5만 톤)로 제한당하고 있는데, 원유와 정제유 거의 대부분을 중국으로부터 공급받고 있다.

〈표 3-4〉 북한의 중국 무역액 추이   (단위: 백만 달러)

구분	2011	2012	2013	2014	2015	2016	2017	2018	2019	2020.9
수출	2,464	2,484	2,914	2,841	2,484	2,634	1,650	195	212	195
수입	3,165	3,257	3,633	4,023	3,226	3,422	3,608	2,528	2,574	566
무역수지	-701	-773	-719	-1.182	-742	-788	-1,958	-2,333	-2,362	-371

<출처> 한국무역협회(KITANET).
https://stat.kita.net/stat/world/trade/CtrProdImpExpList.screen

(2) 다섯 차례 북·중 정상회담과 양국관계의 밀착

북한은 남북 및 북·미 정상회담에 앞서 김정은 체제 등장 이후 7년 만에 처음으로 시진핑 중국주석과 제1차 북·중 정상회담을 가졌다. 이것은 중국의 체면을 살려주었을 뿐만 아니라 북·미 협상의 결렬 시에 대비한 안전판도 확보하려 한 것으로 보인다. 실제로 제2차 북·중 정상회담에서 북한은 북·미 협상이 결렬됐을 때에 대비한 중국 측의 지원을 요청한 것으로 알려졌다. 김정은 위원장은 자신의 비핵화 의지를 재확인하면서, 미국의 약속 불이행에 대한 우려를 표시하였다. 이에 대해 시진핑 주석은 북한에 의해서가 아니라 미국의 책임으로 비핵화 협상이 깨진 경우에는 중국이 북한의 체제안전과 경제발전을 보장하겠다고 약속하였다.

싱가포르 북·미 정상회담이 끝난 뒤 열흘도 되지 않아 김 위원장은 회담 결과를 설명하기 위해 2018년 19~20일 직접 베이징으로 시진핑 주석을 찾아 제3차 북·중 정상회담을 가졌다. 이 자리에서 김 위원장은 북·중이 '한집안 식구(一家人)'라고 표현하면서 "중국동지들과 한

참모부(一个參謀部)에서 긴밀하게 협력할 것'이라면서 전략적 소통을 강화해 나갈 것임을 약속했다. 시진핑 주석도 이에 화답해 북·중 관계의 불패성(不敗性)을 언급했다. 이것은 북한이 중국과 밀착함으로써 대미 비핵화 협상에서 유리한 고지를 차지하려는 의도로 해석된다.

김정은 위원장은 제2차 하노이 북·미 정상회담을 앞두고 또다시 베이징을 방문해 시진핑 주석과 제4차 북·중 정상회담을 가졌다. 이 자리에서 김 위원장은 "계속해서 비핵화 입장을 견지한다"면서 "대화와 협상을 통해 한반도 문제를 해결하고 북·미 정상 간 2차 회담에서 국제사회가 환영할 성과를 내도록 노력하겠다"고 밝혔다. 시진핑 주석도 "중국은 한반도 비핵화 방향을 계속 지지하고 남북관계 개선을 지지한다"면서 "북·미 정상회담의 개최와 성과를 지지하며 유관국들이 대화를 통해 각자의 합리적 우려를 해결하는 것도 지지한다"고 밝혔다.[58]

2019년 6월 20일 평양에서 열린 제5차 북·중 정상회담에서 김정은—시진핑 두 정상은 전통적인 친선을 강조하고 "지역의 평화와 안정, 발전과 번영을 위해 적극적으로 기여"할 것이라고 밝혔다. 이 자리에서 김정은 위원장은 북한이 한반도정세의 긴장 완화를 위해 많은 조치들을 취했지만 미국이 적극적으로 호응하지 않았다고 미국에 불만을 토로하며, 그럼에도 "조선은 인내심을 유지할 것이며 유관국(중국: 필자 주)이 조선 측과 마주보고 서로의 관심사를 해결해 반도문제가 해결돼 성과가 있기를 원한다"며 중국의 역할에 대한 기대를 드러냈다.[59]

---

58) 『연합뉴스』, 2019년 1월 10일.

59) 『조선중앙통신』, 2019년 6월 20일.

<표 3-5> 김정은-시진핑 북·중 정상회담의 개최

	개최일	장소	내 용
제1차	2018. 3.25~28	베이징	o 남북 정상회담 직전, 김정은 집권 후 7년 만의 첫 방중 o 김정은: '단계적 동시행동 조치에 따른 비핵화' o 시진핑: '피로써 맺어진 친선' - △지도부 교류 확대로 관계 발전, △ 전략소통 확대와 중요사안에 대한 의견교환, △양국 인민복지 향상 및 지역 평화·안정·번영 협력, △양국 우호관계 유지 위한 국민여론 제고
제2차	2018. 5.7~8	다롄	o 제1차 북·미 정상회담 직전 사전협의 o 김정은: 비핵화 의지 재확인, 미국의 약속 불이행에 대한 우려 o 시진핑: '변함없는 순치관계' - △경제협력과 남북, 북·미 회담 진행에 관한 협의, △전략적 소통 및 협력 강화, △우호관계 증진
제3차	2018. 6.19~20	베이징	o 제1차 북·미 정상회담 결과에 대한 설명 o 김정은: 한집안 식구, '한 참모부'에서 긴밀히 협력, 전략적 소통 강화 o 시진핑: '3가지 불변' - ① 북·중관계의 공고한 발전, ② 양국 인민의 우정, ③ 사회주의 조선에 대한 중국의 지지
제4차	2019. 1.7~10	베이징	o 제2차 북·미 정상회담을 앞둔 전략적 소통 o 김정은: 제2차 북·미 정상회담에서 국제사회가 환영할 성과 도출 노력 o 시진핑: 대화를 통한 각자의 합리적 우려 해결을 지지
제5차	2019.6.20	평양	o 하노이 노딜 이후 정세관리 협의 o 김정은: 인내심 유지, 북·중 관심사 해결로 한반도문제 해결 기대 o 시진핑: 북한의 합리적 안보 우려, 경제발전 어려움 해결 도움

<출처> "习近平同金正恩擧行会談," 『新华网』, 2018年3月28日.; "习近平同朝鮮劳动党委員長金正恩在大連擧行会晤," 『中华人民共和国外交部网站』, 2018年5月8日. ; 中国外交部, "习近平同朝鲜劳动党委员长金正恩举行会谈," 2019년 1월 10일.; 『로동신문』, 2019년 1월 10일.

시진핑 주석도 한반도 비핵화에 대한 김정은 위원장의 조치를 높게 평가하고 이와 관련된 각 측의 공동노력으로 평화와 대화의 분위기가 만들어져 한반도문제를 정치적으로 해결할 수 있는 모처럼의 역사적

기회가 마련되었다고 평가하였다. 또한 시진핑 주석은 한반도 비핵화 실현에 중국이 적극적인 역할을 다하겠다고 밝히면서, 북한의 합리적인 안보 우려와 경제발전에서의 어려움을 해결하는 데 힘이 닿는 대로 도와주고 싶다고 언급했다.60)

시진핑 주석은 평양 방문에 앞서 북한노동당 기관지『로동신문』에 기고한 글에서 북·중 관계에 관해 △전략적 의사소통과 교류를 강화하고 서로 배우면서 전통적인 북·중 친선에 새로운 내용을 부여할 것, △친선적인 왕래와 실무적인 협조를 강화하여 북·중 관계 발전에 새로운 동력을 불어넣을 것, △의사소통과 대화, 조율과 협조를 강화하여 지역의 평화와 안정을 위한 새로운 국면을 개척해 나갈 것 등 세 가지를 제시하였다.61)

3. 한반도 비핵화 협상과 북한의 대미 전략

(1) 역사적인 첫 북·미 정상회담의 개최62)

한반도 정세는 2018년에 들어와 크게 화해국면으로 변하기 시작했다. 1년 전만 해도 어느 때보다 전쟁위기가 고조되었지만, 문재인 대통령이 신베를린선언과 8·15 대통령 경축사 등을 통한 일관된 평화 의

---

60) 김한권, "중국의 북·미 핵협상 '중개자' 역할의 의미와 전망: 제5차 김·시 회담, G-20 미·중 및 6.30 북·미 회담 결과를 중심으로,"『IFANS 주요 국제문제분석』, 2019-18, 2019년 7월 10일.

61)『로동신문』, 2019년 6월 19일.

62) 이 부분은 조성렬,『한반도 비핵화 리포트: 포괄적 안보−안보 교환론』, 백산서당, 2019, pp.105-107에서 발췌한 것임.

지와 대북 설득으로 마침내 한반도 정세는 전쟁 위기에서 벗어나 평화의 시대를 맞이하게 된 것이다. 한반도 정세가 전쟁에서 평화로 분위기가 반전된 결정적 계기는 단연 2018년 정초 '2대 민족적 대사'를 내세우며 평창 동계올림픽 참가 의사를 밝히면서 극적인 반전의 계기를 만든 김정은 위원장의 신년사이다.

김정은 위원장이 3월 초 남측 특사단을 만났을 때 '군사위협 해소와 체제안전 보장'이라는 조건부로 비핵화 의지를 분명히 밝혔다. 원론적인 수준에서 비핵화 의사를 밝힌 적이 있었지만, 이번처럼 구체적인 조건을 명시한 것은 처음이다. 2012년 헌법 전문에 '핵보유국'을 명기하고 2013년 4월 1일 최고인민회의에서 「자위적 핵보유국 지위 공고화법」이라는 법률까지 제정했고 지난 10년 동안 핵과 관련된 어떠한 대화에도 응하지 않았던 북한이 김정은 위원장의 입으로 비핵화 의지를 밝힌 것은 획기적인 변화의 출발점이 되기에 충분하였다.

2018년 6월 12일 싱가포르에서 역사적인 첫 북·미 정상회담이 개최되어 4개 항의 공동성명에 합의하였다. 「싱가포르 북·미 공동성명」의 내용은 첫째로 새로운 북·미 관계의 수립, 둘째로 한반도에서 항구적이며 공고한 평화체제의 구축, 셋째로 판문점선언을 재확인하면서 한반도의 완전한 비핵화를 향해 노력, 넷째로 전쟁포로 및 행방불명자의 유골 발굴 및 발굴 확인된 유골들의 송환 등이다.

하지만 북·미 간 비핵화 협상이 진전되지 않으면서 고비를 맞기도 했다. 트럼프 대통령이 5월 24일 제1차 북·미 정상회담을 앞두고 북한의 태도를 문제 삼아 일방적으로 취소했다가 번복한 데 이어, 8월 24일 북·미 고위급회담을 하루 앞두고 김영철 당 부위원장의 서신 내용을 이유로 회담을 취소시켰다. 11월 8일에는 마이크 폼페이오(Mike Pompeo) 미 국무장관과 김영철 노동당 부위원장의 고위급회담과 스티

븐 비건(Stephen Biegun) 대북정책특별대표와 최선희 외무성 부상 간 실무급 회담 등 2+2회담이 열릴 예정이었으나 북한의 일방적인 연기로 무산되었다. 당초 기대되었던 김정은 위원장의 연내 서울 방문도 이뤄지지 못했다.

이처럼 2018년 한 해가 비핵화 협상의 재개로 힘차게 출발했지만, 하반기로 접어들면서 비핵화 협상의 동력이 크게 떨어져 기대했던 만큼의 한반도 비핵화와 평화 프로세스가 진행되지 못하였다. 그 때문에 어느 때보다도 김정은 위원장의 2019년 신년사의 대미 메시지가 주목받았다. 2019년 신년사에서 김 위원장은 "언제든 또다시 미국대통령과 마주앉을 준비가 되어 있으며 반듯이 국제사회가 환영하는 결과를 만들기 위해 노력할 것"이라는 긍정적 신호를 발신하였다.[63] 그리고 1월 8일 김정은 위원장은 시진핑 주석과 북·중 정상회담을 갖고 "북한은 계속해서 비핵화 입장을 견지하며 북·미 정상 간의 2차 회담에서 국제사회가 환영할 성과를 내도록 노력하겠다"고 밝혔다.[64]

이러한 분위기 속에서 김영철 당 부위원장은 워싱턴을 방문해 북·미 고위급회담을 가진 뒤 백악관으로 가 김 위원장의 친서를 전달했으며, 트럼프 대통령도 김 위원장 앞으로 친서를 보내 화답했다. 같은 시간에 스웨덴 스톡홀름에서는 비건 대북정책특별대표와 최선희 외무성 부상이 만나 북·미 실무대표회담을 갖고 제2차 북·미 정상회담에 관해 합의하였다. 마침내 2019년 2월 27~28일 양일간 베트남 하노이에서 제2차 북·미 정상회담이 개최되었다. 하지만 양측은 서로의 의견을 좁히지 못하는 바람에 끝내 공동성명을 채택하지 못하고 말았다.

---

63) 김정은, "신년사," 『로동신문』, 2019년 1월 1일.

64) 『新华网』, 2019年 1月 10日.

〈표 3-6〉 북·미 관계정상화에 관한 합의 내용

합의문		관련 내용
제네바 북·미 기본합의 (1994)		○ 전문가협상을 통해 영사 및 기타 실무적인 문제들이 해결되는 데 따라 워싱턴과 평양에 연락사무소를 개설 ○ 현안해결의 진전에 따라 양국관계를 대사급으로 격상
북·미 공동커뮤니케 (2000)		○ 관계를 개선하는 것이 자연스러운 목표 ○ 앞으로 과거의 적대감에서 벗어난 새로운 관계를 수립
9.19 공동성명 2항(2005)		○ 북한과 미국은 상호주권을 존중하고, 평화적으로 공존 ○ 각자의 정책에 따라 관계정상화를 위한 조치를 취하기로 약속
2.13 합의 (2007)	2-(3)	○ 북한과 미국은 양자간 현안을 해결하고 전면적 외교관계로 나아가기 위한 양자대화를 개시 ○ 미국은 북한을 테러지원국 지정으로부터 해제하기 위한 과정을 개시하고, 북한에 대한 대적성국 교역법 적용을 종료시키기 위한 과정을 진전
	3-(2)	○ 북·미 관계정상화 실무그룹 설치
10.3합의 2-(1) (2007)		○ 북한과 미국은 양자관계를 개선하고 전면적 외교관계로 나아간다는 공약을 유지 ○ 양측은 양자간 교류를 증대하고 상호 신뢰를 증진 ○ 북한을 테러지원국 명단에서 삭제하기 위한 과정을 개시하고 또 북한에 대한 대적성국 교역법 적용을 종료시키기 위한 과정을 진전시켜나간다는 공약을 상기하면서, ㅡ미국은 북·미관계 정상화 실무그룹 회의를 통해 도달한 컨센서스에 기초해 북한의 조치들과 병렬적으로 북한에 대한 공약 완수
북·미 정상회담 공동성명 (2018)		○ 평화와 번영을 바라는 양 국민들의 염원에 맞게 새로운 북·미관계를 수립

<출처> 조성렬, 『한반도 비핵화 리포트: 포괄적 안보-안보 교환론』, 백산서당, 2019년 3월, p.257.

제3장 **외교(D)**: 북한의 외교와 자주외교 전략   187

(2) 하노이회담 노딜 이후 및 제8차 당대회에서 드러난 대미 외교전략

하노이 북·미 정상회담에서 합의문 채택이 불발된 이후 한반도에는 냉기류가 감돌았다. 북한이 2019년 4월에 제4차 당 전원회의와 제7기 최고인민회의 제1차 대의원회의를 소집했을 때, 김정은 위원장이 북·미 비핵화 협상의 중단을 선언하지 않을까 하는 우려가 팽배했다. 하지만 우려했던 것과 달리 김 위원장은 미국에게 새로운 셈법을 가져올 것을 요구하면서 연말까지 시한을 설정했다.

6월 20일 시진핑 주석의 평양 방문 직후인 6월 30일 판문점 우리측 구역인 자유의 집에서 전격적으로 남북·미 3자 정상의 회동과 북·미 정상의 단독회동이 차례로 이루어졌다. 북·미 정상의 회동에서 조만간 북·미 실무회담을 갖기로 합의하였다. 하지만 한동안 북·미 실무대화는 열리지 못했다. 마침내 9월 9일 밤 북한 최선희 제1부상이 9월 하순에 북·미 실무회담을 열자는 담화를 발표했다. 최선희 부상의 담화는 공교롭게도 트럼프 대통령이 아프간 평화협정의 체결을 하루 앞두고 협상 중단을 선언한 직후에 나온 것이다. 최선희 부상의 담화 다음 날 트럼프 미국 대통령은 존 볼턴 국가안보좌관을 전격 경질하는 일이 발생하였다.

초강경파인 볼턴을 경질함으로써 북·미 비핵화 실무협상의 분위기는 훨씬 개선되었다. 하지만, 양측의 입장 차이가 여전히 커서 협상 결과를 낙관할 수 없었다. 10월 4~5일 스톡홀름에서 비건 대북정책특별대표와 김명길 순회대사가 만나 실무회담을 가졌다. 하지만 10월 5일 오전 회담이 끝난 뒤 김명길 대사는 북한이 핵실험, ICBM 시험발사 중지, 풍계리 핵실험장 폐쇄, 미군유해 송환 등 주동적 조치들을 취했지만, 이에 대해 미국이 아무런 대가도 지불하지 않고 오히려 군사연습과 첨단무기 도입, 추가 제재를 지속하고 있다고 비난하며 회담의 결렬을 선언하였다.[65]

그 뒤로도 북한은 '미국이 자신들이 취한 주동적 조치에 대해 신뢰 조치를 제공하지 않는다면 북·미 대화의 재개는 없다'는 단호한 입장을 견지해 오고 있다. 이러한 북한의 입장은 2020년 7월 10일 김여정 노동당 제1부부장 명의의 담화에도 잘 드러나고 있다. 김여정의 담화는 현시기 북한의 대미정책 방향을 담고 있다는 점에서 사실상의 '대미 독트린'이라고 볼 수 있다. 북한의 대미 독트린이라고 할 수 있는 김여정의 7.10 담화내용을 살펴보면 다음과 같다.

〈표 3-7〉 북한의 대미 독트린 성격을 띤 김여정의 7.10 대미 담화

핵심명제	주요 내용
안보–안보 교환	"제재해제 문제를 미국과의 협상의제에서 완전 쒜던져버렸다. …(중략)… <비핵화조치 대 제재해제>라는 지난 기간 조미협상의 기본주제가 이제는 <적대시철회 대 조미협상 재개>의 틀로 고쳐져야 한다."
능력기반 전략	"이어질 미국의 대조선 적대시에 대처할 수 있는 우리의 대응능력 제고에 더 많은 고민을 해야 할 때다."
선제핵 불사용	"미국에 위협을 가할 생각이 전혀 없으며 …(중략)… 우리를 다치지만 말고 건드리지 않으면 모든 것이 편하게 흘러갈 것이다."
단계적 비핵화	"결코 비핵화를 하지 않겠다는 것이 아니라 지금 하지 못한다 …(중략)… 우리의 행동과 병행하여…(중략)…불가역적인 중대조치들이 동시에 취해져야만 가능하다."

<출처> 김여정, "조선로동당 중앙위원회 김여정 제1부부장 담화," 『조선중앙통신』, 2020년 7월 10일.

---

65) 당시 비건 대북정책특별대표는 북측에 제시할 '영변 핵시설의 검증가능한 폐쇄 및 우라늄 농축시설 가동중단, 석탄석유 수출금지의 36개월 유예'를 담은 '뉴 이니셔티브'를 준비했다고 한다. Alex Ward, "Exclusive : here's the tentative deal Trump and Kim Jong Un may strike in Vietnam," February 26, 2019. https://www.vox.com/2019/2/26/18240805/trump-north-korea-kim-vietnam-deal (검색일 2019.3.15.)

그 가운데 북한 핵문제의 해법과 관련해 주목되는 부분은 북한이 대미 협상을 ① 북·미 대화 재개 ↔ 적대시 철회, ② 비핵화 ↔ 상응조치의 두 단계로 나누었다는 점이다. 이것은 앞서 김명길 순회대사의 10.5 실무회담 결렬선언과 맥을 같이하는 것이다. 북한이 북·미 협상 의제에서 제재해제 문제를 완전히 배제한다고는 했으나, 본격적인 비핵화 협상의 단계가 되면 '포괄적 안보-안보 교환'의 틀 속에서 제재해제 문제를 다룰 수밖에 없을 것이다.

이와 같은 북한의 입장은 노동당 제8차 당대회에서 김정은 위원장이 밝힌 대미 정책의 방향에서도 그대로 재현되었다. 그는 대외사업부문의 원칙을 밝히면서 미국을 '최대의 주적'으로 규정하고 "미국에서 누가 집권하든 미국이라는 실체와 대조선정책의 본심은 절대로 변하지 않는다"고 주장하였다. 그러면서 북·미 관계 수립의 열쇠가 미국의 대북 적대시정책 철회라면서 '앞으로도 강대강, 선대선의 원칙'에서 미국을 상대할 것이라고 밝혔다.66)

V. 북한의 갈지자(갈'之'字) 외교와 정책시사점

어느덧 요란했던 트럼프 시대가 지고 새로운 바이든의 시대가 등장하고 있다. 바이든 미 행정부는 트럼프 행정부 4년 동안의 외교안보정책에 대해 총체적인 실패로 규정하고, 두 차례의 북·미 정상회담을 포함한 대북정책 전반에 대해서도 혹평하였다. 이러한 평가에 따라 바이든 행정부는 벌써부터 외교안보 분야에서 '트럼프 지우기(Anything

---

66) 김정은, "조선로동당 제8차대회에서 한 당중앙위원회 사업총화보고"

But Trump)'에 나섰다. 이와 관련해 바이든 미 행정부의 한반도정책, 특히 대북정책이 어떻게 구체화될 것이며, 이에 대해 북한당국이 어떻게 반응할 것인지 주목받고 있다.

하지만 바이든 행정부의 대북정책도 트럼프 시대의 정책 유산에서 완전히 자유롭지는 못할 것이다. 톱다운 방식으로 '불량국가의 독재자'를 양지로 끌어내 한반도 평화와 비핵화의 물꼬를 텄다는 점에서 바이든 대통령도 북·미 정상회담의 성과에 대해 부정할 수는 없을 것이다. 바이든 대통령은 트럼프-김정은 두 정상의 만남에 대해 독재자를 정당화하고 위상을 높여줬다고 비판하면서도, "북한이 핵능력을 축소하는 조건(the condition that Pyongyang draws down its nuclear capabilities)에 동의할 경우 김정은 위원장과 만날 용의가 있다"며 북·미 정상회담 가능성을 열어놓았다.[67]

김정은 위원장은 제8차 당대회 사업총화보고에서 대외사업의 3대 원칙으로 (1) 대외활동에서 자주 원칙 견지, (2) 정상적 발전권리를 지켜내기 위한 외교전 전개, (3) 미국을 제압하고 굴복시키기 위한 대외 정치활동 등을 제시했다. 미국과의 대화 재개에 먼저 나설 생각이 없다는 점을 분명히 하면서도, 새로운 북·미 관계의 열쇠로 적대시 정책 철회를 조건으로 제시하는 등 여전히 북·미 관계 개선에 관심이 드러냈다. 북한으로서는 북·미 관계의 개선 없이 국제사회의 대북 경제제재를 풀 길이 없기 때문이다.

만약 북·미 대화가 재개되어 한반도 평화 프로세스가 재가동된다면, 트럼프 행정부 때 북·미 양측이 합의한 공동성명과 잠정합의도 향후 바이든 행정부가 추진하게 될 협상의 길잡이가 될 것이다. 제1차

---

67) "Donald Trump & Joe Biden Final Presidential Debate Transcript 2020," Oct 22, 2020. https://www.rev.com/blog/transcripts/donald-trump-joe-biden-final-presidential-debate-transcript-2020

정상회담의 「6.12 싱가포르 공동성명」에서는 △북·미 관계 정상화, △한반도 평화체제 구축, △한반도 완전한 비핵화에 합의했다. 제2차 북·미 정상회담을 앞둔 실무회담에서 북·미 양측은 △상징적 종전을 담은 평화선언, △미군 유해 추가송환, △상호 연락사무소 설치, △영변 핵단지 생산중단 및 △한미 공동경제계획을 위한 유엔제재 일부 해제 등에 잠정 합의한 바도 있다.

북한의 대외전략과 관련해 주목을 끄는 것은 대중 외교정책이다. 2018년에 들어와 보여준 김정은 위원장의 국면전환 시도는 남북관계, 북·미 관계뿐만 아니라 악화되어 있던 북·중 관계도 일거에 회복시켰기 때문이다. 지금은 남북관계가 장기 교착상태에 빠지고 북·미 대화가 중단되었지만, 오히려 북·중 관계만 건재할 뿐 아니라 전보다 더 밀착되어 있다는 역설적 상황이 존재한다. 이 때문에 북한 측의 본래 의도가 군사충돌 직전까지 와 있던 북·미 관계의 긴장을 완화해 시간을 벌고 소원해진 중국과의 관계를 회복하려던 게 아닌가 하는 분석도 나오고 있다.[68]

지난 10년 간 김정은 정권이 보여준 대외전략은 한마디로 갈지자(갈 '之'字) 행보를 보여주는 것이었다. 강대국들을 상대로 때론 강대강(強對強)으로 맞서다가도 때론 비굴할 정도로 유연한 외교자세를 취하기도 했다. 한국에 대해서도 격하게 적대감정을 드러내다가도 어느새 우리민족끼리를 내세워 민족동질감에 호소하였다. 그러나 일관된 흐름은 북한의 외교전략이 핵무장력을 확장하고 강대국 상대의 외교를 펼치면서 북한의 전략적 지위를 높이는 방향으로 나아가고 있다는 점이다. 우리가 북한의 외교전략을 분석 평가하면서 이 점을 놓쳐서는 안 될 것이다.

---

68) 이러한 분석에 따르면, 결과적으로 미국은 중국 봉쇄라는 목적을 달성하지 못했으나, 북한은 소기의 목적을 달성했다는 평가가 내려진다. 문대근, "김정은 시대의 북중관계," 『북중관계: 1945-2020』, 경남대 극동문제연구소, 2021년 1월, p.200.

제4장

군사(M) : 북한의 군사와 자위국방 전략

Ⅰ. 북한의 자위국방과 공세적 전환

2017년은 한반도 군사적 균형에서 지각변동이 일어난 대전환의 해이다. 김정은 위원장은 신년사에서 "대륙간탄도로케트 시험발사 준비사업이 마감단계"에 이르렀다고 선언한 뒤, 7월 8일과 7월 28일 잇달아 대륙간탄도미사일인 화성-14형을 시험발사했고, 9월 3일에는 여섯번째 핵실험으로 수소탄 실험을 감행했다. 11월 29일 사거리가 14,000km에 이르는 대륙간탄도미사일 화성-15형의 시험발사 성공 직후 북한은 공화국 정부성명을 발표해 "국가핵무력 완성의 역사적 대업"을 실현했다고 주장했다.

북한이 미 본토를 위협할 수 있는 대륙간탄도미사일을 개발함에 따라 미국의 태도도 달라졌다. 조지 W. 부시 대통령은 은근한 무시(Benign Neglect), 버락 오바마 대통령은 전략적 인내(Strategic Patience)를 내세우며 북한과의 대화에 적극적으로 나서지 않았다. 도널드 트럼프 대통령도 초기에는 북한과의 직접 대화에 별달리 관심을 표하지 않았지만, 북한이 대륙간탄도미사일 시험발사에 성공한 뒤로 적극적인 관여로 정책을 선회했다.

김정은 위원장이 2018년 신년사에서 평창 동계올림픽 참가 의사를 밝히고, 그 해 4월 20일 당 전원회의를 개최해 핵실험과 대륙간 탄도미사일(ICBM) 시험발사를 중단한다고 말하면서 한반도 정세는 대화 분위기로 반전됐다. 하지만 세 차례의 남북정상회담과 두 차례의 북·미 정상회담을 개최했으나, 2019년 2월 말 하노이 제2차 북·미 정상회담이 결렬되면서 북한의 태도는 돌변했다. 북한은 2019년 5월부터 2020년 3월까지 27차례에 걸쳐 신형 전술무기의 시험발사에 나섰다.

2017년 이후 김정은 위원장의 자신감도 크게 높아졌다. 2018년 신년사에서 "세계가 공인하는 전략국가"가 되었다고 말한 데 이어,[1] 2019년 신년사에서 "공화국의 국제적 권위가 계속 높아"가고 있다고 언급하였다. 2021년 1월 제8차 당대회 사업총화 보고에서는 "조미 사이의 력학관계를 극적으로 변화"시켰다면서 "우리 공화국의 대외적 지위에서 비약적인 상승 변화"가 일어났다고 자평했다.[2]

제2차 북·미 정상회담을 앞둔 2019년 신년사에서는 "더 이상 핵무기를 만들지도 시험하지도 않으며 사용하지도" 않을 것이라고 밝혔다. 하지만 회담이 결렬된 뒤인 2020년 7월 27일 제6회 전국노병대회 연설에서는 "핵보유국"이라고 규정한 데 이어 10월 10일 당창건 75주년 기념 열병식 연설에서는 "전쟁억제력이 결코 람용되거나 절대로 선제적

---

1) 김정은, "신년사," 2018년 1월 1일.

2) 김정은, "조선로동당 제8차대회에서 한 당중앙위원회 사업총화보고," 『로동신문』, 2021년 1월 9일.

으로 쓰이지는 않'을 것이라며 '남용'과 '핵 선제사용' 금지 의사를 밝혔다. 하지만 제8차 당대회 사업총화보고에서는 "핵무기를 람용하지 않을 것"이라고만 언급해 '핵 선제사용'의 가능성을 배제하지 않았다.

일찍이 김일성 시대에는 '국방에서의 자위'를 주장하며 각종 소화기를 비롯해 야포, 박격포, 대전차 로켓포, 방사포 등 지상무기와 소형어뢰정, 고속경비정을 자력으로 건조하고 옛소련제 및 중국제 탄도미사일을 역공학(reverse engineering) 방식으로 제작해 왔다.3) 김정일 시대에는 핵무기와 중장거리 탄도미사일 개발에 본격 착수해 2차례의 핵실험과 10여 차례의 탄도미사일 시험을 실시했다. 김정은 시대에 들어와 북한은 '국가핵무력의 완성'을 선언하면서 자위를 넘어 공세적인 군사전략으로 전환하고 있다.

북한은 때로는 북한의 벼랑끝 전술과 미국의 군사대응 움직임으로 군사충돌의 위기가 고조되기도 하고, 때로는 북·미 고위급회담, 6자회담, 남북 및 북·미 양자회담 등 북한 핵문제를 외교적으로 풀기 위한 시도로 대화 국면이 만들어지기도 하였다. 김정은 시대에도 북한은 한반도 비핵화 의사를 밝혀 협상 가능성을 열어놓으면서도 지속적으로 핵무력을 증강해 오고 있다. 트럼프 행정부와의 협상국면 중에 북한은 핵실험과 중장거리 탄도미사일의 시험발사는 중지했지만, 전략무기와 신형 전술무기의 개발과 배치는 지속해 왔다.

향후 북한의 핵·미사일 발전 여부는 바이든 행정부의 출범 이후 비핵화 협상의 진전에 달려 있다. 하지만 북한의 핵·미사일 위협이 점차 현실화되고 있어 북한의 군사노선과 군사전략에 대한 분석은 필수불가결하다. 먼저 북한군의 성격과 군사노선에 대해 알아본 뒤, 북한의

---

3) 김기수, 『북한정책론』, 팔복원, 2013년 7월, pp.224~226.

핵 독트린과 핵·미사일 태세에 관해 분석해 본다. 이어 최근 북한의 전략무기와 전술무기의 개발·배치 실태를 분석하고 전쟁공간의 확대에 따른 새로운 재래식·핵 배합 군사전략을 살펴본다. 끝으로 핵무기를 앞세운 북한군의 비대칭 방식의 도발 가능성도 검토해 본다.

II. 북한의 자위국방 노선과 군사력 건설

1. 북한군의 성격과 사명

북한군은 기본적으로 "조선로동당의 혁명적 무장력"으로,[1] 국가의 군대가 아닌 당의 군대이다. 이러한 북한군의 성격은 노동당 규약에 잘 드러나 있다. 「조선로동당 규약」(이하 당규약) 제6장 제47조는 "조선인민군은 당의 위업, 주체혁명 위업을 무장으로 옹호 보위하는 수령의 군대, 당의 군대, 인민의 군대이며 당의 선군혁명 령도를 맨 앞장에서 받들어나가는 혁명의 핵심부대, 주력군이다"라고 규정하고 있다.[2]

이처럼 북한군은 국가에 속한 국군(國軍)이 아니라 당에 속한 당군(党軍)이다. 또한 전통적으로 사회주의국가에서는 노동자, 농민 또는 근로인민대중이 혁명의 주력군인 데 비해, 북한에서는 군대가 혁명의 주력군이다. 당규약 49조에 따라 당 중앙군사위원회가 군사사업을 조직 지도하는 권한을 가지며 북한군에 대한 당의 임무는 다음과 같다.

---

4) 『조선중앙통신』, 2021년 1월 10일.

5) 「조선로동당 규약」은 김정은 시대에 들어와 2012년 4월 열린 당 제4차 대표자회에서 처음 개정되었고, 2016년 5월 제7차 당대회와 2021년 1월 제8차 당대회에서도 재개정되었다.

"조선인민군 안의 각급 당조직은 다음과 같은 사업을 한다. 전군의 김일성-김정일주의화를 군 건설의 총적 과업으로 틀어쥐고 그 실현을 위하여 투쟁한다. 당의 유일적 령군체계와 혁명적 군풍을 확고히 세워 인민군대 안에 당의 사상과 령도의 유일성을 철저히 보장하며 모든 당원들과 군인들을 경애하는 김정은 동지를 결사옹위하는 총폭탄으로, 조국과 인민을 위하여 한목숨 바쳐 싸우는 당의 참된 전사로 튼튼히 준비시킨다."

　　이처럼 노동당은 군대를 지도·통제하기 위해 부대 내 각급 단위에 당 조직들을 설치하고 정치위원을 파견한다. 북한군 내에서 총정치국이 군 내의 각급 당 위원회 및 조직을 총괄하면서 당의 정치사업을 주도·관리하고 있다. 이런 점에서 당 총정치국의 군부 내 위상은 제한적인 군정권을 갖고 있는 국방성이나 군령권을 갖고 있는 총참모부보다 우위에 있다.

　　북한군의 사명에 관해서는 북한헌법에 잘 규정되어 있다. 2019년 수정보충된 북한 사회주의 헌법 제59조는 "조선민주주의인민공화국 무장력의 사명은 위대한 김정은 동지를 수반으로 하는 당중앙위원회를 결사옹위하고 근로인민의 리익을 옹호하며 외래침략으로부터 사회주의제도와 혁명의 전취물, 조국의 자유와 독립, 평화를 지키는데 있다"고 규정하고 있다.3) 이것은 이전 헌법의 '선군혁명로선을 관철하여 혁명의 수뇌부를 보위'하는 것에서 '위대한 김정은 동지를 수반으로 하

---

6)「조선민주주의인민공화국 사회주의 헌법」은 김정은 시대에 들어와 2012년 4월 13일 최고인민회의 제12기 제5차 회의, 2013년 4월 1일 최고인민회의 제12기 제7차 회의, 2016년 6월 29일 최고인민회의 제13기 제4차 회의, 2019년 4월 11일 최고인민회의 제14기 제1차 회의에서 각각 수정 보충되어 현재에 이르고 있다.

는 당중앙위원회를 결사옹위'하는 것으로 바뀐 것이다.

북한군의 사명은 군을 지도하는 노동당의 목적과 관련된다. 2016년 개정된 당규약 서문에 따르면, "조선로동당의 당면목적은 공화국 북반부에서 사회주의 강성국가를 건설하며 전국적 범위에서 민족해방민주주의혁명의 과업을 수행하는 데 있으며 최종목적은 온 사회를 김일성－김정일주의화하여 인민대중의 자주성을 완전히 실현하는 데 있다." 북한군은 당의 지도를 받는 혁명무력이라는 점에서, 결국 북한군의 사명이 한국을 겨냥한 민족해방민주주의혁명 수행이라는 의미가 되어 '내정간섭', '적화통일 야욕'이라는 비판에서 자유롭지 않다.[4]

2. 북한의 군사기구와 군사지휘구조

(1) 군사지도기구

북한의 주요 군사지도기구로는 국무위원회와 당 중앙군사위원회, 그리고 국방성, 군 총정치국, 군 총참모부 등이 있다. 각 군사지도기구에게 부여된 주요 역할은 다음과 같다.

먼저, 국무위원회는 2016년 6월 헌법 개정을 통해 국방위원회에서 개편된 기관으로 북한의 최고 정책지도기관이다. 현행 북한헌법 제106조는 국무위원회를 "국방건설사업을 비롯한 국가의 중요정책을 토의

---

4) 제8차 당대회의 개정된 당규약 전문은 아직 공개되지 않았다. 북한매체의 당규약 개정 보도에서 '민족해방민주주의혁명'이 삭제됐다는 언급이 없어 이 표현은 그대로 남아있는 것으로 보인다. 『로동신문』, 2021년 1월 10일.

결정"하는 "국가 주권의 최고 정책적 지도기관"으로 규정하고 있으며, 제102조는 국무위원회 위원장을 "국가의 일체 무력을 지휘 통솔"하는 "무력의 최고사령관"으로 명시하고 있다.

다음, 당 중앙군사위원회는 조선노동당의 최고 군사기구이다. 당규약 제3장(당의 중앙조직) 29조는 "당 중앙군사위원회는 당대회와 당대회 사이에 군사 분야에서 나서는 모든 사업을 당적으로 조직 지도한다. 당 중앙군사위원회는 당의 군사 로선과 정책을 관철하기 위한 대책을 토의 결정하며 혁명무력을 강화하고 군수공업을 발전시키기 위한 사업을 비롯하여 국방사업 전반을 당적으로 지도한다"고 규정하였다.

김정은 위원장은 2011년 12월 30일에 열린 당 중앙위 정치국 회의에서 제일 먼저 북한군 최고사령관에 추대되었고, 이듬해 4월 11일 제4차 당 대표자회에서 당 제1비서, 4월 13일 제12기 제5차 최고인민회의에서 국방위원회 제1위원장, 2016년 6월 29일 제13기 제4차 최고인민회의에서 국무위원회 위원장에 추대되었다. 2021년 1월 10일 제8차 당대회에서 당 총비서, 당 중앙군사위원회 위원장, 국무위원회 위원장, 군 최고사령관으로 재추대되었다. 이처럼 김 위원장은 당·정·군의 최고 직책을 담당하면서 일체의 무력을 장악하고 있다.

(2) 군사지휘체계[5)

북한의 군사지휘체계는 군의 최고 직책인 최고사령관을 필두로 당의 집행기구인 총정치국, 최고사령관의 군령권을 실제 집행하는 총참

---

7) 통일교육원, 『2021 북한 이해』, 통일부 통일교육원, 2021년 2월, pp.128~132 및 국방부, 『2020 국방백서』, 대한민국 국방부, 2020년 12월, pp.23~24를 참고로 하여 작성한 것이다.

모부, 그리고 군 관련 대외업무와 군수 및 재정업무를 담당하는 국방성으로 구성되어 있다. 김정은 국무위원장은 당 중앙군사위원회 위원장을 겸직해 북한군을 당적으로 지도하면서 동시에 군 최고사령관을 맡아 북한군을 실질적으로 지휘·통제하고 있다.

최고사령관은 군대에 대한 최고지도자의 유일적 지휘를 보장하는 북한군 최고의 직책이다. 최고사령관은 6.25전쟁 때 신속한 의사결정을 위해 단일지도 형식의 비상기구로 신설된 것이다. 최고사령관은 전시 또는 평시 모두 정규군에 대한 지휘권이 있으며, 전시 및 동원령을 선포하고 해제할 수 있는 권한을 가지고 있다. 유사시에는 권한이 확대되어 전당·전군·전민을 통제할 수 있는 초법적 권한을 가지게 되는 실제적인 군 최고의 집행기구이다.

총정치국은 군내 당 조직과 정치사상 사업을 관장하는 당의 집행기구이다. 북한은 당–국가체제이기 때문에 군도 조선노동당의 통제를 받는다. 북한은 군을 통제하기 위해 당에는 당 중앙군사위원회를 두고 있으며, 군에는 총정치국을 두고 있다. 총정치국은 당 중앙군사위원회와 당 군사부 및 당 조직지도부로부터 당적 지도를 받아 군의 당 정치사업, 군 간부 선발, 군사작전 명령서에 대한 당적 통제를 실질적으로 집행한다.

총참모부는 최고사령관의 군령권을 실제 집행하고 당의 철저한 지도 아래 북한 무력 전반을 총지휘하는 최고 군사집행기관으로 육군, 특수작전군, 해군, 항공 및 반항공군, 전략군의 군사전략 및 군사작전의 종합계획을 지휘, 관리, 통솔하는 역할을 수행한다. 총참모부는 각급 부대와 훈련소, 각 군 사령부의 전·평시 작전 및 훈련계획을 수립해 집행하고, 매년 발령되는 최고사령관 명령 작성에 참여하는 등의 방법으로 산하 부대들을 지휘·통솔하고 있다.

국방성은 대외적으로 군을 대표하며 군사외교, 군수, 재정 등 군정권을 행사한다. 국방성은 군을 대표하는 기능을 수행하면서 군사지휘기구도 상으로 총정치국, 총참모부와 수평관계에 있지만 그 역할은 제한된 군정권 행사에 그치고 있다. 총정치국이 군의 당조직과 정치사업 관장, 군 인사권을 담당하면서 실질적인 군정권을 행사한다면, 국방성은 군인들의 식품, 의류, 유류, 의료 등을 공급하는 후방사업을 담당하고 있다. 2020년 10월 인민무력성에서 국방성으로 이름이 바뀌었다.

보위국은 군내의 모든 군사범죄활동에 대한 수사, 예심, 처형 등을 담당하며, 간첩과 반체제 활동 관련자를 색출하여 처벌하는 것을 주된 업무로 하고 있다. 호위사령부는 반체제 쿠데타 진압, 최고지도자 및 가족들의 신변보호, 숙소 경계와 관리 등의 경호를 담당하는 군사기구이다.

〈그림 4-1〉 북한의 군사지휘기구도

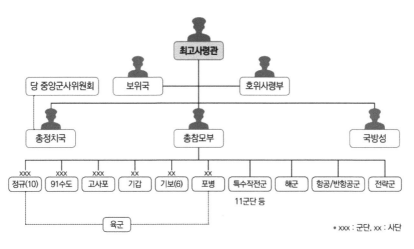

<출처> 국방부, 『2020 국방백서』, p.24.

3. 북한의 국방개념 변화와 군사력 건설

(1) 김일성 시대: 4대 군사노선

북한의 기본적인 군사노선은 김일성 시대 때 확립된 '4대 군사노선'
이다. 그 첫 번째인 전군 간부화는 모든 군인들을 정치사상적, 군사기
술적으로 단련하여 유사시에 한 등급 이상의 높은 직무를 수행하도록
한다는 것이다. 전군 현대화는 군대를 현대적 무기와 전투 기술 기재
로 무장해 최신무기를 능숙하게 다루고 현대적인 군사과학과 군사기
술을 습득하도록 한다는 의미다. 전민 무장화는 인민군대화 함께 노동
자·농민을 비롯한 전체 근로자 계급을 정치사상적, 군사기술적으로
무장시키는 것을 가리킨다. 전국 요새화는 전국에 걸쳐 광대한 방위시
설을 축성하여 철벽의 군사요새로 만든다는 뜻이다.[6]

4대 군사노선은 1962년 12월 경제·국방 병진노선이 제시된 노동당
중앙위 제4기 제5차 전원회의에서 처음으로 나타났으며, 1966년 10월
제2차 당대표자회에서 '전군 현대화'가 마지막으로 제시되었다. 4대
군사노선은 1970년 제5차 노동당 대회에서 북한군의 기본적인 군사노
선으로 재확인됐다. 1970년 김일성 주석은 4대 군사노선에 대해 다음
과 같이 설명하고 있다.

"우리나라에서는 전체 인민이 다 총을 쏠 줄 알며 총을 메고 있습니다.

---

6) 통일교육원, 『2021 북한 이해』, p.122.

또한 우리는 온 나라의 모든 지역에 철옹성 같은 방위시설들을 쌓아놓았으며 중요한 생산시설들까지도 다 요새화하였습니다. 이것은 전체 인민의 반석 같은 정치사상적 통일과 튼튼한 자립적 경제체제가 이루어진 우리의 사회에서만 실현할 수 있는 가장 위력한 방위체계입니다."[7]

이러한 4대 군사노선은 1992년 개정 헌법에서 처음 명문화되었다. 2019년 수정 보충된 북한헌법 제60조는 4대 군사노선을 그대로 이어받아 "국가는 인민들과 인민군 장병들을 정치사상적으로 무장시키는 기초 우에서 전군 간부화, 전군 현대화, 전민 무장화, 전국 요새화를 기본내용으로 하는 자위적 군사노선을 관철한다"고 규정하고 있다. 다만, 2019년 북한헌법에서는 2016년 수정보충 헌법 제60조의 '군대와 인민'이란 표현을 '인민들과 인민군 장병들'로 바꾸었다.

(2) 김정일 시대: 핵무기 개발과 선군정치

냉전시기 동북아지역에는 한미동맹과 미·일 동맹으로 된 한·미·일의 남방삼각과 북·중 동맹과 북·소 동맹이 서로 이어지는 북방삼각이 서로 대립해 왔다. 이러한 대립 구도는 1990년에 한국과 러시아가 국교를 정상화하면서 깨지기 시작했고, 1992년 한·중 수교로 크게 흔들렸다. 이처럼 남방삼각의 한국이 북방삼각의 주축국인 러시아, 중국과 국교를 수립함으로써 동북아 냉전구조의 한 축이 무너져 내렸다. 하지만 동북아 냉전구조의 다른 한 축인 북한과 일본, 미국 간의 관계는 여전히 냉전시기의 적대관계를 지속해 오고 있다.[8]

---

7) 『김일성 저작집』, 제25권, p.256.

냉전이 종식되고 소련 및 동유럽 사회주의국가들에서 공산정권이
무너지고 체제 전환하는 위기감 속에 한국이 러시아, 중국과 수교하는
것을 목격하면서 정권 및 체제의 생존 위기에 몰린 북한은 극심한 경
제난 속에서도 이러한 상황에서 벗어나기 위한 한 수단으로 군사강국
의 기치를 내걸고 핵무력 개발에 뛰어들었다. 북한은 소련이 무너지자
옛소련의 일원이던 우크라이나 등의 핵·미사일 과학자와 기술자들을
대거 초빙해 관련 설계도와 장비, 부품을 손에 넣는 데 성공했다. 이를
토대로 마침내 1998년 8월 31일 최초의 인공위성이라 주장하는 광명
성 1호를 장거리로켓 대포동 1호(북한명 백두산 1호)에 탑재해 성공적
으로 쏘아올렸다.

이를 신호탄으로 선군정치가 정식으로 출발하였으며 김정일 시대가
공식적으로 열리게 되었다. 1998년 9월 최고인민회의 제10기 제1차 회
의에서 북한헌법을 개정하면서 주석제와 중앙인민위원회가 폐지되고
그 권한들이 국방위원회와 국방위원장에게 대폭 이관되었다. 그리고
김정일은 권한이 한층 강화된 국방위원장에 재추대되었다.9) 이렇게
해서 국방위원회가 선군정치의 핵심기구로 자리잡게 되었다. 김정일
국방위원장은 2003년 1월 29일 당 중앙위원회 책임일꾼들과 한 담화
에서 선군정치를 다음과 같이 정의하고 있다.

---

8) 조성렬, 「한반도 비핵화와 평화체제 구축의 로드맵 : '6자회담 공동성명' 이
  후의 과제」, KINU 정책연구시리즈 2005-05, 2005년 9월, p.10.

9) 선군정치라는 용어는 『로동신문』 1998년 5월 26일자 정론에서 처음 등장했
  지만, 북한에서는 1995년 1월 1일 김정은이 평양 부근에 있는 다박솔 군초
  소를 방문한 곳이 선군정치의 시작이라고 기록되어 있다. 『김정일 장군 일
  화집』,평양출판사, 2003년. 이대근, "당·군 관계와 선군정치," 『북한 군사
  문제의 재조명』, 한울아카데미, 2006, p.185에서 재인용.

"우리 당의 선군혁명로선, 선군정치는 군사를 제일 국사로 내세우고 인민군대의 혁명적 기질과 전투력에 의거하여 조국과 혁명, 사회주의를 보위하고 전반적 사회주의 건설을 힘있게 다그쳐나가는 혁명령도방식이며 사회주의 정치방식입니다."10)

북한은 지속적으로 핵실험과 중장거리 탄도미사일 개발을 지속해 마침내 2005년 2월 10일 북한외무성이 '핵무기 보유'를 선언하기에 이르렀다. 이 문제를 외교적으로 해결하기 위해 6자회담이 열려 '9.19공동성명'이 채택됐지만, 미국이 북한정권을 위한 돈세탁 혐의로 방코델타아시아(BDA) 은행을 제재하며 은행 내 북한자금을 동결하면서 합의이행이 중단되었다. 마침내 북한은 2006년 10월 9일 제1차 핵실험과 탄도미사일 시험발사를 감행했으며, 6자회담이 재개됐다가 또다시 중단되자 2009년 5월 25일 제2차 핵실험과 전후 9차례의 탄도미사일을 시험발사했다. 이처럼 북한의 핵·미사일 개발과 이를 제지하기 위한 협상이 중단과 재개속계를 반복하였다.

(3) 김정은 시대: 국가핵무력 완성 선언과 탈선군화

군사분야에서 드러난 김정은 시대의 가장 큰 특징은 김정일 시대의 핵 군사강국론을 계승해 경제·핵무력 건설 병진노선을 내세우며 핵무력의 완성에 박차를 가했다는 점이다. 김정은 정권은 김정일 시대의 업적을 기리면서 2013년 3월 수정된 북한헌법 전문에 '핵보유국'임을

---

10) 김정일, "조선로동당 중앙위원회 책임일군들과 한 담화," 『김정일 선집』, 제15권, pp.352~353.

명시하였다. 그 뒤로도 북한당국은 핵무기와 운반수단의 고도화에 박차를 가했다.

북한의 핵·미사일 개발이 절정에 달한 시점은 2017년이었다. 북한당국은 제7차 당대회를 개최한 2016년 한 해에 12회에 걸쳐 24발의 탄도미사일을 시험발사하였고, 2017년에도 탄도미사일을 15회에 걸쳐 21발을 쏘았다. 특히 북한은 문재인 정부가 출범한 5월 10일 이후에만 9회 11발을 쏘았다. 이것은 김정일 시대(1998~2011)의 11년 동안 총 9회에 걸쳐 16발을 시험발사한 것보다 더 많은 횟수이다.

북한은 2017년 3월 8일 대출력의 백두산엔진 개발에 성공하였다고 발표하고 이를 '3.8혁명'이라고 불렀다. 그해 7월 4일에는 백두산엔진 1개를 장착한 최초의 대륙간탄도미사일 화성-14형의 시험발사에 성공하였으며 뒤이어 7월 28일에도 화성-14형의 재시험발사에 성공하였다. 그리고 9월 3일에는 수소탄으로 6번째 핵실험을 단행했다. 마침내 11월 29일 백두산엔진 2개를 장착한 화성-15형의 시험발사에 성공한 뒤 '국가핵무력의 완성'을 선언했다.[11]

그 뒤 북한은 완성을 선언한 국가핵무력의 포기를 협상카드로 사용해 남북관계 개선과 북·미 수교, 한반도 평화체제 구축을 이루고자 하였다. 2018년 1월 1일 신년사에서 김정은 위원장은 북한선수단이 평창동계올림픽에 참가할 것이라고 밝혔으며, 3월 5일 김정은 위원장이 방북한 남측 특사단에게 "군사적 위협이 해소되고 체제안전이 보장된다면 핵무기를 가지고 있을 이유가 없다"면서 조건부 비핵화 의지를

---

11) 북한당국은 2017년 7월 4일 대륙간탄도미사일 화성-14형의 시험발사에 첫 성공한 것을 '7.4혁명', 7월 28일 화성-14형의 두 번째 시험발사에 성공한 것을 '7.28 기적적 승리', 화성-15형의 시험발사 성공으로 국가핵무력의 완성을 선언한 것을 '11월 대사변'으로 부르고 있다.

나타냈다.

김 위원장의 '한반도 비핵화' 의지는 2018년 3월 26일을 시작으로 총 다섯 차례의 북·중 정상회담,[12] 4월 27일과 5월 25일, 그리고 9월 19일 등 세 차례의 남북정상회담, 2018년 6월 12일과 2019년 2월 27~28일의 북·미 정상회담, 2019년 4월 25일 북·러 정상회담에서 재차 확인되었다. 이처럼 김 위원장이 직접 한국, 미국, 중국, 러시아 정상들과 만나 비핵화를 약속해 자신의 진정성을 보여주고자 했다.

〈그림 4-2〉 북한 정권별 탄도미사일 발사회수*

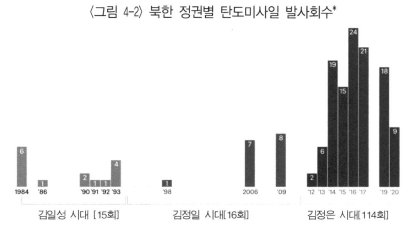

* 2020년 10월말 현재의 발사회수로, 성공·실패 모두 포함됨

<출처> Eleanor Albert, "North Korea's Military Capabilities," CFR, *Backgrounder*, November 16, 2020. (*https://www.cfr.org/backgrounder/north-koreas-military-capabilities)

---

12) 新华社, "习近平同金正恩举行会谈,"『新华网』, 2018年 3月28日. 북·중 정상회담에서 김 위원장은 "김일성 주석과 김정일 총서기의 유훈에 따라, 한반도 비핵화를 실현하는 것이 우리들의 불변 입장이다(按照金日成主席和金正日总书记的遗训, 致力于实现半岛无核化, 是我们始终不变的立场)" 라고 밝혔다.

하지만 2019년 2월 27~28일 제2차 북·미 정상회담이 결렬된 이후 북한의 태도는 경색되었다. 북한은 그해 5월부터 단거리발사체를 시험 발사하기 시작해 2020년 3월 말까지 총 27발을 쏘아댔다. 2019년 4월에 열린 당 중앙위 3차 전원회의에서 김 위원장은 북·미 비핵화 협상이 장기성을 띠고 있다고 평가하고, 12월 말에 개최된 제5차 전원회의에서는 경제건설 총력노선을 유지하는 가운데 자력갱생에 기초한 정면돌파전을 선언했다. 마침내 2021년 1월 개최된 제8차 당대회 사업총화보고에서 김 위원장은 미국을 '최대의 주적'으로 규정하면서 대북 적대시정책의 철회를 요구하며 일체의 북·미 협상을 거부하고 있다.

군사분야에서 보여준 김정은 시대의 또 다른 특징은 선군정치에서 벗어나 정상적인 당 국가체제로 복귀하고 있다는 점이다. 2016년 당규약의 전문(前文)에는 "조선로동당은 선군정치를 사회주의 기본정치 방식으로 확립하고 선군의 기치 밑에 혁명과 건설을 령도한다"고 규정되어 있다. 하지만 2021년 1월 제8차 당대회에서 사회주의 기본정치방식을 기존의 '선군정치'에서 '인민대중제일주의정치'로 바꿈에 따라 당 규약의 서문도 이에 맞춰 수정하였다.

김정일 시대의 선군정치가 군을 중심에 놓고 모든 사업을 전개했다면, 김정은 시대에 들어와서는 선군정치에서 벗어나 당 중앙군사위원회를 정상화시켜 당을 중심에 놓고 군을 통제하려는 시도가 계속되었다. 이를 위해 유명무실화됐던 당 중앙군사위원회 회의를 정례화하고 있다. 당 중앙군사위원회 확대회의는 2013년, 2014년에 한 차례씩, 2015년에는 8월 20일과 8월 28일 두 차례 개최되었으며, 2016년 5월 6~9일의 제7차 당대회 개최 이후 2021년 1월 5~12일의 제8차 당대회 개최 이전까지 5차례 열렸고, 2021년 2월 24일에도 개최되었다.13) 화상으로 개최된 예비회의까지 포함하면 총 7차례 열렸다.

북한의 탈선군화를 보여주는 또 다른 사례로 당 중앙군사위원회의 구성 변화를 들 수 있다. 제8차 당대회에서 선출된 당 중앙군사위원 11명 가운데 조용원(당 중앙위 비서), 오일정(군정지도부장), 오수용(제2경제위원장), 박정천(총참모장), 권영진(총정치국장), 김정관(국방상), 정경택(국가보위상), 리영길(사회안전상) 등이 8명(약 73%)이 당 정치국 상무위원 및 위원으로 동시에 임명되어 있다. 이처럼 당 정치국 위원이 당 중앙군사위 위원을 겸임하도록 한 것은 당의 군부 통제를 강화하고, 국방분야의 당 사업 전반에서 의사결정의 신속성과 효율성을 높이기 위한 것으로 평가할 수 있다.14)

Ⅲ. 북한의 핵 독트린과 핵·미사일 태세

김정은 위원장은 제8차 당대회 사업총화보고에서 "20년, 30년이 걸려도 해내지 못할 국가핵무력 건설 대업의 완성을 경제건설과 핵무력 건설의 병진로선이 제시된 때로부터 4년 만에 그리고 당 제7차대회가 있은 때로부터 1년 만에 빛나게 실현"했다고 자화자찬하면서 "책임적인 핵보유국으로서 침략적인 적대세력이 우리를 겨냥하여 핵을 사용하려 하지 않는 한 핵무기를 람용하지 않을 것임을 다시금 확언하였다"며 핵무기 사용 원칙을 밝혔다.15)

---

13) 홍 민, 「북한 제7기 제4차 당 중앙군사위원회 확대회의 분석」, 『Online Series』, 통일연구원, 2020년 5월 28일.; 『로동신문』2021년 2월 25일.

14) 황수환, "군사분야," 『북한노동당 8차 대회 분석: 7차 대회와 분야별 비교』, 동국대 북한학 연구소, 2021년 1월 13일, p.11.

이와 같이 핵무기를 사용하는 시점과 사용 목적과 관련되는 내용을 담고 있는 것이 바로 핵 독트린(Nuclear Doctrine)이다. 핵 독트린에는 △핵 억제라는 목표를 달성하기 위해 어떤 핵 태세를 채택하는 게 효과적인가(nuclear posture), △핵 억제태세에 따라 핵무기의 표적 설정을 어떻게 할 것인가(nuclear targeting), △핵 억제태세에 따라 핵무기를 선제사용할 것인가 보복용으로만 사용할 것인가(nuclear no-first-use) 등을 담게 된다.

1. 북한의 핵 독트린과 조건부 핵 선제불사용 정책

북한군은 1990년대 초 미사일지도국을 창설하여 핵·미사일 지휘통제체계를 구축하기 위한 준비에 나섰다. 김정은 체제에 들어와 핵 독트린의 핵심내용을 법령의 형태로 발표하였다. 2013년 4월 1일 개최된 최고인민회의 제12기 제7차 회의에서는 같은 해 2월 12일에 실시했던 제3차 핵실험의 의미를 강조하며 10개 조항으로 된 법령 「자위적 핵보유국의 지위를 더욱 공고히 할데 대하여」(이하 핵보유국 지위 공고화법)」를 채택하였다.

이 법령은 전문(前文)에서 이제 북한이 "당당한 핵보유국가"가 되었다고 선언하고, "외세의 온갖 침략과 간섭을 받아온 수난의 력사에 영원히 종지부를 찍고 그 누구도 감히 건드릴 수 없는 주체의 사회주의 강국으로 세상에 빛을 뿌리게 되었다"고 주장하였다. 이 법령은 북한이 수립한 10개항으로 된 핵 독트린의 핵심내용을 공개하고 있다.16)

---

15) 김정은, "조선로동당 제8차대회에서 한 당중앙위원회 사업총화보고"

〈표 4-1〉 핵보유국 지위 공고화 법의 주요내용

제 1조	미국의 적대시정책과 핵위협에 따른 정당한 방위수단
제 2조	북에 대한 침략과 공격의 억제, 격퇴 및 침략본거지에 대한 섬멸적 보복타격
제 3조	핵억제력과 핵보복타격력의 성능 강화
제 4조	핵보유국에 의한 침략·공격을 격퇴 및 보복타격하며 최종명령권은 최고사령관이 보유
제 5조	핵보유국과 야합하는 비핵국가의 침략·공격행위 가담에 대해 핵무기 사용 및 위협
제 6조	핵무기 보관 및 핵시험의 안전성 보장
제 7조	핵무기 및 관련 기술, 무기급핵물질의 비확산을 위한 보관관리체계 마련
제 8조	적대적 핵보유국과의 관계개선에 따라 핵무기비확산 및 핵물질 안전관리에 협조
제 9조	핵군축을 위한 국제적 노력을 적극 지지
제10조	법령 집행을 위한 실무대책 수립

<출처> 최고인민회의, 「자위적 핵보유국의 지위를 더욱 공고히 할데 대한 법」, 2013년 3월 31일.

북한이 발표한 「핵보유국 지위 공고화법」을 보면, 북한의 핵 억제태세와 조건부 핵 선제불사용 정책을 파악할 수 있다. 이 법령의 제2~5조에서는 핵무기 보유의 목적이 핵 억제력과 핵 보복타격력에 있음을 분명히 하면서, 핵 억제와 핵 선제사용에 관해 다음과 같이 규정하고 있다.

우선, 핵 억제력과 관련해 「핵보유국 지위 공고화법」 제2조는 북한에 대한 침략과 공격을 억제하는 데 복무한다고 밝히고 있다. 그리고

---

16) 최고인민회의, "자위적 핵보유국의 지위를 더욱 공고히 할데 대한 법," 『조선중앙통신』, 2013년 4월 1일.

이를 뒷받침하기 위해 동 법률 제4조에서는 "적대적인 다른 핵보유국이 우리 공화국을 침략하거나 공격하는 경우 그를 격퇴하고 보복타격"을 가할 때만 핵무기를 사용할 수 있다고 규정하면서도, 제5조에서는 "적대적인 핵보유국과 야합하여 우리 공화국을 반대하는 침략이나 공격행위에 가담"할 경우에는 비핵국가라고 할지라도 핵무기의 사용 또는 사용 위협을 가할 수 있음을 밝히고 있다.

다음, 핵 선제사용과 관련해서는 「핵보유국 지위 공고화법」 제4조에서 "핵무기는 적대적인 다른 핵보유국이 우리 공화국을 침략하거나 공격하는 경우 그를 격퇴하고 보복타격을 가하기 위하여 조선인민군 최고사령관의 최종명령에 의하여서만 사용할수 있다"고 '핵 선제불사용 정책'을 명확하게 밝히고 있다.

북한당국은 제4차 핵실험 직후인 2016년 1월 6일 '공화국 정부성명'을 통해 "우리 공화국은 책임 있는 핵보유국으로서 침략적인 적대세력이 우리의 자주권을 침해하지 않는 한 이미 천명한 대로 먼저 핵무기를 사용하지 않을 것"이라고 천명하고 있다.[17] 또한 5월 6~7일 열린 제7차 당대회 사업총화보고에서도 김정은 위원장이 "책임 있는 핵보유국으로서 침략적인 적대세력이 핵으로 우리의 자주권을 침해하지 않는 한…먼저 핵무기를 사용하지 않을 것"이라고 언급했다.[18]

하지만, 북한지도자들이 최우선적으로 정권의 생존이 위협받는다고 판단할 때 선제타격에 대한 강한 동기를 갖고 있다.[19] 앞선 김 위원장

---

17) "조선민주주의인민공화국 정부 성명," 『조선중앙통신』, 2016년 1월 6일.

18) 『조선중앙통신』, 2016년 5월 8일.

19) Van Jackson, "Nukes They Can Use? The Danger of North Korea Going Tactical," *38 North: Informed Analysis of North Korea*, March 15, 2016.

의 제7차 당대회 발언도 일반적인 의미의 핵 선제불사용 정책을 표명한 것이라기보다는 "적대세력이 핵으로 우리의 자주권을 침해하지 않는 한"이라는 조건에 방점이 찍혀있는 것으로 보인다. 이처럼 북한당국은 핵 선제사용의 가능성을 완전히 배제하고 있는 것이 아니다.

실제로 조선노동당 기관지 『로동신문』 2016년 3월 9일자에서 김정은 위원장의 말을 인용하면서 "핵 선제타격권은 결코 미국의 독점물이 아니라고 하시면서 미제가 우리의 자주권과 생존권을 핵으로 덮치려 들 때에는 주저 없이 핵으로 먼저 냅다 칠 것이라고 선언하시였다"면서 '중대성명'과 달리 명시적으로 '핵 선제타격권'이라는 직접적인 표현을 써가며 핵 선제사용의 가능성을 밝히고 있다.[20]

특히 북한은 한미연합군의 참수작전(decapitaion operation)에 민감하게 반응하고 있다. 2016년 3월부터 시작되는 한미 키리졸브·독수리연습에서 「작계 5015」에 따라 '참수작전계획'이 적용될 것으로 알려지자, 2월 23일 북한군 최고사령부는 '중대성명'을 통해 "우리 혁명무력이 보유하고 있는 강위력한 모든 전략 및 전술타격수단들은 이른바 '참수작전'과 '족집게식타격'에 투입되는 적들의 특수작전무력과 작전장비들이 사소한 움직임이라도 보이는 경우 그를 사전에 철저히 제압하기 위한 선제적인 정의의 작전수행에 진입할 것"이라고 밝혔다.

「공화국 정부·정당·단체 특별성명」(3월 16일)에서도 "공화국 국법에는 나라의 최고존엄이 위협당하는 경우 그에 직접 또는 간접적으로 가담한 나라들과 대상들은 핵 타격수단들을 포함한 모든 타격수단들을 총동원하여 선제소멸하게 규제되어 있다"며 「핵보유국 지위 공고화법」을 근거로 '최고존엄에 대한 위협'이 가해질 경우에는 핵 선제

---

20) 『로동신문』, 2016년 3월 9일.

사용의 가능성이 열려있음을 노골적으로 밝히고 있다.[21]

이와 같이 모순되는 것처럼 보이는 북한당국의 태도는 공식적으로는 핵 선제불사용의 독트린을 견지하고는 있지만, 조건을 내걸어 핵무기의 사용요건을 매우 낮게 잡고 있는 데 따른 것이다. 이러한 북한의 핵 독트린은 2020년 10월 10일 당 창건 75주년 열병식의 김정은 위원장 연설에서 '불남용과 핵 선제불사용'으로, 2021년 1월 8일 제8차 당대회의 김 위원장 사업총화보고에서는 핵 선제불사용이 빠지고 '불남용'만 남는 등 미묘한 변화를 보이고 있다.

2. 북한의 핵 태세: 핵 지휘통제체계와 표적설정 정책

(1) 핵·미사일 지휘통제체계

일반적으로 핵 지휘통제체계는 핵무기 사용권을 누가 행사하느냐에 따라 독단형과 위임형으로 구분할 수 있다. 북한의 핵 지휘통제는 어떻게 작동되고 있을까? 현재 북한의 핵 지휘통제권이 최종적으로 국무위원장을 겸직하고 있는 김정은 최고사령관에게 있다는 것 외에는 명확하게 드러난 것이 없다. 「핵보유국 지위 공고화법」 제4조에서 핵무기 사용의 명령권자와 관련해 "핵무기는…조선인민군 최고사령관의 최종명령에 의하여서만 사용"된다고 분명히 밝히고 있다.

하지만 이 정도의 규정만으로는 부족하며, △북한 내부의 민군관계와 △북한을 둘러싼 안보환경, △핵무기 보유능력 등을 고려하여 북한

---

21) "공화국 정부·정당·단체 특별성명," 『조선중앙통신』, 2016년 3월 16일.

의 핵 지휘통제체계에 대해 평가할 필요가 있다. 북한은 당국가라는 특성에서 기인한 불안정한 민군관계, 북·중·러 북방삼각의 해체라는 악화된 안보환경이라는 요인, 그리고 이와는 반대로 '국가핵무력의 완성'이라는 대조적인 상황에 처해 있다. 전자의 조건들은 독단형 체계의 가능성을 크게 하는 것인 반면, 후자의 조건은 위임형 체계의 가능성을 엿보게 하는 것이다.

유일영도체계를 표방하는 북한 체제의 특성이나 제한된 핵 능력을 고려할 때, 핵무기의 사용권을 군부에 위임하기보다 노동당 총비서, 국무위원장과 최고사령관 등 당·정·군 모든 권한을 장악한 김정은 1인이 행사할 가능성이 크다.22) 실제로 「핵보유국 지위 공고화법」에는 모든 권한이 최고사령관 1인의 손에 전적으로 맡겨져 있다. 그런 점에서 북한의 핵 지휘통제체계는 독단형 핵 지휘통제체계일 가능성이 크다.

일반적으로는 독단형 핵 지휘통제체계가 위임형보다 핵전쟁의 위험을 낮춘다는 평가가 있다.23) 하지만 북한의 경우는 최고지도자 김정은 위원장이 국제사회의 경험이 적고 독단적인 리더십 때문에 오히려 반대의 결과를 낳을 가능성도 있다. 한반도의 위기상황이 고조되어 전쟁 일촉즉발의 상황에 처해 있거나 전쟁 발발 초기의 상황에서 북한 국가지도부가 독단형 핵 통제권을 유지하면서 선제사용할 가능성도 생각해 볼 수 있다. 김정은 위원장의 개인적인 리더십 때문에 현재의 독단형 지휘통제체계가 핵무기의 사용을 쉽게 결정할 수도 있는 것이다.

---

22) 북한은 제8차 당대회에서 당규약을 개정하여, 제7차 당대회 때 당 제1비서에서 당 위원장으로 바꾸었던 명칭은 당 총비서로 되돌려놓았다. 『조선중앙통신』, 2021년 1월 10일.

23) 전경만·임수호·방태섭·이한희, 『북한 핵과 DIME구상』, 삼성경제연구소, 2010년, p.51.

독단형 지휘통제체계의 치명적인 약점은 북한과 같은 정치구조 속에서 최고지도자만 제거하면 핵·미사일 전력이 작동불능의 상태로 빠질 수 있다는 점이다. 이 때문에 김정은 위원장은 한미연합군이 전개하는 참수작전의 표적이 될 수 있다. 북한도 독단형 핵 지휘통제체계가 참수작전에 취약점을 드러내고 있다는 점을 인식하고 있다.

남북한이 군사적으로 대치하고 있는 정전체제 하에서 대응시간은 충분하지 않고, 문민관계도 매우 불안정하다. 그렇기 때문에 북한이 기본적으로 독단형 지휘통제체계를 구축하고 있으면서도 평시에서 위기시/전시로 바뀔 경우에는 '일시적으로 위임된 지휘통제체계'로 전환할 수 있는 절충형 핵 지휘통제체계를 취하고 있을 것으로 보인다.24) <표 4-2>에서 보듯이 북한은 평시와 위기시/전시로 구분해 두 가지 유형의 핵 지휘통제체계를 모두 취하고 있을 가능성이 크다.

그렇다면 평시에는 독단형 지휘체계를 유지하다가 어떤 조건에서 위임형으로 전환하고, 또한 누가 핵무기의 최종사용권을 위임받을 것인가? 북한당국은 전쟁의 발발이나 남북한 군사충돌의 발생 때는 물론, 확장억제 핵전력이 한미연합연습을 위해 한국 땅에 전개하는 상황을 위기로 보고, 핵 지휘통제체계를 평시에는 독단형에서 전시/위기시가 되면 위임형으로 전환할 가능성이 있다. 또한 김정은 위원장의 유고시 특정인에게 위임하기보다는 당 중앙군사위원회의 집체적 지도에 맡길 가능성이 높다.25) 이와 같은 위기 상황이 정리되어 평시가 됐다고 판단되면 원래의 독단형 지휘체계로 복원될 것으로 보인다.

---

24) 김보미, "북한의 핵전력 지휘통제체계: 이론적 예측과 안정성 전망," 『INSS 연구보고서』, 2020-3, 2020년 12월, pp.65~68.

25) 김보미, 「북한의 핵전력 지휘통제체계: 이론적 예측과 안정성 전망」, p.68.

〈표 4-2〉 북한의 핵 지휘통제체계

	평 시	위기시/ 전시
	독단형 통제체계 하급지휘관에게 최소한의 자율권	**위임형 통제체계** 하급지휘관에게 상대적인 높은 자율권
복종 수단	**강력** 통제수단으로 행정력, 물리력 광범위 사용 특별수단에 의해 문민통제가 유지	**최소** 문민통제 위해 사실상 행정통제에만 의존
무기 관리	**핵무기 미조립** (1) 조립 때는 운반수단과 분리 보관 (2) 같은 곳 보관 때는 소지와 사용능력을 분리할 물리적 수단을 보유	상대적으로 높은 즉응성을 갖춘 보관 및 배치 권한을 작동자에게 부여
장점	우발적이거나 미승인된 사용의 예방	참수작전 위험성 저하
단점	분리보관에 따른 고장 가능성 참수작전 위험성	치명적 고장시 작동불능 우발적이거나 미승인된 사용 위험성

<출처> 조성렬, 『전략공간의 국제정치: 핵·우주·사이버 군비경쟁과 국가안보』, 서강대 출판부, 2016년 9월, p.141에서 일부 수정

(2) 핵무기 타격의 표적설정 정책

북한의 핵무기 표적 정책은 한미동맹의 존속 상황에서 북한의 군사전략이 미군의 증원을 억제하면서 한국군과의 전쟁에서 승리하는 데 두고 있다. 그런 점에서 핵무기의 타격대상이 되는 핵 표적의 결정(nuclear targeting)은 북한의 핵 억제태세와 밀접한 관계 속에서 이루어진다. 북한이 핵무기의 공격목표로 삼기 위한 핵 표적은 크게 국내와 해외(일본, 미국)로 나눠볼 수 있고, 국내의 표적은 가치표적(counter-value)과 군사표적(counter-force), 경우에 따라 정치표적(counter-leadership)도 포함될 수 있다.

그렇다면 북한이 핵무기를 선제타격(제1격)으로, 또는 보복수단(제2

격)으로 사용할 경우, 핵 표적은 어디가 될 것인가? 북한이 핵무기로 공격하게 될 핵 표적을 처음 언급한 것은 3차 핵실험 직후 유엔안보리의 대북 결의안 2094호가 채택되기 직전인 2013년 3월 6일로, 북한군 최고사령부는 "미제가 핵무기를 휘두르면 우리는 지난 날과 달리 다종화된 우리 식의 정밀 핵 타격수단으로 서울만이 아니라 워싱턴을 불바다로 만들 것"이라고 말했다.[26] 2014년 7월 27일 전승절 61돌 전군 결의대회에서 황병서 총정치국장(당시)은 "악의 총본산인 백악관과 펜타곤을 향하여, 태평양상에 널려있는 미제의 군사기지들과 미국의 대도시들을 향하여 핵탄두 로켓들을 발사하게 될 것"이라고 위협했다.[27]

제4차 핵실험 이후에도 유엔안보리가 제재 움직임을 보이자, 2016년 2월 23일 북한군은 '최고사령부 중대성명'을 통해 핵무기의 제1차 타격대상으로 "청와대와 반동 통치기관들," 2차 타격대상으로 "아시아태평양지역 미제 침략군의 대조선침략기지들과 미국본토"라고 밝히고 있다.[28] 2016년 3월 7일에 발표된 국방위원회 성명은 '선제공격적인 군사적 대응방식'을 취하겠다고 선포하면서, "정의의 핵 선제타격전은 우리의 최고사령부가 중대성명에서 지적한 순차대로 실행되게 되어 있다'고 밝혀 앞에서 소개한 북한군 최고사령부 성명의 표적을 재차 확인하고 있다.

북한은 같은 해 3월 10일에 단행한 전략군 서부전선타격부대의 화성-5, 6형(스커드-B,C) 미사일 발사훈련 뒤 "해외 침략무력이 투입되는

---

26) 『로동신문』, 2013년 3월 7일.

27) 『조선중앙통신』, 2014년 7월 27일.

28) "조선인민군 최고사령부 중대성명―우리 운명의 눈부신 태양을 감히 가리워 보려는자들을 가차없이 징벌해버릴것이다," 『로동신문』, 2016년 2월 24일.

적 지역의 항구들을 타격하는 것으로 가상"한다고 밝힌 데 이어, 7월
19일 화성- 5~7형(스커드 및 노동) 미사일의 시험발사 뒤에는 "미제의
남조선 작전지대 안의 항구, 비행장들을 선제타격"하는 것을 목표로
훈련이 진행됐다고 보도했다.29) 7월 20일 『로동신문』이 공개한 '전략
군 화력타격계획' 도면을 보면, 부산항과 울산항을 비롯해 김해공항,
대구공항 등 우리의 주요 항만과 미 공군기지가 배치된 공항을 핵 표
적으로 되어있다.30)

하지만 북한이 수소폭탄과 대륙간탄도미사일을 개발해 '국가핵무력
의 완성'을 선언하고, 제8차 당대회에서 핵무기의 소형경량화, 전술무
기화를 보다 발전시켜 전술핵무기를 추진한다고 밝힌 현 시점에서 핵
공격 표적이 남한지역 내 어디인지를 따지는 것은 큰 의미가 없다. 현
재 북한은 핵 공격의 목표설정을 남한뿐만 아니라 일본열도 및 오키나
와 내 미군기지, 괌도 및 하와이 미군기지, 그리고 이를 넘어 미 본토
로까지 확대되고 있기 때문이다.

3. 북한의 핵전략과 전환 가능성: 촉발, 확증보복, 비대칭확전

(1) 북한의 확증보복 핵전략

일반적으로 최소억제 핵전략의 하위개념으로 분류되는 실존억제 핵

---

29) 『조선중앙TV』, 2016년 7월 20일 및 『조선중앙통신』, 2016년 7월 20일.
30) 『로동신문』, 2016년 7월 20일.

전략은 핵 선제타격으로 상대국가의 핵무기를 완전히 파괴할 수 없고 보복공격을 당해도 완전히 방어할 수 없어서 제2격(2nd strike)에만 치중하여 전쟁을 억제하겠다는 개념이다.[31] 현 단계에서 북한은 아직까지 제2격 능력을 제대로 갖춘 것으로 보이지는 않지만, 그럼에도 북한이 공공연하게 핵 선제공격에 나설 수 있다고 밝히고 있어 이러한 실존억제 전략과는 다른 방향으로 나아가고 있는 것이 분명하다.

2015년 10월 10일 당창건 70주년 열병식에서 김정은 위원장은 "우리의 혁명적 무장력이 미제가 원하는 그 어떤 형태의 전쟁에도 다 상대해줄 수 있다"면서 핵전쟁 능력에 대해 자신감을 나타냈다.[32] 하지만 현재 북한의 핵전력은 초강대국인 미국과 공포의 균형이나 상호확증파괴(MAD)를 시도할 수준에는 크게 못 미치고 있다. 이 때문인지 2016년 2월 12일 김 위원장은 "미제를 괴수로 하는 제국주의세력에게 핵 공격을 가할수 있게 핵 무장력을 질량적으로 더욱 강화"할 것을 촉구해 당시까지만 해도 북한의 핵 무력이 미국을 선제타격하기에는 역부족이라는 점을 시인하고 있다.[33]

그렇다면 현재 북한이 채택하고 있는 핵전략은 어떻게 평가할 수 있을 것인가? 미 MIT대학의 비핀 나랑 교수는 신흥 핵국가들의 핵전략에 대해 소량의 핵무기를 사용하기보다 사용위협을 통해 제3국의 군사적, 외교적 지원을 이끌어내는 '촉발(Catalytic)', 핵 보복위협을 과시해 적대국의 핵무기 위협이나 침공을 억제하려는 '확증보복(Assured

---

31) 임수호, "북한의 대미 실존적 억지·강제의 이론적 기반," 『전략연구』, 통권 제40호, 2007.

32) 『조선중앙통신』, 2015년 10월 10일.

33) 『조선중앙통신』, 2016년 2월 13일.

Retailiation)', 전쟁 초기단계에서부터 핵 선제타격을 설정해 적대국의 군사력 사용을 억제하는 '비대칭확전(Asymmetric Escalation)' 등 세 가지 유형으로 나누었다.34)

그동안 북한은 북·미 대화가 교착상태에 빠질 때마다 핵실험 등을 통해 한반도정세를 긴장시킴으로써 제3국인 중국, 러시아의 개입을 불러와 중재를 통해 문제를 해결하는 방식을 취해 왔다. 그런 점에서 미전문가들도 지금까지 북한이 취해 왔던 초기 핵전략이 자신들에게 유리한 협상결과를 이끌어내기 위한 '촉발'에 가까운 것으로 평가했다.35) 북한이 비밀리에 핵무기 개발을 지속하면서 6자회담을 진행할 때는 2005년 2월 10일 북한 외무성의 핵무기 보유선언이나 방코델타 아시아은행(BDA)문제로 「9.19공동성명」의 이행이 난항을 겪자 2006년 10월 9일에 핵실험을 실시한 것이 이에 해당된다고 본 것이다.

북한이 핵무기를 개발하기 이전에는 북한문제의 자력 해결능력이 없었기 때문에, 도발을 통해 상호우호협력조약을 맺고 있던 같은 진영의 강대국(옛소련, 중국)의 개입을 유도하는 '촉발' 전략을 취했던 것도 사실이다.36) 하지만 북한이 핵실험을 실시한 이후에도 '촉발' 핵전

34) 조성렬, 『전략공간의 국제정치: 핵·우주·사이버 군비경쟁과 국가안보』, 서강대출판부, 2016년. pp.119~122. Vipin Narang, "Nuclear Strategies of Emerging Nuclear Powers: North Korea and Iran," *The Washington Quaterly* 38, No.1, Winter 2015, pp.75~79.; Viping Narang, "Posturing for Peace? Pakistan's Nuclear Postures and South Asian Stability," *International Security*, Vol. 34, No. 3, Winter 2009/10, pp.40~45.

35) Narang, "Nuclear Strategies of Emerging Nuclear Powers: North Korea and Iran," pp.73~91.

36) 조 민, "북한의 '전쟁 비즈니스'와 중국의 선택," 「Online Series」, 통일연구원, 2010년 12월 1일.

략을 견지하고 있다고 보기는 어렵다. 본격적인 핵 개발 이후로 북·중 관계가 크게 어긋나기 시작했고, 북한 체제의 특성(자주 이데올로기)과 북·중 관계의 지정학적 특성(접경국가, 대국–소국 관계), 미·중의 담합 가능성 때문에 '촉발' 전략을 포기하고 자체 핵무기 보유로 방향을 전환한 것이다.

그런 점에서 미국 핵 전문가들은 아직 충분한 핵·미사일 능력을 갖추지는 못했으나 북한의 핵전략은 확증보복(Assured Retailiation)[37] 또는 확증적 전략보복(Assured Strategic Retailiation)[38]을 지향하고 있는 것으로 평가하고 있다. 이것은 북한이 「핵보유국 지위 공고화법」 제2조에서 밝힌 핵 독트린에서 "우리 공화국에 대한 침략과 공격을 억제, 격퇴하고 침략의 본거지들에 대한 섬멸적인 보복타격을 가하는데 복무한다"고 밝힌 것과도 일치한다.

(2) 향후 북한의 핵전략 전환 가능성: 확증보복에서 비대칭확전으로

미국의 핵 전문가들은 북한당국이 취하고 있는 핵·미사일의 개발 방향이나 김정은 위원장, 총참모부 등의 핵무기 사용위협 발언 등을 평가하면서 북한의 핵전략을 전환했는지를 둘러싸고 엇갈린 견해를 보여주었다. 미 MIT대학의 나랑(Narang)과 미 국방대학교의 스미스

---

37) Joseph S. Bermudez Jr., *North Korea's Development of a Nuclear Weapons Strategy*, US-Korea Institute at SAIS, August 2015.; Van Jackson, "Nukes They Can Use? The Danger of North Korea Going Tactical," *38 North: Informed Analysis of North Korea*, March 15, 2016.

38) Shane Smith, *North Korea's Evolving Nuclear Strategy*, US-Korea Institute at SAIS, August 2015.

(Smith)는 북한의 핵전략이 기존의 '촉발'에서 한 발 나아가 '확증보복' 쪽으로 이행하고 있는 것으로 보고 있다. 중동지역에서 적대국가에 둘러싸인 이스라엘이 취한 핵전략의 전환과 유사하다고 본 것이다.

이에 비해 미국신안보센터 밴 잭슨(Van Jackson)은 북한의 초기 핵전략이 '촉발'이었다는 점에 동의하면서도 북한의 핵 선제사용 가능성 발언에 주목하고 있다. 그는 북한이 미국의 공격에 대해 수동적으로 핵무기 반격에 나서는 '확증보복'이 아니라 전술핵무기의 보유에 따라 핵 선제사용의 가능성을 열어놓는 '비대칭확전'으로 나아갈 위험성이 있는 것으로 평가하고 있다.[39]

앞에서 살펴보았듯이, 북한이 밝힌 핵 독트린의 핵심은 △핵억제, △확증보복의 두 가지이다. 하지만 북한은 충분한 핵무기를 보유하고 있지 않고 운반수단 능력도 제한적이었기 때문에 노리고 있는 '억제의 신뢰성'을 확보하지 못하고 있었다. 따라서 향후 북한의 핵전략 전환에서 관건이 되는 것은 북한이 핵탄두 수와 운반수단 능력을 향상시킴에 따라 '억제의 신뢰성'을 강화하기 위해 '핵무기의 제한적 최초사용'을 옵션에 포함시킨 '확증보복 플러스 전략'을 채택할 것인지 여부이다.

확증보복 능력을 확보하기 위해 필요로 하는 핵탄두의 수는 핵탄두 성능과 정밀도, 표적의 수에 따라 달라지기 때문에 정해진 원칙은 없다. 미 군사전문가 쉴링과 칸은 공동연구에서 2020년도 확증보복 전략의 시나리오에 대해 '북한의 핵탄두 보유량'이 20개에서 50개, 100개로 증가할 때마다 기존의 '확증보복 전략(Assured Retaliation Strategy)'에서 선제공격의 가능성을 포함한 '확증보복 플러스 전략'으로 핵전략

---

39) Jackson, *Alliance Military Strategy in the Shadow of North Korea's Nuclear Future*, U.S.-Korea Institute at SAIS, September 2015, pp.10~11.

의 질적 전환이 이루어질 것으로 예상한 바 있다.[40] 장기적으로 핵탄두 보유량이 그 이상을 넘어 프랑스, 이스라엘의 수준이 되면 '비대칭확전 전략'으로 전환할 것으로 전망하고 있다.

이러한 변화 조짐은 김정은 위원장의 발언에서도 나타나고 있다. 김 위원장은 당 창건 75주년 열병식 연설에서 "우리의 전쟁억제력이 결코 람용되거나 절대로 선제적으로 쓰이지는 않겠"다고 밝혀 '남용'하거나 '선제사용'을 하지 않겠다고 밝혔다.[41] 하지만 제8차 당대회 사업총화보고에서 김 위원장은 "침략적인 적대세력이 우리를 겨냥하여 핵을 사용하려 하지 않는 한 핵무기를 람용하지 않을 것"이라며 '선제사용'에 대해 언급하지 않고 '불남용'만 언급함으로써 핵 선제사용의 가능성을 부정하지 않는 방향으로 변하고 있다.[42]

2021년 3월 25일 함경남도 함주군 연포비행장에서 2발의 단거리 탄도미사일이 발사됐는데, 북한당국은 이 미사일의 탄두중량이 2.5톤, 사거리가 600km라고 밝혔다.[43] 이와 관련해 3월 29일 국정원은 이번 발사된 단거리 미사일이 1월 14 제8차 당대회 기념 열병식에서 북한당국이 공개한 '북한판 이스칸데르(KN-23) 개량형'이라고 분석하고 소형 핵무기의 탑재가 가능한 것으로 평가했다.[44] 북한이 전술핵무기 개발에 성공한 경우 핵 선제사용 능력을 보유하게 된다.

---

40) John Schilling and Henry Kan, *The Future of North Korean Nuclear Delivery Systems*, US-Korea Institute at SAIS, August 2015, pp.23~26.

41) 김정은, "당창건 75주년 기념 열병식 연설," 『조선중앙통신』, 2020년 10월 10일.

42) 김정은, "조선로동당 제8차대회에서 한 당중앙위원회 사업총화보고"

43) 『로동신문』, 2021년 3월 26일.

44) 『연합뉴스』, 2021년 3월 30일.

<그림 4-3> 2020년 북한의 핵·미사일 능력 시나리오

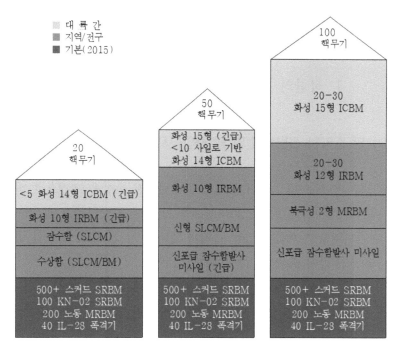

출처 : 조성렬, 『전략공간의 국제정치: 핵·우주·사이버 군비경쟁과 국가안보』, 서강
대 출판부, 2016년 9월, p.140.

Ⅳ. 북한의 재래식 · 핵무기 배합 군사전략

1. 북한의 신형 전술무기 개발과 실전배치

(1) 당 중앙위 전원회의 및 당 중앙군사위 확대회의 결정

김정은 위원장이 군사위협 해소와 체제안전 보장을 조건으로 한반도 비핵화 의사를 밝힌 뒤, 2018년 4월 20일 당 중앙위원회 제7기 제3차 전원회의를 개최하여 집권 초기에 채택된 경제 · 핵무력 건설 병진노선을 5년 만에 종료하고 경제집중노선으로 전환하기로 결정하였다. 이 회의에서는 핵실험과 대륙간탄도미사일(ICBM)의 발사시험 중지도 선언하였다. 제7차 노동당 대회 이후 2년여 만인 같은 해 5월 18일 당 중앙군사위 제7기 제1차 전원회의가 개최되었는데, 최고지도부의 비핵화 결정에 따른 군부의 결정 수용 촉구와 향후 군축 대응방안 마련, 핵무기 폐기에 대비한 첨단 전술무기 및 재래식무기 중심의 새로운 '국가방위 개선대책' 논의가 이루어진 것으로 보인다.45)

2019년 2월 27~28일 하노이에서 개최된 제2차 북 · 미 정상회담에서 합의서 채택이 불발된 뒤, 북한은 4월 10일 당 중앙위원회 제7기

---

45) 이준혁 · 김보미, 「북한 당 중앙군사위 제7기 제1차 확대회의와 향후 북한군의 역할」, 『이슈브리핑』, 18-17, 2018년 6월 12일, 국가안보전략연구원, pp.1~2.

제4차 전원회의, 4월 11일 최고인민회의 제14기 제1차 대표자회의를 잇달아 열고 조직개편과 함께 미국에게 연말 시한으로 '새로운 셈법'을 내놓을 것을 요구했다.[46] 같은 해 9월 6일 긴급히 소집된 당 중앙군사위원회 비상확대회의(제2차)에서는 태풍13호의 피해를 막기 위한 국가비상대책가 논의되었다.

미국에게 요구한 '새로운 셈법'이 끝내 거부되자 북한은 12월 28~31일 당 중앙위원회 제5차 전원회의를 열어 경제건설 총력노선을 기본노선으로 유지하되, 미국과의 협상이 장기성을 띠고 있어 당분간 개혁·개방 정책의 추진이 어렵다고 보고 새로운 길로서 자력갱생에 의거한 정면돌파전을 선언하였다. 여기서 "무적의 군사력을 보유하고 계속 강화"하며 "전략무기 개발사업도 더 활기차게 밀고나가야 한다"는 방침을 채택하였다. 이러한 방침은 북한의 '장기전' 태세와 군사적 자력갱생의 추진을 담은 12월 21일 당 중앙군사위 제7기 제3차 전원회의의 결정을 반영한 것으로 평가된다.[47]

2020년 4월 11일에 김정은 위원장 주재로 열린 당 정치국 회의에서는 2020년 국방력 강화 방안 등이 논의되었고, 4월 12일 최고인민회의 제14기 제3차 회의에서는 비핵화 협상을 맡고 있는 외교라인의 정비가 이루어졌다.[48] 또한 5월 23일 당 중앙군사위 제7기 제4차 확대회의

---

46) 김정은, "현 단계에서의 사회주의건설과 공화국정부의 대내외정책에 대하여," 최고인민회의 제14기 제1차회의 시정연설(2019.4.12), 『조선중앙통신』, 2019년 4월 13일.

47) 김보미, 「북한 당 중앙군사위 제7기 제3차 확대회의: 분석과 평가」, 『이슈브리핑』, 통권 162호, 2019년 12월 26일, 국가안보전략연구원, pp.3~4.

48) 『로동신문』, 2020년 4월 12일.; 이승열, "북한 당 정치국 회의와 최고인민회의 제14기 제3차 회의 분석과 시사점," 『이슈와 논점』, 제1707호, 2020년

가 개최되어 △핵전쟁 억제력 한층 강화, △포병 화력 타격능력의 증대, △새로운 부대의 조직편성이 결의되었다.[49] 그 동안 북한은 4.27 남북정상회담 이후 핵 억제력이라는 단어의 사용을 자제해 왔지만, 2019년 12월 14일 국방과학원 대변인 담화의 '전략적 핵전쟁 억제력', 당 중앙위원회 제7차 제3차 전원회의의 '새로운 전략무기' 표현에 이어 이번에 "핵전쟁 억제력을 한층 강화하고 전략 무력을 고도의 격동 상태에서 운영"한다는 언급이 나왔다.

(2) 첨단 전술무기의 배치와 북한군 포병의 강화

가. 첨단 전술무기의 개발, 배치

2020년 5월 23일에 열린 당 중앙군사위 제7기 제4차 확대회의의 주요 결정사항 가운데서 북한군의 신형 전술무기와 관련해 주목되는 것은 "조선인민군 포병의 화력 타격능력을 결정적으로 높이는 중대한 조치들"에 대한 언급이다. 북한군 포병은 우리 군이 다연장로켓포 (MLRS)라고 부르는 방사포를 5,500여 문 보유한 세계 최대의 장사정 포 보유국이다. 방사포는 사거리가 길고 시간당 1만여 발을 포격할 수 있는 막강한 화력을 갖고 있다. 북한군은 서울과 수도권을 겨냥해 170mm 방사포와 240mm 방사포를 배치해 놓았다.[50]

그런데 북한군의 장사정포들은 상당수가 수명인 30년을 이미 훨씬

4월 29일, 국회입법조사처, pp.3~4.

49) 조성렬, "북한의 전략도발 막으려면," 『내일신문』, 2020년 5월 26일.

50) 국방부, 『2020 국방백서』, pp.24~25.

넘겼다. 북한군의 주력 탄도미사일인 스커드 계열도 1980년대에 실전 배치된 스커드-B(화성-5형)은 물론 1990년에 실전 배치된 스커드-C(화성-6형)도 수명주기가 다했거나 거의 도달한 것으로 보인다.

실제로 2010년 11월 23일 북한군이 우리측에 연평도 포격 도발을 가했을 때 북한군의 한계가 잘 드러났다. 북한군이 방사포를 포함해 포탄 170여 발을 발사했으나 불발탄이 무려 30%에 달했고 연평도 내 우리 군의 중요 군사시설에 떨어진 포탄도 30%에 불과했다. 이는 북한군의 탄약 보관에 문제가 있으며 북한군이 보유한 대포의 원형공산오차(CEP)가 매우 크고 방사포를 운영하는 북한군 전방부대의 교육훈련 수준이 매우 낮다는 것을 보여준다.51)

북한군 지휘부도 이러한 문제점을 잘 알고 있는 것으로 보인다. 그렇기 때문에 북한군은 자신들이 보유한 탄도미사일 기술을 바탕으로 정밀도가 높고 유도기능을 가지며 사거리를 늘려 평택으로 이전한 미군기지를 타격할 수 있는 300mm 및 400mm 신형대구경조종방사포, 600mm 초대형방사포, 북한판 에이태킴스(ATACMS), 북한판 이스칸데르 등 신형 단거리발사체의 개발을 서둘러 왔다.(<표 4-3> 및 <그림 4-4> 참조)

2019년 5월~2020년 3월 사이에 북한군이 신형 전술무기 시험발사에 집중한 이유가 미국과 합의한 한계선을 넘지 않으려는 의도도 깔려 있지만, 그보다도 노후화된 장사정포와 스커드 단거리탄도미사일을 신형 전술무기로 교체하기 위한 목적이 주된 것이다.

---

51) 편집자, "북한의 신종무기 4종 세트," 『국가안보전략』, 2020년 5월호, 한국국가안보전략연구원, p.16.

〈표 4-3〉 북한의 신형 전술무기 제원

구 분	탄도미사일		방사포	
	이스칸데르-M 형 (KN-23)	에이태킴스 형	신형대구경조종 방사포	초대형방사포
합참 코드 (별명)	19-1 (KN-23, Iskander-M)	19-4 (KN-24, 북한판 ATACMS)	19-2/19-3* (SRBM)	19-5 (KN-25)
발사 시기	2019년 5월4일,9일, 7월25일, 8월6일	2019년 8월10일,16일 2020년 3월21일**	2019년 7월31일/ 8월 2일.	2019년 8월24일, 9월10일, 10월31일, 11월28일 2020년 3월2일, 9일, 29일
정점 고도	30~50km	30~50km	20~30km	50~100km
최대사거리	600km 이상	400km 이상	250~400km 이상	400km 이상
탑재 발수	2발	2발	6발	4발
타격 범위	남한 전역	남한 전역	평택 주한미군기지 및 육해공군 본부 소재 충남계룡대	남한 전역
특 이 점	현무2B와 외형유사. 사드, 패트리어트 등 요격대비 회피 기동, 저고도비행	전술지대지미사일. 탄두에 소형폭탄 수 백 개 넣은 확산탄 형태	사드 및 패트리어트 등 요격대비 회피기 동 및 저고도비행	북한은 방사포 주장. 전형적인 탄도미사일 포물선 궤적 비행

* 합참은 북한이 주장하는 신형대구경조종방사포를 단거리탄도미사일(SRBM)로 평가하고 두 차
례 시험발사된 발사체를 같은 명칭이 아닌 '19-2','19-3'으로 달리 분류했으며, '북극성-3형' 잠
수함발사탄도미사일을 '19-6 SLBM'로 명명.
** 합참은 2020년 3월 2일, 9일, 29일의 단거리발사체를 초대형방사포로 평가했으나 3월 21일 발
사체의 종류는 미확정.

〈그림 4-4〉 최근 북한군 열병식에 등장한 최첨단 전술무기체계

300mm방사포(KN-9)

400mm신형대구 경조종방사포(SRBM)

600mm초대형 방사포(KN-25)

북한판 이스칸데르-M형(KN-23)

북한판 에이태킴스형(KN-24)

<출처> 『조선중앙TV』, 2020년 10월 10일 및 2021년 1월 14일 캡처.

나. 북한군 포병부대의 강화

당 중앙군사위 제7기 제4차 확대회의에서는 북한군의 단거리발사체와 관련해 '무력 구성의 불합리한 기구편제적 결함'을 바로잡고 군사적 억제능력을 높이기 위해 '새로운 부대의 조직편성'을 완료했다고 밝혔다. 그동안 북한군 포병은 모든 탄도미사일을 전략군에게 넘겨주고 방사포, 자주포, 견인포 등 순수하게 로켓포만 운용해 왔다. 이처럼 전략무기는 북한군 전략군이 담당하고 전술무기는 북한군 포병이 담당하는 임무 분장이 이루어져 왔다.

그렇지만 북한군 포병들이 사용하는 무기들이 노후화했기 때문에 전술적으로 운용할 수 있는 단거리 신형 로켓포가 필요한 상황이었다. 그리하여 2019년부터 신형대구경조정방사포, 초대형방사포, 신형전술탄도미사일 등 신형 로켓포가 개발되고 실전 배치되면서 새로운 포병부대를 신설하고 부대들을 재배치한 것으로 관측된다. 또한 이에 맞춰 전략군과 포병의 임무를 조정하고 새로운 부대를 조직 편성한 것으로 보인다.

이번 당 중앙군사위원회 확대회의에서 핵·미사일 개발의 책임자인 리병철 당 부위원장 겸 군수공업부장이 중앙군사위원회 부위원장에 선임되고, 북한군 포병사령관 출신으로 2019년 9월 6일 당중앙군사위 비상확대회의에서 총참모장에 임명된 박정천 대장이 2020년 5월 24일 당 중앙군사위 제7기 제4차 확대회의에서 차수로, 10월 5일 제7기 제19차 정치국회의에서 다시 원수로 승진했다. 김정은 최고사령관의 친솔군종인 전략군과 달리 북한군 포병은 총참모장의 지휘 아래에 있었는데, 새롭게 전술무기들이 포병에 증강 배치되면서 이번에 총참모장의 지위도 격상된 것으로 보인다.

다. 제8차 당대회에서 언급된 신형 무기체계

북한은 2020년 10월 10일 당 창건 75주년 열병식과 2021년 1월 14일 제8차 당대회 기념 열병식에서 각종 신형 무기체계들을 선보였다. 그뿐만 아니라 제8차 당대회에서는 김정은 위원장이 사업총화보고를 통해 핵전쟁 억제력과 자위적 국방력 강화를 부각하면서 새로운 첨단 무기들의 개발성과를 과시했다.

제7차 당대회 총결 기간(2016~2020년)에 이룩한 성과로 '화성포' 계열의 중거리, 대륙간 탄도미사일과 '북극성' 계열의 수중 및 지상 발사 탄도미사일, 핵무기의 소형경량화·규격화·전술무기화, 초대형 수소탄 개발의 완성에 이어 대륙간탄도미사일 화성-15형 시험발사로 국가 핵무력건설을 완성한 것을 가장 큰 성과로 자평하고 있다. 또한 2020년 당 창건 75주년 열병식에서 공개한 11축 발사차량에 실린 화성-16형에 대해 "더 위력한 핵탄두와 탄두조종능력이 향상된 전 지구권 타격 미사일"이라고 주장했다.

그밖에도 초대형방사포, 신형전술미사일, 중장거리 순항미사일 등 새로운 첨단 핵 전술무기와 신형탱크, 반항공미사일종합체, 자행 평곡사포, 반장갑무기 등 신형무기 개발성과를 크게 부각시키고 있다. 현재 개발이 진행 중인 첨단 무기체계로서 다탄두개별유도체(MIRV), 극초음속활공비행전투부, 최종심사단계에 있는 핵잠수함 설계연구, 각종 전자무기들, 무인타격장비들과 정찰탐지수단들, 군사정찰위성 설계 완성 등을 국방과학연구부문의 성과라고 주장하고 있다.

제8차 당대회의 사업총화 보고에서 향후 추진해 나갈 무기개발계획으로 전술핵무기 개발 및 초대형 핵탄두 생산, 1만 5,000㎞ 사정권의 핵선제 및 보복 타격능력의 고도화 등 핵기술 고도화와 핵무기의 소형경

랑화, 전술무기화를 제시하였다. 또한 기존 액체연료엔진 대륙간탄도미
사일(ICBM)에 추가해 고체연료엔진 ICBM, 핵잠수함과 핵탄두 수중전
략탄도탄(SLBM) 개발 등을 주요 과업으로 상정하고 있다. 그 외에도
정찰정보 수집능력을 확보를 위해 무인정찰기와 군사정찰위성 운용을
위한 연구사업을 추진하고 있다고 언급하고 있다.

〈그림 4-5〉 최근 북한군 열병식에 등장한 전략무기들

북극성-4ㅅ형　　　　　　　　　　　　북극성-5ㅅ형

화성-15형　　　　　　　　　　　　화성-16형

<출처> 『조선중앙TV』, 2020년 10월 10일 및 2021년 1월 14일 캡처.

2. 북한의 핵·미사일 지휘부와 미사일 벨트

(1) 제4군종으로서의 전략군

북한도 다른 핵보유국처럼 핵 지휘통제체계를 원활하게 작동하기

위해 핵무기를 전담하는 군사조직을 보유하고 있다. 이 군사조직을 통해 적의 공격을 경계하고 조기에 포착하기 위한 경보장치와 핵무기 사용과 관련된 정치적인 결정을 하달·전파하는 통신망을 운용하고 있다. 이러한 군대가 바로 북한군 전략군이다.

북한군 전략군의 출발은 미사일지도국이다. 미사일지도국은 정규 보병군단을 12개에서 9개로 줄이고 포병군단도 2개에서 1개로 줄인 병력으로 만든 군사조직이다.[52] 그 뒤 북한은 미사일지도국을 확대 개편하여 '전략로케트사령부'를 정식으로 출범시켰다. 2013년 말 '전략로케트군'을 조선인민군 전략군으로 개칭하면서 최고사령관이 직접 지휘하는 제4 군종의 독립사령부로 재출범시켰다.[53]

북한군 전략군은 중국과 러시아 군을 모방해 중거리 및 장거리 미사일 전력을 통합하고, 발사체계를 자동화하고 지휘체계를 일원화한 북한군의 부대이다.[54] 기존 전략로켓군 예하에는 스커드·노동·무수단 미사일 여단이 각각 편제되어 있었지만, 전략군을 창설하면서 이들 여단이 모두 통합됨으로써 김정은 위원장에게 미사일 전력에 대한 '최고 주도권'을 부여하였다.

핵전략 차원에서 각종 탄도미사일을 전략적으로 지휘·통제하는 임무를 띠고 있는 북한군 전략군의 지휘체계는 핵전력을 운용하는 러시아의 전략로켓군사령부와 유사한 구조를 가지고 있는 것으로 보인다.

---

52) 국방부, 『2004 국방백서』, 대한민국 국방부, 2004년 12월, pp.36-37.

53) 김정은 북한 당중앙군사위 부위원장(당시)이 2012년 3월 2일 인민군 전략로켓사령부를 방문하였다는 보도를 통해 북한 매체들이 '전략로켓군'이라는 명칭을 처음 공개하였으며, 2014년 3월 '전략군 대변인' 명의의 담화가 발표되면서 '전략군'으로의 개칭이 확인되었다. 『조선중앙통신』, 2014년 3월 5일.

54) 『연합뉴스』, 2014년 2월 16일.

북한군 전략군은 미사일의 공급, 이동식차량발사차량(TEL, MEL), 그리고 화기통제장비를 포함한 모든 탄도미사일 부대를 지휘·통제하고 있다.

북한은 2010년 무렵 북한군 총참모부 전략로켓사령부 산하에 신형 중거리미사일(IRBM)부대를 창설한 것으로 확인됐다. 이 미사일부대는 유사시 한반도로 전개되는 미군 전시증원전력을 비롯해 일본 및 괌의 미군기지까지도 사정권에 두고 있는 무수단 중거리 탄도미사일을 관리·운영하고 있는 것으로 파악되고 있다.

북한은 2016년 7월 19일 화성-6형(스커드-C), 화성-7형(노동) 등 미사일 3발을 시험발사하면서 '전략군 화성포병부대'라는 명칭을 사용하였다.55) 현재까지 확인된 명칭들로부터 추정할 때, 서부전선타격부대 등 지역별 편제를 기본으로 하면서 스커드여단, 노동여단, 무수단여단, 대륙간탄도미사일 여단 등을 통합하여 '화성포병부대'로 호칭하는 것으로 보인다.

미 전략국제연구소(CSIS) 패러렐 비욘드 팀(조셉 버뮤데즈, 빅터 차, 리사 콜린스)은 미사일 기지의 대부분이 보안을 위해 산 사이의 좁은 협곡 막다른 곳에 위치해 있는 것으로 평가하고 있다. 거동수상자가 들어올 수 있는 입구가 한 곳이어서 보안유지가 쉽고 좁은 협곡이라 외부에서 공격하기 어렵기 때문이다. 또한 북한군 미사일 기지 내부에는 발사대가 없고, 그 대신에 기지와 연결된 지하공간에 미사일과 이동식차량발사대(TEL), 지원차량, 정비용 설비 등이 보관되어 있다.56)

---

55) 『로동신문』, 2016년 7월 20일.

56) Joseph Bermudez, Victor Cha and Lisa Collins, "Undeclared North Korea: Missile Operating Bases Revealed," *Beyond Parallel*, November 12, 2018,

이는 한미연합군의 탐지를 피하기 위한 것으로, 필요할 때 TEL을 외부로 이동해 탄도미사일을 발사하게 된다.

북한은 2018년 3월 김정은 위원장이 조건부 비핵화 협상 의지를 밝힌 이후 전략군에 대한 공개 행보를 자제하고 있다. 북한은 전략로켓트군 창설일인 1999년 7월 3일을 '전략군절'로 지정하고 2016년부터 기념했으나, 2018년 4월 당 전원회의에서 병진노선의 종료와 함께 경제건설 총력노선의 신전략노선을 채택한 이후 전략군절 기념행사를 개최하지 않고 있다. 또한 신전략노선으로 전환한 이후 전략군에 대한 북한 언론보도가 전무했으며,57) 2020년 10월 10일 당 창건 75주년 열병식에서 전략군 사령관이 김락겸 상장에서 김정길 상장으로 교체된 것이 확인되었다.58)

(2) 북한 탄도미사일 기지의 3개 지대

미 전략국제문제연구소(CSIS)의 패러렐 비욘드 팀은 북한 탄도미사일 기지가 15~20개가 있으며 군사분계선과의 거리에 따라 세 개의 지대(Belt)로 나눌 수 있다고 분석했다. 최전방을 중심으로 '전술기지(전진기지)'가 있고, 중앙지대에 '작전기지', 가장 후방에 '전략기지(전략후방기지)'가 배치되어 있다.59)

---

57) 김보미·김일기, 「김정은 시대 북한의 국가전략 변화와 군사분야 동향」, 『INSS전략보고』, no.59, 국가안보전략연구원, 2020년 2월, p.16.

58) 전략군 사령관의 교체는 2020년 5월에 열린 당 중앙군사위 확대회의에서 결정된 것으로 보인다.

59) Joseph Bermudez, Victor Cha and Lisa Collins, "Undeclared North Korea: Missile Operating Bases Revealed."

〈그림 4-6〉 북한 미사일기지의 3개 벨트

<출처> Joseph Bermudez, Victor Cha and Lisa Collins, "Undeclared North Korea: Missile Operating Bases Revealed," *Beyond Parallel*, November 12, 2018.

전술기지(Tactical Base)는 군사분계선에서 북쪽으로 50~90km 가량 떨어진 황해북도와 강원도 지역에 있다. 이곳에는 단거리 탄도미사일 (SRBM)인 '스커드' 계열과 준중거리 탄도미사일(MRBM) '노동' 계열 미사일과 사거리 200km의 단거리탄도미사일 독사(한국명 KN-02), 사거리 500km의 신형 단거리 탄도미사일이 배치되었거나 배치 중인 것

으로 추정된다. 전술기지는 유사시 한미연합군 전력의 공격이 닿지 않는 곳에서 서울, 인천, 경기 등 수도권 도시와 사회기반시설을 공격하는 임무를 맡는다. 단거리 탄도미사일이라고는 하나 화성-9형(스커드-ER) 미사일은 제주도까지 도달하는 사거리를 갖고 있다.

작전기지(Operational Base)는 군사분계선 북쪽 90~170km 거리에 위치해 있는 미사일기지로서, 평안남도에서 함경남도까지를 잇는다. 여기에는 한반도와 일본 전역(주일미군기지)을 사정권에 두고 있는 사거리 1,000km의 '노동'계열 미사일과 고체연료를 사용하고 사거리 1,500~2,000km인 신형 북극성-2형의 일부가 배치되어 있는 것으로 추정된다.

전략기지(Strategic Base)는 군사분계선에서 북쪽으로 150km 이상 떨어진 평안북도, 자강도, 양강도, 함경남도 일대에 있다. 이 기지들은 중국 국경과 가까운 곳에 있어 유사시 한미 연합군이 공격하기 어려운 곳에 위치해 있다. 이 지역의 미사일 작전 본부는 '제4훈련소' 또는 '제5훈련소'로 위장하고 있다고 한다. 이곳에는 2017년 북한이 시험 발사한 화성-12형 중거리탄도미사일(IRBM)과 화성-14형, 화성-15형 대륙간 탄도미사일(ICBM)과 같은 ICBM과 일부 IRBM이 배치된 것으로 추정되고 있다.[60]

---

60) 미국에서 발행되는 『핵과학자 회보』는 북한의 ICBM(5,500km 이상)은 화성-13형, 화성-14형, 화성-15형, 대포동-2형, IRBM(3,000~5,000km)은 화성-10형(무수단), 화성-12형, MRBM(1,000~3,000km)은 화성-7형, 화성-9형(스커드-ER), 북극성-2형, SLBM은 북극성-1형으로 구분하고 있다. Hans M. Kristensen & Robert S. Norris, "North Korean Nuclear Capabilities, 2018," *Bulletin of the Atomic Scientists*, Vol.74, No.1, 2018, pp.41~51.

<표 4-4> 북한의 미사일 기지 분포

	DMZ로부터의 거리	미사일 기지 수	미사일종류 (최대사거리)
전술 기지	50~90km	3개 이상	신형단거리: 500km 화성-5형, 화성-6형(스커드-B, C): 300~500km 독사(KN-02): 200km
작전 기지	90~170km	3개 이상	화성-7형(노동), 화성-9형(스커드-ER): 1,300km
전략 기지	170km이상	4개 이상	북극성-2형, 화성-12형, 화성-15형

<출처> Joseph Bermudez, Victor Cha and Lisa Collins, "Undeclared North Korea: Missile Operating Bases Revealed," *Beyond Parallel*, November 12, 2018에서 필자가 작성.

3. 북한의 새로운 군사전략: 재래식·핵 배합 군사전략

(1) 북한군의 반접근 작전 개념

북한이 노후화된 무기를 신형으로 교체하고 전략군과 포병의 임무를 재조정하면서 노리는 것이 무엇일까? 북한은 「4.27 판문점선언」과 「싱가포르 북·미 공동성명」의 완전 이행으로 한반도 비핵화가 실현되어 핵무기 폐기가 이루어질 경우 또는 비핵화 협상이 결렬되어 군사적 긴장이 재고조될 경우 등 불확실한 안보상황에 대비해 새로운 무기체계 개발과 그에 따른 군사전략의 전환에 나선 것으로 보인다. 당 중앙군사위 제7기 1차 확대회의에서 발표된 '국가방위 개선대책'에서 첨단 전술무기 및 재래식무기의 개발이 결정되었고, 제2차 북·미 정상회담이 결렬되면서 이미 결정된 국가방위 개선대책에 따라 비밀리에 개발해 온 전술무기들의 시험발사를 본격화한 것이다.[61]

미 신안보센터의 밴 잭슨은 이러한 북한군의 신군사전략을 반접근 작전개념(anti-access CONOPs)으로 설명하고 있다. 그는 북한군이 재래식 및 핵·미사일 사용을 통해 ① 미군 및 유엔군의 대규모 유입의 지연 및 방지, ② 동서해안으로 북한지역에 상륙을 시도하는 수상함의 접근 방지, ③ 공군기지 타격으로 연합공군력의 우세를 무력화, ④ 보급 차단을 통한 한미 연합지상군의 북한영토 진입 저지 등 네 가지를 노리고 있다고 평가했다.62) 북한은 이러한 반접근·지역거부(A2/AD) 전략이 '신뢰성'을 갖도록 하기 위해 신형전술무기의 배치와 함께 3,000천 톤급 중형잠수함을 개발해 잠수함발사탄도미사일(SLBM)의 보유를 추진하고 있다.63)

제8차 당대회 사업총화보고에서 김정은 위원장은 "우리의 국가방위력이 적대세력들의 위협을 령토 밖에서 선제적으로 제압할 수 있는 수준"이라고 밝히고 있다.64) 이것은 북한군이 한미연합군의 해상봉쇄를 뚫고 미군의 전시증원을 어렵게 만들어 한미연합군이 의도한 군사적 효과를 거두지 못하게 하는 거부적 억제(deterrence by denial), 이른바 '북한판 반접근·지역거부(A2/AD) 전략'이 완성단계에 와 있음을 시사하는 것이다.

61) 김보미·김일기, 「김정은 시대 북한의 국가전략 변화와 군사분야 동향」, p.16.

62) Jackson, *Alliance Military Strategy in the Shadow of North Korea's Nuclear Future*, pp.11~12.

63) 황일도, "북한 SLBM과 우리 해군의 역할," 『KIMS Periscope』, 제34호, 2016년 3월 21일, p.1.

64) 김정은, "조선로동당 제8차대회에서 한 당중앙위원회 사업총화보고"

〈그림 4-7〉 북한의 '전략군 화력 타격계획'

<출처> 『로동신문』, 2017년 8월 14일.

(2) 전쟁공간의 확대와 재래식·핵 배합 군사전략

북한군은 한국전쟁 당시 한반도로 국한된 전쟁 수행계획을 짰으나 해외에서 미군을 비롯해 유엔군이 증원되면서 당초 계획이 수포로 돌아갔다고 판단한 것으로 보인다. 북한은 핵·미사일을 개발하면서 전쟁공간을 미국이 주도하는 전시증원전력의 거점이 될 서태평양 전진기지인 괌도까지 확대해 거부적 억제 능력을 확보한 뒤, 대륙간탄도미사일(ICBM)로 위협해 미 본토를 타격할 수 있는 응징적 억제(deterrence by punishment) 능력을 확보함으로써 한미 간의 디커플링(decoupling)을 시도하고 있다. 이제 북한은 핵·미사일의 개발과 각종 전술무기들의 실전배치를 추진하면서 재래식무기와 핵무기를 결합한 새로운 전쟁 수행체계를 수립한 것으로 평가된다.

북한군은 2015년 8월 목함지뢰 사건 이후 남북 간에 포격전 공방을 벌인 직후 전선지대에 '준전시태세'를 선포하면서 군비태세를 총점검하고 기존 재래식 군사전략의 재검토에 나선 것으로 보인다. 이후 북한군은 기존의 재래식 전쟁 수행과 함께 핵·미사일을 배합한 새로운 군사전략으로 전환하기 시작했다. 북한군의 새로운 군사전략은 신형 재래식무기와 중장거리 핵 탄도미사일을 토대로 반접근·지역거부(A2AD)와 응징적 억제를 전략적으로 배합한 재래식·핵 배합 군사전략(Conventional-Nuclear Combination Strategy)이라고 부를 수 있을 것이다.

2017년 8월 8일 북한 전략군은 대변인 성명을 통해 '괌도 타격계획'을 발표하고, 8월 14일 전략군 사령관 김락겸 상장(당시)이 최종 방안을 김정은 위원장에게 보고하였다. 이때 공개된 북한 전략군의 「전략군 화력 타격계획」은 북한 내 미사일기지의 배치 상황을 보여준다. 여기서는 탄도미사일 작전구역(BMOA)을 남조선작전지대, 일본작전지대, 태평양지역 미제침략군 배치 등 3개 권역으로 나누고 있다.(<그림 4-7> 참조)

「전략군 화력 타격계획」을 미 CSIS 패러랠 비욘드 팀의 분석과 대비시켜본다면, 전략기지에는 미 본토와 태평양지역 미제침략군 기지를 겨냥한 중거리탄도미사일(IRBM)과 대륙간탄도미사일(ICBM)이 배치되어 있고, 전술기지에는 일본작전지대의 주일미군기지와 한반도 전역을 겨냥한 화성-7, -9형 미사일, 작전기지에는 남조선 작전지대를 4개 권역으로 구분해 목표물에 따라 단거리탄도미사일을 배치했다.

이 계획을 군사전략의 측면에서 본다면, 전술무기에 기반해 한국군과 주한미군을 상대하고, 일본작전지대, 아시아태평양지역 미제침략군 기지에 대해서는 핵·미사일 전력에 기초해 각각 거부적 억제 전략과 응징적 억제 전략으로 해외에서 들어오는 미 전시증원군을 상대한다는 것이다. 최근 북한이 단거리발사체를 잇달아 발사한 것은 한반도 전쟁공간에서 한미연합군뿐만 아니라 전시증원군을 겨냥해 거부적 억제 능력을 확보하기 위한 목적으로 볼 수 있다.[65]

먼저, 주일미군을 비롯한 유엔군 등 전시증원전력에 대한 반접근·지역거부(A2AD)를 위해 핵·미사일 공격의 목표를 미군 서태평양 전진기지인 괌도의 앤더슨 공군기지, 아프라 해군기지까지 확장하고, 일본열도 내의 주일미군기지 및 오키나와에 도달할 수 있는 준중거리탄도미사일(MRBM)인 화성-7형(노동), 화성-9형(노동-ER) 및 중거리탄도미사일(IRBM)인 화성-10형(무수단), 화성-12형 등의 개발 및 성능향상에 주력하고 있다.

다음, 수소탄 실험을 통한 핵탄두의 소형화, 경량화 실현 및 대륙간탄도미사일(ICBM)인 화성-14형, 화성-15형과 화성-16형의 개발로 하와이, 알래스카 및 미 본토를 핵미사일로 타격할 수 있는 응징 능력을 확보함으로써, 미국의 확장억제력을 무력화하고자 한다. 이처럼 북한은 동아시아지역에 주둔한 미군을 포함한 전시증원군이 괌도, 오키나와, 일본열도를 통해 한반도로 들어오는 것을 거부하면서, 동시에 응징력을 통해 유사시 미 본토의 핵전 략자산의 이동을 억제해 한국과 미국의 군사연계를 차단하려는 디커플링 전략을 구상하고 있다.

---

65) Dan DePetris, "North Korea's First Missile Launch of 2020 Shouldn't Be a Cause for Concern: There's no need to panic over North Korea's latest missile test," *The Diplomat*, March 4, 2020.

〈그림 4-8〉 북한 탄도미사일의 종류와 사거리

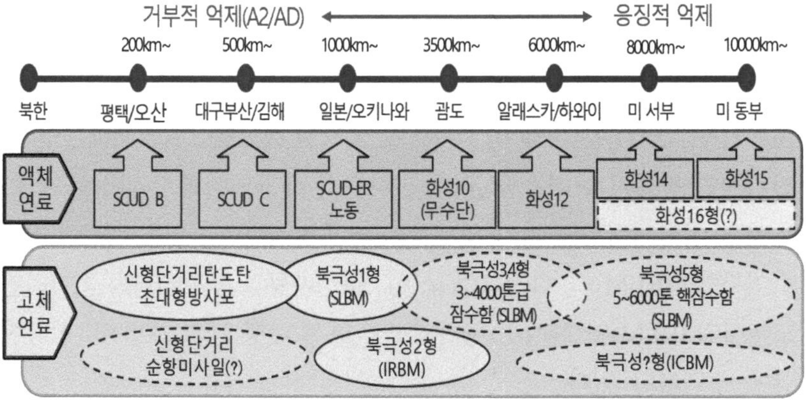

<출처> 김동엽, "북한의 핵무력 운용전략," 경남대 극동문제연구소 편, 『한반도 정세: 2017년 평가 및 2018년 전망』, 2017년 12월, p.33을 최근 데이터를 바탕으로 수정.

(3) 핵무기를 앞세운 비대칭 도발 가능성

북한군 최고지도부는 자멸을 가져올 것이 분명한 핵무기 선제사용에 대신해, 핵무기 보유를 이용해 다양한 용도로 비대칭 도발을 자행할 가능성이 있다. 북한군이 우리 군에 대해 전면적인 핵공격을 취하기보다 단지 핵무기 공격위협만 가하면서 이를 협상카드로 활용하는 경우와 재래식 공격 후 우리군의 반격 의지를 좌절시키거나, 핵물질·핵폭발 등 저수위 공격 등 도발해 오는 경우를 생각해 볼 수 있다.

가. 전략적 목표의 달성을 위한 핵 협상카드

북한은 핵무기를 직접 사용하기보다는 핵무기의 사용위협 또는 사용중단, 핵군축 등을 내세워 이를 미국이나 우리나라에 대한 협상카드로 활용하는 방법이다. 북한은 추가 핵실험의 중지를 내세워 한미 연합군사연습의 중단을 요구하고 있으며, 핵 군축의 명분으로 미국의 대한(對韓) 핵우산 공약의 폐기, 미국 내 주한미군의 철수 여론 조성 등 자신들의 전략적 목표를 달성하려고 할 수가 있다.66)

첫째, 북핵 문제의 완전한 해결 이전단계에서 북측이 대북 적대정책 철회를 요구하며 한미 연합군사연습의 전면중단을 요구하고 있다.67) 2015년 1월 10일 북한 국방위원회는 정책국 명의로 핵실험 임시중단을 조건으로 한·미 군사연습의 임시중단을 요구하였으며,68) 2018년 6월 12일 싱가포르 북·미 정상회담에서 북한의 핵실험, 대륙간탄도미사일 실험 중단을 조건으로 대규모 한미군사연습의 중단을 약속한 바 있다.69)

둘째, 미국의 대한(對韓) 핵우산 공약을 폐기하도록 요구하고 있다.

---

66) 1964년 중국이 첫 핵실험에 성공하고 1966년에 핵탑재 미사일 개발에 성공한 뒤인 1969년 우수리강 전바다오(珍寶島, 러시아名 다만스키섬)를 둘러싸고 중·소 분쟁이 일어났을 당시 소련은 우세한 재래식 전력에도 불구하고 중국의 핵무기 때문에 전면전을 주저한 사례가 있다.

67) 김정은, "조선로동당 제8차대회에서 한 당중앙위원회 사업총화보고" ; 김여정, "3년전의 봄날은 다시 돌아오기 어려울 것이다," 『조선중앙통신』, 2021년 3월 16일.

68) 『조선중앙통신』, 2015년 1월 10일.

69) 1976년부터 연례적으로 실시하던 팀스피리트 (TS)연습을 남북관계 개선을 위해 1994년부터 중단한 사례가 있다. 북·미 정상회담의 한미군사연습의 중단 합의에 대해 북측은 전면 중단이라는 약속을 위반하고 있다고 주장하는 반면, 한미는 3대 대규모 군사연습에 국한된다는 입장이다. 조성렬, "'백·투·더 2018년'이 되려면," 『경향신문』, 2021년 2월 2일.

2009년 1월 13일 북한외무성은 대변인 성명을 통해 "미국의 핵위협이 제거되고 남조선에 대한 미국의 핵우산이 없어질 때에 가서는 우리도 핵무기가 필요 없게 될 것"이라며 핵우산 철회를 요구하였다. 2009년 2월 김계관 외무성 부상이 북한을 방문한 미국 전직관료 및 핵전문가 들에게 핵 포기의 조건으로 한미동맹의 종료를 제시한 후 핵우산 철회 요구를 되풀이한 바 있다.70) 앞으로도 한반도 비핵화의 조건으로 미국 의 핵우산 철회를 요구할 가능성이 높다.

셋째, 주한미군에 대한 철수 압력이다. 주한미군의 이전지역인 평택 기지 및 오산 미 공군기지까지 도달하는 핵미사일이 개발, 실전 배치 될 경우 주한미군에 대한 미국 내 철수 여론이 고조될 수 있다. 특히 북한군은 시험발사에 성공한 무수단 중거리미사일을 통해 하층방어체 계인 패트리어트-3(PAC-3)를 무력화한 데 이어, 다탄두개별유도체 (MIRV)형 미사일의 개발을 통해 상층방어체계인 고고도미사일방어체 계(THAAD)나 함대공 스탠다드미사일(SM-3) 등도 제 기능을 발휘할 수 없게 만들어 미국 내 주한미군 철수 여론을 촉발코자 할 수 있다.71)

---

70) 외무성 대변인 성명, 『조선중앙통신』, 2009년 1월 13일. 및 Morton Abramowitz, "North Korean Latitude," *The National Interest*, Feb. 26, 2009.

71) 제임스 쇼프 IFPA 아태연구소 부소장이 한국의 지지를 전제로 북핵포기를 위해 순환훈련 목적을 제외한 주한 美지상군을 모두 철수하는 방안을 고려 해야 한다고 주장한 데 이어, 제임스 솔라즈 전 미 하원 동아태 위원장 등도 한정된 목적을 제외하고 주한미군이 38선을 넘지 않으며 필요시 철수도 고 려한다는 약속이 필요하다고 주장한 바 있다. James L. Schoff, *Broaching Peace Regime Concepts to Support North Korean Denuclearization*, IFPA, November 16, 2009. 및 Stephen J. Solarz and Michael O'Hanlon, "A new North Korea strategy", *USA Today*, June 25, 2009.

나. 핵무기를 앞세운 재래식 군사도발

핵이론가인 글렌 스나이더(Glenn Snyder)가 제시한 '안정—불안정 패러독스(stability-instability paradox)'처럼, 핵보유국끼리 핵균형을 이루어 전면전의 가능성은 낮아지는 대신에 재래식 분쟁의 가능성은 높아지는 현상이 나타날 수 있다. 미국과 소련이 핵무기를 보유한 상황 속에서 이루어진 한국전쟁, 베를린 위기, 쿠바위기가 발생한 것 등이 이런 사례에 속한다.[72]

지역차원에서 '안정—불안정 패러독스'의 대표적인 예로, 중국의 군부강경파가 원폭실험과 수폭실험에 성공한 뒤인 1969년 우수리 강 위에 있는 전바오섬에서 러시아군과 전투를 벌였는데 이것은 자신들을 파멸로 몰고갈 수 있는 대규모 전쟁의 실질적인 위험 없이 정치적 입지를 강화하기 위한 것이었다. 또 다른 예로 파키스탄은 핵실험한 이듬해인 1999년에 캐시미르 지역에서 인도에 재래식 공격을 가했는데, 이는 군사충돌이 핵전쟁으로 비화하지 않을까 하는 국제사회의 우려를 역이용한 것이다.[73]

북한도 핵·미사일을 보유했을 경우, 핵무기의 선제사용을 위협하면서 재래식 군사도발을 자행할 가능성을 생각해 볼 수 있다. 대표적인 것이 이미 여러 차례 남북한 정규군 간의 군사충돌이 발생했던 서해 해상에서 백령도 등 도서를 점령하거나 서해 북방한계선(NLL)의

---

72) Michael Krepon, "The Stability-Instability Paradox, Misperception,and Escalation Control in South Asia," The Henry Stimson Center, May 2003. (http://www.stimson.org/southasia/ pdf/kreponmay03.pdf)

73) Praveen Swami, "Why North Korean strikr will not trigger world war three," *The Daily Telegraph*, Nov. 23, 2010.

무력화, 휴전선 일대에서의 국지전 도발 등이다. 북한군이 먼저 재래식 도발을 감행한 뒤 우리 군이 반격에 나설 경우, 북측이 핵무기의 사용을 경고함으로써 우리 군의 반격 의지를 좌절시키는 경우이다.

다. 핵폭발·핵물질의 전술적 사용

북한군이 핵무기를 직접 살상용으로 활용하기보다 컴퓨터 시스템에 기반을 두고 있는 한국군의 지휘통제체계(C4I)를 무력화하는 전자기충격파(EMP)탄으로 활용하는 경우와 핵물질을 이용해 일정지역을 방사능으로 오염시켜 몇 년 동안 살 수 없게 만들고 엄청난 공포와 혼란을 야기하는 더러운 폭탄(dirty bomb)을 사용하는 경우를 상정해 볼 수 있다.

첫째, 전자기충격파(EMP)탄의 형태이다.[74] 남한의 영공을 침범할 경우 요격 가능성이 있기 때문에, 동해나 서해의 북측 상공 40~60km 높이에서 핵무기가 터뜨려 인명살상을 일으키지 않는 대신에 한반도 전역의 전자장비 탑재 무기나 장비들을 무력화하여 피해를 일으키는 방법이다.

핵무기를 살상무기로 남한지역에 직접 사용했을 경우에 미국의 확장억제에 따른 보복공격이 예상되기 때문에 이를 피하기 위한 방안이다. 미 국토안보부 보고서도 북한이 은하 3호나 대포동 2호 미사일로 핵탄두를 남극 상공으로 쏘아올려 미국을 향해 전자기충격파(EMP) 공

---

74) EMP탄은 폭발시 강한 전자기파를 발생시켜 금속산화반도체로 구성된 기기 등 전자인프라의 전반을 무력화하여 국가안보체계를 일시 마비시킬 수 있다. "국방연구원, 북, 핵무기 EMP탄으로 쓸 수도," 『연합뉴스』, 2009년 6월 26일.

격을 할 가능성을 제기한 바 있다.[75]

둘째, 더러운 폭탄으로 불리는 더티밤(Dirty Bomb)의 제조 및 사용이다. 더러운 폭탄은 방사능 분산장치(RDD, radiological dispersal device)라고도 불리는 것으로, 방사물 물질로 둘러싸인 재래식 폭탄이다. 더러운 폭탄은 상대적으로 제조가 쉬우며, 폭발력을 이용해 방사능을 확산시킬 경우 광범위하게 오염을 발생시켜 피해와 혼란을 일으킬 수 있는 일종의 방사능 무기이다. 이 폭탄은 경우에 따라 핵분열물질이 아닌 일반적인 방사능물질을 사용할 수도 있다. 이 폭탄은 고농축우라늄이나 플루토늄을 사용한 핵폭탄과 달리 핵연쇄반응을 일으키지는 않는다.

북한군 특수부대가 대도시 인구 밀접지역이나 상수도원과 같이 다수의 대중에게 치명적인 피해를 미칠 수 있는 지역 또는 시설지역에 대해 더러운 폭탄을 터뜨릴 경우, 방사능의 확산으로 많은 인명피해와 사회적 혼란이 발생할 수 있다. 특히 수도권은 인구가 조밀하기 때문에 폭발에 따른 방사능 피해가 커질 위험성이 높다. 광범위한 방사능 오염을 정화하는 데 몇 년씩 걸릴 수 있고 방사능에 피폭된 사람들에게 건강상의 문제를 일으킬 수 있으나, 가장 큰 영향력은 무엇보다 심리적인 측면에 있다.[76]

---

75) "'北, 전자파 무기로 美 공격 가능'…국토안보부 보고서," 『조선닷컴』, 2014년 4월 11일.

76) Andrew Futter(고봉준 옮김), 『핵무기의 정치』, 명인문화사, 2016년 3월, p.262.

V. 북한의 안보딜레마와 정책시사점

김정은 위원장은 2019년 2월 하노이 북·미 정상회담이 결렬된 직후 개최된 최고인민회의 시정연설에서 미국에게 그해 말까지 '새로운 계산법'을 내놓으라고 최후통첩성 경고를 내놓았다. 하지만 미국이 답을 내놓지 않자 2019년 12월 말 당 전원회의를 열어 '자력갱생에 의한 대북제재의 정면돌파전'을 선언했다. 하지만 우려했던 비핵화 협상의 중단 선언은 나오지 않았고 경제건설 총력노선은 유지되었다.

김 위원장으로서도 국제사회의 대북제재가 해제되지 않는 한 경제강국 건설이나 인민생활의 향상이 실현되기 어렵고, 비핵화 없이는 대북 제재가 해제되기 어렵다는 점을 잘 알고 있다. 그렇다고 체제생존의 최후 보루인 핵무기를 쉽게 버릴 수도 없을 것이다. 비핵화는 김 위원장의 진정성의 문제일 수도 있지만, 체제생존을 둘러싼 고민이기도 하다. 그렇기에 북한은 비핵화 협상의 중단을 선언하지도 않고 북·미 정상이 약속한 '붉은 선'을 넘지도 않고 있는 것이다.

김 위원장이 양면 딜레마에 빠져있다는 것이 북한의 핵·미사일 위협이 약화됐다든지 해소되었다는 의미는 결코 아니다. 2020년 6월 북한 통일전선부가 대변인 성명을 통해 대남 관계를 적대관계로 전환한다고 선언했고 김여정 당 제1부부장(당시)의 지시로 남북통신연락선을 끊고 남북공동연락사무소를 폭파시켰을 뿐 아니라 4대 군사행동계획을 실천에 옮기겠다고 협박했다. 김정은 위원장의 지시로 보류되기는 했으나 언제라도 대남 도발은 재개될 수 있는 것이다.[77]

지금 북한군은 옛소련식 무기체계들에서 탈피해 독자적인 신형무기로 바꾸어 실전배치하고 있다. 북한의 전력증강은 안보딜레마를 초래한다. 북한의 전략무기 및 신형 전술무기의 개발과 배치가 한국과 미국, 일본의 군비증강과 군사적 대응을 초래해 결코 북한 체제가 더 안전해지지 않는다. 우리 군은 북한의 군비증강에 맞춰「국방중기계획(2021~2025)」을 추진하고, 미국은 확장억제력 강화를 검토하고 있으며, 일본은 북한 미사일 기지를 선제공격할 수 있는 '적기지 공격능력 보유'를 공공연하게 거론하고 있다.

　김정은 위원장이 직면한 또 다른 딜레마는 '회색지대 사태(Grey Zone Situation)'에 대한 대응능력의 한계이다.[78] 냉전시대가 막을 내리면서 전면전쟁의 가능성은 과거보다 낮아졌지만, 주변국 해안경비대나 무장어선의 해상영토 침범과 배타적경제수역(EEZ) 내 어로활동, 자원개발 등 회색지대 사태의 가능성은 한층 높아졌다. 그 동안 북한은 군비증강에만 힘을 쏟는 바람에 서해어장을 중국어선에게 내주고 동해 배타적경제수역(EEZ)도 제대로 관리하지 못하고 방치해 왔다.

　북한이 현재와 같은 중층적인 딜레마 상황을 방치할 경우 한반도정세는 물론 동북아 상황이 크게 요동칠 수 있다. 그 위기의 출발은 북한

---

77) 제8차 당대회에서 김정은 위원장은 '첨단군사장비 반입과 미국과의 합동 군사연습 중지'를 요구하며 '3년 전 봄날'이 올 수 있다고 언급했다. 하지만 축소된 형태로나마 한미 군사훈련(3.8~18)이 예정대로 진행되자 3월 15일 김여정 당 부부장이 이에 반발하는 개인 명의의 담화를 발표했다.

78) 2019년 10월 7일 북·일이 서로 자국 EEZ라고 주장하는 동해 대화퇴 부근에서 북한어선이 일본 해상보안청 어업단속선과 충돌해 침몰한 사건이 발생했지만 북한측은 제대로 대응하지 못했다. 조성렬, "'회색지대 사태'와 북한의 대처법,"『경향신문』, 2019년 10월 15일.

체제 내부에서 시작될 수밖에 없다. 김정은 위원장이 이러한 위기 상황에서 벗어나기 위해서는 북한 체제의 안전을 크게 훼손하지 않는 범위 내에서 단계적이고 점진적으로 비핵화를 추진하는 길밖에 없다.

다행히도 바이든 행정부는 당장 핵무기 폐기를 요구하는 '빅딜'보다는 잠정합의를 통해 점진적이고 단계적인 해결을 모색하고 상호조율된 조치를 수용한 군비통제 방식의 '굿이너프딜(Good Enough Deal)'을 선호하고 있어 북·미 간의 타협 가능성이 어느 때보다도 높다.[79] 그런 점에서 북한이 중층적인 안보딜레마에서 벗어나기 위해서는 김정은 위원장의 올바른 판단과 결단이 요구된다.

---

79) 조성렬, "'작은 거래'가 아닌 '충분히 좋은 거래'가 되려면," 『내일신문』, 2021년 2월 9일.

2

북한 체제의 전망과
삼벌(三伐) 전략 구상

제5장

삼벌(三伐) : 북한의 국가전략과 우리의 대응전략

I. 북한의 국가전략과 삼벌(三伐) 구상

"우리 인민이 다시는 허리띠를 조이지 않고 사회주의 부귀영화를 마음껏 누리게 하자는 것이 우리 당의 확고한 결심입니다." 이것은 2012년 4월 15일 김일성 주석 100회 생일 기념 열병식에서 2011년 12월 30일 최고사령관에 추대된 김정은 국방위 제1부위원장이 첫 공개 석상에서 한 발언이다. 2013년 1월 1일 김 위원장의 첫 신년사에서는 "경제강국 건설과 인민생활 향상에서 결정적 전환"을 일으켜야 한다며 김정은 시대의 국정목표를 명확히 하였다.[1]

경제·핵무력 건설 병진노선을 채택한 2013년 제6기 제23차 당 전원회의에서는 "새로운 병진로선의 참다운 우월성은 국방비를 추가적으로 늘이지 않고도 전쟁억제력과 방위력의 효과를 결정적으로 높임

---

1) 김정은, "신년사," 『로동신문』, 2013년 1월 1일.

으로써 경제건설과 인민생활 향상에 힘을 집중할 수 있게 한다는 데 있다'고 주장한 바 있다.2) 김정은 위원장의 집권 초기 발언들은 핵무력의 확보로 체제안전을 확보할 수 있게 됐다는 판단 위에 본격적으로 경제개발에 나서겠다는 자신감이 깔려있음을 읽을 수 있다.

김정은 체제가 들어서면서 북한은 경제건설에 속도를 냈다. 2012년 6월 시장 원리의 채택을 공식화한 '우리식 경제관리방법'을 도입하고, 2013년 3월 당 전원회의에서의 김정은 위원장의 지시에 따라 그 해 5월 「경제개발구법」을 제정하고 국가경제개발위원회를 신설한 데 이어, 10월에는 지역별로 14개 경제개발구를 건설한다는 계획을 내놓았다.3) 이처럼 북한은 경제·핵무력 건설 병진노선을 내놓으면서 핵무력을 통해 체제안전을 도모한 채 경제발전을 꾀하는 '두 마리의 토끼'를 잡는다는 전략적인 의도를 숨기지 않았다.

이러한 김정은 위원장의 당초 생각은 핵무기를 그대로 보유한 채 경제개발을 하겠다는 핵 가진 개도국가(Developing State with Nuclear Weapon)의 길을 가고자 한 것임을 보여주는 대목이다. 이러한 구상은 북한이 핵무기를 포기하고 개혁·개방에 나선다면 국제사회가 이를 적극적으로 지원할 수 있다는 입장과는 정반대의 길이었다. 김 위원장의 전략구상에 따라 북한이 핵무력을 강화하자 유엔을 비롯한 국제사회는 대북 제재를 한층 강화하였다.

2016년에 들어와 김정은 위원장은 1980년 이래 열리지 못했던 제7차 당대회를 36년 만에 개최하고 1993년 이후 중단됐던 중장기 경제발전계획을 국가경제발전 5개년 전략의 이름으로 재개해 사회주의 정상

---

2) 『조선중앙통신』, 2013년 3월 31일.

3) 『로동신문』, 2013년 10월 23일.

국가의 면모를 과시하고자 하였다. 이와 함께 신년사에서 한국전쟁 당시 무기제조창에서 따온 '군자리 혁명정신'을 언급하며 대량살상무기 개발 의지를 드러냈고, 그 해에만 핵실험 2차례와 방사포, 탄도미사일 등 22차례의 시험발사가 있었다.

하지만 북한의 전략도발이 감행되면 될수록 국제사회의 대북 경제제재는 한층 강화되었다. 유엔안보리 상임이사국인 중국, 러시아도 책임 있는 대국의 입장에서 대북 경제제재에 대한 유엔안보리 결의(UNSCR)에 모두 찬성표를 던졌다. 그리하여 북한이 핵실험과 대륙간 탄도미사일 시험발사를 할 때마다 유엔안보리 대북제재 결의들(UNSCR 2270, 2321, 2371, 2375, 2397)이 채택되었을 뿐만 아니라, 더 강력한 미국의 맞춤형 대북 독자제재도 부과되었다.

2018년 1월 1일 신년사를 통해 김정은 위원장이 평창동계올림픽 참가 의사를 밝히면서 2016~2017년의 긴박했던 한반도 안보정세가 급반전했다. 그 뒤 평창동계올림픽 개막식에 참석한 김영남 최고인민회의 상임위원장과 김여정 당 제1부부장은 2월 10일 청와대를 방문해 김 위원장의 친서를 전달하였고, 3월 5~6일 김정은 위원장은 평양에서 우리 측 특사단을 만나 '군사위협 해소와 체제안전 보장'을 조건으로 핵포기 의사를 밝히면서 대화 재개의 분위기가 만들어졌다.

하지만 여전히 김정은 위원장이 당초 갖고 있던 핵 가진 개도국가의 길을 포기했는지는 불확실하다. 2019년 2월 27~28일 하노이 제2차 북·미 정상회담에서 김 위원장은 '영변 핵단지 폐기 ⇄ 부분적 제재 완화'의 카드로 경제회복에 나서겠다는 의사를 밝혔다. 하지만 김 위원장이 핵무기에 대해서는 아예 협상의제에서 거론조차 하지 않는 바람에 트럼프 대통령(당시)은 북한이 핵무기 포기 의사가 없다며 회담의 결렬을 선언했다.

하노이 노딜 이후 1년 반이 지난 2020년 7월 10일 김여정 당 제1부부장(당시)은 "우리는 결코 비핵화를 하지 않겠다는 것이 아니라 지금 하지 못한다"는 입장임을 분명히 밝히고 있다.[4] 북한의 입장에 대해 단계적 비핵화(영변핵단지→핵물질→핵무기)라로 선의로 해석해 줄 소지도 있지만, 북한이 영변 핵단지를 내놓고 대북 경제제재의 부분 해제를 얻어낸 뒤 핵물질·핵무기 포기는 최대한 지연시키다가 정세가 바뀌면 중단해버려 사실상 핵무기보유국으로 남으려는 의도라고 비판적으로 해석할 여지도 있다.

우리의 국가적 대응 차원에서 본다면, 김정은 위원장의 진정성을 따지면서 긍정하거나 비난하는 것은 의미가 없다. 어느 국가든 어느 지도자든 안보상황에 따라 정책 목표나 내용이 바뀔 수 있는 것이기 때문이다. 따라서 우리의 입장에서 중요한 것은 김정은 위원장의 진정성과 별개로 핵 가진 개도국가라는 목표가 추구될 수 없도록 좌초시키고, 그러한 목표의 추진 과정에서 나타날 수 있는 핵 가진 불량국가의 위협에 대비하고 핵 가진 실패국가의 리스크를 관리하는 방안을 마련하는 것이다.

북한의 국가전략에 대한 우리의 국가적 대응 방안은 중국의 고전인 『손자병법』에서 밝힌 벌모(伐謀), 벌교(伐交), 벌병(伐兵), 공성전(攻城戰) 등 네 가지 가운데 피해막심한 전쟁(공성전) 방식을 제외한 세 가지 방향에서 모색해 볼 수 있다. 벌모란 북한지도부의 의도를 들어주거나 좌절시킴으로써 목표를 달성하는 것이기 때문에, 김정은 정권의 당면 목표인 '경제강국 건설과 인민대중의 생활 향상'의 실현을 촉진

---

4) 김여정, "조선로동당 중앙위원회 김여정 제1부부장 담화," 『조선중앙통신』, 2020년 7월 10일.

내지는 저지하는 것이다. 벌교는 외교적 접근방법, 벌병은 군사적 접근 방법을 가리킨다.

이 장에서는 먼저 김정은 체제의 미래 국가상을 △핵 없는 개도국 가, △핵 가진 불량국가, △핵 가진 실패국가로 구분한 뒤 연착륙, 경착 륙, 난비행으로 나누어 전망해 본다. 다음, 김정은 체제의 난비행 시나 리오와 경착륙 시나리오에 대응해 각각 벌모, 벌교, 벌병의 세 방향에 서 우리의 대응 방향을 살펴본다. 마지막으로 북한이 핵 없는 개도국 가의 길로 나아가 김정은 체제가 연착륙할 수 있는 조건과 과제를 알 아본다.

II. 김정은 체제의 3가지 미래 국가상과 전망

제8차 당대회에서 제시된 북한의 국가전략은 핵무기를 갖고 있으면 서 자력갱생, 자급자족을 통해 체제생존을 이어나가는 것이라고 평가 할 수 있을 것이다. 하지만 김정은 위원장은 미국을 '최대의 주적'이라 고 규정하면서도 북·미 대화의 가능성을 완전히 닫지는 않고 있다. 결국, 김정은 위원장의 선택에 따라 북한 체제의 미래상은 크게 △핵 없는 개도국가, △핵 가진 실패국가, △핵 가진 불량국가가 될 것으로 예상된다. 이에 따라 북한 체제도 연착륙, 경착륙, 난비행으로 진행될 가능성이 높은 것으로 전망된다.

1. 핵 없는 개도국가와 연착륙

첫 번째 시나리오는 김정은 위원장이 현재의 자력갱생 정책을 크게 바꾸어 핵무기 포기를 결단해 북·미 협상을 통해 점진적이고 단계적인 비핵화에 호응하는 경우이다. 이렇게 되면 비핵화의 진전에 따라 대북 경제제재가 부분적으로 해제되면서 북한이 대외 경제협력에 나설 수 있게 되고 이에 호응해 외국기업의 진출과 투자가 재개될 수 있게 된다. 이처럼 첫 번째 시나리오가 북한경제가 점진적으로 회복되어 핵 없는 개도국가(Developing State without Nuclear Weapon)로 가는 북한 체제의 연착륙(軟着陸, soft landing)이다.

김정은 위원장은 2017년 11월 29일 '국가핵무력의 완성'을 선언한 이후 2018년 신년사를 통해 조건부 비핵화로 방향을 선회했다. 2018년 3월 5일 남측 특사단을 만났을 때 군사위협 해소와 제도안전 보장을 조건으로 핵을 포기하겠다고 약속하였다. 그 뒤 제7기 제3차 당 전원회의에서 경제·핵무력 건설 병진노선의 종료를 선언하고 새로운 경제건설 총력노선을 채택했다. 이처럼 협상 초기 김정은 위원장은 비핵화를 협상카드로 삼아 본격적인 개발도상국의 길로 나가려는 모습을 보였다.

유엔안보리를 비롯한 국제사회의 대북 경제제재가 북한 체제에 미치는 영향에 대해 의견이 분분하지만, 김정은 위원장이 국가경제발전 5개년 전략의 실패를 인정하며 언급한 3중고(三重苦)의 핵심이 대북 경제제재라는 점은 분명하다. 2019년 10월 5일 스톡홀름에서 열린 북·미 실무회담에서 김명길 순회대사는 "생존권과 발전권을 저해하는 대조선 적대시 정책을 완전하고도 되돌릴 수 없게 철회하기 위한 실제적인 조치"를 요구하며 결렬을 선언할 때도 대북 제재를 대북 적대시 정책의 하나로 꼽았던 것도 이 때문이다.5)

2020년 7월 10일 김여정 당 제1부부장(당시)은 더 이상 비핵화와 제재해제의 교환협상에 관심이 없다면서 북·미 대화의 재개 조건으로 '대북 적대시 철회'를 요구하였다. 2021년 1월 제8차 당대회 사업총화보고에서 김정은 위원장은 미국에 어떤 정권이 들어서더라도 대북 적대시 정책에는 변함이 없다면서 새로운 북·미관계 수립의 열쇠는 미국의 대북 적대시 정책 철회에 있다고 밝히면서 "국가의 정상적 발전권리를 지켜내기 위한 외교전"을 공세적으로 펼쳐나가겠다고 밝혔다.

북한이 북·미 대화의 재개조건으로 철회를 요구한 대북 적대시 정책이란 무엇인가? 현재 미국은 △비시장국가(공산국가), △교전국가(적성국가), △대량살상무기개발국가, △테러지원국가, △인권탄압국가 등 다섯 가지를 근거로 들어 북한에게 각종 제재를 가하고 있다. 따라서 북한이 철회를 요구하는 적대시 정책은 위의 5가지 중에서 일부 또는 전부를 가리키는 것이다. 하지만 당장 모두 철회할 수는 없으므로 한 가지라도 철회한다면 북·미 대화가 재개될 수 있을 것이다.

지금은 비롯 남북대화와 북·미 대화가 전면 중단된 상태이지만, 바이든 미 행정부의 대북정책 검토가 끝나고 한미 공동의 대북 전략이 마련된 뒤로 '적대시 철회' 논의를 매개로 북·미 비핵화 협상이 재개될 가능성은 열려있다. 김정은 위원장이 핵 없는 개도국가의 길로 가

---

5) 『조선중앙통신』, 2019년 10월 6일.

는 국가전략을 재선택한다면, 비핵화 협상이 재개되어 대북 경제제재의 완화와 체제안전의 보장이 병행 추진되어 북한 체제가 연착륙하는 길이 열리게 될 것이다.

다만, 김정은 위원장이 핵 없는 개도국가의 길을 선택한다고 해서 북한 체제의 연착륙을 보장해 주는 것은 아니다. 외부의 간섭이라는 변수가 없더라도, 갑작스러운 외국자본의 대규모 유입과 외국인들의 자유왕래 등 북한 체제에 영향을 미치는 변수들이 작용할 수 있다. 결국 강경 군부의 통제, 주민들의 불만 조절, 계획과 시장의 조화, 관료들의 부정부패 척결 등에 대한 북한지도부의 상황관리 능력이 북한 체제의 미래를 결정짓게 되는 것이다.

2. 핵 가진 실패국가와 경착륙

두 번째 시나리오는 김정은 정권이 핵무기 능력을 늘려나가는 바람에 국제사회의 대북 경제제재가 지속되고 그에 따라 북한의 사회경제적 기반이 붕괴하여 주민들의 폭동이 빈번히 발생하고 국내 정치엘리트들의 분열되어 김정은 정권이 국정을 완전히 장악하지 못하게 되는 경우다. 그 결과 북한정국은 커다란 혼란에 빠지는 경착륙(硬着陸, hard landing)하게 된다. 이 시나리오에 따르게 되면 북한은 핵 가진 실패국가(Failed State with Nuclear Weapon)로 전락한다.

2019년 2월 하노이에서 열린 제2차 북·미 정상회담이 성과 없이 끝나자 그해 12월 말 당중앙위원회 제7기 제5차 전원회의를 개최해 경제건설 총력노선은 유지하되 국제경제체제 편입을 통한 개혁·개방이 아니라 자력갱생에 기초한 정면돌파전을 선언하였다. 이러한 기조는 2021년 1월 제8차 당대회에서도 그대로 이어졌다. 따라서 북한은 당분간 북·미 비핵화 협상 재개보다는 제도정비를 통한 자력갱생과 새로운 전략무기 개발에 힘을 쏟을 것으로 보인다.

북·미 협상이 재개되지 않을 경우 유엔안보리의 제재는 중단되지 않기 때문에 2021년에 새롭게 시작된 국가경제발전 5개년 계획의 추진도 쉽지 않다. 코로나19 감염병의 백신이 보급되기 시작했으나 글로벌 차원에서 집단면역이 형성되기까지는 상당한 시간이 걸릴 수밖에 없어 그때까지 북·중 교역의 재개나 외국인 관광객을 대규모 유치하는 관광산업 활성화도 쉽지 않을 것이다. 이렇게 되면 앞으로도 북한의 경제적 어려움은 지속될 수밖에 없게 된다.

북한 핵문제의 진전 없이는 외국의 대북 투자가 사실상 이루어질 수가 없다. 북한이 끝내 한반도 비핵화를 거부하고 협상의 종료를 선언하거나, 어렵게 비핵화 협상이 재개되어 합의를 이루더라도 이행하지 않는 경우에는 상황이 더욱 악화될 수 있다. 북한당국이 한반도 비핵화 약속을 거부하면, 우리 정부와 국제사회는 부득이 북한 체제의 경제회복을 저지하는 방향으로 나아가게 될 것이다. 이렇게 되면 국제사회의 대북 경제제재가 지속되거나 한층 강화되어 북한경제가 전면적인 위기에 빠지게 된다.

만약 대북 제재국면이 장기화되는 가운데 북한당국이 추진했던 자력갱생, 자급자족 전략이 실패로 끝날 경우에 북한 체제는 경착륙해 비상사태(emergency)가 발생할 가능성이 있다. 북한 체제가 경착륙한다면, 1990년대 중반과 같은 제2의 '고난의 행군' 시대가 올 수도 있으며, 보수파와 개혁파 사이의 권력투쟁이 발생하여 내부 혼란이 발생할 가능성도 배제할 수 없다. 이처럼 북한 체제는 핵무기를 보유한 상태에서 실패국가의 길로 빠져들게 된다.

북한에서 발생할 수 있는 비상사태로는 크게 '위로부터의 정치·군사적 위기'와 '아래로부터의 사회·경제적 위기'로 나누어볼 수 있다. '위로부터의 위기'로는 △최고지도자의 급사 외에도 △군부쿠데타, △권력투쟁에 따른 장기대치 등을 들 수 있다. '아래로부터의 위기'로는 배급제 중단과 식량부족, 원유 및 자재 부족에 따른 공장가동 중단과 같이 사회경제적 기반이 붕괴한 데서 나오는 △대규모 주민탈북, △대규모 직장이탈, △대규모 주민폭동 등이 있다.

우선은 북한에서 비상사태가 발생하게 되면 북한 내부적으로 위기관리체제가 작동되면서 새로운 북한정권의 창출로 이어질 가능성이 크다. 다음 문제는 북한 신정권의 주도 세력이 보수파–보수파 또는 보수파–개혁파 간의 권력투쟁으로 이어질 가능성이다. 북한 내의 위기관리체제 등을 고려할 때 우여곡절을 통해 비상사태가 수습되고 새로운 정권의 수립으로 연결될 가능성이 높다. 설사 내전이나 쿠데타 등을 통해 김정은 위원장의 유고로 비상사태가 발생하더라도 일단 위기수습을 통해 새로운 정권이 등장할 가능성이 높으므로 이에 대비할 필요가 있다.

북한 내부의 혼란이 수습되지 않고 장기화될 경우 핵무기를 가진 채 북한 체제가 비상사태를 맞이하거나, 비상사태를 거쳐 급변사태 (contingency)로 이행해 체제가 붕괴하는 상황을 맞이할 수도 있다. 장차 북한에서 발생될 지도 모를 급변사태는 갑작스런 체제붕괴와 국가붕괴로 이어질 가능성도 완전히 배제할 수는 없다. 하지만 북한 체제의 특성상 그보다는 수차례의 정권교체를 반복하며 점진적인 체제붕괴의 과정을 걷게 될 가능성이 높을 것으로 전망된다.

〈그림 5-1〉 비상사태 및 급변사태의 유형과 대책

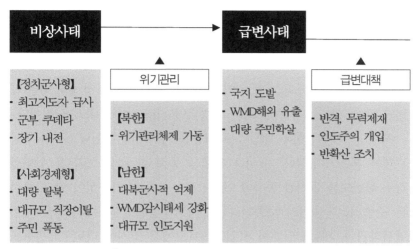

<출처> 조성렬 외, 『통일시대의 준비와 한반도판 마셜플랜 A&B』, 한국정책금융공사, 2014년 5월 30일, p.241.

3. 핵 가진 불량국가와 난비행

세 번째 시나리오는 북한이 국제사회의 고강도 경제제재가 지속됨에도 불구하고 자력갱생, 자급자족 정책과 중국의 식량 지원 및 중국인 관광객 유입 등으로 버텨나가며, 핵무력의 증강을 지속하고 점차 핵전략을 더욱 공세적으로 전환해 가는 핵 가진 불량국가(Rogue State with Nuclear Weapon)가 되는 경우이다. 이렇게 되면 핵 가진 북한과 일정 기간 공존해야 하므로 한반도 정세의 불안정성이 상시화되는 난비행(亂飛行, rough flight)이 현실화된다.

북한은 현재와 같이 고강도 유엔안보리 제재가 부과되어 있는 상황에서는 과거와 같이 벼랑끝전술로 경제지원을 얻어내는 '지대추구(rent-seeking)'를 목적으로 한 전략도발을 쉽게 감행하지는 못할 것으로 보인다. 만약 북한이 북·미 합의사항인 핵실험·대륙간탄도미사일시험 중지라는 '붉은 선'을 넘게 된다면, 유엔안보리 결의(UNSCR) 2397호에 따라 북한경제의 가장 취약점이라고 할 수 있는 '정제유 50만 배럴과 중유 400만 배럴'에 대한 추가적인 감량조치가 내려질 것이다.

하지만 북한이 향후 대남 군사행동을 가하거나 위협함으로써 남북관계를 흔들거나, 핵무기 사용 위협을 통해 한국이나 일본을 위협할 경우 한반도를 둘러싼 동북아 안보정세는 요동칠 가능성이 있다. 북한은 준중거리·중거리 수중전략탄도탄(잠수함발사탄도미사일)을 시험발사하거나, 제8차 당대회 사업총화보고에서 열거한 다탄두개별유도체(MIRV), 극초음속 활공비행 전투부(극초음속 순항미사일 탄두), 핵잠수함 시범운항, 고체연료엔진 ICBM, 핵잠수함과 핵탄두 수중전략탄도탄(SLBM) 개발과 실전배치를 통하여 동북아지역의 군사적 세력균형을 깨려고 할 가능성이 높다.

북한은 더 나아가 한국과 일본 등 비핵무기국가를 상대로 전술핵무기의 사용을 위협할 가능성도 있다. 핵보유국 지위 공고화법(2013.3.31.), 공화국 정부 성명(2016.1.6), 제7차 당대회 사업총화보고(2016.5.8.), 제7기 제3차 당 전원회의 결정서(2018.4.20) 등에서 핵 선제불사용을 천명했고 당 창건 75주년 열병식 연설에선 "전쟁억제력이 결코 람용되거나 절대로 선제적으로 쓰이지는 않겠"다고 약속했지만, 불과 석달 뒤에 열린 제8차 당대회에선 "침략적인 적대세력이 우리를 겨냥하여 핵을 사용하려 하지 않는 한 핵무기를 람용하지 않을 것"이라고 밝혀 '불남용'만 말하고 '핵 선제불사용'에 대한 언급이 사라졌다.

이처럼 핵 선제불사용 원칙을 기반으로 하고 있던 북한의 핵전략은 점차 핵 선제사용을 허용하는 방향으로 변화하고 있다. 이것은 북한의 핵전략이 기존의 확증보복을 넘어 선제공격 가능성을 열어놓았다는 점에서 협상 압박용/우위용을 넘어 직접적 위협요인으로 작용할 수 있음을 의미하는 것이다. 이러한 북한의 핵전략 변화는 한반도 안보정세의 불확실성을 높이고 있다.

이와 같은 북한의 핵 선제사용 가능성은 공세적인 반접근·지역거부(A2AD) 전략으로도 나타나고 있다. 제8차 당대회 사업총화보고는 대외활동의 주방향을 △ 강권을 휘두르는 대국들에 대해 강대강으로 맞서는 전략의 견지, △정상적 발전권리를 지켜내기 위한 외교전의 전개로 제시하면서, "우리의 국가방위력이 적대세력들의 위협을 령토밖에서 선제적으로 제압할수 있는 수준으로 올라선 것만큼 앞으로 조선반도의 정세격화는 곧 우리를 위협하는 세력들의 안보불안정으로 이어질 것"이라고 위협하고 있다.

현재 남북관계는 2020년 6월 북한이 대남관계를 적대관계로 전환한다고 선언하면서 남북통신연락선을 모두 차단하고 남북공동연락사무소를 폭파한 뒤 북한군 총참모부가 4대 군사행동계획에 돌입한다고 예고했다가 잠정 보류된 상태다. 2018년 「9.19 군사합의서」 채택 이후 남북 군사관계는 이렇다 할 군사충돌 없이 비교적 안정된 분위기를 유지해 오고는 있지만,[6] 군사적 긴장의 근본원인이 해소된 것이 아니어서

---

6) 2018년 「9.19 군사합의서」의 채택 이후 북한의 고의적인 합의위반은 2019년 11월 창린도에서 김 위원장 참관 하에 해안포 사격한 것이 유일하며, 2019년 5월 북한군 GP에서 우리 아군GP로 총알이 수발 날아와 우리 군이 대응사격한 사건은 우발적 사고로 추정된다. 국방부, 『2020 국방백서』, 대한민국 국방부, 2020년 12월, p.320.

언제라도 재연될 수 있다. 2021년 3월의 한미군사훈련 실시에 반발해 북한은 「9.19 군사합의서」의 파기 가능성을 내비쳤다.[7]

북한의 대남 군사적 움직임은 경제난이 심각해질수록 군부의 불만과 주민의 관심을 밖으로 돌리려 할 경우 한반도를 비롯한 동북아정세에 불안정요인으로 작용할 가능성이 높다. 미국 바이든 행정부는 미군 및 동맹국에 대한 군사공격을 좌시하지 않겠다는 입장을 분명히 하고 있고 일본정부도 '적기지 공격능력 보유' 카드를 만지작거리고 있어, 만약 북한이 대남, 대일 군사행동을 위협하는 등 불량국가 행동에 나설 경우 동북아 정세는 급속히 냉각될 위험성을 안고 있다.[8]

〈표 5-1〉 북한 체제의 유형과 예상경로 및 우리의 과제

핵상태	북한 체제 유형	북한 체제의 목표	예상 경로	우리의 과제
핵보유	핵 가진 개도국가	사회주의 강성국가	난비행, 경착륙	목표 변경
	핵 가진 불량국가	사회주의 강성국가	난비행	위협 대비
	핵 가진 실패국가	사회주의 강성국가	경착륙	리스크 관리
핵포기	핵 없는 개도국가	사회주의 정상국가 /자유주의 정상국가	연착륙	연착륙 유도
	핵 없는 실패국가	사회주의 정상국가 /자유주의 정상국가	경착륙	연착륙 지원

---

7) 김여정, "3년전의 봄날은 다시 돌아오기 어려울 것이다," 『조선중앙통신』, 2021년 3월 16일.

8) 실제로 미 국방부는 2021월 2월 25일(현지시간) 미군이 지난 15일 이라크에서 발생한 로켓 공격 사건 배후로 지목된 시리아 내 친이란 민병대를 상대로 공습을 단행했다. John F. Kirby, "U.S. Conducts Defensive Airstrikes Against Iranian-backed Militia in Syria," *DOD News*, Feb. 25, 2021. (*https://www.defense.gov)

III. 북한 체제의 난비행과 위협 대비

1. 벌모: 경제사회적 대비

김정은 시대의 국정목표는 '경제강국의 건설과 인민생활의 향상'을 통한 사회주의 강국의 건설이다. 이러한 정책의 바탕에는 핵무력의 확보로 체제안전을 확보할 수 있게 됐다는 자신감이 깔려있는 것으로 보인다. 다시 말해 북한의 경제·핵무력 건설 병진노선은 핵무력을 통해 체제안전을 도모한 채 경제발전을 꾀한다는 '두 마리 토끼'를 잡으려는 전략적인 의도를 드러낸 것이다. 김정은 정권은 36년 만에 개최된 제7차 당대회에서 경제·핵무력 건설 병진노선을 재확인하며 핵·미사일 능력을 바탕으로 북한식 개혁·개방에 나서고자 하였다.

하지만 본서의 제1부 제2장에서 보듯이, 김정은 정권은 전략부문의 육성을 위해 비전략부문에 시장화를 점차 확대 허용하면서도 이것이 사회주의 체제의 기반을 흔들거나 시장세력을 형성해 도전세력이 되지 않도록 끊임없이 견제와 통제를 가해오고 있다. 그런 점에서 북한이 핵 가진 불량국가의 길을 갈 경우에는 이러한 김정은 정권의 전략목표를 역이용해 북한 체제의 전환을 촉진할 필요가 있다.[9]

이것이 바로 핵 가진 북한의 위협에 대비하기 위해 김정은 위원장의 정책목표를 좌절시키고 협상복귀를 압박하려는 벌모(伐謀) 접근법의

---

9) 조성렬, "김정은 체제의 불안요인과 지속요인," 『KDB 북한개발』, 통권 제5호, 한국산업은행, 2015년 12월 참조.

핵심이다. 벌모 접근법은 한편으로 국가핵무력의 완성에 따른 김정은 위원장의 자신감과 다른 한편으로 경제강국 건설과 인민생활 향상의 국정목표에 심히 미진한 데 따른 김 위원장의 조바심을 역이용하여 북한 체제를 중장기적으로 전환함으로써 핵문제 해결의 여건을 만들어 낸다. 이를 위해서는 밑으로부터의 접근(Bottom-up)과 위로부터의 접근(Top-down)의 두 가지 접근방식을 병행한다.

밑으로부터의 접근으로 삼화전략(三化戰略)을 생각해 볼 수 있다. 삼화전략이란 △북한 체제의 시장경제화, △북한주민의 친한의식화, △북한엘리트의 개혁세력화 등 3대 전략을 도식화한 것이다.10) 북한식 개혁·개방을 가속화시켜 북한 체제를 시장경제체제로 바꾸고, 대북 개발협력 및 교류를 통해 북한주민이 친한 의식을 갖도록 하고, 북한엘리트들을 개혁세력으로 성장하도록 돕는 세 방향으로 북한을 변화시킨다. 이 가운데 중점사업인 북한 체제의 시장경제화는 제8차 당대회에서 북한이 자력갱생 전략을 채택하고 시장에 대한 국가의 통제를 강화함에 따라 다소 늦춰질 것으로 보인다. 물적·인적 토대가 구축되면 북한엘리트의 개혁세력화가 촉진되어 이들이 주도하는 개혁정권이 등장할 수 있는 여건이 만들어지게 된다.

위로부터의 접근으로 생각해 볼 수 있는 것은 남북조절위원회와 같은 낮은 수준의 남북연합 방식이다. 2014년 2월에 개최됐던 청와대–국방위 간의 남북고위급 접촉, 2014년 10월 4일 인천아시안게임 폐막식을 계기로 열린 3+3 남북고위급 접촉, 2015년 8월 군사적 충돌 직후

---

10) 삼화전략에 관한 구체적인 내용은 다음에서 자세히 다루고 있다. 조성렬 외, 『신뢰기반형 통일과정 로드맵에 관한 연구』(통일준비위원회 정책연구 용역 결과보고서), 2014년 12월. 및 조성렬 외, 『남북관계의 협력 유도 방안 연구』(국가안보실 정책연구용역 결과보고서), 2015년 12월.

가졌던 2+2 남북고위급 접촉, 그리고 「4.27 판문점선언」에 따라 만들어졌던 남북공동연락사무소, 2018년 8.15 경축사에서 밝힌 상호대표부 등을 분야별로 확대한다면 통일문제를 포함해 북한 핵문제와 경제협력 등 각종 현안들을 논의할 수 있는 공동위원회가 만들어질 수 있을 것이다.[11] 이와 같은 제2의 남북조절위원회가 운영되는 중에 북한의 개혁세력이 집권한다면, 훨씬 쉽게 대북 접근을 할 수 있다.

이처럼 하층의 삼화전략과 상층의 연합전략을 병행 추진하여 적극적으로 북한 체제의 변화를 촉진함으로써 물적·인적 토대를 갖춘 북한 개혁정부가 들어설 수 있도록 여건을 만든다. 북한에 개혁정부가 들어서게 되면 이들과 협상을 통해 북한 핵문제의 평화적인 해결을 모색한다. 이 과정에서 북한 보수파들의 반격이 예상되므로 가급적 신속하게 북한 개혁정부와 협상을 마쳐야 할 것이다. 제2의 남북조절위원회와 같은 고위급 회의체의 운영 경험은 향후 남북연합의 창설과 운영에 크게 도움이 될 수 있을 것이다.

2. 벌교: 외교적 대비

(1) 북한의 불량국가 행동 통제와 대북 '긴고아'

외교적 대응전략의 궁극적인 목적은 국제사회와의 공조를 통해 북

---

11) 남북조절위원회는 전체회의를 세 차례 열었으나 제4차 회의를 앞둔 1973년 8월 북한측의 일방적인 선언으로 중단됐고, 부위원장 회의 등 비정상적으로 운영되다가 1979년 1월 변칙대좌를 끝으로 완전 중단됐다. 김형기, 『남북관계 지식사전』, 통일부 통일교육원, 2011년, pp.119~202.

한을 고립시키고 강도 높은 제재를 지속함으로써 북한이 핵무기를 보유하는 것보다 포기하는 것이 체제안전에 유리하다는 것을 깨닫게 해 북한 핵문제를 평화적으로 해결하려는 것이다. 당면한 목적은 북한의 핵·미사일 능력의 확대 강화를 막고 다른 나라나 지역으로 확산되지 못하도록 하며 이들을 사용해 공격하거나 공격위협을 하지 못하도록 국제공조체제를 만들고 관리하는 것이다.

이처럼 북한이 불량국가 행동을 하지 못하도록 하기 위해서는 대북 긴고아(緊箍兒)가 필요하다. 북한이 국제규범에 벗어난 행동을 조절하고 통제할 수 있도록 할 첫 번째 긴고아로 유력한 것이 유엔안보리를 비롯한 미국 등의 대북 제재다.12) 2018년 3월 20~21일 헬싱키에서 열린 남·북·미 3자 1.5트랙 회의에 참석한 북측 인사는 국제사회의 대북 경제제재에 대해 "효과가 있는 건 사실이지만, 아직 죽고 살 문제는 아니다"라고 밝혀 사실상 제재효과를 인정하는 발언을 했다.13)

현재 유엔안보리 결의안이 여전히 유효하게 작동하고 있으며, 만약 북한이 핵실험이나 대륙간탄도미사일 시험발사를 할 경우에는 유엔안보리 결의 2397호에 따라 추가적인 제재도 가능하다. 하지만 미국은 중국과 러시아가 밀무역을 통해 대북 제재효과를 훼손하고 있다고 비판하고 있다.14) 이와 관련해 유엔 안보리 대북제재위원회(1718위원회)는 중국과 러시아가 2020년 10월~12월 사이에 북한에 공급한 정제유

---

12) 긴고아(緊箍兒)는 중국 고전소설 『서유기』에서 삼장법사가 주문으로 손오공을 통제하는 데 사용한 압박머리띠를 가리킨다.

13) 『중앙일보』, 2018년 4월 11일.

14) Kristine Lee, Joshua Fitt and Coby Goldberg, *Renew, Elevate, Modernize: A Blueprint for a 21st-Century U.S.-ROK Alliance Strategy*, CNAS, November 16, 2020, p.16.

통계를 보고하지 않았다고 밝히고 있다.[15]

현실적으로 고려해 볼 수 있는 두 번째 긴고아는 북한인권 카드다. 북한인권문제는 비핵화 협상의 진행과 무관하게 대북 압박카드로도 유용하다. 2015년 6월 23일 문을 연 유엔북한인권조사위원회 서울사무소는 반인도범죄에 책임이 있는 자들을 다루거나 기소하기 위한 유엔의 노력을 용이하게 하기 위해 북한당국의 인권유린에 대한 증거수집과 문서화 작업, 데이터베이스를 구축하고 있다.

특히 북한당국에게 커다란 압박요인으로 작용하는 것이 김정은 위원장에 대한 국제형사재판소(ICC) 회부 압력이다. 2002년에 창설된 ICC는 「로마규정」 제5조 1항의 집단살해죄, 인도에 반한 죄, 전쟁범죄, 침략범죄 중 침략범죄를 제외한 범죄에 대해 개인에게 형사책임을 묻는 권한을 갖고 있다. 유엔 북한인권위원회가 2014년부터 김정은 위원장을 비롯한 북한내 반인권행위 관련자들의 ICC 회부를 추진하면서 북한당국을 곤혹스럽게 만든 바 있어, 북한이 끝내 비핵화 협상에 나오려 하지 않을 경우 이 카드가 사용될 가능성이 있다.

(2) 위협감소를 위한 단계적 비핵화 협상 추진

북한 핵문제의 해결을 위한 비핵화 협상은 2019년 2월 하노이 북·미 정상회담의 결렬로 동력이 크게 약화되었다. 하지만 제8차 당대회 사업총화보고를 통해 김정은 위원장이 대북 적대시정책 철회라는 조건을 붙이긴 했으나 새로운 북·미 관계의 수립 의사를 밝히고 있고, 바이든 미 대통령도 대선 공약에서 이란핵합의(JCPOA)를 청사진으로

---

15) 『연합뉴스』, 2021년 1월 23일.

삼아 북한 핵문제를 해결하겠다고 밝혀 북·미 비핵화 협상의 재개 가능성은 열려 있다.

비핵화 협상이 재개될 유의해야 할 점은 과거 트럼프 행정부 때처럼 빅딜 아니면 노딜이라는 양극단적인 방식은 피해야 할 것이다. 그런 점에서 한반도 비핵화라는 목표 아래 군비통제 방식에 따라 당면한 핵위협감소에 초점을 맞추고 잠정합의를 추진하겠다는 바이든 행정부의 구상은 현실적이다. 토니 블링컨 미 국무장관은 2019년 1월 미 CBS뉴스 인터뷰에서 "가까운 시일 안에 완전한 비핵화를 달성할 가능성은 매우 희박하므로 군비통제(arms control)에 따라 시간을 두고 군축 과정(disarmmament process)을 궤도에 올려놓을 것"이라고 밝히고 있다.16)

하지만 북한이 생각하는 '단계적 접근'은 핵분열물질과 핵무기·미사일을 분리해 전자만 협상하려는 것이어서, 후자까지 포함된 군비통제를 생각하는 미국과 잘 조율될지 알 수 없다. 무엇보다 이란이 핵 개발 초기단계에 있었던 것과 달리 북한은 '국가핵무력의 완성'을 선언할 정도로 핵 능력이 고도화되어 있다. 북한의 핵무력은 직접 미국을 위협하기 때문에 미국이 핵무기·미사일을 건드리지 않고 핵분열물질의 제거에만 초점을 맞춰 협상할 것으로는 보이지는 않는다.17)

그런 점에서 비핵화 협상이 재개되더라도 북·미 간의 의견 접근이 단기간 내 이뤄지기가 쉽지 않겠지만, 위협감소라는 점에서 접근한다면 단계적으로 북한의 핵능력 감축과 부분적인 대북 제재완화 등 상응조치의 교환으로 '충분히 좋은 거래'(Good Enough Deal)를 만들어낼

---

16) Anthony Blinken, Michael Morell, "Anthony Blinken talks with Michael Morell on 'Intelligence Matters'," *CBS News*, January 19, 2019.

17) 조성렬, "바이든 신행정부의 출범과 북·미관계 전망," 『KDB 북한개발』, 통권 23호, KDB산업은행 미래전략연구소, 2021년 1월, p.19.

수 있을 것이다.18) 이처럼 북한과의 외교적 관여를 지속한다면 불량국가 행동을 억제하며 한반도 안보상황을 안정적으로 관리해 나가면서, 궁극적으로 북한 핵문제를 해결해 갈 수 있는 길이 열릴 것이다.

3. 벌병: 군사적 대비

(1) 핵·대량살상무기 대응체계의 구축

국방부는 북한의 핵·미사일 위협에 대비하기 위해 한국형 미사일 방어체계(KAMD)와 킬체인(Kill Chain), 대량응징보복(KMPR) 등 3축 체제를 발전시켜 왔다. 이는 북한의 핵무기 소형화 기술이 상당한 수준에 도달했고 탄도미사일 위협도 고도화되어 선제 및 방어 능력의 구축이 시급하다는 판단에 따른 것이다. 2018년 북·미 비핵화 협상이 시작되면서 불필요하게 북한지도부를 자극하지 않도록 기존의 킬체인과 대량응징보복체계를 합쳐 '전략적 타격체계'로 명칭을 변경하였다.

전략적 타격체계는 전방위 비대칭 위협에 대한 억제 및 대응을 위해 거부적 억제와 응징적 억제를 통합 구현하기 위한 것으로, 원거리 감시능력과 정밀타격능력 기반의 전력을 확충하고 있다. 전략적 타격체계의 구축은 북한의 핵·미사일 위협을 실시간으로 탐지하여 표적위치를 식별하는 감시·정찰 능력을 바탕으로 효과적으로 파괴할 수 있는 타격수단을 결심한 후 타격하는 일련의 공격체계이다.19)

---

18) 조성렬, "'작은 거래'가 아닌 '충분히 좋은 거래'가 되려면," 『내일신문』, 2021년 2월 9일.

19) 국방부, 『2020 국방백서』, p.61.

국방부는 북한 전략군에 맞서 육군 미사일사령부를 창설하였고, 북한의 방사포 위협에 대응해 육군 포병부대들이 일찍이 대포병화력을 구축해 놓고 있다. 북한의 SLBM 개발에 맞서 우리 해군도 탄도미사일과 전술함대지미사일을 운용할 수 있는 수직발사장치(VLS) 4기를 탑재한 3,000톤급 장보고-Ⅲ(SS-Ⅲ)을 개발 중이다. 또한 북한군의 신형 단거리발사체에 대항해 현무1~4의 다양한 단거리 탄도미사일과 순항미사일을 개발해 실전 배치하였다. 특히 현무4는 북한군 지휘부의 지하벙커와 지하핵시설을 타격할 수 있는 능력을 갖추고 있다. [20]

한·미 사거리 연장 협상에서 한국군 미사일의 사거리를 800km로 연장할 수 있도록 합의가 이루어짐에 따라 한국군은 남방한계선에서 북한군 전력을 사거리에 넣을 수 있게 되었다. 그리하여 한국군의 북한군 전술무기에 대한 타격능력 확보를 바탕으로 도발원점, 지원세력, 지휘세력을 타격할 수 있도록 '한국군의 자위권 행사'를 담은 「한·미 공동 국지도발대비계획」의 수행이 가능하게 되었다.

한국형 미사일 방어체계(KAMD)는 북한의 전방위 미사일 위협에 대비해 복수의 요격체계로 북한군 미사일과 최소 2차례 이상 교전이 가능한 방어체계를 구축하기 위한 것으로, 2008년에 이 개념이 정립되었다. KAMD는 한반도의 전장환경을 고려해 고도 40km 이하로 종말단계 하층방어 위주의 중첩된 미사일 방어체계를 구축하고 있다. 새로운 「국방중기계획(2021~2025)」에서는 북한의 탄도미사일을 요격하는 다층방어체계로서 탐지체계, 지휘통제체계, 요격체계의 무기획득이 계획되어 있다.

---

20) 조성렬, "북한의 단거리 발사체와 국가안보," 『계간 외교』, 제134호, 2020년 7월, p.131.

주한미군은 북한군의 신형 미사일 공격에 대비해 40~150km의 고고도용인 사드 체계의 정식배치에 이어 3단계 성능개량을 추진하고 있다.[21] 제1단계로 유선지휘방식을 원격 무선조종방식으로 바꾸어 성주에 배치된 6기의 사드 발사대 일부를 100~200km 북쪽으로 분산 배치해 캠프 험프리스뿐 아니라 수도권 방어까지 작전운용 반경을 확대한다. 제2단계는 탐지거리 1,000km인 사드 레이더를 활용해 조기에 북한군의 탄도미사일을 탐지해 탐지거리 100km에 불과한 패트리어트가 충분한 대응시간을 확보한다. 제3단계는 저고도용 패트리어트 미사일 체계와 고고도용 사드 체계를 통합 운용하는 방안이다.

(2) 예방적 선제타격과「작계 5015」

북한의 핵무기 사용 또는 사용위협에 대비해 한미 양국은 '한·미 맞춤형 억제전략(TDA)'으로 대비하고 있다. 미국의 확장억제력 제공 약속은 북한이 제1차 핵실험을 실시한 직후에 열린 2006년 10월 제38차 한·미 안보협의회(이하 SCM)에서 처음 등장했다. 그 뒤 2009년 제41차 SCM에서 미국은 앞서 공약한 확장억제를 구체화하였고, 2010년 제42차 SCM에서 북한의 위협과 전략 상황변화에 종합적으로 대응할 수 있도록「전략기획지침(SPG)」에 합의하였다. 이후 2013년 제45차 한·미 SCM에서 확장억제력 제공 약속을 담은 '한·미 맞춤형 억

---

21) Jon A. Hill, Michelle C. Atkinson, "Department of Defense Press Briefing on the President's Fiscal Year 2021 Defense Budget for the Missile Defense Agency," *Department of Defense*, Feb. 10, 2020. (https://www.defense.gov); 김열수, "사드 성능개량 계획과 안보적 함의,"『월간 KIMA』, 2020년 3월호, pp.79~80.

제전략(TDA)'에 서명하였다.

이어서 북한군의 핵·미사일 위협에 대한 방어계획을 수립하고 유사시 탐지·추적·파괴하기 위해 한·미 양국은 탐지, 교란, 파괴, 방어를 개념화한 '4D 작전개념'을 수립하고 이를 작전적 차원에서 이행하기 위한 '4D 작전수행개념'을 정립해 '4D 전략'(동맹의 포괄적 미사일 대응 전략)으로 발전시켰다.[22] 또한 '맞춤형 억제전략(TDA)'과 '4D 전략'을 통합하여 유사시 북한 핵과 탄도미사일 등을 사전에 제거하고 북한의 공격 땐 즉시 반격할 수 있도록 '예방적 선제타격' 개념을 적용한 「작계 5015」를 수립하였다.[23]

2016년에 실시된 한·미 연합 '키리졸브·독수리 연습' 때부터 전면전에 대비한 기존의 「작계 5027」에서 전면전 및 국지전의 확전, 핵·미사일 공격위협에 포괄적으로 대비하는 「작계 5015」를 처음 적용하여 실시하였다. 이때 '4D 작전계획'에 따라 한국특수부대와의 연합훈련을 위해 이라크전과 아프가니스탄전에 투입돼 핵심 요인을 암살하는 참수작전을 수행했던 미군 특수부대가 남한에 전개되기도 했다.[24] '이슬람국가(IS) 격퇴 국제동맹군(CJTF-OIR)' 사령관 출신인 폴

---

22) '4D 전략'에서 탐지(Detect)란 정보·감시·정찰(ISR) 자산을 운용하여 방어·교란·파괴 노력을 지원하는 것이며, 방어(Disrupt)란 북한이 미사일에 의한 피해를 최소화하기 위해 적극적, 소극적 방어를 시행하는 것이며, 교란(Destruction)이란 북한 미사일의 기반시설에 대한 물리적인 공격이며, 파괴(Defense)는 북한의 이동식 발사대(TEL) 및 지원 자산에 대한 공격을 의미한다. 국방부, 『2020 국방백서』, p.60.

23) 「작계 5015」에는 정밀타격무기를 이용해 적 수뇌부를 무력화시키는 참수작전도 계획에 포함되어 있다. 참수작전은 본서 제1부 제4장에서 살펴본 독단형 핵지휘통제체계를 채택하고 있는 경우에 유효한 작전이다.

24) 미 제1공수특전단은 주로 태평양지역에서 활동하는 특수부대로 아시아지

라카메라 대장이 2021년 3월 신임 주한 미군사령관에 취임한 것도 핵
·미사일 사용 위협에 따른 대비태세를 구축하려는 의도가 담겼다.

미국은 북한이 사실상 핵무기를 보유함에 따라 전시억제(Inter-war
Deterrence)이론에 근거에 대북 군사행동 가능성을 검토해 왔다.[25] 전
전억제(Pre-war Deterrence)와 달리, 전시억제는 미군이 북한군에 대해
제한전쟁을 계획하고 수행하더라도 북한이 핵무기를 사용하는 전면전
으로 비화하지 않도록 억제한다는 개념이다. 미국은 이러한 전시억제
이론에 기초하여 제한적 예방타격론이라고 할 수 있는 코피작전
(Operation of Bloody Nose)을 구상하였다. 이는 미국이 제한적 타격을
가하더라도 북한이 전면전 확전을 우려해 보복에 나서지 못하고 결국
비핵화 협상에 나설 수밖에 없도록 한다는 작전개념이다.[26]

(3) 한국의 핵무장 가능성[27]

북한 핵문제의 외교적 해결 전망이 어두워지면서 한국의 핵무장론

역 대테러 작전을 수행했으며 2000년대 초에는 이라크전과 아프간전에도
참전했다. 미 제75레인저 연대는 최정예 특수부대로 핵심시설 파괴, 공중강
습, 특수정찰, 인명구조 등의 임무를 수행한다. 『연합뉴스』, 2016년 2월 4일.

25) W. Andrew Terrill, *Escalation And Intrawar Deterrence Duding Limited
Wars In the Middle East*, September 2009, pp.4~7.

26) 조성렬, 『한반도 비핵화 리포트: 포괄적 안보–안보 교환론』, 백산서당,
2019년 3월, pp.56~57. 코피작전은 김정은 위원장이 코피가 난다고 보복을
단념하고 협상테이블로 나올 만큼 이성적인가 의문이 제기되지만, 그만큼
미국이 대북 선제공격을 심각하게 고민하고 있음을 보여주는 것이다.

27) 조성렬, 『전략공간의 국제정치: 핵·우주·사이버 군비경쟁과 국가안보』,
서강대출판부, 2016년 9월, pp.239~240에서 옮겨실음.

이 대두하고 있다. 정치권의 주요 인사들이 미국 전술핵무기의 재반입 내지는 독자 핵무기 개발을 주장하고 있다. 일각에서는 나토식 핵계획 그룹(NPG)의 운영과 같은 핵공유의 가능성을 열어놓아야 한다는 주장도 내놓고 있다.28) 이에 대해 빈센트 브룩스 주한미군 사령관(당시)은 2016년 4월 19일 인준청문회 당시 한국이 스스로의 안보를 위해 자체적인 핵무장에 나서는 방안을 검토할 것으로 보인다고 경고하며 이를 막기 위해 미국의 확장억제력 제공이 중요하다고 역설했다.

빌 클린턴 행정부에서 미 국무부 비확산차관보를 지냈고 오바마 행정부에서 비확산군비통제 특보를 맡았던 아인혼 등은 한국 내 핵무장론이 소수의 의견에 불과하기 때문에 우려할 상황은 아니라고 평가하면서도, 핵무장론이 확산을 막기 위해 확장억제력의 보장뿐만 아니라 미국 핵정보의 공유 및 핵결정과정 참여와 같은 연합억제(combined deterrence)가 필요하다고 밝히고 있다.29)

미국과학자연맹 회장인 퍼거슨(C. Ferguson)은 한국의 핵무장 가능성에 대해 △강화된 현상유지, △포위, △이이제이 등 세 가지 시나리오를 제시하고 있다.30) 가능성이 가장 높을 것으로 예상하는 시나리오는 한국이 중국과 미국이 북핵문제 해결에 발벗고 나서도록 촉발하는

---

28) 윤덕민 외, 『동맹강화와 북핵 대응에 관한 제언: 북한 핵위협에 어떻게 대응할 것인가?』, 공감한반도연구회, 2021년 1월, pp.9~10.

29) Robert Einhorn, Duyeon Kim, "Will South Korea go nuclear?" *Bulletin of the Atomic Scientists*, August 15, 2016.; 조비연·이장욱, 「한미 핵위기 의사결정과정의 수립 필요성: 쿠바 미사일 위기를 중점으로」, 『동북아안보정세분석』, 한국국방연구원, 2021년 3월 3일.

30) Charles D. Ferguson, "How South Korea Could Acuire and Deploy Nuclear Weapons," *Nonproliferation Policy Education Center*, May 5, 2015, pp.5~33.

데 사용할 '외교적 핵'을 개발한 뒤, 실패할 경우 연간 10개 이상의 핵 개발에 본격 나서는 것이다. 그밖에 북한 외에 일본의 핵무장에 대응한 포위, 공동의 안보위협에 대처한 한·일 공동 핵개발 등을 대안으로 상정하고 있다.(<표 5-2> 참조)

〈표 5-2〉 한국의 핵무장 시나리오

	시나리오 I	시나리오 II	시나리오 III
	강화된 현상유지	포위	이이제이(以夷制夷)
전략목표	① 1단계: 외교적 핵 ② 2단계: 최소 억제	최소 억제 (북한/중국,일본 핵전력 억제)	한·일 공동개발 (한·일 방위조약 체결)
전략운용	① 최소량의 핵무기보유, ② 미·중의 북핵 해결 실패, 일본의 핵무기 개발, 북한 핵무력 증강 때 연간 10개 이상 핵탄두 본격개발	1개국 이상 핵보유국으로부터 오는 위협에 대처하기 위하여 제2격용 핵무기 확보	한·일 양국이 분할된 핵지휘 통제체계 구축
잠재능력	△핵탑재용·운반수단 (현무-2,3 미사일, F-15S /F-16S) △대규모 민간핵시설	△핵무기 탑재용 (핵)잠수함* 4~5척+ 확보 △F-15S/F-16S + 공중급유기 조기경보기, 정찰위성	△한국:첨단 탄도·순항미사일 첨단핵무기용·Tritium △일본: PUREX재처리시설, Monju고속증식로

* 3,000톤 KSS-3급 잠수함: 탄도미사일용 수직발사대, 사거리1,500km[31)]

<출처> Charles D. Ferguson, "How South Korea Could Acuire and Deploy Nuclear Weapons", Nonproliferation Policy Education Center, May 5, 2015. (http://www.npolicy.org)를 참고하여 필자가 작성. 조성렬, 『전략공간의 국제정치: 핵·우주·사이버 군비경쟁과 국가안보』, 서강대 출판부, 2016년 9월, p.240에서 재인용.

---

31) NTI, "South Korea Submarine Capabilities," September 28, 2015. (* http://www.nti.org/analysis/articles/south-korea-submarine-capabilities)

Ⅳ. 북한 체제의 경착륙과 리스크 관리[32)]

1. 벌모: 경제사회적 관리

(1) 식량 및 생필품 긴급지원

북한의 경제난 속에서 최고지도자 유고, 군부 쿠데타, 대규모 폭동 등이 발생하여 북한 체제가 경착륙하게 되면 원부자재 공급 부족에 따른 공장 가동중단 등으로 산업 전반의 운영이 마비되고 북한주민들의 노동현장 일탈이 발생하며 국경차단으로 중국에서 반입되던 생필품이 대폭 감소하면서 식량가격이 급격히 상승해 생필품 품귀사태가 발생하게 될 수 있다. 이에 따라 먹거리와 생필품 부족에 따른 사태 악화를 방지하기 위한 지원사업이 필요하다.

북한 체제의 경착륙은 북한주민에 대한 경제적 압박을 한층 가중시켜 대규모 탈북자 발생으로 이어질 수 있다. 대규모 탈북자의 발생을 막기 위해 배급제를 부활해 노동자들로 하여금 공장·기업소에서 이탈하지 못하도록 해야 한다. 남한이 중심이 되어 배급에 필요한 식료품을 북측에 제공하되 군사용으로 전용되지 않고 주민 배급에만 사용한다는 조건을 내세울 필요가 있다.

---

32) 이하의 내용은 조성렬 외, 『통일시대 준비와 한반도판 마셜플랜 A&B』, 한국정책금융공사, 2014년 5월, pp.251~264를 바탕으로 재작성한 것이다.

북한사회의 혼란을 막고 안정시키기 위해 북한당국과 협의해 대규모 무상지원을 실시한다. 무상지원은 북한의 부족한 식량의 일부를 지원해주는 방식으로 진행도록 한다. 이때 북한 지역별 특성을 반영한 맞춤형 지원을 실행한다. 휴전선에서 먼 지역은 항로 및 육로를 이용하도록 하며, 군수공업지대와 같이 인구밀도가 높은 지역, 빈곤한 지역부터 우선적으로 지원하는 방안을 강구한다. 휴전선 가까운 지역에서는 철도나 도로를 이용한 당일 지원도 가능하다.

인도적 지원을 진행할 때 안전한 운송수단 및 운송경로 파악을 통해 중간에 식량, 의약품, 생필품 등이 분실되거나 약탈되지 않도록 사전에 철저한 준비가 필요하다. 운송수단은 해상, 항공운송 등을 활용하는 방안도 고려해 볼 수 있다. 인도적 지원시 무장병력 등이 보호하여 안전하게 필요한 지역에 적시에 지원되어야 하며 이때 북한군부의 협조가 필요하다. 수년간 긴급구호와 인도적 지원을 진행한 국제기구의 경험을 활용하는 차원에서 세계식량계획(WFP), 식량농업기구(FAO)를 활용할 필요가 있다.

식량 지원이 장기화될 경우는 개발지원과 연계하여 진행하는 방안도 고려한다. 인도적 지원이 경제복구와 성장, 사회 안정을 이끌어 내는 개발원조와 동반하여 진행되지 않으면 북한의 긴급 위기상황이 끝나지 않을 수 있기 때문이다. 개발원조는 북한의 농림업 복구사업 추진과 연계하여 취로사업용 식량을 지원하는 방식과 경제개발계획 수립 및 추진과 연계하여 현물차관을 지원하는 방식이 있다. 개발원조로서의 식량지원은 장기간에 걸쳐 대규모로 추진되는 것이 일반적이므로 중장기적인 목표를 가지고 계획적으로 추진해야 한다.[33]

---

33) 글랜 허버드 · 윌리엄 더건 (조혜연 옮김), 『원조의 덫: 빈곤퇴출에 관한 불

(2) 공장·기업소 재가동 지원

북한에서 발생한 비상사태가 급변사태로 비화되지 않도록 공장, 기업소의 재가동을 지원한다. 북한의 전시동원공장을 비롯한 일부 민수 공장들에는 전시를 대비한 지하변전소 형태의 발동발전기가 구비되어 있어 디젤유만 보장해 주면 비상 전력을 자체로 생산할 수 있다. 비상사태의 발생으로 산업용 전력공급이 중지되었을 경우, 유엔안보리의 면제 승인을 얻어 디젤유를 공급할 수 있도록 조치한다. 북한에 과도 정부가 들어설 경우에는 양허성차관34) 형태로 전력공급용 디젤유를 공급해주는 것이 바람직하다. 이러한 대책은 한국정부에 대한 북한의 과도정권과 일부 개별적 주민들의 불신을 해소할 수 있는 수단이기도 하다.

북한 전역에 분포되어 있는 지방산업공장은 그 지역 주민들의 생필품과 식료품 수요를 담당하는 거점이고 지역 노동자들의 근무현장이기도 하다. 따라서 지방산업공장의 가동은 노동자들의 실업을 차단하는 동시에 주민들의 식생활문제를 자체로 해결할 수 있고 지역주민들을 안착시킬 수 있다. 노동자들이 직장생활과 공장운영에 차질을 가져오지 않도록 조직적인 통제가 이루어져 있으므로, 공장에 전력이 공급

편한 진실들』, 비즈니스맵, 2010년, pp.22~23.

34) 양허성 차관(Concessional Loan)이란 일반적으로 이자율, 상환기간, 거치기간 등 세가지 요소를 고려, 시중의 일반자금 융자와 비교하여 차입국에 유리한 조건에 의한 차관을 지칭, 개도국에 대한 직접차관 중 증여율(grant element)이 25% 이상을 상회하는 양허성 차관을 공적개발원조(ODA)라고 부르기도 한다.

되고 원자재가 일부 보장이 된다면 안정적인 일자리를 가지고 주민생활에 필요한 상품을 지속적으로 생산할 수 있다.

만약 유엔안보리의 제재 면제 조치가 거부되거나 지연될 경우, 전력과 원자재 공급이 이루어지지 않으면 노동자들의 작업현장 이탈이 발생하고 공장은 폐쇄위기에 놓이게 되고 그에 따라 생필품 시장공급이 감소하면서 인플레가 발생할 가능성도 있다. 특히 남성노동자들의 경우 회사생활을 강요당하였기 때문에 노동력 관리시스템이 붕괴되면서 대규모 실업이 발생할 수 있다.

지방산업공장 운영 정상화를 위해 우리 정부는 미국의 마셜펀드 방식의 지원을 고려해 볼 필요가 있다. 마셜플랜이 아프리카 국가들과 달리 유럽에서 성공할 수 있었던 요인은 유럽국가들이 다른 지원도 받고 있어 국가소득의 10% 이하로 의존할 뿐이었고 지원기간도 5년으로 한정되었으며, 국가 스스로 해당 용도에 사용할 수 있는 자체점검 제도가 투명하게 운영되었다는 점에 있다. 북한이 한국의 지원에 전적으로 그리고 지속적으로 의존하려고 하지 않는다는 점에서 오히려 마셜플랜 방식이 북한에서도 성공할 가능성이 크다.

2. 벌교: 외교적 관리

(1) 대규모 난민 발생과 북한난민국제회의 개최

북한 내의 비상사태가 주민들의 집단적 봉기로 발전하면 북한당국은 이를 조기에 진압하기 위해 군대를 동원하여 사태를 수습하려 할 가능성이 있다. 이 과정에서 북한당국이 비인도적이고 잔악한 방법으로 주민봉기를 진압하고자 한다면 유혈사태가 발생하게 된다. 북한주민들은 군인들이 막거 있는 휴전선이 아니라 북·중 국경지대나 한반도의 동서해안을 통해 중국, 몽골, 러시아, 한국, 일본 등으로 대규모 탈출을 시도할 가능성이 있다.

이럴 경우에 대비해 우리 정부는 세 방향에서 준비해야 한다. 우선, 북한주민들의 집단적 봉기를 막기 위해 북한에 긴급지원을 실시하고, 이것이 어려워져 북한주민의 탈출이 시작되면 이탈주민들에 대한 보호 및 정착 지원 사업을 전개한다. 북한군에 의한 유혈진압이 계속되어 인도주의적 개입이 필요할 경우 한국군의 중심역할을 전제로 국제논의를 주도해야 한다.

첫째, 북한에 대한 국제사회의 인도적 물자 지원이나 난민 지원에 대한 다국적 공조기구를 우리 정부의 주도로 설립해 서울에 다국간 상설연락기구를 설치하도록 한다. 우리 정부 주도의 다국적 지원체제가 지원 효율성과 국제공조 유지 차원에서 가장 바람직하지만, 불가피할 경우에는 유엔 차원의 지원체제에 협력하도록 하되 주변국의 대북 양자차원 지원은 가급적 지양토록 협조를 구한다.

둘째, 대규모 탈북주민들을 위한 난민수용, 해상구난 협력을 위해 국제사회와의 협력이 필요하다. 이를 위해 '북한난민국제회의'(가칭)를 만들어 책임자를 우리 외교관으로 하고 회의를 서울에서 개최하는 등 우리 정부가 주도해야 한다. 대규모 탈북사태가 발생할 경우, 가급적 초기 임시보호는 우리 정부가 수용하되 불가피할 경우에는 주변국의 협조를 얻어 해외에 난민수용소를 설치한다. 주변국에 설치되는 난민수용소의 경우에도 해당국의 협조를 얻어 우리 정부가 합동 신문에 참여할 수 있도록 조치한다.

셋째, 북한 내 급변사태가 주민의 대량학살 상황으로 이어져 국제사회에서 보호책임(R2P) 문제가 제기될 경우에는 확전 가능성과 한국의 직접피해 가능성을 들어 개입을 최소한으로 억제하면서 한국군의 중심 역할을 전제로 국제논의를 주도하도록 한다. 국제사회의 인도주의적 개입 논의가 급진전될 경우에는 우리나라가 먼저 급변사태 대비 차원에서 단독으로 선제 개입하는 방안을 적극 검토한다. 이때 미국의 협조와 중국의 양해는 필수적이다.

(2) 양자·다자 안보외교의 강화와 주변국의 군사적 개입 방지

북한의 긴급사태에 대응하기 위해 주변국들 및 유엔과의 양자 또는 다자 차원의 안보외교를 강화한다. 한반도 상황 전파 및 우리 정부의 대응방향 지지 협조를 유도하기 위해 한·미 공조를 기본으로 하면서, 한·일 협력체제를 강화하고 중국, 러시아와의 건설적 협조관계를 확보한다. 북한의 긴급사태와 관련해 주변국들과 외교, 국방, 정보기관의 고위급 협의채널을 가동함으로써, 주변국들이 우리 정부의 정책 및 입장에 대해 지지를 표명하고 북한군의 대남 도발을 억제하기 위한 성명의 발표를 유도한다.

북한에서 급변사태가 발생했을 경우, 주변국의 정치군사적 개입을 방지하도록 외교적 노력을 강화한다. 어떠한 형태이든 국제적 공동개입에 대해서도 원칙적으로 반대하는 입장을 취한다. 특히 한국을 배제한 북한지역의 국제적 공동관리나 관련 국가들에 의한 완충지대 설정, 분할 점령 등은 절대 수용해서는 안 된다.

주변국이 북한지역 내에 있는 자국민 보호를 명분으로 군대를 진입시키거나 북한의 대량난민 발생 때 국경관리를 내세워 북한영토에 진입하여 완충지대를 설치하는 등 군사행동에 나서지 못하도록 외교적 노력을 기울인다. 외교적 노력에도 불구하고 해당국이 자국민 보호나 국경 보호를 이유로 북한 영내에 군사력을 진입시키려고 할 경우에는 우리 정부도 한미연합군 또는 우리 군 단독으로 즉각 북한 영내에 즉각 진입시킨다는 입장을 비공개 채널을 통해 해당국에 전달한다.

유엔안보리가 국제관리 방안을 제기할 경우, 미국 등 우방과 협조하여 의제 상정의 자제를 유도하고 결의안 채택을 저지하도록 외교적 노력을 기울인다. 다만, 유엔평화유지군의 파견 등 한시적인 조치가 불가피한 경우에는 임무 지역과 기간을 명시적으로 제한하여 여기에 우리 군이 반드시 주도적으로 참여할 수 있도록 한다. 이와 함께 북한에 대한 긴급 인도적 지원을 위해 유엔과 그밖의 국제기구, 비정부기구(NGO) 및 민간외교 채널을 활용한다.

(3) 북한 신정권과의 관계 설정

북한이 자체적으로 급변사태를 수습하면서 새로운 정권이 등장할 때에도 대비해야 한다. 과거 김일성 주석의 사망과 김정일 정권의 수립, 그리고 김정일 위원장의 사망과 김정은 정권의 수립 때에 우리 정부는 침묵으로 일관하였다. 이에 비해 당시 중국정부는 신속하게 신정권을 승인하고 지지해 조기에 관계를 정상화한 바 있다.

북한의 신정권에 대한 우리 정부의 입장은 보수파가 집권하느냐, 개혁파가 집권하느냐에 따라 달라질 수 있다. 만약 북한에서 개혁파가 집권하게 된다면 우리 정부는 지체 없이 북한의 신정부를 지지해야 하며, 보수파가 집권하는 경우에도 대북 관여의 끈을 놓쳐서는 안 된다. 북한의 보수파 정권이 북한주민들을 학살하면서 등장했다면 대북 접근에 신중할 필요가 있지만, 그렇다고 우리 정부가 아무런 조치도 취하지 않는다면 북한 내부에서 그 이상의 숙청과 학살이 지속될 수 있기 때문이다.

어떤 상황이든 우리 정부는 북한 신정부와의 대화 재개에 나설 필요가 있다. 상황전개 양상에 따라 '북한주민의 자결권 존중' 또는 '남북 당사자 원칙'에 입각한 외교정책을 천명하고, 북한에 대해서는 즉각적으로 휴전협정을 대체하는 잠정평화체제 협상을 제의함으로써 협상의 성사와 관계없이 우리 정부의 대북 개입 명분을 축적한다. 이때 남북한 당사자 원칙을 외교적으로 견지하되 미국 및 중국 등 핵심 주변국과는 긴밀한 공조체제를 유지한다.

3. 벌병: 군사적 관리

(1) 체제혼란 속 북한군의 대남 국지도발 억제

북한 내의 급변사태가 지속될 경우에 북한군의 전면 남침 가능성은 상대적으로 높지 않으며, 내부모순을 외부로 돌리기 위한 의도에 따라 북한군의 국지적, 부분적 대남 군사도발은 가능할 것으로 예상된다. 북한군의 대남 국지도발을 사전에 탐지하기 위해 외교·국방채널을 활용하여 긴밀한 한·미 공조체제를 강화하고, 정보감시태세(WATCHCON)로 격상하고 연합정보자산을 증가 운용함으로써 대북 조기경보를 강화한다. 또한 북한 비상사태가 전개되는 양상에 맞춰 적정 수준의 연합방위태세를 강화하도록 한다. 북한군부의 동향이 심상치 않다고 판단될 경우에는 방어준비태세(DEFCON) 수준을 격상하고 신속억제방안(FDO)과 전투력 증강(FMP) 조치를 시행하도록 한다.

북한군의 대남 공격에 대해 어떠한 경우든 저지, 격퇴하는 것은 당연한 우리 군의 임무이다. 하지만 이것이 북한군 최고사령관의 명령에 의한 것인지 아니면 일선 군부대 지휘관에 의한 단독공격인지에 따라 우리 군의 대응방식이 결정되어야 한다. 중앙통제를 받지 않은 일선 북한 군부대의 단독도발일 경우에는 저지, 격퇴하는 선에서 우리 군의 대응을 제한하는 것이 바람직하다. 다만, 우발적 도발이더라도 일선 북한 군부대가 대량살상무기를 사용할 경우는 효과적인 작전수행을 위해 작전범위를 휴전선 너머로 확대할 필요성이 있다.

또한 서해 5도 등 북한의 군사적 도발 가능성이 높은 접적지역에서 우리 군은 즉각 대응할 수 있는 전투준비태세를 유지하도록 한다. 또한 예비군을 비상소집하고 합동작전을 수행하기 위한 민·관·군 협조체제를 구축한다. 이 때 북한의 무력도발 징후가 포착되면 강력히 응징하겠다는 경고 성명을 내놓되, 북한군의 도발 구실을 제공할 수 있는 과도한 군사행동을 자제하는 등 남북간 우발행동 및 군사충돌 방지 조치를 시행한다.

(2) 북한 내전상황의 군사적 파급에 대비

북한 내부의 혼란이 군부 간의 장기대치(내전) 상황으로 악화될 경우, 유혈사태가 남으로 확산되거나 남북 군대의 무력충돌로 비화되지 않도록 관리해야 한다. 필요할 경우 휴전선 북방 수 km 내에서 벌어지는 북한내부 군부대들 간의 유혈충돌이나 대규모 군사이동 또는 전투기와 군함의 활동에 대해 상대를 불문하고 대남 군사적 적대행위로 간주한다는 선언함으로써 북한 내 군사대치세력에게 강력한 경고를 발동한다.

전면전으로 확대될 수 있는 북한 최고사령관의 유일적 지휘에 의한 대남 무력도발보다는 전방지역 군부대끼리의 내전이 남쪽으로 군사적 파장을 미칠 수 있다. 그러므로 북한 내부의 내전상황이 장기화되고 확대될 경우, 북한 특정지역 내의 남쪽지역 일정 구역을 비행금지구역(NFZ)으로 선포하는 방안을 고려해 볼 수 있다. 인천공항 및 주요 항만 등을 오가는 민간 항공기와 함선들의 출입경로를 조정하고 필요할 경우에는 우리 해공군의 엄호 아래에서 이동하도록 조치한다.

(3) 북한 대량살상무기에 대한 통제 및 사용억제

북한당국이 내부 급변사태로 인해 핵통제 능력을 상실했거나 상실할 위험에 처해 있을 경우, 조건 없이 동북아 6자회담의 즉각 개최를 추진하되 북한대표의 참여가 불가능한 때에는 '6-1 회담'을 개최한다. '6-1 회담'에는 국제원자력기구(IAEA)도 참여하여 북한 핵의 외부유출 가능성을 차단하는 국제공조를 집중 논의하도록 한다. 여기서 북한당국에 의한 핵통제가 이루어지지 않으면 국제사회의 물리적 개입이 불가피함을 경고한다.

우리 정부는 북한당국이 IAEA 사찰관의 즉각적인 현장접근에서부터 모든 핵프로그램의 동결을 조건으로 북한 신정권에 대한 외교적인 인정과 대규모 경제지원을 약속하는 국제선언을 주도한다. 그러나 북한당국이 비핵화를 약속을 이행하지 않을 경우 대북 경제적 지원을 보류할 수 있다는 부칙조항을 결의안에 추가함으로써 북한 신정부의 비핵화 이행을 압박하도록 한다.

북한의 핵프로그램을 제외한 대량살상무기에 대해서는 한·미 공동대응의 원칙에 따라 시행한다. 북한 지도부 또는 군부의 대량살상무기

사용 움직임을 조기에 파악하기 위해 한미 연합 정보수집 및 조기경보 태세를 강화한다. 만약 북한측의 대량살상무기 사용 움직임이 포착됐을 경우에는 즉각 군사적 대응조치를 강구한다. 군사적 대응조치는 명확한 전략목표에 따라 예상되는 피해의 정도, 대량상무기의 사용 징후, 국제적 여건, 군사조치의 실효성 등을 신중히 검토하여 결정한다.

대량살상무기의 관련 상황에 따라 적정한 범위 내에서 외교적 압력이나 경제제재와 같은 비군사적인 대응 방식을 취하되, 북한의 대량살상무기 위협이 지속될 경우에는 대북 무력시위, 해안 봉쇄 및 차단, 미사일 기지의 파괴 또는 특수부대를 통한 기지 접수 등과 같은 군사적 대응조치를 마련해 시행한다. 이와 더불어, 북한의 대량살상무기 공격에 대비해 국내 주요한 시설·인원에 대한 방호조치 방안을 병행해 시행하도록 한다.

V. 북한 체제의 연착륙을 위하여

우리가 가장 피해야 할 북한 체제의 시나리오는 김정은 체제가 핵 가진 개도국가의 길을 가서 궁극적으로 사회주의 강성대국으로 순비행(順飛行, smooth flight)하는 경우가 될 것이다. 하지만 미국은 물론 중국, 러시아 등 국제사회가 핵무기비확산조약(NPT) 체제의 근간을 무너뜨릴 수 있는 북한의 핵무기 보유를 인정하려 하지 않을 것이다. 실제로 중국과 러시아는 북한이 핵실험과 대륙간탄도미사일 시험발사를 감행하자 유엔안보리 대북 제재 결의안에 찬성표를 던졌다.

그렇다면 현실에서 있음직한 북한 체제의 시나리오는 무엇인가? 그

것은 김정은 체제가 핵 가진 개도국가의 길을 가려 하다가 좌초해 경착륙해 핵 가진 실패국가로 전락하거나, 경제제재 속에서 내부결속을 통해 자력갱생, 자급자족으로 그럭저럭 버티며 난비행하면서 핵 가진 불량국가로 남는 경우가 될 것이다. 두 시나리오는 모두 한반도 정세의 불확실성을 높이는 요인으로서 우리 안보에 부담으로 작용하게 될 것이다.

우리의 입장에서 가장 바람직한 것은 김정은 체제가 '핵 없는 개발도상국'의 길을 가는 연착륙 시나리오이다. 북한당국이 단기간 내에 핵무기를 포기할 가능성이 높지 않다는 점에서, 연착륙 시나리오의 경우에도 당장 한반도 비핵화가 이루어지는 빅뱅이 일어나기보다는 북·미 간에 단계적 비핵화 과정에서 잠정합의에 따른 굿이너프딜이 이루어지면서 국제사회의 대북 경제제재가 일시적·부분적으로 유예되고 남북경협 및 국제사회의 자본, 기술이 들어가 북한경제가 점차 회복해 가는 구상이다.

그런 점에서 우리 정부는 북한 체제의 연착륙을 위해 최선책이 아니라도 북한의 비핵화 진전과 개혁·개방 지원을 하나의 프로세스에 넣어 관리하는 차선책을 준비해야 할 것이다. 북한의 시장경제화를 촉진하기 위한 개발협력과 투자를 본격화하고, 이를 통해 북한 내부에서 개혁파들의 경제적 기반을 만드는 내용이 담겨야 한다. 또한 북한주민들의 친남화를 위해 인도적 지원을 확대 강화하는 내용이 포함되어야 한다. 이를 통해 남북한의 평화공존을 제도화하고 이를 토대로 점진적으로 평화통일로 나아가는 기반을 구축해 나간다.

북한이 연착륙을 통해 핵 없는 개도국가로 가는 정상국가화도 크게 두 갈래 길로 나뉘어 살펴볼 필요가 있다. 하나는 개혁·개방과 민주화를 통해 미국이 주도하고 있는 현 국제경제질서에 편입하여 경제성장을 도모하는 자유주의 정상국가화이고, 다른 하나는 미·중 전략경쟁이 심화되고 있는 현 국제정세 속에서 제한적 개혁·개방과 당국가체제 강화하면서 중국과의 경제협력을 강화해 사회주의 정상국가로 가는 길이다. 현재 김정은 체제가 중국의존형 경제성장을 해 왔고 중국 주도의 아시아 지역가치사슬(RVC)에 편입될 가능성이 높은 점 등을 고려할 때 후자의 길을 걷게 가능성이 높은 것으로 보인다.

하지만 평양에서 베이징으로 가기 위해서도 워싱턴의 관문을 지나지 않으면 안 된다. 중국조차도 새로운 국제질서를 창출해 미국과 경쟁하기보다는 틈새에서 힘을 키워왔으며, 미국이 중국을 글로벌 가치사슬(GVC)에서 배제하려고 움직이자 이제 대안을 마련하고 추진해가는 초기 단계에 있기 때문이다. 따라서 북한 체제가 사회주의 정상국가든 자유주의 정상국가든 연착륙해 사회주의 강성국가라는 김정은 위원장의 꿈을 실현하기 위해서라도 핵을 포기하고 개발도상국가의 길로 나아가지 않으면 안 될 것이다.

제6장

벌모(伐謀) : 북한 연착륙을 위한 경제 해법
- 북한경제의 출구전략과 국제경제체제 편입 -

I. 자력갱생 전략은 북한경제의 대안이 될 수 있나

2019년 2월 27~28일에 열렸던 하노이 북·미 정상회담에서 합의가 불발된 이후 북한은 새로운 길을 모색하기 시작했다. 그 해 4월 12일 최고인민회의 시정연설에서 김정은 위원장은 "적대세력들의 제재 해제 문제 따위에는 이제 더는 집착하지 않을 것이며 나는 우리의 힘으로 부흥의 앞길을 열 것"이라고 밝혀 새로운 경제전략을 시사했다.[1] 북한이 설정한 12월 말이 되자 제7기 제5차 당 전원회의를 열고, 이 자리에서 김 위원장은 "제재 압박을 무력화시키고...새로운 활로를 열

---

[1] 김정은, "현 단계에서의 사회주의 건설과 공화국 정부의 대내외 정책에 대하여(최고인민회의 제14기 제1차 회의 시정연설, 2019.4.12.)," 『조선중앙통신』, 2019년 4월 13일.

기 위한 정면돌파전"을 선언하였다.2)

2020년 들어 코로나19 감염병과 태풍 피해가 발생되자 2월과 4월, 6월에 당 정치국회의를 열고 대책 수립과 함께 일부 경제목표를 수정하였다.3) 또한 2020년 8월 19일 제7기 제6차 당 전원회의에서는 2021년 1월에 당 대회를 소집해 새로운 5개년 국가경제개발계획을 제시한다고 발표하였고, 10월 10일 당창건 75주년 기념 열병식 연설에서 김 위원장은 "(부흥번영의 리상사회). … 실현을 위한 방략과 구체적인 목표를 제시하게 될 것이며 인민의 행복을 마련해 나가는 우리 당의 투쟁은 이제 새로운 단계에로 이행하게 될 것"이라고 약속했다.4)

그런 만큼 제8차 당대회에서 어떤 획기적인 경제전략이 나올 것인지 주목을 받았다. 하지만 김 위원장은 "새로운 국가경제발전 5개년계획의 기본종자, 주제는 여전히 자력갱생, 자급자족이다"고 밝혀 전혀 새롭지 않은 자력갱생 전략을 다시 내놓았다.5) 김 위원장도 스스로 밝혔듯이 이는 지난 5개년 경제전략의 성과 부진을 메우기 위한 '정비전략이자 보강전략'으로 온전한 5개년 경제개발계획이 아니다. 그런 점에서 북한당국은 3차 7개년계획(1987~1993)이 사실상 실패로 끝나자 3년간의 완충기(1994~1996)를 두고 선행부문(석탄·전력·철강)에 집중했던 것과 유사한 방식을 취한 것이다.

---

2) 『로동신문』, 2019년 12월 31일.

3) 김영희, "2020년 북한경제와 향후 전망," 『KDB 북한개발』, 2020년 겨울호 (통권 제23호), pp.63~66.

4) 김정은, "당창건 75주년 기념 열병식 연설," 『조선중앙통신』, 2020년 10월 10일.

5) 김정은, "조선로동당 제8차대회에서 한 당중앙위원회 사업총화보고," 『로동신문』, 2021년 1월 9일.

하지만 코로나-19가 지속되고 있어 북·중 교역마저 사실상 중단한 상태에서 자력갱생 전략의 성공 전망은 불투명하다. 벌써부터 북한당국은 2021년 2월 8~11일 제8기 제2차 당 전원회의를 열어 2021년도 경제사업의 점검에 들어갔다. 김정은 위원장은 "올해 경제사업계획에 당대회의 사상과 방침이 정확히 반영되지 않았으며 혁신적인 안목과 똑똑한 책략이 보이지 않는다"고 지적하면서 "내각에서 작성한 올해 인민경제계획이 그전보다 별로 달라진 것이 없다"고 질타했다.

이처럼 북한당국이 제8차 당대회에서 경제계획을 수립한 지 한 달도 안 돼 경제사업의 점검에 들어간 것은 김 위원장의 강력한 자력갱생 의지를 보여준 것이기도 하지만, 이러한 경제계획들이 현실화되기가 쉽지 않다는 반증이기도 하다.[6] 지금 김정은 위원장이 경제분야의 여러 부문 사업들에서 '중앙집권적 자력갱생 전략'을 부르짖고 있지만 외부로부터의 자원 투입이 없이는 성과는 회의적일 수밖에 없다.

북한당국에 의한 국가 통제가 장기화되면 시장에 대한 외부경제의 영향력을 차단하는 것을 넘어 시장활동이 위축되고 주민들의 생활고도 심화될 수밖에 없을 것으로 전망되고 있다. 그런 점에서 북한은 당면한 경제난을 타기하기 위해서는 현재의 폐쇄적인 자급자족 경제에서 벗어나기 위한 출구전략을 채택하지 않을 수 없을 것이다. 궁극적으로 경제강국 건설의 목표를 실현하기 위해 북·미 관계를 정상화하여 국제경제체제로 편입되지 않으면 안 될 것이다.

여기서는 북한 체제가 경제적으로 연착륙하기 위해서는 우선 현재와 같은 자력갱생, 자급자족의 경제전략에서 벗어나는 것이 불가피하

---

6) 당중앙위 제8기 2차 전원회의에서는 지난 1월 10일의 제1차 전원회의에서 임명된 김두일 당 경제부장을 한 달 만에 경질하고 당 경제부장을 역임했고 제1차 전원회의에서 제2경제위원장으로 임명했던 오수용으로 교체했다.

다고 보고 이에 대한 3단계 출구전략을 제시하였다. 북한이 현재와 같은 자력갱생 전략의 기조를 유지하더라도 '경제강국 건설과 인민생활 향상'을 위해서는 개발자금의 확보, 선진기술의 도입, 외국인투자의 정치적·경제적 리스크 감소 등을 위해 국제경제체제의 편입을 추진하지 않을 수 없다. 그런 점에서 김정은 정권이 취해야 할 3단계 경제적 출구전략과 국제경제편입의 추진방안을 제시하고자 한다.

II. 북한경제의 3단계 출구전략

김정은 위원장은 제8차 당대회 사업총화보고에서 당분간 도발이나 대화보다 내부정비에 집중하겠다는 의지를 표명하였다. 하지만 새로운 경제개발 5개년계획의 성공을 위해 외부의 경제적 지원·협력 없는 자력갱생 전략으로는 성공할 수 없다. 역설적으로 북한의 자력갱생 전략이 성공하려면 남북관계 및 북·미 관계의 개선이 필요하다.

김 위원장도 밝혔듯이, 북한이 당면한 경제적 어려움은 장기적 제재와 코로나19 감염병, 자연재해의 3중고에 기인한다.[7] 이 가운데 자연재해는 북한의 자구노력으로 어느 정도 극복이 가능하지만, 장기적 제재와 코로나19 사태는 자체적으로 극복하기가 쉽지 않다. 그런 점에서 북한당국의 출구전략은 △코로나19 감염병 상황과 △유엔안보리 제재의 영향을 받지 않을 수 없다. 여기서는 두 가지 변수를 중심으로 북한이 취할 것으로 보이는 출구전략을 3단계로 제시해 본다.

---

7) 김정은, "당창건 75주년 기념 열병식 연설."

1. 북한경제의 출구전략 제1단계

(1) 조건: 코로나19 감염병과 대북제재의 지속

미국과 영국, 러시아, 중국 등에서 코로나19 감염병 백신이 개발되어 보급되고 있으나, 북한주민에게까지 보급되려면 시간이 많이 걸릴 것으로 보인다. 백신이 완성되는 데는 짧게는 10년, 길게는 30년이나 걸리는데, 이는 백신의 개발보다 유효성과 안전성을 검증하는데 시간이 더 걸리기 때문이다.[8] 하지만 코로나19 감염병의 확산 상황에서 제약회사들은 이 기간을 1년으로 단축해 백신 보급에 나서고 있다.[9]

현재 북한은 코로나19 감염병 대책으로 주민들의 이동을 전면적으로 통제하는 전통적인 '록다운(lockdown)방역'을 채택해 왔다.[10] 북한 당국은 2020년 1월 코로나19가 발생하자, 유엔안보리 결의 2397호에 따라 2019년 12월 22일까지 귀국한 해외파견근로자들과 접촉자들을 사회에서 분리해 쿼런틴 방역을 실시했다. 심지어 북한당국은 경제적

---

8) 김 훈, "10년 걸리는 백신 개발, 18개월 안에 성공하기," 최종현 학술원 편, 『코로나19: 위기·대응·미래』, 도서출판 이음, 2020년 11월 20일, p.198.

9) 제롬 김, "초고속으로 개발한 백신이 과연 안전할까?," 최종현 학술원 편, 『코로나19: 위기·대응·미래』, 도서출판 이음, 2020년 11월 20일, pp.148~155.

10) 이러한 감염병 방역을 위한 격리 조치를 '쿼런틴(quarantine) 방역'이라고도 하는데, 이것은 흑사병으로 승객을 40일간 항구에서 격리했던 데서 나온 '40'을 가리키는 이탈리아어에서 유래됐다.

어려움에도 불구하고 북·중 국경도 폐쇄해 사실상 무역도 중단했다.

현재 주요 선진국에서 개발된 코로나19 감염병 백신은 신속 절차에 따라 전세계적으로 보급되고 있다. 하지만 북한과 같은 빈곤국은 다국적제약사로부터 직접 구매하지 못하고 국제기구의 도움을 받게 될 것으로 보인다. 현재 세계보건기구(WHO)·유엔아동기금(UNICEF)으로부터 무료로 백신을 공급받아 접종을 실시에 관해 협의하고 있지만,[11] 제한된 물량 때문에 후순위로 밀릴 수밖에 없다.[12]

이처럼 코로나19의 확산이라는 악조건 속에 있지만 국제사회의 경제제재는 여전히 지속될 것으로 보인다. 바이든 미 행정부는 북·미 대화의 재개보다 한·미·일 공조 재구축에 우선순위를 두고 있고, 북·미 대화가 재개되더라도 일정한 비핵화 진전이 이루어지기 전까지는 흔들림 없이 대북 제재를 지속한다는 입장이기 때문이다.

(2) 정책방향: 자립적 토대의 구축

국제사회의 대북제재가 존속되고 코로나19 방역 때문에 북·중 교역도 정상적으로 이루어지지 않는 가운데, 당분간 북한당국은 내부 경제개혁에 치중할 것으로 보인다. 제8차 당대회의 사업총화보고에서 김정은 위원장은 당면한 경제사업의 목표를 다음과 같이 밝히고 있다.

"현 단계에서 우리 당의 경제전략은 정비전략, 보강전략으로서 경제사업 체계와 부문들 사이의 유기적 련계를 복구 정비하고 자립적 토대를 다지기

---

11) 『자유아시아방송(RFA)』, 2021년 2월 12일.

12) 『연합뉴스』, 2021년 1월 28일.

위한 사업을 추진하여 우리 경제를 그 어떤 외부적 영향에도 흔들림 없이 원활하게 운영되는 정상궤도에 올려세우는 것을 목적으로 하고 있다."[13]

출구전략 제1단계의 대전제는 유엔안보리의 경제제재가 그대로 시행되고 있는 상황으로, 새로운 발전전략을 추진하기보다 김정은 위원장이 "국가경제의 장성목표들이 심히 미진되고 인민생활 향상에서 뚜렷한 진전을 달성하지 못한 결과"를 낳았다고 평가한 지난 국가경제발전 5개년 전략을 정비·보강하기 위한 '완충기'가 될 것으로 보인다.

첫 번째 역점사업들은 2020년에 닥친 수해가 완전히 극복되지 못한 상황에서 북한당국의 자구노력으로 극복 가능한 자연재해의 복구에 맞춰져 있다. 국내에서 조달 가능한 시멘트 분야 중심의 수해복구와 소규모 건설 및 토목공사 지속하기 위해 김정은 위원장은 살림집 건설계획을 밝히면서 시멘트와 건재의 증산을 독려하고 있다.

이번 김 위원장의 사업총화에서 유일하게 숫자를 제시한 것이 살림집 건설계획이다. 그는 평양시에 5만 세대 살림집 건설을 목표로 매년 1만 세대씩 짓고, 광산도시인 검덕지구에도 2만 5천 세대 살림집을 건설한다는 목표를 제시하면서,[14] 이에 필요한 시멘트 800만 톤 생산 계획도 밝혔다.[15] 당대회 결론에서는 "국가적으로 해마다 모든 시·군들에 시멘트 1만 톤씩을 보장해 주기 위한 사업을 강하게 추진"한다고 밝히고 있다.[16]

---

13) 김정은, "조선로동당 중앙위원회 사업총화."

14) 김정은, "조선로동당 중앙위원회 사업총화."

15) 김정은, "조선로동당 제8차 대회에서 한 결론," 『로동신문』, 2021년 1월 13일.

16) 김정은, "조선로동당 제8차 대회에서 한 결론."

두 번째 역점사업은 지난 시기 미완성 상태로 넘어온 국가경제발전 5개년 전략에서 미진한 부분을 보정, 보완하는 데 초점을 맞출 것으로 보인다. 또한 북한당국은 해외에 의존해 온 소재·부품과 중간재 수입이 제한되어 투자와 생산 확대가 어렵지만, 주체철 생산과 탄소하나화학공업 등 금속공업과 화학공업 등의 육성을 통해 국산화를 강화함으로써 경제의 자립적 토대를 강화하려는 것이다.

세 번째 역점사업은 관광산업의 재개에 대비한 인프라 건설에 맞춰져 있다. 이는 코로나19 감염병 백신의 보급과 집단면역의 형성으로 국경봉쇄가 풀릴 경우, 북·중 교역의 재개와 함께 관광사업에 주력할 것임을 시사하고 있다. 이와 관련하여 2021년도에는 두 차례 준공을 연기했던 원산·갈마 해안관광지구를 완공하고, 새롭게 금강산 관광지구의 개건작업에 착수하는 등 관광인프라 건설에 주력할 것으로 보인다.

네 번째 역점은 경제사업에 대한 국가의 통일적 지도와 전략적 관리의 강화하는 데 두고 있다. 이는 외부경제 영향력, 이른바 달러라이제이션을 차단하고 북한당국의 시장장악력을 높이는 기회로 적극적으로 활용하고자 하는 것이다. 이를 위해 달러화나 위안화 등 외화사용의 금지와 함께 밀수를 엄격히 처벌하고 있다. 이것은 자력갱생의 의미가 '각자도생'이 아니라 '중앙집권형 자력갱생'을 의미함을 보여준다.

2. 북한경제의 출구전략 제2단계

(1) 조건: 집단면역의 형성, 대북제재의 지속

주요 선진국에서 백신 보급이 시작되더라도, 북한까지 차례가 오려면 시간이 걸릴 수밖에 없다. 출구전략 제2단계는 중국과 러시아 등지에서 개발된 코로나19 감염병 백신이 어느 정도 유효성과 안전성이 검증되면서, 백신들이 북한에 본격적으로 보급되는 단계이다. 아마도 북한의 경우 국제기구 외에 중국이나 러시아 백신이 들어올 가능성이 높지만, 남북 방역협력이 이뤄질 경우 우리 정부가 국내 위탁생산했거나 구입한 백신의 일부를 북한주민을 위해 제공할 수도 있을 것이다.

인구 대비 70~80%의 백신 접종률이 달성됐을 때 집단면역에 도달할 수 있어 일상생활로 복귀할 수 있게 된다. 우리 정부도 2021년 1분기에 시작해 3분기까지 전국민의 70%가 접종해 11월까지 2차 접종을 마쳐 집단면역을 이룬다는 목표를 세워놓고 있다.[17] 백신의 보급 확대로 북한주민들 사이에서도 집단면역이 형성되면서 북한당국이 국경폐쇄를 풀게 될 것이다. 그에 따라 2020년 10월 이후 사실상 전면 중단됐던 북·중 무역과 인적 교류가 재개될 수 있다.

하지만, 바이든 미 행정부의 대북정책에 대한 리뷰가 끝나고 본격적으로 북·미 대화가 재개될 때까지는 상당한 시간이 걸릴 것으로 보인다. 북·미 대화의 전제조건으로 2020년 김여정 당 제1부부장(당시)의 7.10담화에서 대북 적대시 철회를 요구한 데 이어, 제8차 당대회의 사업총화보고에서도 김정은 위원장도 적대시정책의 철회를 내걸고 있다. 그런데 북측이 철회를 요구하는 대북 적대정책이 구체적으로 무엇을 가리키고 범위는 어디까지며 시기는 언제까지인지 명확치 않다.

설령 미국의 대북정책이 확정되고 북한이 요구하는 대로 적대시 철회가 이루어져 북한과 대화가 재개되더라도, 일정한 수준에서 비핵화에 관한 잠정합의가 이루어질 때까지 대북 제재 완화 문제는 논의조차

---

17) 『연합뉴스』, 2021년 1월 28일.

되지 못한 채 경제제재가 계속될 것이다.

(2) 정책방향: 대외경제활동의 재개

출구전략의 제2단계는 코로나19 감염병 사태 이전인 2020년 1월 초의 상황으로 돌아가는 것이 목표다. 당시 상황은 유엔안보리 결의 (UNSCR) 2397호에 의거해 해외파견근로자 전원이 2019년 12월 22일까지 북한으로 귀국하게 되어 있던 상황이었고, 북한당국은 이들을 대신해 관광산업을 육성해 부족한 외화벌이를 대신한다는 구상이었다. 하지만 코로나19가 창궐하는 바람에 김 위원장이 직접 챙겼던 원산 · 갈마 해안관광지구 준공식마저 연기하는 등 관광산업을 잠정 중단할 수밖에 없었다.

그런 점에서 출구전략 제2단계의 중점사업은 코로나19 사태가 진정되는 상황에 맞춰 제1단계에서 준공한 원산 · 갈마, 삼지연, 양덕온천 등 핵심 관광사업을 재개해 외화 수입을 늘려나가려 할 것으로 보인다.[18] 북한의 외국인 관광객은 주요 고객이 중국인이 될 가능성이 높지만, 북 · 미 대화가 재개된다면 신뢰구축 차원에서 재미동포의 이산가족방문이나 제3국을 통한 한국인 관광객의 시범관광이 이루어질 수도 있다.

또 다른 중점사업으로 국경 폐쇄의 해제에 따른 북 · 중 교역의 정상화로 유엔안보리 제재에 포함되지 않는 민수경제와 민생 관련 분야의 교역이 늘어날 것으로 보인다. 관계당국의 묵인 아래 북한근로자들이

---

18) 이해정 · 김성환 · 강성현, "북한의 관광정책 추진 동향과 남북 관광협력에 대한 시사점," 『전략지역심층연구』, 19-06, 대외경제정책연구원, 2020년 8월 3일, pp.216~221.

취업비자가 아닌 관광비자나 '기술학습생' 신분과 같은 편법, 또는 북·중 합영식당에 대학생 파견 등을 동원해 중국이나 러시아에서 단기 취업활동에 나설 소지가 있다.[19] 또한 국경 폐쇄로 중단됐던 밀무역도 재개될 가능성이 있다.

이처럼 북한당국이 관광산업을 재개하고 북·중 교역을 통해 제재에 포함되지 않은 원부자재 등의 수입이 늘어나고, 일부에서는 밀무역이 재개됨에 따라 경제회복이 본격화될 것으로 보인다. 특히 자립경제의 기반을 닦아온 북한의 경우는 외국으로부터 원부자재, 중간재의 수입이 가능해질 경우 그 동안 국경봉쇄에 따른 기저효과로 인해 매우 빠른 속도로 경제성장이 이루어질 것으로 예상된다.

3. 북한경제의 출구전략 제3단계

(1) 조건: 집단면역의 형성, 제재의 부분적 완화

출구전략의 3단계는 이전단계에서 백신의 보급으로 북한주민들 가운데 코로나19 감염병에 대한 집단면역이 형성된 것을 전제로 하고 있다. 이 단계에서는 적어도 코로나19에 따른 감염병 위험이 없어지고 국경을 넘나드는 자유로운 인적 교류가 가능한 상태이다.

또 다른 변수는 미국을 비롯한 국제사회의 대북제재가 일정한 수준

---

19) 유엔안보리 결의(UNSCR) 2371호는 북한의 해외근로자 신규 송출을 중단하고, UNSCR-2375는 기존 해외근로자가 계약 만료가 되면 송환해야 한다고 결의했으며, UNSCR-2397는 해외근로자 전원을 2년 내에 귀환하도록 강제하고 있다.

에서 부분해제될 수 있을지 여부이다. 북·미 간에 비핵화 실무협상이 재개되어 '잠정합의'에 이르더라도 상호 불신의 벽이 높기 때문에 단번에 높은 수준의 의견 일치는 어렵고 단계적인 교환을 통해 대북제재가 완화되어 갈 것으로 보인다.

제2차 북·미 정상회담을 앞두고 열린 비건 대북정책특별대표(당시)와 김혁철 대미특별대표(전 스페인 대사) 간의 예비회담에서 한반도 평화선언, 미군 유해 추가송환, 연락사무소 설치, 영변핵시설 가동중단과 일부 유엔제재 해제까지는 합의에 도달한 바 있다.[20] 북·미 정상회담에서는 김정은 위원장이 '영변핵단지 폐기'와 '부분적 제재해제'를 요구했으나 트럼프 대통령(당시)은 스몰딜이라며 일축해 버리는 바람에 협상이 결렬되고 말았다.[21]

트럼프 행정부의 톱다운 방식과 달리 실무협상을 중시하는 바이든 신행정부의 대북정책 기조로 보았을 때, 완전한 비핵화 이전에 실무협상 방식으로 몇 차례의 단계적인 잠정합의를 거칠 것으로 보인다. 그런 점에서 북·미 협상이 재개될 경우 비핵화의 단계에 맞춰 몇 차례의 잠정합의가 이루어지고 그에 따라 부분적인 제재완화도 단계적으로 확대될 수 있다.

---

20) 조성렬, 『한반도 비핵화 리포트: 포괄적 안보–안보 교환론』, 백산서당, 2019년 3월, pp.389~390.

21) 조성렬, "'작은 거래'가 아닌 '충분히 좋은 거래'가 되려면," 『내일신문』, 2021년 2월 9일.

(2) 정책방향: 국제경제 편입의 시동

북·미 간의 핵협상이 어느 정도 진전되어 '잠정협정'이 타결되면서 대북제재가 부분적으로나마 완화될 경우, 북한당국은 이를 토대로 본격적으로 새로운 국가경제발전 5개년 계획을 추진해 나갈 것으로 보인다. 특히 남북경협을 재개하고 제3국 합작사업을 점차 확대해 나가게 될 것이다.

북한당국은 사실상 운영이 중단됐던 경제개발구에 대한 해외자본의 투자 유치작업에 나설 것으로 보인다. 또한 중국의 쌍순환 경제전략에 편승해 새로운 북·중 합작사업을 추진하고자 할 가능성이 높으며, 점차적으로 철도연결 등 인프라 구축을 중심으로 북·중 양강무역대의 공동개발에 나설 준비를 할 것으로 보인다.

북·미 비핵화 협상이 크게 진전되어 높은 수준의 잠정합의가 이루어지고 대북제재의 부분해제가 확대될 경우, 북한당국은 국제경제체제에 편입하기 위한 준비작업에 본격적으로 나서게 될 것이다. 유엔안보리의 대북제재나 미국의 독자제재의 해제는 북한이 경제성장할 수 있는 장애물을 제거해 주는 것일 뿐으로, 본격적인 경제성장은 국제금융기구의 지원을 받았을 때 가속화할 수 있기 때문이다.

이상에서 살펴본 북한경제의 3단계 출구전략을 조건, 정책방향, 세부내용에 따라 정리하면 <표 6-1>과 같다.

〈표 6-1〉 북한경제의 3단계 출구전략

	조 건	정책방향	세부내용
제1단계	코로나19 제재 지속	자력갱생 기반 마련 기존 계획의 보완·정비	- 자연재해 극복 - 원·부자재, 중간재의 국산화 가속화 - 관광산업의 인프라 구축 - 경제사업에 대한 국가관리체계 완비
제2단계	집단면역 제재 지속	대외교역의 재개	- 북·중 교역의 재개 - 개별관광의 재개 - 자급자족 노력의 지속
제3단계	집단면역 제재 완화	국제경제 편입 시동	- 경제개발구의 투자 유치 - 남북경협의 재개 - 북·중 분업의 가동 - 북·중 양강경제대 공동개발 착수

III. 북한경제의 국제경제체제 편입 추진방안

1. 대북 경제제재의 주요 유형22)

제8차 당대회를 통해 북한당국이 자력갱생 경제전략을 제시했지만, 본격적으로 경제성장을 달성하기 위한 최대과제는 무엇보다 유엔안보리나 미국 등이 부과하고 있는 경제제재에서 벗어나는 것이다. 현재 북한에 가해지고 있는 경제제재는 크게 △ 무역, 투자, 금융거래의 금지 조치, △ 전략물자의 금수조치, △ 국제금융기구의 가입 거부 조치, △ 최혜국 대우(MFN-T)의 금지 등 네 가지 유형으로 되어 있다.

---

22) 조성렬, 『한반도 비핵화 리포트: 포괄적 안보-안보 교환론』, pp.340~341 에서 옮겨 실음.

첫째로, 무역, 투자, 금융거래의 금지이다. 이것은 유엔안보리 결의 및 미국 등의 법률 또는 행정명령에 따라 북한과의 직간접적인 교역이나 투자, 금융거래 등 전 분야에 걸쳐 경제교류를 중단하는 조치이다. 이는 엠바고(embargo)라고도 부르고 있다.

둘째로, 전략물자의 금수조치이다. 전략물자의 금수조치는 미국 행정부가 「수출관리법」의 시행령인 「수출관리령(EAR)」을 북한에 적용하여 각종 기계설비를 북한에 반입하여 생산활동을 벌일 수 없도록 규제하는 것이다. 미국의 「수출관리령(EAR)」에 기초하여 전용품목별로 「바세나르 협약」(Wassenar Arrangement, 일반적인 전략물자 수출 통제), 「핵공급국그룹」(Nuclear Supplier Group, 원자력 관련 물품 및 기술 수출 통제), 「호주그룹」(Australia Group, 생화학물질 수출통제), 「미사일기술통제체제」(MTCR) 등 네 개의 통제체제를 수립하였다. 네 체제 모두 이중용도 품목을 규제하고 있다.

셋째로, 국제금융기구의 가입을 거부하는 조치이다. 국제금융기구의 미국인 이사가 북한이 회원국으로 가입하지 못하게 하기 위해 거부권을 행사하도록 미국 법률로 규정하고 있다. 북한이 국제금융기구의 회원국이 되지 못하면 국제금융기구로부터 차관 공여가 사실상 불가능하다.

넷째로, 최혜국 대우(MFN-T)의 금지조치이다. 미국 행정부가 「무역법」의 잭슨-배닉 조항(Jackson-Vanik Amendment to the Trade Act of 1974)을 북한에 적용해 북한산 제품에 대해 높은 관세를 매김으로써 세계 최대시장인 미국 시장 접근을 사실상 차단하고 있다.23) 미국 시

---

23) 「무역법」(1974) 개정법률 때에 산입된 잭슨-배닉 개정조항은 사회주의국가들에 대한 최혜국대우 부여를 해당 국가의 인권상황(특히 국외이주의 자유)과 연계시켜 대통령의 최혜국대우 부여 권한을 제한하였다.

장에 접근할 수 없게 되면 해외투자가들의 대북 투자가 이루어지기 쉽지 않으며, 경제개발구 사업도 성공을 거두기 어렵다.

2. 유엔안보리 대북제재의 완화 및 해제 절차

2019년 2월 27~28일 제2차 북·미 정상회담에서 북한당국의 요구사항에서 보듯이, 북한은 국제경제체제의 편입을 위한 최우선 조치로서 유엔안보리의 대북제재 해제를 추진하고 있다. 유엔안보리의 대북제재 해제는 과거에 결의한 각종 결의안에 대해 유엔안보리가 새롭게 해제 결의를 채택하는 방식으로 진행된다. 그렇기 때문에 어떤 결의부터 해제하느냐는 문제와 어떤 물품의 상한선부터 폐기할 것인가의 문제 등이 논의의 초점이 된다.

(1) 유엔 1718위원회[24]

현재 유엔(UN) 차원의 대북제재는 유엔안보리 결의안 1718호에 의거하여 설립된 '1718 대북제재위원회(The 1718 Democratic People's Republic of Korea Sanctions Committee)'가 집행하고 있다. 1718 대북제재위원회의 주요 활동사항으로는 △제재 위반 사항에 대해 적절한 조치, △유엔 회원국들의 제재조치 이행에 대한 정보 수집, △제재의 예외(exemption)에 대한 요청(requests)과 통지(notifications)에 대한 숙

---

24) 조성렬, 『한반도 비핵화 리포트: 포괄적 안보-안보 교환론』, p.342에서 옮겨실음.

의와 결정, △제재 대상이 되는 개인과 단체에 대한 지정, 추가적인 제재 품목 결정, △유엔안보리에 북한제재 관련 사항 보고서를 매 90일마다 제출하는 것 등이다.

〈표 6-2〉 북측이 부분해제를 요구했던 민수, 민생 부분을 포함한
유엔안보리 제재 내용

결의안	배 경	주요내용
UNSCR 2270 (2016.3)	증폭분열 폭발장치 4차 핵실험 실시	-금·티타늄·희토류 수출 전면금지(민생 목적 제외) -북한 은행의 유엔회원국 내 지점 개설 금지. 기존 지점 폐쇄. -회원국의 북한내 사무소·계좌 개설 금지.
UNSCR 2321 (2016.11)	증폭분열 핵탄두 5차 핵실험 실시	-석탄 수출 4억 달러, 수출량 750만톤 중 적은 쪽으로 상한설정 -은·동·아연·니켈 수출 금지 -모든 대북 공적·사적 금융 지원 금지(대량살상무기 연관성 삭제) -회원국 선박·항공기에 북한 승무원 고용 금지 -회원국의 북한 내 선박 등록 금지 -북한 선박 인증·선급·보험 제공 금지
UNSCR 2371 (2017.8)	대륙간탄도미사일 화성14형 시험발사	-석탄·철·철광석 수출 전면 금지, -납·납광석·수산물 수출 금지 -북한과 기존 합작사업 확대 및 신규 사업 금지
UNSCR 2375 (2017.9)	수소핵탄두 6차 핵실험 실시	-대북 원유 공급 연간 4백만 배럴, -정유제품 공급 2백만 배럴로 제한 -LNG·콘덴세이트(천연가스 유래 액체 탄화수소) 대북 수출 금지 -북한 직물 및 의류 수출 금지 -북한 선박과 공해상 물품 이전 금지 -해외 북한 근로자 신규 고용 금지, 기존 근로자 계약 연장 금지 -회원국과 북한의 기존 합작사업체 폐쇄
UNSCR 2397 (2017.12)	대륙간탄도미사일 화성15형 시험발사	-해외파견 북한근로자 24개월내 귀환 -북한 식품·토석류·목재류·선박·기계·전기기기 수출 금지 -대북 산업용기계·금속류·운송수단 수출 금지 -대북 정유제품 공급 제한 연간 2백만 배럴->5십만 배럴로 하향

<출처> 전략물자관리원,『대북제재 참고 자료집 4.0: 유엔안보리 결의 2397호 및 미국 독자제재 등』, 남북교류협력지원협회, 2018년 9월, pp.12~13.

유엔 차원의 경제제재는 해제 절차도 규정하고 있는데, 이를 그대로 대북제재의 해제에도 적용할 수 있다. 유엔의 제재대상에 오른 개인 또는 단체가 제재대상에서 지정해제(De-listing)되는 방식에는 두 가지가 있다. 하나는 유엔 회원국들이 1718위원회에 지정해제를 요청하는 간접적 방식이고, 다른 하나는 제재대상이 된 개인이나 단체가 '지정해제수렴기구(The Focal Point for De-listing)'에 해제를 요청하거나 자국 정부를 통해 '지정해제 수렴기구'에 요청하는 직접적 방식이다.

(2) 유엔의 제재 보류 및 해제 절차[25]

유엔안보리가 대북제재를 채택하기 위해 유엔안보리 결의가 필요한 것처럼, 대북제재의 보류 또는 해제를 위해서도 유엔안보리 결의나 법률, 행정명령에 명확한 절차를 밟아야 한다. 2006년 「유엔 제재에 관한 실무그룹 보고서」는 "안보리가 제재의 범위와 완화 또는 해제의 기준을 보다 명확하게 규정해야 한다"고 지적하고 있다.[26] 하지만 유엔안보리 제재의 완화 또는 해제에 대해서는 아직까지 명확한 규정이 존재하지 않으며, 기존 사례를 통해서 그 패턴을 유형화할 수 있을 뿐이다.

유엔안보리의 제재에 관한 완화 또는 해제에 관한 조건과 절차를 명

---

25) 조성렬, 『한반도 비핵화 리포트: 포괄적 안보-안보 교환론』, pp.356~357에서 옮겨실음.

26) 2006년에 발간된 유엔안보리 제재에 대한 실무그룹 보고서는 "안보리가 제재의 범위와 완화 또는 해제의 기준을 보다 명확하게 규정해야 한다"고 지적하고 있다. United Nations, *Report of the Informal Working Group of the Security Council on General Issues of Sanctions*, UN Doc. S/2006/997, December 22, 2006.

시하지 않은 경우와 명시한 경우로 나누어볼 수 있다.

첫 번째 경우는 유엔안보리 제재의 완화 및 해제에 관한 조건과 절차가 명시되지 않은 경우이다. 일반적인 유엔안보리의 의사결정 절차를 밟아 제재의 완화 또는 해제를 결정할 수 있다.27) 유엔안보리의 대북제재 결정과 마찬가지로 제재의 완화나 해제의 결정도 정치적 행위이므로 절차와 과정보다는 안보리 이사국들 사이의 정치적 합의가 더 중요한 요소로 작용한다.

두 번째 경우는 유엔안보리 제재의 완화 또는 해제에 관한 조건과 절차가 제재안에 명시된 경우이다.

첫째, 제재안에 제재의 일몰조항(Sunset Clause)에서 시한이 포함이 되어 있는 경우로서,28) 대체로 12개월을 주기로 하여 제재의 연장여부를 결정하도록 한다.

둘째, 제재안에 제재를 집행하는 위원회에서 '재제에 대한 검토' 규정이 포함된 경우로서, 검토 절차가 제재의 완화나 해제 절차를 의미하지는 않으나 검토 절차를 통해 제재의 지속 여부를 결정할 기회가 마련된다고 간주된다.

셋째, 제재안에 제재를 완화 또는 해제하는 조건이 규정된 경우이

---

27) UN 안보리의 의사결정 절차에 대해서는 다음을 참조. UN Security Council Working Methods https://www.securitycouncilreport.org/un-security-council-working-methods/procedural-vote.php

28) 일몰시한이 정해진 제재는 대체로 갈등을 관리하거나 민간인을 보호할 목적으로 제재를 부과하는 경우에 해당된다. 반면 비확산, 테러와 같은 국제안보와 관련된 사안으로 부과된 제재는 일몰시한을 두지 않는 것이 통상적인 예이다. Weschler, Joanna. "The Evolution of Security Council Innovations in Sanctions," *International Journal*, Winter 2009-2010, p.41.

다. 유엔안보리가 대북제재를 완화하거나 해제하기 위한 절차와 규정을 명기한 경우 그 절차와 규정에 의거해 조치를 이행한다.

해외 사례를 보면, 제재의 해제 절차와 규정은 사안별로 차이가 난다. 탈레반에 대한 제재 해제를 결의한 UNSCR 1267호의 경우, 유엔 사무총장이 안보리에 탈레반이 의무사항을 준수하였다는 보고를 하고 이를 통해 일부 제재를 해제하였다.29) 이에 비해, 이란핵합의(JCPOA) 이후 UNCSR 2231호의 제7절에는 국제원자력기구(IAEA) 사무총장이 이란이 요구조건을 충족시켰다는 사실을 안보리에 보고하면 제재를 해제30)하도록 규정하고 있다. 이 결의안에는 JCPOA에 참여하는 국가 중 하나가 이란이 합의사항들을 위반했다고 안보리에 통보하면 안보리의 투표를 거쳐 30일 이내에 모든 제재 조치를 복원하도록 하는 스냅백(snap-back) 조항31)이 포함되어 있다.

3. 미국의 대북제재 보류 및 해제 절차32)

미국은 기존의 일반법령 외에 유엔안보리를 통한 대북제재를 추진해 왔으나, 북한의 핵능력이 고도화됨에 따라 2016년 이후부터는 미 의회가 직접 북한만을 대상으로 하는 대북제재법령을 제정하여 제재

---

29) UN Security Council Resolution. 1267, para. 14.

30) UN Security Council Resolution. 2231, supra note 2, para. 7.

31) UN Security Council Resolution. 2231, supra note 2, para. 12.

32) 조성렬, 『한반도 비핵화 리포트: 포괄적 안보−안보 교환론』, pp.357~360 의 내용을 옮겨실음.

를 강화하고 있다. 미국의 대표적인 대북제재법은 2016년 2월에 제정된 「대북 제재 · 정책 강화법」(North Korean Sanctions and Policy Enhancement Act of 2016)'이며, 2017년 8월 이 법을 개정해 「적성국제재법」(Countering America's Adversaries Through Sanctions Act of 2017) 제3장에 포함시켰다.

이 외에 「이란 · 북한 · 시리아 비확산법」(Iran, North Korea, and Syria Nonproliferation Act), 「반테러와 사형효율화법」(Antiterrorism and Effective Death Penalty Act of 1996) 및 「아시아 안심법」(Asia Reassurance Initiative Act of 2018)이 있다. 가장 최근 제정된 대북제재에 관한 법으로는 2019년 12월 20일에 발효된 「2020회계년도 국방수권법」에 포함된 「2019년 오토 웜비어 북한 핵제재 및 집행법」(Otto Warmbier North Korea Nuclear Sanctions and Enforcement Act of 2019)이 있다.[33]

(1) 대북제재의 예외, 면제, 지명해제[34]

미국의 대북제재는 미 의회의 입법 또는 미 대통령의 행정명령으로 결정된다. 미국의 독자적인 대북제재는 「대북 제재 · 정책 강화법」 등에 해제의 조건과 절차가 명확하게 규정되어 있다. 먼저, "미국의 국가

---

33) 임형섭, "에너지 · 자원 분야에서 국제사회의 대북제재," 『서민에너지에서 평화에너지로』, 대한석탄공사, 2020년 9/10월 창간호, pp.68~69 및 정민정, 「최근 미군의 대북제재 법령 동향과 시사점」, 『외국입법 동향과 분석』, 제66호, 국회 입법조사처, 2020년 11월 11일, pp.1~2.

34) 미 국내법상 제재 완화 조치들의 유형에 관한 논의는 김영준, "미국의 독자제재 완화 및 해제 절차와 대북제재에 대한 시사점," 「이슈브리핑」, 국가안보전략연구원, 2018년 7월 3일 참조.

〈표 6-3〉 미국의 대북제재 관련 법령

	제재 사유				
	안보위협	공산주의 (비시장경제)	테러지원국	WMD 확산	인권
대외경제 비상조치법	포괄적 자산동결			해당기업 자산동결	
수출관리법	수출제한	수출제한	수출제한	해당기업 수출입제한 (미사일확산)	
무기수출통제법	군수품목 거래금지		군수품목 거래금지	해당기업 수출입 제한 (미사일 확산), 원조(인도지원 예외), 군수품수출, 국제금융기구 및 美은행 금융지원 금지(핵확산·핵실험)	
대외원조법		미국·국제금융 기구 원조 금지	미국·국제금융기구 원조 금지		인권문제로 경제제 재, 테러지원국 지정
수출입은행법		수출입은행 보증 ·보험·신용금지		수출입은행 보증·보험·신용금지 (핵확산·핵실험)	
브레튼우즈 협정법	IMF 원조 금지		IMF 원조 금지		
국제금융기구법			국제금융기구 원조 금지		
무역법		정상교역관계·일 반특혜관세 거부	정상교역관계·일반특혜 관세 거부		
무역제재개혁법			대북 상업수출 지원 금지		
국제종교자유법					경제제재
인신매매 피해자 보호법					경제제재
이란·북한· 시리아 비확산법				해당기업의 군수품·이중용도품목 수출, 미국정부 조달계약 금지	
핵확산방지법				해당기업 미국정부 조달계약 금지	
북한위협감소법				핵협력협정의 발효금지, 핵관련 물자·서비스·기술이전 금지	
대외활동수권법	채무경감 금지		원조 금지, 채무경감 금지, 수출입 은행 원조·차관 ·신용·보험·보증 금지	핵관련 장비·연료·기술 대북이전 때 수출입은행 기금사용 금지	
대북제재강화법				재정, 상품·서비스, 석탄·철광· 철광석 및 섬유 수입, 사치품 수출입 금지	인권유린행위 책임· 관여·조력
적성국제재법				유류제공, 온라인상업활동, 어업권 구 매, 식료품·농수산물 구매, 노동자 송출 조력, 북한금융기관 운영 금지	
오토웜비어 북한 핵 제재·집행법				금융서비스 제공	

<출처> 조성렬, 『한반도 비핵화 리포트: 포괄적 안보·안보 교환론』, pp.351~2 및 정민정,
"최근 미국의 대북제재 법령 동향과 시사점," pp.2~4.

북한 체제의 전망과 삼벌(三伐) 전략 구상

적 안보이익에 대한 중요성"35) 등의 이유로 대통령이 필요하다고 판단할 경우에 한해 미 대통령의 권한으로 30일에서 1년 사이의 갱신 가능한 기간 동안 제재면제 조치를 취할 수 있다.36)

또한 이 법은 제재대상이 아님을 의미하는 예외(Exemption) 대상으로서 국가보안법상의 허가받은 첩보활동, 유엔의 합의사항, 북한 내 미군유해 발굴사업 등을 명시하고 있다. 이밖에도 제재대상이기는 하지만 제재 조치를 취하지 않도록 허가해 주는 면제(Waiver) 및 인도주의적 면제(Humanitarian Waiver), 제재대상에 오른 인물·집단을 명단에서 삭제하는 지명해제(Removal of Designation) 등이 있다.

〈그림 6-1〉 미국의 테러지원국 해제 절차

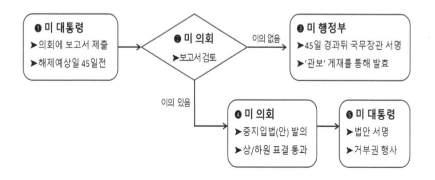

---

35) U.S. Code Title 22 Foreign Relations and Intercourse Chapter 101 Countering Iran's Destabilizing Actiities § 9411 Presidential Waiver Authority (a) Case-By-Case Waiver Authority (1) In General.

36) 「대북 제재·정책 강화법(H.R.757)」 Title II SEC. 208. (c) Waiver 및 (d) Financial Services for Humanitarian and Consular Activities.

(2) 대북제재의 보류 및 보류 갱신

2016년 2월에 발효된 「대북 제재·정책 강화법」(H.R.757 Title Ⅳ
SEC. 401)의 '제재 및 여타 수단의 보류(Suspension of Sanctions and
Other Measures)' 조항에서는 법안에 명문화된 특정 사실에 부합된다
고 행정부가 판단할 경우 이를 의회에 소명한 뒤 행정부가 제재를 보
류하거나 완전히 해제할 수 있도록 규정하고 있다. 제재의 보류
(Suspension)란 제재의 대상이며 제재가 유효하지만 일정 기간 제재 조
치를 취하지 않는 것을 의미하며, 제재의 해제(Termination)는 제재 조
치의 종결을 의미한다.

미국의 대통령이 「대북 제재·정책 강화법」에 따라 북한이 다음 6가
지 조치들을 완료 또는 진전시켰다는 점을 미 의회의 해당 상임위원회에
증명하면 최대 1년간 대북제재의 보류(Suspension) 조치가 가능하다.

① 미국 달러화 위조활동을 중단한 사실의 검증
② 돈세탁의 중단과 재정투명성 강화 조치
③ 유엔안보리 결의안의 준수를 검증하기 위한 조치
④ 북한정부에 의한 납치 또는 불법 감금, 억류 중인 외국인들의 소
   재 파악 및 송환
⑤ 인도주의적 지원의 배분과 감독에 관한 국제적 규약 인정과 준수
⑥ 정치범 수용소의 생활환경 개선을 위한 검증조치

위와 같은 제재의 보류를 위해서는 ①의 조치는 완료, ②~⑥조치들
은 '진전'(progress)이 필요하다. 북한이 앞의 6가지 조건들을 지속적으
로 이행하고 있다는 것을 대통령이 의회의 해당 상임위원회에 증명한

다면, 추가적으로 180일간 대북 제재의 보류를 갱신할 수 있다.

(3) 대북제재의 해제

북한이 위의 여섯가지 조건들을 충족시켰다고 해도, 대북제재가 1년 보류되는 것일 뿐이며 제재가 완전히 해제(Termination)되는 것은 아니다. 미국의 독자적인 대북제재가 종료되려면 '상당한 진전(significant progress)'이 필요한데, 5가지 추가조건은 다음과 같다.

① 완전하고 검증 가능하며 되돌릴 수 없는 형태로 핵, 생화학, 방사능 무기프로그램의 폐기와 대량살상무기의 운반을 위해 설계된 시스템 개발에 관한 모든 프로그램 폐기의 상당한 진전
② 북한 정치범수용소에 억류된 수감자의 전원 석방
③ 평화적 활동에 대한 검열의 중단
④ 개방적이고, 투명하며, 대의적인 사회의 구축
⑤ 억류 미국인에 대한 해명과 송환을 위한 상당한 진전

대북 제재 가운데, 「대북 제재·정책 강화법」이 발효되기 이전에 발동된 2005년의 행정명령(E.O., Executive Order) 13382호부터 13466호, 13551호, 13570호, 13687호까지 2016년 2월 이전에 발동된 대통령 행정명령에 따라 부과된 제재의 경우는 해제를 위해 이 법에 적용되지 않기 때문에 앞의 조건들을 모두 충족해야 하는 것은 아니다. 하지만 「대북 제재·정책 강화법」이 발효된 2016년 2월 이후에 내려진 행정명령 13722호(2016.3.15.), 13810호(2017.9.20.) 등은 대북제재를 보류하거나 해제하기 위해서는 앞에서 제시한 조건들을

충족해야 한다. 또한 「대북 제재·정책 강화법」에 의거해 대북제재가 보류 또는 해제되더라도 다른 일반법률들이 북한에 대한 제재를 규정하고 있기 때문에 대북제재의 해제 문제는 종합적이고 총체적인 고려가 필요하다.

IV. 국제금융기구의 대북 경제재건자금 지원 조건

북한은 미국을 비롯한 국제사회의 대북제재를 상수로 간주하며 제8차 당대회에서 자력갱생, 자급자족의 기치를 내걸었다. 그렇다면 북한은 제재를 버텨가며 경제재건을 할 수 있을 것인가? 만약 그것이 가능했다면 북한은 굳이 아시아개발은행(ADB)이나 국제통화기금(IMF), 국제개발은행(IBRD)의 가입을 추진하지 않았을 것이다. 북한은 채무불이행을 선언한 국가이기 때문에 어느 나라도 북한에 차관을 제공하지 않는다. 하지만 북한이 국제금융기구에 가입할 경우는 대외채무를 대폭 경감받을 수 있을 뿐 아니라 저렴하게 차관을 제공받을 수 있다.

1. 북한의 국제금융기구 가입조건과 절차

(1) 국제금융기구와 북한경제

미국을 비롯한 주요 연합국들은 대공황과 2차 세계대전의 교훈으로부터 국가간 화폐 관리의 중요성을 인식했다. 그리하여 1944년 7월 44

개 연합국 대표들이 미국의 브레튼우즈에서 모여 국제통화시스템을 관리·규제할 수 있는 포괄적인 시스템에 합의했는데, 이것이 브레튼 우즈 체제(Bretton Woods System)이다. 이러한 브레튼우즈 체제를 제 도적으로 뒷받침하기 위해 1945년에 국제통화기금(IMF), 1946년에 국 제개발은행(IBRD)이 설립되어 1947년 3월부터 본격 가동되었다.

국제개발은행(IBRD)은 선진국이나 중진국을 융자대상으로 했기 때 문에, 이에 해당되지 않는 개발계획을 지원하기 위해 보다 완화된 조 건으로 융자해주는 국제개발협회(IDA)가 만들어졌다. 또한 개발도상 국의 민간부문 발전과 민간자본의 국제적 이동을 촉진하기 위한 금융 기관인 국제금융공사(IFC)와 개발도상국에 대한 민간투자를 보장하고 촉진하기 위한 국제투자보증기구(MIGA)도 만들어졌다.37) 그와 함께 1947년 무역장벽의 제거를 위해 '관세 및 무역에 관한 일반협 정'(GATT)이 만들어졌고 1995년 1월 세계무역기구(WTO)로 확대되면 서 국제경제체제의 골격이 완성되었다.

그 뒤 아시아 지역 차원에서 개발도상국의 경제개발을 촉진하기 위 해 1963년 아시아극동경제위원회(ECAFE, 아시아태평양경제사회위원 회의 전신) 각료회의에서 아시아개발은행(ADB)의 구상이 제기되어 1966년 12월 창립되었다. ADB의 주요활동은 회원국에 대한 융자, 기 술원조, 실태조사, 특정 프로젝트에 대한 융자 등이며, 1990년 후반 석 유위기에 의한 회원국의 무역수지 악화를 감소하기 위한 긴급융자가 늘어가고 있다.

2016년 1월에는 중국의 주도로 아시아인프라투자은행(AIIB)이 만

---

37) IBRD, IDA, IFC의 3대 국제금융기관을 합쳐 세계은행그룹(World Bank Group)이라고 부른다.

들어졌다. 이는 중국의 대규모 국제인프라 개발사업인 일대일로(一帶一路, One Belt One Road) 사업에 필요한 자금을 조달하기 위한 것으로, 미국 중심의 국제금융기구에 대응해 중국이 주도해 만든 첫 번째 국제개발은행(MDB: Multilateral Development Bank)이다. 창립회원국으로 57개국(역내 37개국 및 역외 20개국)이 참가했으며, 지분은 역내 75%, 역외 25%로 배분되어 있다.38)

(2) 북한의 국제금융기구 가입 문제

북한당국은 국제경제체제 편입을 위한 대외적인 조치로서 대북제재의 해제 외에 국제금융기구의 가입을 추진하고 있다. 북한이 국제금융기구의 회원국이 되기 위해서는 해당 국제금융기구가 정한 가입조건을 충족해야만 한다. 회원가입의 순서를 요약하면 다음과 같다.

〈그림 6-2〉 북한의 국제금융기구 가입 순서도

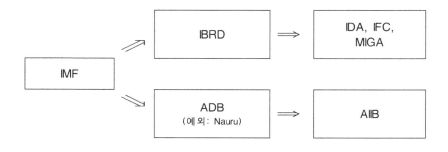

---

38) 이종화, "북한 경제개혁 모델과 국제협력," 경제·인문사회연구회－중앙일보 공동 학술회의, 2018년 12월 21일, p.142.

가. 북한의 국제통화기금(IMF) 가입

　북한이 국제통화기금(IMF)의 회원국이 되기 위한 절차는 다음과 같다. 우선 IMF 총재에게 가입신청서를 제출하고 IMF 협정문의 의무를 준수하겠다는 의사를 표시하면, 다음으로 이사회에 회부하여 가입신청국의 경제상황을 조사한 뒤 가입의결안을 거쳐 총회에서 위원의 과반수 찬성으로 최종적으로 회원으로 가입할 수 있다.[39]

　그런데 IMF에 가입하려면 북한이 총회에서 총투표권의 2/3 이상을 보유한 과반수 이상의 회원국이 참가한 상태에서 이들이 행사한 투표권의 과반수 이상의 찬성을 얻어야 한다. 북한이 회원국으로 가입한 이후에는 IMF협정에서 정한 제반 의무사항(안정적인 환율제도의 유지, 경상거래에 대한 제한 철폐 등)을 준수해야 한다.

　하지만 북한이 IMF에 가입하기 위해 보다 중요한 것은 국제금융기구 가입을 하려는 테러지원국에 대해 거부권을 행사하도록 한 미국의 「반테러법」 규정이다. 따라서 북한이 IMF에 가입하기 위해서는 「반테러법」의 적용배제를 인정받거나 이 법률을 개정해야 한다. 이처럼 북한이 IMF에 가입하기 위해서는 미 의회의 동의 절차를 밟는 데 상당한 기간이 소요될 것으로 보인다.

---

39) Articles of Agreement of the International Monetary Fund Article V: Operations and Transactions of the Fund Section 5. Ineligibility to use the Fund's general resources http://www.imf.org/external/ pubs/ft/aa/index.htm (검색일 : 2018.08.09)

나. 북한의 세계은행(WB) 가입

세계은행(WB)의 산하기구인 국제개발은행(IBRD)과 국제개발협회 (IDA)[40]의 회원으로 가입하기 위해서는 「브레튼우즈 협정」에 따라 국제통화기금(IMF)의 회원국이 먼저 되어야 한다. 특히 북한이 국제개발협회(IDA)의 회원자격을 갖추어야 저소득국가에 대한 경제개발과 생활수준의 향상을 위한 자금을 지원받을 수 있다.[41]

국제부흥개발은행(IBRD)의 가입자격은 IMF회원국에게만 주어지며, IBRD회원국의 수는 1945년 38개국에서 2017년 189개국으로 증가하였다. 각 회원국의 투표권은 회원국에게 균등하게 배분되는 기본표와 출자주식 1주당 1표씩 배분되는 비례표로 구성된다.[42]

국제개발협회(IDA)의 가입자격은 IBRD회원국에게만 부여되며 가입절차는 IBRD와 동일하다. 회원국은 선진국으로 이루어진 제1부 국가(Part I Countries)와 개발도상국으로 이루어진 제2부 국가(Part II Countries)로 구분된다. 회원국의 수는 1960년 68개국(제1부 17개국, 제2부 51개국)에서 2017년 173개국(제1부 31개국, 제2부 142개국)으로

---

40) IDA, *International Development Association: The World Bank's Fund for the Poorest*, World Bank Group, October 2017. Articles of Agreement of the International Monetary Fund Article II: Membership Section 2. Other members http://ida.worldbank.org/sites/default/files/pdfs/1-idabro chure_2017.pdf (검색일 : 2018.08.09)

41) IDA Articles of Agreement Article II: Membership, Initial Subscriptions SECTION 1. Membership http://ida.worldbank.org/sites/default/files/IDA-articles-of-agreement.pdf (검색일 : 2018.08.09)

42) 진익·모주영·박승호·조은영, 『북한 경제개발 재원조달을 위한 국제기구와의 협력방안』, 국회예산처, 2018년 12월, p.47.

늘어났다. 회원국의 투표권은 가입할 때 기본표(500표), 비례표(출자액 5,000달러 당 1표)로 구성된다.[43)]

다. 북한의 아시아개발은행(ADB) 가입

아시아개발은행(ADB)에는 아시아태평양지역 48개국, 기타 19개국 등 67개국이 회원국으로 가입해 있다. 아시아개발은행의 회원국 자격은 아시아태평양경제사회위원회(ESCAP) 회원국(준회원국 포함)과 유엔 또는 유엔 전문기구의 회원국인 선진국으로 조건을 규정하고 있다.[44)] 북한은 1991년 9월에 유엔 회원국으로 가입했고 1992년에 유엔 아시아태평양경제사회위원회(ESCAP)에 가입하여 아시아개발은행 (ADB) 회원자격을 충족해 가입을 신청하였으나 결정이 보류됐다.

ADB에 가입하기 위해 국제통화기금(IMF)이나 세계은행(WB)에 가입하는 것이 법적 요구조건은 아니다. 하지만 지금까지 미국과 일본은 IMF나 세계은행보다 ADB에 먼저 가입하는 것에는 반대한다는 입장을 견지하고 있다.[45)] 실제로 IMF에 가입하지 않은 나라가 ADB에 먼저 가입한 사례로는 인구 14,000명인 호주 북동쪽 서태평양 상에 위치

---

43) 진익·모주영·박승호·조은영, 『북한 경제개발 재원조달을 위한 국제기구와의 협력방안』, pp.46~47.

44) Asian Development Bank https://www.adb.org/about/members (검색일 : 2018.08.09.) ADB 회원국은 2016년말 현재 역내 48개 국, 역외 19개 국 등 총 67개 국이며, 2007년 조지아가 마지막 회원국으로 가입하였다.

45) Agreement Establishing The Asian Development Bank https://www.adb.org/sites/default/files/institutional-document/32120/charter.pdf (검색일 : 2018.08.09)

한 소국 나우루(Nauru)가 2016년 4월에 가입한 것이 유일하다.

북한이 ADB에 가입하기 위해서는 그 이전에 북한 경제상황 파악 등을 위하여 가입조건에 대한 검토 및 협상이 예상된다. ADB 총재와 이사회가 비공식적으로 가입허용 여부를 검토해서 결정하면 출자금과 납입방법을 결정한 뒤 북한이 납입을 완료하여 가입절차를 마무리된다. 따라서 북한이 국제금융기구에 가입하기 위해서는 IMF→ IDA→ ADB의 순서가 될 것으로 보인다.46)

북한이 ADB에 가입하기 위해서는 회원국 총 투표권의 3/4 이상을 보유하는 회원국 2/3 이상의 찬성이 필요하다. 회원국의 투표권은 기본표와 비례표로 구분하며, 기본표는 총투표권의 20%를 균등하게 회원국들에게 나눠주고 나머지 80%는 출자액에 비례하여 배분한다. 회원국별 투표권 비중을 살펴보면 일본이 12.784%로 가장 높으며 이어 미국(12.784%), 중국(5.454%), 인도(5.363%)의 순이다.47)

라. 북한의 아시아인프라투자은행(AIIB) 가입

북한이 유엔안보리 제재에서 벗어나 중국의 동북아 경제회랑 구상과 그 시범사업인 북·중 양강무역대 구축에 참여하기 위해서는 아시아인프라투자은행(AIIB)에 가입할 필요가 있다. 동북아 경제회랑 구상은 기존 일대일로의 6대 경제회랑에 추가해 검토 중인 것으로 동북3성

---

46) 임을출, 「국제금융기구의 북한 개입: 조건, 시나리오 및 과제」, 통일연구원 정책연구 시리즈 07-06, 2007, p. 26.

47) Annual Report 2017 Members, Capital Stock, and Voting Power (as of 31 December 2017) https://www.adb.org/sites/default/files/page/30786/ar2017-oi-appendix1.pdf (검색일: 2018. 08.09).

과 한반도를 잇는 것이다. 이와 관련된 인프라 구축 비용을 조달하기 위해 AIIB 가입이 필요하다.

AIIB는 중국 중심의 기관으로 2016년부터 운영을 시작하였다. 2018년 3월 현재 64개의 회원국(역내 42개, 역외 22개)과 22개의 예비회원국으로 구성되어 있다. 주요 사업분야를 보면, 에너지와 전력, 환경보호, 도시개발 및 수송, 물 공급 및 위생, 교통 및 통신, 농촌인프라 등이다.

북한이 아시아인프라투자은행에 가입하기 위해서는 먼저 세계은행 그룹의 IBRD이나 아시아개발은행(ADB) 회원국이어야 한다. 회원 가입은 AIIB총회에서 회원국 1/2이상의 찬성과 총투표권 1/2이상의 찬성을 필요로 하는 특별다수(Special Majority)의 의결로 이루어진다. 이는 국제금융기구 중에서 가장 쉬운 회원 자격요건이라고 할 수 있다.

2. 북한의 IMF 가입조건 및 자금지원 종류

(1) IMF가입을 위해 제출해야 할 통계자료

IMF는 회원국의 가입자격에 대해 특별히 어떠한 제한을 두고 있지는 않으나, 북한이 IMF에 가입하기 위해서는 'IMF출자금(쿼터) 계산식'에 포함되는 경제규모(GDP), 외환보유고, 국제수지 주요항목 등의 통계수치를 제출해야 한다.[48] 2008년에 개정된 「2008년말 출자금 및 발언권 개혁안」에 따른 현행 계산출자금(Q)은 GDP, 개방도, 변동성 및 외환보유고를 가중평균한 계산식으로, 다음과 같다.

---

48) 장형수, "3세션 북한 개발을 위한 국제사회의 역할 토론문," 경제인문사회연구회–중앙일보 공동학술회의, 2018년 12월 21일, pp.162~3.

$$Q=(0.5×Y + 0.3×O + 0.15×V + 0.05×R)×0.95$$

Y: 최근 3년간 연평균 GDP (시장환율GDP와 구매력평가GDP를 6:4비율로 가중평균)
O: 최근 5년간 연평균 경상 지급 및 수입
V: 최근 13년간 경상수입 및 순자본흐름의 3년 이동평균치 표준편차
R: 최근 12개월 월평균 외환보유액
0.95: 조정개수

(2) 국제금융기구의 자금지원 종류

국제금융기구가 북한에 제공할 수 있는 자금지원의 종류는 크게 △다
자간 공적개발원조(양허성 자금), △다자간 신탁기금, △양자간 ODA자금
을 활용한 신탁기금, △이해당사국 정책금융기관과 국부펀드 등이다.49)
첫째, '다자간 공적개발원조(ODA, 양허성 자금)'이다. 양허성 자금은
거치 및 상환 기간을 길게 설정하고 시장금리보다 낮은 금리를 적용하
는 자금을 가리킨다. '차관액에서 원리금상환액을 뺀 현재가치를 차관
금액으로 나눈 값'을 나타내는 무상공여율(grant)이 25% 이상인 경우에
는 양허성 자금으로 간주한다. IMF, WB, ADB, AIIB 등 국제금융기구
는 저개발회원국의 경제개발을 지원하기 위해 장기, 저리의 양허성 융
자제도를 운용하고 있다. 저개발국가를 대상으로 하는 국제금융기구의
양허성 자금을 다자간 공적개발원조(ODA)라고 부르기도 한다.
둘째, '다자간 신탁기금'이다. 다자간 신탁기금은 다수의 공여자로
부터 출연된 자금을 특정한 개발목적과 사업수행을 위해 지원하는 기
금으로, 2000년대 들어 국제적으로 활발하게 운용되고 있는 원조방식
이다. 북한이 국제금융기구를 가입하지 않더라도 대북제재 완화 때에

---

49) 박해식·이윤석, 『북한의 경제개발을 위한 금융 활용방안』, 한국금융연구
원, 2018년 9월, pp.53~60을 참고로 재정리.

활용할 수 있어 적극적으로 관심을 가질 가능성이 있으나, 주로 세계은행과 유엔의 관리하에서 기금이 운용된다는 측면에서 우리나라의 주도권 확보가 쉽지 않다.

위의 첫째, 둘째는 북한의 성장기반 마련을 위한 경제개발 초기단계에 유용한 국제사회의 개발원조 수단이다.

셋째, '양자간 ODA자금을 활용한 신탁기금(북한개발신탁기금)'이다. 북한의 경제개발에 관심이 있는 이해당사국들의 양자간 ODA자금을 모집하여 신탁 형태로 기금을 조성하는 방안이다. 북한의 경제개발 사업에 관심 있는 국가들의 양자간 ODA자금 중 일부만 모집하더라도 상당한 규모의 기금조성이 가능할 것이다. 다만, 북한개발신탁기금을 통한 대북 경제개발 사업에는 위험부담이 따르지만, 북한으로 하여금 위험분담을 맡도록 하기 위해서는 복잡한 과정을 거쳐야만 한다.

넷째, '이해당사국 정책금융기관과 국부펀드'의 활용이다. 대북 경제개발사업에 관심이 있는 이해당사국들의 정책금융기관이나 국부펀드의 자금을 활용하여 기금을 조성하는 방안이 있다. 이는 우리나라 정책금융기관과 한국투자공사(KIC)가 대주주로 참여하고 이해당사국의 정책금융기관과 국부펀드가 지분 참여하는 방식이다.

3. 국제금융기구의 사업 범위와 북한의 자금 수혜 조건

(1) 국제통화기금(IMF)의 경제자금 지원

국제통화기금(IMF)은 각국이 무역흑자를 얻고자 자국의 화폐가치를 평가절하하는 경쟁이 벌어지고 있는 것을 막고 국제통화시스템을 안정화하는 데 목적을 두고 있다. 국제통화기금(IMF)의 주요기능은 환율제도 감시, 긴급자금지원, 기술지원 등 세 가지이다.

첫째, 환율제도 감시이다. IMF의 설립목적인 국제통화시스템의 안정을 달성하기 위해 회원국들의 경제정책과 금융정책을 주시(monitering) 및 감시(surveillance)하여 의도적인 평가절하를 막는 기능을 담당하고 있다. 둘째, 긴급자금지원이다. 한 국가의 경제위기가 다른 나라로 퍼지는 것을 막기 위해 단기적인 국제수지 악화로 경제적인 어려움에 처한 국가들에게 자금지원을 제공해 국제통화시스템의 안정도를 높이는 기능이다. 셋째, 기술지원(technical assistance and training)이란 아직 미숙한 회원국의 정부와 중앙은행을 대상으로 안정적인 정책운용을 지원하는 것을 가리킨다.

위의 세 가지 가운데 북한의 경제개발에 필요한 자금을 조달할 수 있는 것은 긴급자금지원이다. IMF는 회원국들로부터 납입금을 받아 이를 재원으로 외환위기국가들에 대한 긴급자금지원을 제공한다. IMF가 계속 운영할 수 있으려면 지원된 자금들이 반드시 회수되어야만 한다. IMF는 물건을 담보로 하지 않고 '정책'을 담보로 긴급자금을 지원한다. 즉, IMF는 정책이행조건을 제시하여 수혜국들에게 긴축정책을 강제함으로써 제공된 긴급자금을 상환받기 위한 재원을 마련한다.

IMF의 융자제도로는 스탠바이협약(stand-by arrangement)이 대표적이다. 스탠바이협약이란 외환위기를 겪고 있는 국가가 사전에 IMF와 약정한 한도 내에서 자금지원을 받는 제도이다. 한국은 1965년에 스탠바이협약을 체결하였고, 1990년대 말 외환위기 때 IMF의 긴급자금 지원을 받아 위기를 극복할 수 있었다. IMF가 북한의 경제개발에 도움을 줄 수 있는 제도가 바로 긴급자금 지원 제도이다. 북한이 긴급자금 지원을 받기 위해서는 IMF와 스탠바이협약을 체결해 두어야 한다.

(2) 세계은행(WB)의 경제자금 지원

세계은행(WB)이 북한에 대해 제공할 수 있는 경제재건자금의 종류는 국제부흥개발은행(IBRD)을 통한 국제차관, 국제투자보증기구(MIGA)의 개발사업에 대한 국가보증, 최빈국 대상의 국제개발협회(IDA)를 통한 무상지원 등이 있다.

북한이 국제개발협회(IDA)의 회원자격을 갖추게 되면, 저소득국가에 대한 경제개발과 생활수준의 향상을 위해 자금을 지원받을 수 있다.[50] IDA의 융자를 얻기 위해서는 △1인당 국민소득이 상대적 빈곤수준인 1,165달러(2018회계년도) 이하일 것, △장기개발융자에 합당한 충분한 경제, 금융 및 정치적 안정, △채무불이행상태에 있는 북한처럼 신용이 부족하여 국가개발자금의 무상지원 필요성이 인정되는 경우, △개발에 대한 진정한 의지 등 네 가지 조건을 충족해야 한다.

북한은 채무불이행상태에 있어 신용이 부족하므로, 세계은행 회원자격을 갖추게 되면 IDA로부터 무상지원이나 무이자(수수료 제외) 차관을 받을 가능성이 크다. 무이자 차관의 경우는 상환기간이 거치기간 10년을 포함해 최대 40년이다. 다만, IDA의 양허성 자금의 지원금액 가운데 북한이 받을 수 있는 규모는 상대적으로 크지 않다.

IDA의 자금지원 재원은 IBRD의 수입, IDA회원국이 납입하는 태환성 통화의 자본금, IDA 선진회원국의 기부금 등 세 가지 방법으로 조달된다. 국제개발협회의 회원국별 투표권 비중을 보면, 미국이 10.2%로 가장 높으며 그 뒤로 일본(8.33%), 영국(6.48%), 독일(5.37%), 프랑

---

50) IDA Articles of Agreement Article II: Membership, Initial Subscriptions SECTION 1. Membership http://ida.worldbank.org/sites/default/files/IDA-articles-of-agreement.pdf (검색일 : 2018.08.09)

스(3.79%) 순이며 중국(2.21%), 한국(0.92%), 러시아(0.32%)가 그 뒤를 잇고 있다.51)

〈표 6-4〉 세계은행의 분야별 대출 현황 (2017 회계연도, 단위: 달러)

	IBRD	IDA
농업, 어업, 임업	7억 5,000만	20억 2,500만
교 육	10억 7,000만	17억 7,000만
에너지	44억 3,400만	18억 9,000만
금 융	18억 8,000만	12억 3,000만
보 건	11억 9,000만	12억 5,000만
산업, 무역 및 서비스	26억 9,000만	15억 4,000만
정보통신기술	5억	6,000만
공공분야	47억 5,400만	19억 5,400만
사회보장	7억 8,000만	19억 1,000만
교 통	25억 5,100만	32억 7,100만
물, 위생, 폐기물관리	20억	21억 0200만
합 계	225억 9,900만	190억 0200만

<출처> 정태용, "북한경제 개방과 국제금융기구의 역할," 경제·인문사회연구회-중앙
일보 공동학술회의, 2018년 12월 21일, p.151의 자료를 토대로 재작성

(3) 아시아개발은행(ADB)의 경제재건자금 지원52)

아시아개발은행(ADB)의 2017년도 공여(Commitment) 총액은 322억

---

51) International Development Association Voting Power Of Member Countries
   http://siteresources.worldbank.org/BODINT/Resources/278027-1215524804501
   /IDACountryVotingTable.pdf (검색일 : 2018.08.08.)

52) 정태용, "북한경제 개방과 국제금융기구의 역할," 경제·인문사회연구회-
   중앙일보 공동 학술회의, 2018년 12월 21일, pp.151~152.

2,200만 달러이다. ADB공여의 구성을 보면, ①대출, 증여 및 기타(통상자본재원 172억 3,000만 달러, 양허성 재원 28억 6,700만 달러, 특별기금 200만 달러) 도합 200억 9,900만 달러, ② 기술지원 2억 100만 달러, ③ 공동출자(신탁기금 포함) 119억 2,200만 달러이다.

〈표 6-5〉 국제금융기구의 현황과 가입 및 피지원 자격 조건

(2018년 기준)

	세계은행(World Bank) IDA	IMF	ADB
설립연도	1960	1945	1965
회원국수	173개국	189개국	67개국(역내 48, 역외 19)

상위 5개국 및 주요국의 의결권 (표/비율)	1. 미국(2,846,457/10.2%)
	2. 일본(2,323,331/8.33%)
	3. 영국(1,807,008/6.48%)
	4. 독일(1,497,064/ 5.37%)
	5. 프랑스(1,058,451/3.79%)
	
	기타
	○ 중국 (617,607/2.21%)
	○ 한국 (256,997/0.92%)
	○ 러시아 (90,647/0.32%)
		1. 미국 (831,407/16.52%)
		2. 일본(309,670/6.15%)
		3. 중국(306,295/6.09%)
		4. 프랑스(203,016/4.03%)
		   영국(203,016/4.03%)
		
		기타
		○ 러시아
		   (130,502/2.59%)
		○ 한국(87,292/1.73%)
			1. 미국(12.784%)
			   일본(12.784%)
			3. 중국(5.454%)
			4. 인도(5.363%)
			5. 호주(4.928%)
			
			기타
			○ 한국(4.329%)

가입조건	World Bank 회원 자격	이사회의 결정사항	1. UN아시아극동경제위원회 회원국, 역내국가, UN과 UN특별기구회원인 역외 선진국 2. 이사국들의 2/3 이상이 찬성하는 경우
피지원 자격요건	1. GNI per capita의 상대적 빈곤 수준 이하 (2018 회계연도의 경우 $1,165) 2. 시장의 기준에서 대출을 받을 수 있을 정도의 신용이 부족하여 국가개발을 위한 자금의 무상지원의 필요성이 인정되는 경우	기금의 목적에 부합하는 한 기금사용 가능	회원국 및 회원국 내의 여러 기구

<출처> 조성렬, 『한반도 비핵화 리포트: 포괄적 안보-안보 교환론』, p.363.

ADB의 공여액 가운데 대출, 증여 및 기타 항목은 통상자본재원 (Ordinary Capital Resources) 172억 3,000만 달러이다. 2017년도 통상 자본재원 공여의 부문별 비중을 보면, 에너지가 31.1%로 가장 많고 교통이 26.8%, 금융이 13.7%, 물 및 도시 인프라·서비스가 7.8%, 농업·자연자원·농촌개발이 7.6%, 공공부문관리 6.2%, 교육 3.5%, 산업 및 무역 1.8%, 보건 1.1%, 정보통신기술 0.4% 순이다.

아시아개발은행(ADB)은 최빈국을 대상으로 아시아개발펀드(Asian Development Fund)를 운용하고 있다. 북한이 ADB에 가입한다면 아시아개발펀드(ADF)의 최빈국 무상지원을 통해 북한의 개발사업에 대한 지원이 가능하다. 2017년 아시아개발펀드 수혜국가로는 아프가니스탄, 키르기즈스탄, 타지키스탄, 키리바티, 마셜제도, 미크로네시아 연방국, 사모아, 솔로몬제도, 통가, 투발루, 바누아투, 라오스 등이 있다.

아시아개발펀드의 지원금액을 연도별로 보면, 2013년에 11억 7,900만 달러, 2014년에 2억 5,100만 달러, 2015년에 5억 5,500만 달러, 2016년에 4억 8,100만 달러, 2017년에는 5억 9,500만 달러이다.

(4) 아시아인프라투자은행(AIIB)의 경제재건자금 지원

북한이 아시아인프라투자은행(AIIB)에 가입하기 전에 비회원국으로서 자금지원을 받으려면 AIIB 총회에서 회원국 2/3이상의 찬성과 총투표권 3/4이상의 찬성을 필요로 하는 Super Majority의 의결이 필요하다. 따라서 비회원국이 자금지원을 받기는 사실상 매우 어렵다.

아시아인프라투자은행(AIIB)은 주로 회원국의 인프라 사업에 대한 투자위주로 사업을 선정하고 있으며, 세계은행이나 아시아개발은행과 공동사업 개발도 가능하다. 그렇기 때문에 북한이 AIIB의 회원국이 되면 AIIB 개발자금의 수원국(受援國, Recipient Country)이 될 수 있다.

AIIB는 창립한 지 2년 이상이 지난 2018년 4월 현재 총 24건, 42억 6천만 달러의 대출을 승인한 실적을 갖고 있다. 하지만 대출의 대부분은 공적융자 또는 결합협조형 융자로서, 세계은행(WB), 아시아개발은행(ADB), 유럽부흥은행(EBRD) 등 기존의 국제금융기구가 주도하는 융자프로젝트에 협조융자자로서 단순히 참여한 것이다.

AIIB의 활동은 '공동 융자, 기관간 협력'이라고 보기에는 운용능력이 뒤떨어진다. 이와 관련해 AIIB측은 AIIB의 인적 지원이 부족해 단독융자는 아직 시기상조라고 입장을 설명하고 있다.

4. 국제금융기구의 지원절차(Project Cycle)[53]

국제금융기구의 제공하는 자금지원은 일반적으로 국가협력전략 (CPF: Country Partnership Framework)작성에서 시작해 사후평가로 끝난다. 사업의 발굴에서 심사하는 단계까지 아래 표와 같이 다양한 조사와 문서 작성이 이루어지며, 이에 소요되는 시간 때문에 자금지원이 실제 이루어지기까지 짧게는 수개월에서 길게는 몇 년이 걸린다.

---

53) 이 부분은 장형수·이창재·박영곤, 「통일대비 국제협력과제: 국제금융 기구 활용방안을 중심으로」, 대외경제정책연구원, 1998을 바탕으로 재구성한 것임.

〈그림 6-3〉 국제금융기구의 지원절차 및 작성문서

사업발굴	사업준비	사업심사	협의·승인	실시·감독	사후평가
국가협력전략 사업개념문서 사업정보문서 빈곤축소전략보고서 통합환경통계자료	환경평가보고서 현지주민개발계획 환경실행계획	사업심사보고서 프로그램문서 사업정보문서	사업심사보고서 수원국협의결과 총재서한 융자계약(L/A)	실행상황보고서 수행완료보고서	사업완료보고서 감사보고서 사업평가보고서 영향평가보고서

(1) 사업 발굴(identification) 단계

이 단계에서 작성되는 국가협력전략(CPF) 문서는 국제금융기구가 평가한 수원국의 정책우선순위를 바탕으로 국제금융기구의 지원전략을 상술하고 자금지원 규모와 구성을 제시하는 문서이다. 국제금융기구가 CPF를 작성하는 과정에 수원국 정부가 함께 참여하며, CPF를 국제금융기구 상임이사회에 제출하기 전에 주요사항에 대해 수원국 정부와 협의한다.

또한 국제금융기구와 수원국 정부가 공동으로 작성한 CPF를 바탕으로 개별사업의 기본요소, 제안목적, 예상위험요인, 예상일정 등을 포함하는 사업개념문서(PCN: Project Concept Note)를 작성한다.

PCN은 국제금융기구의 내부검토를 거친 뒤 주요내용을 사업정보문서(PID: Project Information Document)로 작성하며 가능할 경우 외부에 공개한다.

IDA 적격국인 저소득국 국가가 IDA의 양허성 차관을 받기 위해서는 빈곤축소전략보고서(PRSP: Poverty Reduction Strategy Paper)를 작성하여 CPF에 반영하고 국가 우선순위를 설정한 뒤 그에 부합하는 원조프로그램을 작성한다.

최근에는 국제금융기구가 지원하는 사업이 환경에 미치는 영향과 사회적 이슈를 분석하여 통합환경통계자료(ISDS, Integrated Safeguards Data Sheet)도 작성하여 외부에 공개하고 있다.

(2) 사업 준비(preparation) 단계

국제금융기구는 환경평가보고서(EAR, Environmental Assesment Report), 현지주민개발계획(IPDP, Indigenous People Development Plan), 환경실행계획(EAP, Environmental Action Plan) 등을 작성하기도 한다. 사업 준비 기간은 짧게는 수개월에서 길게는 3년까지 걸린다.

(3) 사업 심사(appraisal) 단계

국제금융기구는 수원국에 대한 현지 실사 출장을 통하여 사업의 타당성, 경제성 등을 조사하여 사업심사보고서를 작성하여 국제금융기구 상임이사회에 보고한다. 투자사업의 경우에는 사업심사보고서(PAD: Project Appraisal Document)를 작성하고, 개발정책사업의 경우에는 프로그램문서(PD: Program Document)를 작성하며, 사업 발굴 단계에서 작성되었던 사업심사보고서(PAD)를 수정 보완하여 외부에 공개하기도 한다. 사업이 상임이사회에서 승인되면 PAD와 PD를 외부에 공개하는 것이 원칙이다.

(4) 협의 및 승인(negotiation & approval) 단계

국제금융기구는 사업심사보고서(PAD), 수원국 정부와의 협의 결과,

총재 서한(MoP: Memorandum of the President), 기타 법률서류 등을 상임이사회(Board of Executive Directors)에 제출하여 승인을 요청한다.

융자 사업과 연결되지 않은 기술지원의 경우에는 사업심사보고서(PAD)를 작성하지 않고 총재서한(MoP)의 기술적 첨부문건(Technical Annex) 형태로 상임이사회에 승인을 요청한다. 상임이사회가 사업을 승인하면, 국제금융기구는 수원국 정부와 융자계약(L/A: Loan Agreement)을 체결한다.

(5) 실시 및 감독(implementation & supervision) 단계

국제금융기구는 매년 진행 중인 사업의 상황을 요약한 사업실행상황보고서(Report on the Status of Project in Execution)를 작성하여 공개한다. 사업의 자금인출이 완료되면, 국제금융기구는 사업의 성과, 문제점, 교훈 등을 담은 수행완료보고서(Implementation Completion Report)를 작성하여 상임이사회에 보고한다.

(6) 사업 완료 후 사후평가(evaluation) 단계

국제금융기구의 업무평가국(OED: Operations Evaluation Department)은 사업완료보고서(Project Completion Report)와 해당 보고서를 검증하는 감사보고서를 작성한다. OED는 작성된 두 보고서를 국제금융기구 상임이사회와 수원국 정부에 전달하며, 동 보고서들은 외부에 공개하지 않는 것이 원칙이다.

한편으로, 업무평가국(OED)은 국제금융기구 전체 사업의 약 1/4(연간 약 70개) 정도에 대해 정밀감사를 실시한 뒤 사업성과평가보고서

(Project Performance Assessment Report)를 작성한다. 사업이 완료된 지 5~8년 뒤에는 경제적 가치, 인간과 환경에 대한 장기적 영향 등을 재평가하는 영향평가보고서(Impact Evaluation Report)를 작성한다.

V. 북한의 경제 재건을 위한 단계적 조치

2019년 2월 말에 열린 하노이 제2차 북·미 정상회담에서 합의서 채택이 불발된 채 끝났지만, 바이든 행정부에서 북·미 협상이 재개되어 비핵화와 상응조치를 담은 잠정합의서가 채택된다면 한반도 평화체제에 한 발 다가가게 될 것이다. 그럴 경우, 우선적으로 유엔안보리 및 미국의 대북제재가 부분적으로 완화/해제되어 북한당국이 본격적으로 경제개발에 나설 수 있게 된다. 그런 뒤에 북한당국은 경제재건 자금을 지원받고자 국제경제체제 편입을 시도할 것으로 예상된다.54)

유엔안보리 대북 제재의 완화 및 해제

북한의 전향적인 비핵화 조치에 따라 대북 경제제재 해제를 단계적으로 추진할 필요가 있다. 특히 미 의회의 엄격한 동의가 필요한 미국의 독자제재 완화 또는 해제와 달리, 유엔안보리의 대북제재는 미 행정부의 권한만으로 추진할 수 있다는 점에서 훨씬 실현 가능성이 크다. 특히 유엔안보리 상임이사국 가운데 중국과 러시아가 줄곧 대북 제재

---

54) 이하의 내용은 조성렬, 『한반도 비핵화 리포트: 포괄적 안보－안보 교환론』, pp.369~374의 내용을 옮겨놓은 것이다.

완화의 목소리를 높여왔고,[55] 영국과 프랑스도 미 행정부가 요청한다면 특별히 반대하지 않을 것으로 예상된다.

그런 점에서 국제사회의 대북 제재 완화는 유엔안보리 결의안을 해제하는 새로운 결의안을 채택함으로써 이루어질 수 있다. 미국이 주도해 UNSCR 2270호에서 UNSCR 2397호까지 5개 결의안을 단계적으로 해제하는 결의안을 제출하거나, 또는 대북제재를 일괄 해제하는 결의안을 제출해 동의를 얻어냄으로써 최종적으로는 UNSCR 2270호 채택 이전의 상태로 회복할 수 있다.

이처럼 유엔안보리의 새로운 결의를 통해 대북 수출입 금지조치를 해제함으로써 일반물자교역, 위탁가공 교역, 개성공단, 금강산관광 사업 등 중단된 기존 사업을 재개할 수 있다. 하지만 대북 금수조치가 해제되더라도 여전히 전략물자의 북한 반입 금지, 국제금융기구 가입 금지 등 실질적인 제약요인이 많이 남아있어, 한국 대기업의 진출이나 외국인의 대규모 투자는 쉽지 않으며 중소기업 위주의 소규모 경제협력사업에 국한될 것으로 보인다.

대북 전략물자의 반출 제한 완화

유엔안보리의 대북제재가 완화 내지 해제되어 자유로운 교역이 가능해진다고 해도, 이중용도기술이 포함된 전략물자의 대북 반입이 가

---

55) 2018년 12월 1일 상하이에서 개최된 국제회의 기조연설에서 쿵쉬안유(孔鉉佑) 중국외교부 부부장은 "(한)반도 정세의 변화에 따라 적기에 유엔안보리 대북 결의를 되돌리는 조항 마련에 시동을 걸어야 한다'고 밝히면서 "최소한 관련 문제에 관한 토론이 시작되어야 한다'고 촉구했다. 『연합뉴스』, 2018년 12월 1일.

능하지 않는 한 북한이 대규모 외국인직접투자(FDI)를 받기는 어렵다. 전략물자의 대북 반입이 가능하기 위해선 미국이「수출관리령(EAR)」의 북한 적용을 일시 보류하고, 나아가「수출관리령」을 개정해 북한의 등급을 조정해 주어 대북 전략물자 통제를 해제해야 한다.

이처럼 대북 전략물자 반출이 허용된다면, 한국을 비롯한 외국 투자자들이 각종 기계설비 특히 첨단 설비를 북한에 가지고 들어가서 생산 활동을 전개할 수 있으며, 교통, 에너지, 통신 등 각종 대규모 인프라 투자사업을 할 수 있게 된다. 아울러 미국 이외의 해외시장과 북한 내수시장을 겨냥한 철강, 화학, 기계, 건설 및 일부 정보통신 등 분야에서 한국 대기업을 포함한 대규모 외국인 투자가들이 본격적으로 북한에 진출할 수 있다.

북한에 대한 전략물자 반출 허용(제2단계) 조치와 북한의 국제금융기구 가입 및 개발자금 공여(제3단계) 간에는 반드시 선후가 명확한 것은 아니다. 상황에 따라 제2단계와 3단계가 역순으로, 또는 동시에 진행될 수도 있다.

북한의 국제금융기구 가입 및 차관공여

북한의 개혁·개방 정책이 성공을 거두기 위해서는 북한이 국제통화기금(IMF)과 세계은행(WB) 및 아시아개발은행(ADB)과 아시아인프라투자은행(AIIB), 그리고 세계은행그룹 소속의 국제투자보증기구(MIGA), 국제금융공사(IFC)의 회원국으로 가입할 필요가 있다. 국제금융기구에 가입해야 북한에 대한 원조가 가능하고 대외채무도 경감할 수 있기 때문이다.

북한은「브레튼우즈 협정」의 비시장경제(공산국)에 대한 IMF 가입

금지 조항에 해당될 뿐으로, 테러지원국에 대한 지정 철회는 국제금융기구 가입을 위한 필요조건일 뿐 충분조건이 아니다.[56] 하지만 현실적으로 북한이 국제금융기구에 가입하기 위해서는 미국이 북한에 대한 테러지원국 지정을 철회하고 국제금융기구의 가입 및 원조를 금지하는 현 정책을 철회해야만 가능하다. 뿐만 아니라 북한도 국제금융기구가 요구하는 경제통계 공개, 일정 수준의 개혁개방 진전 등 요건을 충족시켜야 국제금융기구의 회원국으로 가입할 수 있다.

북한은 1975년 외채상환 불능상태 발생으로 신규차관의 도입이 불가능하게 되었고 마침내 1987년에 채무불이행을 선언했다. 이처럼 북한의 대외채무 불이행, 상업은행을 비롯한 금융시스템 미비 등 국내외 금융기반이 취약하다.[57] 북한이 일정 수준의 개혁·개방을 진전시키고, 국제사회의 규범 등을 준수하면 국제금융기구의 주도 아래 파리클럽(Paris Club)으로부터 100억 달러에 달하는 대외채무를 대폭 경감받을 수 있다.[58] 이렇게 될 경우 북한은 채무불이행국, 파산국가로부터 탈출할 수가 있게 되고, 국제 민간자본이 북한에 본격적으로 투자할 수 있는 여건이 마련된다.

---

56) Dianne E. Rennack, "North Korea: Legislative Basis for U.S. Economic Sanctions," Congressional Research Service R41438, June 11, 2018, p.13.

57) 진 익, 모주영, 박승호, 조은영, 『북한 경제개발 재원조달을 위한 국제기구와의 협력방안』, p.2.

58) 파리클럽(Paris Club)이란 국가 간 채무문제를 해결하기 위한 채권국 협의체로서, 채무국이 부채 조정이나 탕감을 요구하며 채권국들이 파리에 모여 상환 기간이나 조건을 만장일치를 통해 결정하고 있다.

대북 무역·투자 제약의 완전해제와 항구적 정상무역관계 부여

북한이 본격적으로 개발도상국으로 도약하기 위해서는 세계무역기구(WTO)에 가입하고 북한산 제품들이 세계 최대시장인 미국에서 항구적 정상무역관계(PNTR) 지위를 인정받는 것이 필요하다. 이를 위해 미국이 북한에 대해 「무역법」의 '잭슨—배닉 조항' 적용을 보류한다.

나아가 「북·미 무역협정」을 체결하여 북한산 제품에 대해 관세율을 크게 낮춰주는 항구적 정상무역관계(PNTR) 지위를 승인받아야 한다. 미 의회는 다른 나라의 정상무역관계(NTR) 지위를 매년 심사해 연장해 주고 있는데, '항구적' 정상무역관계(PNTR)를 승인받은 국가는 매년 심사를 받을 필요가 없게 된다. 미 의회의 승인을 받기 위해 북한 당국은 노동기준, 근로조건, 임금 등을 국제기준에 맞추어야 한다.

북한에 대한 무역·투자의 실질적인 제약요인이 제거되어 북한산 제품들이 'Made in DPRK' 상표로 최대시장인 미국시장에 진출하게 될 수 있게 되면 판로문제가 크게 개선될 수 있다. 그럴 경우 미국시장 진출을 겨냥해 섬유의류, 가전, 정보통신기기, 자동차 등의 산업에 대한 외국자본의 북한 투자가 본격화될 수 있다.

북한이 미국, 일본, 프랑스 등 미수교국가들과 국교를 정상화하면, 이들 국가를 포함한 선진국들로부터 양자간 공적개발원조(ODA)를 받아 기술지원과 자금지원을 받을 수 있다. 또한 국제 민간부문의 직접투자(FDI)가 본격적으로 북한으로 유입될 수 있을 것이다.[59]

---

59) 장형수, "북한개발의 국제화, 그리고 남북경협.," 『KDI 북한경제리뷰』, 2019년 3월호, pp.79~80.

이상과 같은 북한의 국제경제체제 편입 과정 로드맵을 하나의 도표로 나타내면 다음과 같다.

〈표 6-6〉 북한의 국제경제체제 편입 로드맵

	대북 제재 완화/해제 대상	국제경제체제 편입 제약요인 해소여부				남북경협 여건 및 추진가능 사업
		대북무역 투자허용	북한국제 금융차단	전략물자 대북반출	북한제품 미국수출	
1 단 계	UN안보리 결의안 2270, 2321, 2371, 2375, 2397호	○	×	×	×	△ 기존 남북경협사업 가능 △ 소규모 신규사업 추진 가능 △ 개성공단 재가동, 금강산관광 재개 △ 위탁가공 및 일반물자 교역
2 단 계*	북한 테러지원국 지정, 국제금융기구 원조금지	○	○	×	×	△ 위 1단계 추진사업의 규모 확대, 경제개발구 등으로 공단 조성 △ 유통, 식품, 건설 등 북한 내수 시장 대상 중규모 투자
3 단 계*	수출관리령 제재, 국제전략물자 통제 체제	○	○	○	×	△ 한반도 신경제지도의 3대 벨트 투자 본격화 △ 인프라(수송, 에너지, 통신 등) 대규모 건설투자 △ 철강, 화학, 기계, 일부 ICT 등 대규모 투자
4 단 계*	북한에 대한 수입금지적 고율관세	○	○	○	○	△ 국제금융기구 보증 개발협력 확대 △ 국제민간자본 대북투자 본격화 △ 섬유, 가전, 자동차, 고부가가치 ICT 대규모 투자

* 미국의 결정사항

<출처> 유승민, 김지연, 「불가역적 '시장화'로 불가역적 '비핵화'를」, 삼성증권 북한투자전략 In-depth 보고서, 2018년 10월 15일, p.37.

제7장

벌교(伐交) : 북한 연착륙을 위한 외교 해법
– 한반도 비핵화와 상응조치의 모색 –

I. 동력 잃은 한반도 비핵화 협상, 대안은 있나

북한체제가 연착륙하기 위해서는 북한은 세계 패권국가로서 글로벌 영향력을 행사하고 있는 미국과의 관계개선이 불가피하다. 하지만 2021년 1월 5~12일 개최된 제8차 당대회에서 김정은 위원장은 "누가 집권하든 미국이라는 실체와 대조선정책의 본심은 변하지 않는다"고 평가하며, 북한은 북·미 타협을 통해 개방에 의한 경제회생의 길을 택하지 않고 북·미 대결의 장기화를 전제로 한 자력갱생, 자급자족을 내걸었다.[1] 그러면서도 새로운 북·미 관계 수립의 열쇠는 미국이 대북 적대시 정책을 철회하는 데 있다고 주장하며, 북·미 대화의 가능성을 완전

---

[1] 김정은, "조선로동당 제8차 대회에서 한 중앙위원회 사업총화보고," 『로동신문』, 2021년 1월 9일.

히 부정하지 않은 채 미국에게 공을 넘겼다.

바이든 신행정부도 정책 우선순위를 국내문제의 해결에 두면서도 대북협상의 재개를 염두에 두고 외교안보라인을 구축하고 있다. 토니 블링컨 국무장관(전 부장관)과 이란 핵협상의 미국측 대표를 맡았던 웬디 셔먼 국무부 부장관(전 정무차관), 그리고 백악관에는 제이크 설리번 국가안보보좌관(전 부통령 국가안보보좌관)과 커트 캠벨 국가안보회의 아시아·태평양 조정관(전 동아태차관보), 성 킴 동아태차관보 대행(전 주한 미국대사) 등 오바마 행정부에서 북한문제를 다뤄본 경험이 있는 인사들이 포진하고 있다. 만약 북핵 및 이란핵의 협상 경험이 있는 웬디 셔먼이 대북정책특별대표를 겸직하게 될 경우 북·미 협상이 조기에 재개될 수도 있다.

하지만 북한이 군사적 모험주의를 시도한다면 과거 오바마 행정부 때 경험했던 것과 같은 '전략적 인내'로 회귀할 가능성도 배제할 수 없다. 북한이 대화를 거부하고 핵무장을 강화할 경우에는 당근보다는 강력한 추가 제재와 한반도 주변에 군사력을 증강시켜 무력시위를 벌일 가능성이 있다. 또한 미국과의 타협 가능성을 모색하는 중국을 통해 대북 압박을 강화해 북한이 제발로 협상테이블에 나오도록 유도하려고 할 가능성을 배제할 수 없다.

오바마 대통령(당시)은 2009년 1월 취임 연설에서 "움켜진 주먹을 펼 용의가 있다면 우리가 손을 내밀 것"이라며 북한과 이란 쿠바의 세 나라와 적대관계 청산을 주요 외교목표로 내세웠다. 실제로 미국은 2014년 12월 쿠바와 수교에 합의했고 2015년 7월 이란과는 포괄적공동행동계획(JCPOA)에 합의했다. 하지만 북한이 오바마 행정부의 취임 전후에 전략도발을 감행하였고, 이에 대응해 미국이 '전략적 인내' 정책을 취하는 바람에 북한과만 관계개선에 이르지 못했다.

북한이 하노이 노딜의 악몽을 떨쳐버리고 제8차 당대회를 계기로 대외전략을 재정비하고 미국에서 바이든 행정부가 출범했지만, 지난 70년간 적대관계를 계속해 오며 서로에게 깊은 불신을 갖고 있어 단기간 내에 북·미 협상이 재개되기는 쉽지 않을 것이다. 북한과 트럼프 행정부가 이례적으로 두 차례의 정상회담과 몇 차례의 고위급회담을 가졌지만, 바이든 행정부의 '트럼프 지우기(Anything But Trump)' 정책으로 전임 정권의 외교적 성과들이 그대로 계승되기는 어려울 것으로 보인다. 그런 점에서 바이든 대통령의 첫 임기 중에 북·미의 의견이 접근해 포괄적 합의가 이루어져 완전한 비핵화가 실현되고 북·미 관계 정상화와 한반도 평화체제 구축이 조기에 실현되리라고 기대하는 것은 성급하다고 말할 수 있다.

북·미 관계정상화로 나아가기 위한 핵심 과제는 완전한 비핵화와 대북 안전보장 간의 교환에 합의하고 이행하는 것이다. 하지만 이에 못지않게 중요한 것은 북·미 관계를 개선하기 위한 다방면적인 신뢰 구축 노력의 병행이다. 북한의 완전한 비핵화가 단기간에 이루어질 가능성은 높지 않기 때문에 신뢰를 쌓아가면서 단계적으로 핵위협을 감소해나가는 중간과정에서 잠정합의(interim agreement)를 거치는 것이 현실적이다. 북·미 간의 관계개선, 대북 안전보장, 북한 비핵화를 위한 동시행동에 합의한 「6.12 싱가포르 성명」이 새로운 북·미 협상의 출발점이어야 하는 이유이다.

이와 같은 북한문제의 외교적 해법을 찾기 위해서는 트럼프 행정부 때 있었던 북·미 협상의 경험에 기반하면서 과거 6자회담과 'P5+1' 협상 과정의 교훈을 보태는 것이 필요하다. 제1차 북·미 정상회담에서 채택된 「6.12 싱가포르 성명」과 6자회담에서 채택된 「9.19 공동성명」과 「2.13합의」, 「10.3합의」, 그리고 이란과의 JCPOA 합의는 향후 북한 핵

문제를 푸는 데 중요한 열쇠를 제공해 줄 수 있다.2) 그런 점에서 한국과 미 신행정부가 새로운 접근법을 공동으로 모색해 나간다면 완전한 한반도 비핵화를 위한 외교적 해법의 대안을 찾을 수 있을 것이다.

Ⅱ. 바이든 행정부의 출범과 새로운 북핵 해법의 모색

1. 바이든 행정부의 군비통제 방식과 북핵 문제

바이든 대통령이 밝힌 대북정책의 목표는 '한반도에서의 완전한 비핵화(CD)'이다. 트럼프 행정부 시절에는 야당이었던 민주당이 '완전하고 검증 가능하며 불가역적인 비핵화'(CVID)를 주장했었다. 하지만 2021년 1월 27일 바이든 대통령은 스가[菅] 일본총리와의 전화통화에서 대북정책의 목표를 '한반도의 완전한 비핵화'라고 분명히 밝혔다.3) 이는 2018년 6월 12일 「싱가포르 북·미 공동성명」에서 합의한 '완전한 비핵화'의 입장을 계승한 것이다.

---

2) 조성렬, "미국 바이든 정부의 대외전략과 한반도 정책," 『KIMA 정책연구』, 통권 제2호, 한국군사문제연구원, 2020년 12월 31일, pp.63~64.; 조성렬, "이란핵합의는 북핵 해법의 청사진이 될 수 있나," 『내일신문』, 2020년 12월 1일.

3) 백악관의 보도자료에 나온 바이든-스가의 통화내용은 다음과 같다. "They together affirmed the necessity of complete denuclearization of the Korean Peninsula." The White House, "Readout of President Joseph R. Biden, Jr. Call with Prime Minister Yoshihide Suga of Japan," January 27, 2021. (*https://www.whitehouse.gov/briefing-room/statements-releases/2021/01/27/)

그는 대북 협상의 방법과 대해서도 한반도 비핵화라는 공동목표를 진전시키기 위해 협상팀에게 힘을 실어주고 동맹국들과 중국을 포함한 그밖의 세력과 함께 지속적이고 조율된 캠페인을 시작하겠다고 약속했다. 그는 『포린 어페어즈』 2020년 3・4월호 기고문에서 이란과 북한 등에서 핵확산과 새로운 핵군비경쟁이 일어나고 있다고 지적하면서 "새로운 시대의 군비통제(arms control for a new era)를 시작하겠다"고 밝혔다.4)

　　신행정부의 초대 국무장관인 토니 블링컨도 2018년 6월 『뉴욕타임즈』 기고문에서 북한이 모든 핵프로그램을 공개하고, 국제감시 하에 농축과 재처리 인프라를 동결하며, 제한된 제재완화를 대가로 일부 핵탄두와 미사일을 파괴하도록 하는 잠정합의(interim agreement)가 필요하다고 밝히고 있다.5) 그는 2019년 1월 미국 CBS뉴스 인터뷰에서 "가까운 시일 안에 완전한 비핵화를 달성할 가능성은 매우 희박하므로 군비통제(arms control)에 따라 시간을 두고 군축 과정(disarmament process)을 궤도에 올려놓을 것"이라고 언급했다.6)

　　이처럼 바이든 신행정부가 내놓은 현실적인 대안이 '군비통제 방식'이다. 이는 바이든 신정부가 북핵 해법의 청사진으로 제시한 이란핵합의 방식과 같은 것이다.7) 군비통제 방식은 완전한 비핵화를 장기목표

---

4) Joseph R. Biden Jr., "Why America Must Lead Again: Rescuing U.S. Foreign Policy After Trump," *Foreign Affairs*, March/April, 2020.

5) Anthony Blinken, "The Best Model for a Nuclear Deal with North Korea? Iran," *The New York Times*, June 11, 2018.

6) Anthony Blinken & Michael Morell, "Anthony Blinken talks with Michael Morell on 'Intelligence Matters'," *CBS News*, January 19, 2019.

7) The 2020 Platform Committee, *2020 Democratic Party Platform*, July 27,

로 두면서 당면목표는 △ 핵무기 위협감소에 초점을 맞추고 △ 단계적 접근법에 따라 △ 상호조율된 조치를 취하는 것으로, 미국 내 비확산 전문가들의 지지를 받고 있다. 이 방식은 '잠정합의'의 필요성을 강조하고 있어 하노이 북·미 정상회담에서 북·미 양측의 의견이 접근했던 이른바 스몰딜(small deal)의 가능성을 열어놓은 것이다.[8]

바이든 신행정부는 북한이 모든 핵·미사일 프로그램을 포기할 때까지 대북제재를 지속한다는 원칙적 입장을 내놓고 있다. 하지만 실제 협상에서 북한이 비핵화에 협조할 경우에는 제재 완화도 가능하다는 유연한 입장을 취하고 있다. 바이든 대통령은 2020년 10월 22일 대통령후보 TV토론 당시에 "김 위원장이 핵능력 축소에 동의할 경우 만날 용의가 있다(On the condition that he would agree that he would be drawing down his nuclear capacity)"고 밝혀 북·미 정상회담의 가능성을 배제하지는 않았다.

특히 비핵화 진전과는 별개로 북한주민들에게 인도적 지원을 제공하고 인권유린에 대해 북한정권에게 압력을 가할 것이라고 약속하였다. 카멀라 해리스(Kamala Harris) 부통령은 후보시절에 북한이 핵프로그램을 후퇴시키는 작고 검증가능한 조치를 취한다면, 약속 위반 때는 제재를 즉각 복원하는 가역적 조치를 취하는 것을 전제로 북한주민들의 삶을 개선하기 위한 선별적 제재 완화(targeted sanctions relief)가 가능하다고 밝히고 있다.[9] 블링컨 미 국무장관도 2021년 1월 19일 상원

2020.

8) 미 강경파들은 스몰딜=배드딜(bad deal), 빅딜=굿딜(good deal)이라는 도식을 만들어 협상을 어렵게 했기 때문에, 문재인 정부에서는 스몰딜 대신에 굿이너프딜(Good Enough Deal)이라는 대체 개념을 제시한 바 있다.

9) Edward Goldring, "How Would Joe Biden and Kamala Harris Handle

인준청문회에서 동일한 입장을 취하였다.

2. 북한 핵문제와 이란 핵문제의 비교

이란핵합의(JCPOA) 방식은 그동안 북한이 주장했던 '단계적 동시 행동적 접근'과 유사하다는 점에서 북한 핵문제 해결에 어떻게 적용될지 관심을 끈다. 바이든 대통령과 민주당이 북핵 해결의 청사진으로 JCPOA 방식을 거론한 것 이외에도 하노이 북·미 정상회담 결렬 원인이 됐던 부분적인 제재해제 문제와 관련해 조건부 제재해제의 길을 열어놓았기 때문이다. 하지만 JCPOA를 북한에 적용하기 위해서는 이란과 북한의 차이를 살펴보는 것이 중요하다.

첫째, 양국이 보유한 핵 능력의 차이이다. 이란은 우라늄농축시설을 중심으로 한 핵프로그램 개발의 초기 단계에 있었다. 이와 달리 북한은 핵분열물질의 생산을 넘어 수소폭탄 실험을 포함한 6차례의 핵실험과 미 본토에 도달할 수 있는 대륙간탄도미사일(ICBM) 시험발사 성공을 통해 스스로 '국가핵무력의 완성'을 주장할 정도로 핵 능력이 고도화되어 있다. 이처럼 핵과 미사일 능력 면에서는 이란과 현격한 차이가 난다.

둘째, 협상 목표와 대상의 차이이다. JCPOA의 경우는 고농축우라늄시설의 추가설비 중지로 고농축을 금지해 핵무기 개발을 막고, 기존

North Korea?," The National Interest, August 20, 2020. 및 Daniel Larison, "What Is Kamala Harris'Foreign Policy?" *The American Conservative*, August 14, 2020.

설비의 노후화·폐기 때까지 저농축우라늄 생산을 허용한다. 이에 비해 북한 핵문제의 경우 핵분열물질 생산시설, 핵무기 제조·시험 시설, 이미 생산·제조해 보유하고 있는 핵분열물질, 핵탄두·미사일, 관련 과학자·기술자 전체를 대상으로 해야 하기에 어렵고 복잡하다.

셋째, 설정된 협상 범위의 차이이다. 이란의 핵능력을 근본적으로 해체하기보다 우라늄농축시설의 신설을 금지하고 기존 원심분리기의 수량을 단계적으로 줄여 핵무기를 갖지 못하도록 하는 데 초점을 맞추고 있다. 오바마 대통령은 미국 내 강경파들이 주장했던 '핵프로그램의 완전한 폐기' 방안 대신에 '핵무기 획득 방지'라는 차선책을 선택한 것이다. 그렇기에 핵시설만 협상대상이며 탄도미사일, 테러 등은 협상에서 배제되었다. 이에 비해 북핵 문제는 유엔안보리 결의로는 '모든 핵무기와 현존 핵프로그램, 모든 탄도미사일, 생화학무기'가 대상이다. 다만, 트럼프 행정부는 현실적인 고려 속에 '모든 핵무기와 현존 핵프로그램, 대륙간탄도미사일'로 국한해 대북 협상을 진행했다.

넷째, 협상메커니즘의 차이이다. JCPOA의 경우는 E3(영·불·독)과 미국·러시아·중국 등 유엔안보리 상임이사국 5개국과 독일이 참가한 'P5+1'와 이란의 협상이지만, E3가 공정한 중재자(Honest Broker) 역할을 수행하였다. 이에 비해 북핵 문제는 제네바 기본합의 때는 북·미 양자회담 방식이었다가 9.19공동성명 채택 때는 6자회담(의장국 중국) 방식이었고, 트럼프 행정부에서는 또다시 북·미 양자회담 방식이었다. 바이든 행정부에서는 다자주의를 선호한다고 하나, 6자회담의 부활보다는 북·미 양자회담을 주축으로 하면서, 한·미·일 사전협의체 운영과 미·중 대화를 보조축으로 운영할 것으로 보인다.

다섯째, 제재 효과의 차이이다. 이란은 시민사회가 존재하고 주기적인 정권교체가 가능한 국가이다. 또한 시아파 종주국으로 역내 세력균형의 중추적 중견국가이자 석유자원 보유국으로 경제제재에 취약한 국가이기 때문에, 만약 이란이 약속을 어겼을 경우 미국이 보복조치로 타격을 가할 수 있다. 이에 비해 북한은 시민사회가 형성되지 않은 비시장 사회주의국가인 데다가 3대 세습 독재국가이며, 자력갱생을 내세우나 사실상 중국경제에 대한 의존도가 높은 국가로서 천연자원도 없고 상대적으로 경제제재에 내구성이 있는 국가이기 때문에 북한의 약속 불이행 때 그에 대한 보복 조치도 마땅치 않다.

여섯째, 국제법상 지위의 차이이다. JCPOA의 경우, 비핵국가 이란이 핵무기를 제조하지 않는 대신에 평화적인 핵이용권에 따른 재처리, 농축 권한을 인정하는 방식으로 이는 핵무기확산금지조약(NPT)에 부합되는 내용이다. 이에 비해 북한의 경우는 NPT회원국으로 있다가 핵프로그램을 완성한 뒤 탈퇴 선언한 '불량국가'의 대표적인 사례이다. 따라서 북한이 평화적 핵이용권을 인정받기 위해서는 먼저 모든 핵무기와 현존하는 핵프로그램을 폐기한 이후에야 가능하다.

일곱째, 협상주체·정치환경 변화 등 당시 국내정치 상황의 차이이다. 이란의 경우는 2013년 8월 이란 온건파 로하니 대통령의 당선과 적대국과의 관계개선을 내건 미 민주당 오바마 정권의 조합으로 양국 협상파들이 단계적 접근법을 수용할 수 있었던 상황이다. 이에 비해 북한은 2009년과 2013년 잇달아 핵실험을 감행해 대화를 내걸었던 오바마 정권조차 '전략적 인내'로 돌아서도록 만들었으며, 트럼프 행정부에 들어와 북한의 '국가핵무력의 완성' 선언 이후에야 북·미 양자대화로 복귀할 수 있었다.

	이 란	북 한
핵개발 능력	우라늄농축시설 중심의 초기단계	재처리·고농축, 핵실험 6회, 원폭·수폭, ICBM, 전략군 등 국가핵무력 완성 선언
핵협상 목표	핵무기 개발능력 제한 - 탄도미사일 제외, 군시설 사찰 제외	모든 핵무기와 현존 프로그램, 모든 탄도미사일, 생화학무기의 검증된 폐기
평화적 핵이용권	평화적 핵 이용 보장	CVID 완료 뒤 평화적 핵이용 가능
국제법상 지위	NPT회원국	핵개발 뒤에 NPT 탈퇴
협상 메커니즘	E3(영·불·독) → P5+1	북·미 → 6자(남북,미·중·일·러) → 남북 및 북·미
제재효과 요인	시민사회 존재, 시장경제, 역내 중추적 중견국가, 석유자원 보유	시민사회 부재, 사회주의계획경제, 역내 최약소국가, 부존자원 빈약
국내 정치상황	2013.8. 온건파 로하니 집권	3대 세습의 김정은 정권

3. 이란 핵합의의 한반도 적용 가능성

트럼프 행정부와의 협상 때 보여준 북한의 태도를 보면, 북한이 생각하는 '단계적 접근'은 핵분열물질과 핵무기·미사일을 분리해 전자만 협상하겠다는 것이었다. 바이든 행정부가 아무리 단계론적 접근을 수용한다고 해도 미국이 자국에 직접 위협이 되는 핵무기·미사일을 건드리지 않고 핵분열물질의 제거에만 초점을 맞출 것으로는 보이지 않는다. 하노이 북·미 정상회담에서 미국측이 이른바 스몰딜(small deal)을 거부하고 포괄적 합의를 담은 빅딜(big deal)이 아니면 협상을 깨는 노딜(no deal)을 생각했던 것은 그 때문이다.10)

그런 점에서 바이든 팀이 군비통제 방식을 취한다고 해도 궁극적으로 핵·미사일을 배제하지는 않을 것이다. 당시 오바마 행정부가 이스라엘과 공화당의 반대에서 불구하고 군비통제 방식의 JCPOA 체결을 받아들인 것은 미국은 이슬람국가(IS) 격퇴전에 동참한 이란과의 암묵적인 협력 관계를 중시했고, 마침 이란에는 온건파인 하싼 로하니(Hassan Rouhani) 대통령이 집권하고 있었기 때문이다.[11]

이에 비해 북한은 마지막 대선 TV토론에서 바이든 대통령이 폭력배(thug)이라고 부른 김정은 위원장이 집권하고 있다는 점에서 미국의 양보가 쉽지 않다. 무엇보다 당시의 이란과 달리 현재의 북한은 활용할만한 전략적 매력도 별로 없어, 북한이 중국을 떠나 반중 전선에 동참할 정도가 아니라면 미국이 북한의 핵무력을 놔둔 채 핵생산시설이나 핵분열물질을 제거하는 것만으로 만족할 것으로 보이지 않는다.

또 하나 놓쳐선 안 될 점은 당시 미국 민주당정부가 JCPOA의 단계적 접근을 받아들일 수 있었던 이유가 이란이 '높은 수준의 사찰·검증'을 수용했기 때문이라는 사실이다. 실제로 미국은 이란의 핵프로그램을 감시하기 위해 국제원자력기구 추가의정서(IAEA Additional Protocol)에 바탕을 둔 높은 수준의 포괄적인 사찰과 검증체계를 토대로 지속가능한 이행 틀을 마련했다. 이란은 핵활동의 투명성을 받아들이는 대신에 제재 완화를 얻어냈다. 이처럼 미국이 자국 내 반발을 무릅쓰고 군비통제 방식을 적용해 제재를 완화했던 것은 이란정부를 신뢰해서가 아니라 이란에 적용된 검증체계를 신뢰했기 때문이다.[12]

---

10) 존 볼턴(박산호·김동규·황선영 옮김),『존 볼턴의 백악관 회고록: 그 일이 일어난 방』, 시사저널사, 2020년 9월, p.469.

11) 조성렬, "바이든 신행정부의 출범과 북·미 관계 전망,"『KDB 북한개발』, KDB산업은행 미래전략연구소, 2020년 겨울호(통권 23호), pp.17~18.

12) 김진아,「미국 신행정부의 대북정책 특징」,『동북아안보정세분석』, 한국국

〈표 7-2〉 이란의 핵무기 획득방지를 위한 「포괄적 공동행동계획」

		핵프로그램	2015.7.14. 최종합의 내용
농축/재고		농축 20% HEU 재고 10,000kg	· 15년간, 농축 3.67% · 농축우라늄(HEU) 재고 300kg

농축
시설
	나
	탄
	츠
		나탄츠 농축시설
		(약 16,428기)
		파이럿 농축시설
		(702기)
			· 10년간 농축기 5,060기(초기형 IR-1)
			  상업용으로 유지(농축활동)
			· 원자력 연구개발은 나탄즈로 제한
			  (최대 8년 가능)

	포
	르
	도
		포르도 농축시설
		(약 2,710기)
			· 15년간 농축 중단
			· 농축기 1,044기 연구용으로 유지
			  (핵물질 투입 금지)
			· 지하시설은 원자력 · 물리학 기술연구센
			  터로 변경

아라크 중수로		아라크중수로 (Pu생산가능)	· 무기급 플루토늄 생산 못하도록 재설계 · 사용후핵연료 처분 또는 해외이전 · 15년간 추가 중수로 건설 금지

사찰/검증		일시적	· 공개된 모든 핵시설의 사찰활동 허용
			· 공개되지 않은 시설, 핵활동이 의심되는
			  장소에서 IAEA회원국위원회의 검토 후
			  (파르친 군사시설 포함) 사찰 가능

브레이크아웃 타임		2~3개월	1년 이상/10년간 적용
일정 합의		협상안은 7월 20일 UN안보리 결의 이후 90일 내 발효 IEEA, 이란의 합의이행 점검 보고서 12월 15일까지 유엔 제출 이란 불이행 발견시 제재 10년간(5년 추가연장 가능) 자동복귀	

<출처> 인남식, "이란 핵협상 타결의 함의와 전망," 「주요국제문제분석」, 국립외교원 외교안보연구소, 2015년 7월 24일, p.2.

JCPOA의 단계론적 접근을 북한 핵문제에 적용하려면 포괄적인 사찰·검증체계에 대한 북한의 수용적인 태도가 가장 중요하다. 하지만 이란의 수용 태도와 달리, 북한이 국제사회의 투명하고 높은 수준의

방연구원, 2020년 11월 10일, p.4.

포괄적인 사찰·검증체계를 받아들일 준비가 되어 있는지 의문이다. 6자회담이 중단된 원인 중의 하나가 북한이 취한 불능화 조치에 대한 사찰·검증이 걸림돌이었기 때문이다.

그밖에도 미국이 정권교체에도 불구하고 기존 합의를 지킨다는 확고한 법적 보장이 필요하다. 트럼프 행정부가 들어와 JCPOA를 뒤집은 것과 같은 일이 북한과의 핵합의에서는 일어나지 않는다는 점을 북한에게 확신시켜줄 수 있어야 한다. JCPOA의 이행을 미 국내법으로 뒷받침해 주기 위해 「이란핵합의검토법」이 제정되었으나, 3개월마다 이란의 핵합의 이행사항을 평가한 뒤 연장 여부를 결정하도록 되어 있어 악용 소지가 있었다. 따라서 JCPOA의 북한 적용을 위해서는 미 의회에서 국내법적인 안전장치를 제공할 수 있을지 여부도 관건적 요소이다.

III. 한반도 비핵화 협상의 기본방향

1. 단계적 비핵화와 영변 핵단지의 동결·폐기

2000년대 6자회담과 이란핵합의(JCPOA)에서 얻은 경험, 그리고 트럼프 행정부의 북·미 양자회담에서 겪은 시행착오를 통해, 미 신행정부는 향후 북한과의 협상이 재개될 경우 완전한 비핵화를 단기간 내 실현하기보다 장기목표로 두는 것이 현실적이라는 교훈을 얻게 된 것으로 보인다. 한반도에서도 이러한 장기목표 아래 이란과의 핵협상에 적용했던 군비통제 방식을 도입해 단계적으로 비핵화를 추진해 나가야 할 것이다.

2019년 2월 하노이 북·미 정상회담에서 북측은 영변 핵단지 폐기를 조건으로 2016~2017년에 채택된 유엔안보리 대북 제재 5개 가운데 일부인 민수경제와 민생 관련 부분의 해제를 요구했다. 하지만 미국은 영변 핵단지의 폐기만으로는 부족하다며, 영변 핵단지 외부의 의심시설 5곳과 함께 '한 가지 더'를 요구했다.13) 나중에 북한이 영변 핵단지 밖의 의심시설들도 포함시켜 해체할 용의가 있다고 밝혔으나, 트럼프 대통령은 이를 거부한 채 협상 결렬을 선언했다.

미국이 북한의 제안을 거부한 이유는 대북 경제제재를 완화하는 것이 북한에게 절박한 과제인 반면, 북한이 영변 핵단지를 폐기하더라도 핵프로그램을 지속할 수 있는 시설들이 많이 가지고 있다고 판단했기 때문이다.14) 이처럼 미국은 영변 핵단지에 대해서는 그다지 높게 평가하지 않았기 때문으로 보인다. 미국측 판단대로 북한이 영변 핵단지 외에 고농축우라늄을 생산하는 은닉시설이 있는 것은 사실인 것으로 보인다. 하지만 영변 핵단지에서 매년 핵탄두 7개를 제조할 수 있는 핵분열물질을 생산하고, 무엇보다 동위원소가공시설에서 수소폭탄 제조에 필요한 삼중수소(3H, Tritium)를 제조하고 있다.15)

---

13) 리용호 외무상(당시)은 하노이 협상에서 미국측이 영변지구 핵시설 폐기 조치 외에 '하나 더'를 요구했다고 밝혔는데, 이에 대해 영변 밖의 은닉시설이라는 주장과 핵무기·탄도미사일의 폐기 의사와 신고 약속이라는 의견이 있다. 하노이 회담 직후 폼페이오 국무장관(당시)의 기자회견 내용으로 볼 때 후자의 의미로 보인다. CRS, *The February 2019 Trump-Kim Hanoi Summit*, March 6, 2019.; 조성렬,『한반도 비핵화 리포트: 포괄적 안보-안보 교환론』, 백산서당, 2019년 3월, pp.385~386.

14) 존 볼턴,『존 볼턴의 백악관 회고록: 그 일이 일어난 방』, p.470.

15) 조성렬,『한반도 비핵화 리포트: 포괄적 안보-안보 교환론』, pp.35~37.

북한의 대륙간탄도미사일이 미 본토까지 도달하기 위해서는 핵탄두의 소형화·경량화가 불가피하며, 그런 점에서 북한의 수소탄 제조능력이 중요하다. 북한은 2017년 9월 3일 수소탄(열핵폭탄)을 이용한 제6차 핵실험을 실시했다. 그에 앞서 북한은 사거리 5,500km가 넘는 대륙간탄도미사일 화성-14형, 사거리 11,000~12,000km의 대륙간탄도미사일 화성-15형을 성공리에 시험 발사했다. 그 이전에 시험발사한 화성-12형이 원자폭탄에 맞게 설계된 데 비해 화성-14형과 화성-15형 모두 수소탄을 탑재할 수 있도록 설계되어 있다.

북한은 중수로형 영변 원자로를 가동하는 과정에서 생기는 중수에서 수소탄 제조에 필요한 삼중수소(3H)를 분리해 내는데 성공한 것으로 평가되고 있다. 그런데 삼중수소의 반감기가 12.35년에 불과하기 때문에 북한당국이 소형화를 위해 수소탄을 제조했다고 해도 장기간 보관하기 어렵다. 따라서 영변 핵단지가 완전히 폐기될 경우 북한은 더 이상 삼중수소를 생산할 수 없고 외국으로부터 도입하지 않는 한 수소탄 제조 능력을 잃게 된다.

이처럼 단계적 비핵화를 위해서는 우선 더 이상 핵분열물질들을 생산하지 못하도록 영변 핵단지의 가동중단에서 시작할 필요가 있다. 이미 '국가핵무력의 완성'을 선언한 북한에 대해 단계적인 비핵화를 적용하기 위해서는 핵물질생산시설 → 핵분열물질 → 핵무기의 순서로 폐기를 진행하고, 핵물질생산시설의 경우도 동결(가동중단) → 불가역적 전환 → 폐기의 순으로 추진하는 것이 바람직할 것이다.[16]

---

16) 김진호·모니즈, "어니스트 모니즈 전 미국 에너지부 장관–NTI 공동의장 인터뷰," 『경향신문』, 2018년 10월 8일.

2. 비핵화와 상응조치의 가역성(reversibility) 보장

북한과 미국은 오랜 불신 때문에 상대방의 조치에 대해 서로 끊임없이 의심해 왔다. 그 동안 북·미 양측이 맺은 합의들이 제대로 이행되지 못한 채 끝난 경우가 많았다. 미국은 북한이 대북 제재의 해제만 받아낸 채 핵무력을 완성하기 위한 시간벌기용으로 협상에 나선 것이 아닌가 의심하고 있다. 북한은 북한대로 미국이 선 비핵화를 내세워 자신의 핵능력을 무장해제시킨 뒤, 아무런 보상 없이 군사력으로 굴복시키려는 의도라고 의심해 왔다.

미국과 북한의 합리적 우려를 해소하는 해결책은 양측이 취하는 조치들이 모두 비가역성을 띠도록 하는 것이다. 하지만 북한이 취해야 할 비핵화 조치들은 대부분 비가역적인 데 비해, 미국이 북한에 제공할 상응조치들은 대체로 가역적이다. 이러한 비대칭성을 극복하는 방안은 미국이 취할 상응조치들에서 비가역성을 보완하거나, 이와 반대로 북한이 취할 비핵화 조치에 일정 정도 가역성을 보장하는 것이다.

(1) 미국의 합리적 안보 우려 해소: 대북 경제인센티브의 가역성

한반도에서의 완전한 비핵화를 실현하기 위해서는 북한이 비핵화 조치를 취한 뒤에는 원상태로 되돌아가지 않도록 해야 한다. 이러한 비가역적인 비핵화에 대한 확신이 서야 미 행정부가 합의할 뿐 아니라 미 의회가 북한에 대해 비가역적인 상응조치에 동의할 수 있을 것이다. 트럼프 대통령(당시)이 이란과의 핵합의(JCPOA)를 파기하면서 들었던 중요한 이유 중 하나도 일정 시간이 지나면 이란이 핵능력을 되살릴 수 있는 여지를 남겨둔 '일몰조항'이 포함된 때문이었다.

2008년 6월 26일 북한이 영변 핵단지의 핵시설 신고서를 제출하자, 검증 문제에 대한 논란 끝에 2008년 10월 11일 미국은 북한을 테러지원국에서 제외하는 상응조치를 취했다.[17] 하지만 그해 11월 4일 미 대선에서 민주당 후보가 당선되자 북한은 사실상 검증을 거부하면서 6자회담이 중단되었다. 결국 북한은 테러지원국 지정 해제에 따른 경제적 혜택은 그대로 누린 채 영변 원자로를 재가동해 핵분열물질들을 다시 생산하기 시작했다. 그 뒤 미국 내에서 북한을 테러지원국으로 재지정해야 한다는 목소리가 높았지만 북한이 추가로 테러지원활동을 하지 않는 한 재지정의 근거가 없었다. 그러다가 북한에 억류됐다 돌아온 미국인 오토 웜비어의 사망과 이복형인 김정남의 독살을 계기로 2017년 11월 미국은 북한을 테러지원국으로 재지정했다.

이러한 6자회담의 실패 경험을 되풀이하지 않기 위해 미국은 앞으로 협상이 재개되면 북한에 제공할 상응조치에 가역성을 부여할 필요성을 느끼고 있었다. 이를 위한 방안으로 스냅백(snap-back) 조항이 검토되었다. 스냅백이란 북한이 약속을 이행하지 않을 때는 물론이고 이행한 뒤 나중에 파기할 경우, 미국이 제공한 상응조치를 철회할 수 있도록 하는 것이다. 북한이 비핵화 합의를 위반하다가 적발되는 경우에는 기존의 제재를 복원할 뿐만 아니라 고강도 제재를 추가할 수 있도록 사전에 북측의 동의를 얻어놓는 것이다.

다만, 스냅백 조항이 갖는 함정에 유의해 미국의 남용을 예방할 수

---

17) 이용준, 『북핵 30년의 허상과 진실: 한반도 핵게임의 종말』, 한울아카데미, 2018년 12월, pp.251~254.

있는 장치도 마련되어야 한다. 흔히 스냅백 조항을 북한의 약속위반에 대한 안전장치로만 여기지만, 미국의 전횡 가능성도 있기 때문이다. 현행 JCPOA에는 미국이 이란의 합의 이행이 불충분하다는 자체 판단으로 분쟁해결기구에 문제를 제기한 뒤, 30일 이내에 이란이 충실히 이행하고 있다는 점을 입증하지 못하면 제재가 다시 부활될 수 있다. 유엔안보리가 표결을 통해 제재의 부활을 막을 수 있도록 되어 있지만, 상임이사국의 하나인 미국이 거부권을 행사할 경우 제재의 부활을 막을 수 없다는 맹점을 안고 있었다.18)

(2) 북한의 합리적 안보우려 해소: 비핵화조치의 가역성, 상응조치의 불가역성 제고

북한의 합리적 안보우려를 해소해 주기 위해서는 △북한이 취할 비핵화 조치의 가역성을 보장하는 방안과 △미국이 제공할 상응조치의 불가역성을 높이는 방안의 두 가지를 생각해 볼 수 있다.

먼저, 북한의 핵탄두와 대륙간탄도미사일을 폐기하는 조치에 대해 가역성을 일정 정도 보장하는 방안이다. 북한은 자신의 핵·미사일이 일단 공개되는 순간 모든 정보가 노출되어 되돌릴 수 없는 비가역성을 띤다고 판단하고 있다. 따라서 미국 등 국제사회의 상응조치 제공이

---

18) 서정건, 『미국 정치가 국제 이슈를 만날 때─정쟁은 외교 앞에서 사라지는가 아니면 시작하는가?』, 서강대학교출판부, 2019년 11월, p.252. 트럼프 대통령(당시)은 유엔안보리에서 대(對)이란 무기금수 조치 연장안이 부결되자 스냅백 조항을 발동해 제재를 연장하려고 시도했으나, JCPOA를 탈퇴한 미국이 스냅백 조항을 발동할 자격이 없다는 E3국가의 반발에 부딪쳐 무산되기도 했다. 『연합뉴스』, 2020년 8월 20일.

완전히 마무리될 때까지 북한지역의 지정된 장소에 국제기구의 감시 아래 해체된 핵·미사일들을 보관하도록 한다. 북한의 핵탄두와 대륙간탄도미사일은 핵무기는 옛소련제를 원천기술로 해서 역공학(reverse engineering) 방식으로 제조한 것이다. 따라서 북한의 핵탄두·탄도미사일은 이를 설계하고 제조한 북한 과학자·기술자들이 직접 해체작업을 맡아야 한다.19) 단계적으로 해체된 핵무기들은 북한지역의 특수시설에서 국제기구의 감시하에 보관하는 창의적 대안의 모색이 필요하다.20)

다음, 미국이 북한에 제공할 체제안전과 경제인센티브 등 상응조치에 대한 미국 국내법적 구속력을 높이는 방안이다. 대표적인 방식이 미 의회가 조약(treaty) 체결에 동의하는 것이다. 하지만 조약을 통과하기 위해서는 미 상원 2/3 이상의 동의를 필요로 하기 때문에 현재 민주당과 공화당이 50 대 50으로 동률의 의석을 가진 현재와 같은 미 의회의 세력분포로는 현실화되기 어렵다. 실제로 미 대통령이 제출한 1919년 베르사유 조약과 1999년 포괄적 핵실험금지 조약(CTBT), 2012년 장애인 권리협약이 미 상원에서 부결된 바 있다.21) 그런 점에서 상응조치에 대해 하원과 상원에서 각각 과반수 동의를 얻어 법적으로 보장하는 의회행정협정(congessional-executive agreement) 방식이 차선책으로 유력하게 검토될 수 있다.22)

끝으로, 의회행정협정을 채택할 경우에도 '이란핵합의검토법(Iran

---

19) 김진호·모니즈, "어니스트 모니즈 전 미국 에너지부 장관–NTI 공동의장 인터뷰."

20) 조성렬, 『한반도 비핵화 리포트: 포괄적 안보–안보 교환론』, pp.143~144.

21) 조성렬, 『한반도 비핵화 리포트: 포괄적 안보–안보 교환론』, p.260.

22) 조성렬, 『한반도 비핵화 리포트: 포괄적 안보–안보 교환론』, p.232.

Nuclear Agreement Review Act)'와 같은 '검토법(Review Act)'의 방식이 되어서는 안 된다. 오바마 행정부는 이란핵합의(JCPOA)에 대해 미 공화당이 격렬히 반대하자 타협책으로 90일마다 이란의 이행 여부를 점검한 뒤 제재 유예의 연장 여부를 매번 결정하는 '검토법' 방식을 받아들였다. 트럼프 행정부에 들어와 미국은 3개월마다 제재 유예를 연장해 주면서 △일몰조항 삭제, △탄도미사일 제거, △군시설을 포함한 모든 시설 사찰 등 3대 사항을 요구했다. 이란정부가 끝내 이를 거부하자 2018년 5월 8일 연장을 거부하면서 JCPOA를 일방적으로 파기했다. 적어도 오는 2022년 11월 중간선거 전까지는 미 민주당이 상하 양원을 지배하고 있기 때문에, 향후 북·미 핵합의가 이뤄질 경우 '검토법 방식'이 아니라 효력이 지속될 수 있는 의회행정협정 방식으로 입법 조치가 이루어져야 할 것이다.

3. 신고와 검증 문제: 확률론적 검증체계의 도입

한반도 비핵화 협상이 재개될 경우 최대쟁점은 '신고와 검증(decleration & verification)' 문제가 될 가능성이 높다. 과거 6자회담이 중단된 것도 바로 북측의 신고와 이에 대한 검증 문제의 벽을 넘지 못했기 때문이다. 2018년에 재개된 한반도 비핵화 협상에서는 검증까지는 논의가 이루어지지 못한 채 신고 문제가 쟁점이 되었다. 북한과 미국 사이에서 신고와 검증 문제는 양측의 신뢰부족으로 향후 한반도 비핵화 협상이 재개되더라도 최대 난제로 대두될 수밖에 없을 것으로 보인다.

(1) 단계별, 의제별 신고와 검증

6자회담 당시 북한은 자신들이 핵신고를 마쳤음에도 불구하고 미국이 검증 문제를 들어 제재 해제를 미루자, 이에 맞서 영변 핵시설에 대한 불능화 조치를 중단하고 복구에 착수한 뒤 IAEA가 설치한 감시장비를 제거하는 등 무효화 조치를 취해 나갔다. 2008년 11월 4일 미 대통령선거에서 야당이던 민주당의 오바마 후보가 승리하자 북한외무성은 시료채취를 받아들일 수 없다는 대변인 성명을 발표해 사실상 검증을 거부했고, 2009년 4월에는 핵협상 결렬을 선언했다.[23]

2018년 당시 북·미 비핵화 협상에서도 신고(declaration) 문제가 쟁점이 되었다. 미국 측은 2018년 5월 24일에 북측이 전문가의 입회 없이 일방적으로 갱도를 폭파해 폐쇄한 풍계리 핵실험장에 대한 검증 문제를 제기하고 있다. 뿐만 아니라 「9월 평양공동선언」에서 남북 정상이 합의한 △동창리 엔진시험장과 미사일 발사대의 영구적 폐기, △영변 핵시설의 영구적 폐기 등과 관련된 관련 시설들의 신고 문제도 제기하였다.

북한으로서는 트럼프 행정부가 2020년 11월 미 대선에서 재집권한다는 보장이 없었고, 설사 재집권에 성공한 트럼프 대통령이 이전처럼 북·미 협상에 적극적으로 임한다고 확신하지 못했다. 이 때문에 북한 당국은 트럼프 행정부 1기에는 영변 핵단지의 폐기까지만 협상하겠다는 방침을 고집했다. 그렇기 때문에 하노이 회담의 결렬을 감수하면서도 핵무기는 물론 영변 핵단지 이외의 은닉시설을 포함시키는 것에 대

---

23) 이용준,『북핵 30년의 허상과 진실: 한반도 핵게임의 종말』, pp.251~254.

해서도 부정적인 입장을 보였던 것이다.

반면, 트럼프 행정부는 일괄타결과 포괄적 신고를 요구했다. 트럼프 대통령이 과거 부시 행정부의 '은근한 무시'(benign neglect)나 오바마 행정부의 '전략적 인내'(strategic patience) 정책과 달리 북·미 정상회담을 받아들이는 등 적극적인 관여(engagement) 정책을 취한 것은 국내정치적인 이유 말고도 북한의 핵무기가 미 본토를 공격할 수 있는 능력을 갖춤에 따라 현실적인 위협이 되었기 때문이다. 따라서 어떤 방식으로든 북한의 핵·미사일을 합의에 포함시키고자 했던 것이다.24)

스티브 비건 대북정책특별대표를 비롯한 미 국무부 협상팀들은 한국정부와의 조율을 통해 핵분열물질 제조시설의 폐기부터 시작하는 단계적 접근의 불가피성을 인정하고 있으며 신고와 검증 문제도 최대한 후순위로 놓는 등 과거 6자회담의 실패와 이란핵합의의 성공에서 얻은 교훈을 최대한 반영하고자 했다. 하지만 빅딜을 요구하는 미국 내 강경파들과 영변 핵단지 밖의 은닉시설을 포함해야 하고 향후 핵·미사일에 대해 포괄적 신고를 약속하라는 요구조차 거부한 북한당국의 입장이 충돌하면서 결국 2019년 2월 하노이 북·미 정상회담은 노딜로 끝나고 말았다.25)

---

24) 2월 27일 만찬장에서 트럼프 대통령이 김정은 위원장에게 건넸다고 하는 '빅딜문서'에는 다음 요구사항이 들어 있었다. ①핵무기 및 핵연료의 이전, ②핵프로그램의 포괄적 신고와 미국 및 국제 사찰단의 완전한 접근, ③모든 관련 활동 및 새로운 원자로 건설의 중지, ④모든 핵 인프라의 제거, ⑤모든 핵프로그램 과학자와 기술자의 상업적 활동 전환. Lesley Wroughton, David Brunnstrom, "Exclusive: With a piece of paper, Trump called on Kim to hand over nuclear weapons," *Reuter*, March 30, 2019.

향후 한반도 비핵화 협상이 재개될 경우, 처음부터 핵분열물질과 핵무기를 포함시키는 포괄적인 신고 방식이나 전통적인 현장사찰식 검증체계(verification regime)를 지양할 필요가 있다. 그 대신에 핵물질생산시설 → 핵분열물질 → 핵무기의 순으로 단계별로 타결 및 이행하고 신고와 검증을 진행하는 것이 바람직하다. 북한의 살라미 전술을 막고 협상을 진전시키기 위해서는 단계별로 비핵화 이행과 상응조치는 물론 신고와 검증체계를 담은 잠정합의들(interim agreements)을 만들어 내야 한다.

  단계적 접근과 함께 중요한 점은 협상을 단계적 신고와 검증을 효율적으로 진행하기 위해 북·미 협상에서 다룰 의제와 남북한 또는 북·일 간에 다룰 의제를 구분하는 것이다. 핵물질생산시설과 핵무기 및 대륙간탄도미사일에 대해 동결조치에서 시작해 폐기 및 검증까지 이행하는 작업은 북·미 양측이 맡는다. 중·단거리 미사일이나 생화학무기는 2018년의 「9.19 군사합의서」의 연장선에서 남북 간의 재래식 군비통제 회담, 혹은 1996~2000년의 북·미 미사일회담처럼 북·일 미사일 회담에서 담당하도록 하고 필요할 경우 미국도 참가하는 3자 대화를 통해 풀어나가도록 한다.

  실제로 트럼프 행정부는 2018년 6월 싱가포르 북·미 정상회담에서 대규모 한미군사연습을 중단하는 대가로 핵실험과 대륙간탄도미사일 시험발사를 중단하는 쌍중단에 합의하였다. 그리고 재래식 군비통제는 「9.19 군사합의서」를 통해 남북한이 추진했다. 아직 단거리, 준중거리 탄도미사일, 중거리 탄도미사일이나 생화학무기에 대한 협상은 논

---

25) 자세한 내용은 조성렬, 『한반도 비핵화 리포트: 포괄적 안보–안보 교환론』, pp.381~390을 볼 것.

의되고 있지 않지만, 만약 이 문제들이 논의되더라고 핵무기 및 대륙간탄도미사일 협상과는 분리되어야 한다.

(2) 확률론적 검증체계의 유용성

군비통제 접근법에서 최대의 난제는 검증 문제이다. 검증이란 협정 당사자들이 협정이 충실하게 이행되고 있음을 확신시키는 수단이다.[26] 검증체계에 대한 확신을 가질 수 없다면, 미국 정부가 북한과 어떠한 핵합의를 하든지 대북 상응조치에 대한 미 의회의 동의를 얻어내기 어려울 것이다. 그런 점에서 검증체계의 마련이 중요하다. 하지만 깊은 상호불신으로 인해 북한이 높은 수준의 검증체계를 순순히 받아들일 가능성은 높지 않다. 더군다나 북한이 핵분열물질 생산시설뿐만 아니라 핵무기 및 핵무기 제조시설까지 보유하고 있기 때문에 검증체계의 마련은 더욱 어렵고 복잡하다.

신고된 제한 시설에서 높은 신뢰도로 이뤄지는 기존 검증체계는 미신고시설에 대한 사찰이나 핵무기 관련 연구를 포괄하는 데 커다란 한계를 갖고 있다. 대표적인 것이 남아공화국의 비핵화 사례인데, 남아공화국은 핵무기 프로그램을 폐기하기로 결정한 뒤 1993년에 핵무기 신고와 함께 국제원자력기구(IAEA) 사찰단의 완전한 접근을 허용했다. 남아공화국은 발린다바 Y-원자로에서 HEU를 1,000kg 가까이 생산했고 그것으로 6개 반의 핵폭탄을 만들었다. 남아공이 매우 협조적이었음에도 불구하고, Y-원자로의 부실한 운영과 공정 손실 그리고 일부

---

26) Mareena Robinson Snowden, "Probabilistic Verification: A New Concept for Verifying the Denuclearization of North Korea," *Arms Control Today*, September 2019.

핵분열물질 수입처에 대한 공개 거부로 어려움을 겪는 끝에 17년 동안 추가조치를 취한 끝에 2010년이 되서야 IAEA는 최종적으로 완전한 비핵화가 됐다고 결론 내릴 수 있었다.

이와 관련해 미국에서 개발된 군비통제 접근법에 기초한 새로운 북핵 검증체계에 대해 주목할 필요가 있다.27) 이것은 기존 검증체계의 한계를 뛰어넘기 위한 고안된 확률론적 검증체계(Probabilistic Verification System)이다. 이 검증체계는 북한과 단계별로 비핵화 협상을 진행하면서 합의 단계가 높아지면 그에 따라 검증의 기준을 높여가는 방식이다. 단계별로 검증이 높아질수록 북한 핵프로그램에 대해 더 많은 정보를 얻을 수 있게 되며, 이를 바탕으로 더 높은 검증기준으로 발전시켜 나갈 수 있다.28)

확률론적 검증체계는 모니터링되는 모든 활동에서 높은 확률로 부정행위를 탐지할 수 있도록 하는 데 있다. 즉, 북한이 합의사항 전체를 준수하는지 여부를 100% 검증하는 데 목적을 두는 것이 아니라, 북한이 핵합의를 위반할 경우 제 때에 한 가지라도 100% 적발할 수 있다는 신뢰를 갖도록 하는 데에 초점을 두고 있다.29) <표 7-3>에서 보듯이,

---

27) Toby Dalton & George Perkovich, *Thinking the Other Unthinkable - Disarmament in North Korea and Beyond,* Livermore Papers on Global Security No.8, Lawrence Lovermore National Laboratory Center for Global Security Research, July 2020, pp.37~41.

28) 김진호·모니즈, "어니스트 모니즈 전 미국 에너지부 장관–NTI 공동의장 인터뷰."

29) Mareena Robinson Snowden, "Probabilistic Verification: A New Concept for Verifying the D denuclearization of North Korea," *Arms Control Today,* Sep. 2019. (*https://www.armscontrol.org/act/2019-09/features/probabilistic-verification-new-concept-verifying-denuclearization-north-korea

검증 수준이 낮을 경우에는 한 차례의 모니터링에서 위반을 적발할 확률이 10%이고, 중간 수준에서는 60%이며, 높은 수준에서는 90%라고 가정할 때, 확률이 95% 이상일 경우에 위반 활동을 적발해 낼 수 있다.

모니터링을 한 번 실시할 때는 검증의 신뢰도에 따라 위반을 적발할 확률이 결정되고 큰 차이가 난다. 하지만 모니터링 횟수가 증가할수록 전체 검증에서 위반을 적발할 확률이 증가하게 된다. 따라서 어떠한 신뢰도 수준에서 검증 방법에 대해 결정되더라도, 한 차례의 모니터링으로는 위반을 적발한 가능성이 다소 낮기는 하지만, 북한 핵프로그램이 크게 확대된 만큼 모니터링 회수가 늘게 되어 위반 때에 적발할 확률은 신뢰할 수 있는 수준까지 높아질 것으로 보인다. 이와 같은 확률론적 검증체계를 통해 신뢰할 수 있는 수준에서 위반행위를 적발할 수 있으며, 이를 통해 북한당국이 부정행위를 못 하도록 사전에 억제할 수 있다.

〈표 7-3〉 신뢰도에 따른 모니터링 회수별 위반 적발 확률

모니터링 활동수	낮은 신뢰도 (P=10%)	중간 신뢰도 (P=60%)	높은 신뢰도 (P=90%)
1회	10%	60%	90%
2회	20%	88%	99%
3회	27%	95%	99%
4회	34%	98%	100%
5회	40%	99%	100%

<출처> Mareena Robinson Snowden, "Probabilistic Verification: A New Concept for Verifying the Denuclearization of North Korea," *Arms Control Today*, Sep. 2019.

IV. 한반도 비핵화 조치와 상응조치 : 로드맵

1. 예비단계: 위협감소와 신뢰구축

새로운 한반도 비핵화 과정은 핵무기가 의도적으로 혹은 부주의로 인해 사용되지 못하도록 핵위험을 감소시키는 예비단계(Phase 0)에서 시작할 필요가 있다. 그 이유는 핵억제력을 보유한 북한을 거의 신뢰할 수 없다는 점, 북한의 핵무기를 제한할 수 있는 메커니즘을 새롭게 만들지 않는다면 불안정한 요인이 너무 많다는 점 때문이다. 무엇보다 핵무기를 다루는 북한의 상대적인 미성숙함 때문에 핵지휘통제기구의 신뢰성 부족은 위험성을 높일 수 있다.[30]

그런 점에서 북한 핵의 위험성을 감소하고 상호 신뢰를 높이는 조치를 우선적으로 취해야만 한다. 이를 위해서 한미 양국은 북한이 보유하고 있는 대북 군사행동에 대한 우려를 해소해 주어야 한다. 북한도 핵무기의 선제적 사용 가능성에 대한 한미 양국의 우려를 불식시켜주어야 한다. 이처럼 한반도 비핵화 프로세스는 위협감소와 신뢰구축을 위한 사전조치에서 시작해야 한다.[31]

---

30) 다음을 볼 것. Ankit Panda, *Kim Jong Un and the Bomb: Survival and Deterrence in North Korea*, Oxford University Press, 2020, chapter 9.

31) Vipin Narang and Ankit Panda, "North Korea: Risks of Escalation," Survival 62, no.1, January 2, 2020, pp.47~54, https://doi.org/10.1080/00396338. 2020.1715064.

(1) 기존 '쌍중단' 합의의 재확인

한반도 비핵화 프로세스는 김정은 위원장이 2018년 4월 20일 당 전원회의에서 결의했고 같은 해 6월 12일 싱가포르 북·미 정상회담에서 트럼프 대통령과 김 위원장이 약속한 대로, 북·미 양측은 핵실험과 장거리 탄도미사일 시험을 중단하고 대규모 한미 군사연습을 중단키로 한 '쌍중단'의 약속에서 출발할 필요가 있다.

북한측은 자신들이 약속대로 핵실험과 장거리 탄도미사일 시험을 중지했고 핵분열물질과 핵·미사일 기술의 해외유출을 금지시켰으며 미군 유해를 발굴하여 미국으로 송환해 줬음에도 불구하고, 한미 양측은 중소규모의 한미군사연습을 지속해 약속을 저버렸고 6.12 정상회담 이후에도 대북제재를 추가적으로 부가하고 있다고 비난해 왔다.

2020년 7월 10일 북한의 권력 실세로서 대남, 대미 정책을 총괄하고 있는 김여정 당 중앙위 제1부부장은 본격적인 비핵화 협상에 앞서 북·미 대화를 재개하기 위해서는 '적대시 철회'가 선행되어야 한다고 주장했다. 이는 2021년 1월 제8차 당대회에서 김정은 국무위원장의 사업총화에서 재확인됐다. 이것은 북측이 취한 사전조치들과 신뢰조치에 대한 상응조치를 미국측이 취하지 않으면 북·미 대화를 재개하지 않겠다는 뜻이다.

(2) 일방적인 대북 조치

지금 북한이 북·미 대화의 재개 조건을 제시한 상황이라는 점에서, 한국과 미국은 북한이 비핵화 협상테이블로 나오도록 유도하기 위해 북측에 대해 다음과 같이 조건 없는 일방적인 조치(noncontingent steps)를 취할 필요가 있다.

첫째, 미국은 북한 체제의 변동을 추구하지 않으며 미국 핵무기의 유일한 목적은 핵 공격을 억제하기 위한 것임을 공약한다.

둘째, 미국은 재래식무기로 충분히 파괴할 수 있는 군사목표에 대해서는 핵무기를 사용하지 않을 것임을 공약한다.[32)]

셋째, 현재 한국이나 일본을 기반으로 한 미국 핵무기가 없으며[33)] 북한이 핵위협을 노골적으로 가하지 않는 한, 한·일 양국에 핵전략자산을 배치하지 않을 것임을 확인한다.

넷째, 핵억제와 핵전략에 대해 더 잘 이해할 수 있도록 북한의 군사·외교 관계자들을 초대해 전략적 안정성 대화를 갖는다. 신뢰증진을 위해 이러한 대화를 북한과 미국이 돌아가면서 주최하도록 하며, 미국측 개최지로 앤더슨 공군기지와 자그라 해군기지가 있는 괌도에서 열 수 있다. 북·미 간 첫 회담이 성공적으로 치러진 뒤에는 한국, 중국, 러시아, 일본의 소규모 군사 대표단을 참관인으로 포함시킨다.

다섯째, 위와 같은 군사적 신뢰조치 외에도 한미 양국은 유엔안보리 제재 면제 대상인 인도적인 식량지원을 제공한다.

---

32) Jeffrey G. Lewis and Scott D. Sagan, "The Nuclear Necessity Principle: Making U.S. Targeting Policy Conform with Ethics & the Laws of War," *Daedalus* 145, no. 4, September 1, 2016, pp.62~74, https://doi.org/10.1162/DAED_a_00412.

33) 현재 미국의 정책은 특정 해외지역에서 핵무기의 존재를 인정하거나 부인하지 않는 NCND정책을 취하고 있다. 하지만 북한과의 외교협상을 가능케 하기 위해, 미 대통령은 일회성 선언을 할 필요도 있다. 1991년 12월 한반도에서 미국의 모든 전술핵무기를 제거했음에도 북한은 종종 한국에 미국 핵무기가 존재할지 모른다고 문제를 제기했기 때문이다.

(3) 북한 호응에 따른 대북조치

북한의 호응해 올 경우, 북한의 조치와 연동해 다음과 같은 조치를 추가로 취한다.

첫째, 북한이 장거리 탄도미사일의 발사시험을 중단한다고 선언하게 되면, 동해를 포함한 한반도에 핵탑재가 가능한 B-52H·B-2 전략폭격기는 물론 비핵 탑재의 B-1B 배치를 동결한다.[34] 다만, 북한측이 약속을 위반할 경우 신속히 전쟁억제력을 운영할 수 있도록 유지하기 위해 북측의 요구가 있더라도 한미 군사연습을 완전히 중단하는 것은 추후에 검토한다.

둘째, 북한이 장거리 탄도미사일을 실전배치하지 않는다면, 미국 알래스카주 포트 그릴리 요새와 캘리포니아주 반덴버그 공군기지에 있는 지상기반 중궤도 방어(GMD)기지에서 새로운 미 본토 미사일방어용 요격미사일의 배치를 동결한다.[35] 이를 통해 북한이 대륙간탄도미사일이나 다탄두개별유도체(MIRV) 개발에 역량을 투입하지 못하도록 한다.

셋째, 코로나-19 사태가 진정되는 대로, 미국시민들의 북한방문을 허용하기 이전이라도 한국민의 북한 개별관광을 인정하도록 한다.

---

34) 미국의 핵, 비핵 전략자산은 괌에 위치한 앤더슨 공군기지에 남겨둔다. 이러한 전략자산들은 아시아·태평양지역, 특히 중국에 대해 전쟁 억제 임무를 수행하기 때문에, 북한과의 협상을 위해 괌에서 완전히 제거하는 것은 적절하지 않다.

35) 화성-12형 IRBM, 화성-14형 및 화성-15형 ICBM은 모두 비행시험을 마쳤지만, 아직 실전배치 여부는 공식 확인되지 않았다.

(4) 남·북·미의 상호조치

마지막으로, 세 가지 사항을 다음과 같은 상호적 단계(mutual steps)에 따라 추진한다. 기존 셈법이 평화협정과 북·미 수교의 병행추진이었다면, 새로운 셈법은 양자를 선후로 나눠 북·미 수교를 기반으로 비핵화와 평화체제를 동시에 추진하는 것이다. 북·미 수교가 북한정권의 안전을 보장해 주지는 않지만, 북한이 국제사회에서 정상국가로 활동할 수 있어 안전보장 효과를 높일 수 있고 제재 해제를 촉진할 수 있다.36)

첫째, 한국전쟁의 종전 의지를 선언하고 한반도 평화체제를 목표로 추진해 나아간다. 종전선언은 명칭과 관계없이 상징적이고 정치적인 성격을 갖는 것으로 한다.

둘째, 「4.27 판문점선언」에 따라 설치된 남북 간의 통신연락선을 복구하고 북측이 일방적으로 폭파시켜 버린 개성공단 내의 남북공동연락사무소를 재개설하도록 협의한다.

셋째, 워싱턴 DC와 평양에 상호 간의 연락사무소를 개설하여 외교관계의 첫발을 뗌으로써 신뢰를 증진하도록 한다.37) 평양과 워싱턴의 연락사무소들은 유엔군 사령부 및 북한군의 사용 가능한 핫라인 외에 위기가 발생할 때 소통을 통해 위기관리에 기여할 수 있다.

---

36) 조성렬, "북·미 관계정상화로 비핵화 물꼬를 트자," 『내일신문』, 2020년 2월 11일.

37) 미국과 북한은 1995년 연락사무소 설치를 위해 평양의 옛동독대사관 건물과 워싱턴 내 부지를 물색한 바 있지만, 세월이 많이 흘렀기 때문에 옛시설들을 사용하기 위해서는 어느 정도 정비가 필요한지 점검이 필요하다.

이러한 예비단계의 목적은 향후 제1단계의 협상을 가능하도록 여건을 조성하는 데 두고 있다. 뉴욕 주재 북한 유엔대표부는 워싱턴의 연락사무소와 유사한 기능을 수행하지만, 북·미 외교관계의 첫 발을 띠는 것이라는 점에서 워싱턴과 평양의 연락사무소 개설은 양측의 신뢰구축에 도움이 될 것이다. 특히 평양의 연락사무소에 미국 외교관을 배치하는 것은 미국의 기습공격에 대한 북한의 두려움을 감소시켜주는 효과도 가져다 줄 수 있을 것이다.

김정은 체제 아래에서 북한은 2017년 11월 이른바 '국가핵무력의 완성'을 선언하고 리용호 북한외상(당시)이 언급한 대로 미국과 "힘의 평형"에 도달한 뒤에야 협상테이블에 나왔다. 그 뒤에 이루어진 남북 및 북·미 대화에서 취해진 조치들은 그 어떤 것도 북한의 최소억제력을 제거하지 않지는 않았지만, 그 대신 단기적인 불안정성의 원천을 감소시킬 수 있었다.

2. 제1단계: 동결과 비확산

예비단계(Phase 0)를 거쳐 비핵화 협상이 재개되어 제1단계(Phase Ⅰ)가 시작되면, 일단 '말 대 말'로서 회담의 최종목표와 상호 취해야 할 조치들에 대해 합의할 필요가 있다. 회담의 목표가 한반도의 검증 가능한 비핵화를 평화적인 방법으로 달성하는 것임을 확인한다.

북한은 모든 핵무기와 현존하는 핵 계획을 포기하고, 미국을 위협할 수 있는 대륙간탄도미사일 및 관련 제조시설 및 부품들을 폐기한다는 최종목표(end-state)에 동의해야 한다. 미국은 북한이 취하는 조치에 따라 군사위협 해소와 체제안전 보장, 그리고 경제적 인센티브 제공과 같은 상응조치를 취할 것을 약속해야 한다.

이와 함께 북한당국은 이미 제조해서 보유하고 있는 핵분열물질의 해외유출과 핵무기, 미사일의 수출을 금지할 것을 약속한다. 또한 북한은 핵프로그램과 핵무기, 미사일 관련 기술들과 과학자, 기술자들을 확산하지 않도록 통제할 것임을 약속해야 한다.

(1) 영변 핵단지 내 모든 시설의 동결

한반도 비핵화를 위해 "봉인, 감축, 제거"(cap, reduce, eliminate)와 같은 3단계 접근법의 가치에 주목할 필요가 있다. 이러한 조치들에 따른 제1단계의 노력으로 북한이 갖고 있는 사용가능한 핵분열물질의 비축량과 운반수단의 수량이 확대되지 않도록 하는 데 모든 관심을 집중시켜야 할 것이다.

그런 점에서 북한이 취해야 할 최우선적인 비핵화 조치는 영변 핵단지 내의 시설들에 대해 검증가능한 폐쇄를 실시하는 것이다. 2019년 2월 28일 하노이 정상회담이 결렬된 직후 리용호 북한외무상(당시)은 북한측이 영변의 모든 플루토늄 및 고농축 우라늄(HEU) 생산시설의 '영구적이고 완전한 해체'를 제시했다고 밝혔다. 그는 이러한 작업이 "미국전문가 및 양국 기술자들의 합동작업을 통해 이루어질 수 있다"고 덧붙인 바 있었다.[38]

영변 핵단지 내에는 핵분열물질 생산시설로 5MW(e) 가스흑연원자로, IRT-2000 연구용 원자로, 그리고 미완성된 실험용 경수로(ELWR),

---

38) "북 리용호·최선희 심야 기자회견 발언 [전문]," 『연합뉴스』, 2019년 3월 1일.

우라늄농축시설, 그리고 방사화학실험실이 있다. 이러한 시설들은 Pu-239, Li-6[39])를 생산할 수 있으며, 이 가운데 Li-6는 증폭분열탄이나 수소폭탄 제조에 이용되는 삼중수소(3H)를 제조하는 데 사용된다. 북한이 삼중수소(3H)를 해외에서 수입할 수도 있으나 고가이고 수입금지품목인데다가 반감기가 12.3년에 불과해 북한이 국내적으로 핵탄두 제조 및 유지하는 능력을 크게 제약할 수 있다.

영변 핵단지 내 모든 시설들은 2009년 4월에 축출된 뒤 북한으로 돌아가지 못하고 있는 국제원자력기구(IAEA)의 개입을 통해 전반부에서 완벽하게 불능화해야 한다. 만약 북한이 빠른 시일 내에 IAEA의 복귀를 받아들일 의향이 없다면, 미국 · 러시아 · 중국의 전문기술팀을 통해 검증 및 이행 활동이 진행할 수도 있다. 비확산 문제로 인해 핵무기확산금지조약(NPT)이 인정한 5대 핵무기국가들(NWS)만이 핵무기 시설에 접근할 수 있기 때문이다.

(2) 대북 상응조치: 연성안보와 경제인센티브

북한 김여정 당 제1부부장(현 당 부부장)은 앞으로 북 · 미 대화가 재개되더라도 더 이상 제재완화 문제는 의제에 올리지 않겠다고 단언했다. 하지만 군비통제 방식에 따른다고 해도 핵능력의 비대칭성 때문에 어차피 북한과 미국이 대등하게 핵무기 감축을 논의할 수는 없다. 그런 점에서 한국과 미국은 일정한 수준의 연성안보(soft security)와 함께 경제적 인센티브의 제공이 불가피할 것으로 보인다.

---

39) David Albright, "North Korea's Lithium 6 Production for Nuclear Weapons," *ISIS*, March 17, 2017. http://isis-online.org/isis-reports/detail/north-koreas-lithium-6-production-for-nuclear-weapons.

먼저, 연성안보와 관련해 북한의 비핵화 조치와 함께 남·북·미·중 4자가 모여 한반도 평화조약을 위한 논의에 착수한다. 크고 작은 모든 한미 군사연습의 실시를 전면 중단하고 한반도에 군대를 주둔하고 있는 남북한과 미국의 3자 사이에 '3자 군사협정'을 위한 논의를 시작한다. 아울러 핵무기와 재래식 무기로 북한을 공격 또는 공격위협을 하지 않겠다는 내용을 담은 소극적 안전보장(NSA)을 약속하고 앞으로 발간될 핵태세보고서(NPR)에 이러한 내용이 담기도록 약속한다.[40]

다음, 미국의 독자제재를 해제하기 위해서는 미 의회의 승인이 필요하다는 점을 고려할 때,[41] 제1단계에서 실현가능한 제재 완화는 유엔 안보리 결의(UNSCR) 2397호, 2375호, 2371호, 2356호, 2321호, 2270호에 명시된 특정 조항이 해당될 수 있다.[42] 이와 관련해 북한군과 연관된 해산물을 제외하고 섬유류와 석탄의 대외수출 금지조치를 유예하도록 하는 일부 완화조치를 취할 수 있을 것이다.

가령, 북한이 영변 핵연료시설을 가동중단하고 폐쇄하면 UNSCR

---

40) 「9.19 공동성명」의 합의에도 불구하고 「2010 핵태세 보고서(NPR2010)」에서 NPT 탈퇴국가와 위반국가에 대해 소극적 안전보장의 제공을 제외함으로써 사실상 북한에 대한 핵사용의 길을 열어놓았다. Office of The Secretary of Defence, *Nuclear Posture Review Report 2010*, April 2010, p.15.; Office of The Secretary of Defence, *Nuclear Posture Review Report*, February 2018, pp.11~12 및 pp.32~33.

41) 미국의 대북 제재·정책 강화법은 미국 독자제재의 조건을 엄격하게 규정하고 있다. *North Korea Sanctions and Policy Enhancement Act of 2016*.

42) 유엔안보리의 대북제재 목록에 대해서는 다음을 참고할 것. 전략물자관리원, 『대북제재 참고 자료집 4.0: 유엔안보리 결의 2397호 및 미국 독자제재 등』, 남북교류협력지원협회, 2018년 9월, pp.12~13.

2375에 따른 섬유 수출금지를 36개월 동안 풀어줄 수 있을 것이다. 36개월 이후에도 북한이 약속을 잘 지키고 있다면, 섬유 수출금지 조치는 완전히 해제될 수 있다. 만약 북한이 약속된 합의를 잘 준수한다면 제재 완화를 위한 다른 조치들로 넘어가게 된다.

북한에 대한 인센티브 제공 차원에서 미 행정부는 예비단계 및 제1단계 조치들이 시행되는 동안에는 북한의 개인이나 기업소에 대해 불이익을 줄 수 있는 어떠한 추가적인 행정조치도 취하지 않을 것임을 약속하도록 한다.

북한에 제공되는 인센티브는 유엔안보리의 제재 완화 조치 외에도 북한의 대량살상무기 계획에 악용되지 않는 선에서 남북차원의 인도적 사업과 제한된 경제협력도 실시한다. 남북한 간의 철도와 도로를 연결하는 기초공사를 위한 물자반입을 허용하는 유엔안보리 면제조치를 승인한다. 아울러 북한의 송전망 개선과 에너지 관련 하부구조 개혁을 위한 조사에 착수토록 한다.

(3) 탄도미사일 제조시설의 동결과 일부 시험장의 검증

제1단계의 후반부에서는 영변 핵단지의 동결 및 불능화 조치와 함께, 탄도미사일 제조시설들에 대해 가동중단 및 동결조치를 취한다. 동결대상이 되는 탄도미사일 관련 시설 및 부품들은 다음과 같다.

　　첫째, 미사일 비행시험, 고체용 로켓모터와 액체추진 엔진의 고정된 지
　　　　　상시험, 그리고 지상기반 분출시험 등의 동결
　　둘째, 미사일 몸체, 액체용 이원추진제, 고체 모터 외장 및 발사용 로켓
　　　　　등의 제조 동결

셋째, 미사일 기술과 관련된 북한의 지원 및 수출에 대한 동결 및 감시

넷째, 남포 및 신포 조선소에 위치한 두 개의 잠수용 철제 부교의 동결 및 처분

이러한 동결 조치와 함께 북한이 이미 2018년 5월 검증 없이 폭파 및 폐쇄한 풍계리 핵실험장을 포함해 동결된 미사일 관련 시설에 대해 검증을 실시한다. 동창리 미사일 엔진시험장과 발사장에 대한 검증은 미국의 국립기술수단(NTM)을 통해 실행이 가능하며, 이러한 현장검증은 북·미 간의 신뢰를 높여준다. 이러한 검증 활동은 마군포에 있는 대형 고체추진제 엔진시험대와 같이 미사일 개량과 관련된 엔진시험장을 검증할 수 있는 길을 열어준다는 점에서 제2단계 비핵화 조치로 넘어가기 위해 매우 중요하다.

3. 제2단계: 핵물질 시설 해체, 핵탄두 시범적 해체

(1) 핵분열물질 생산시설 신고 및 해체

제2단계(Phase II)에서는 우선 영변핵시설의 해체 작업을 시작하며, 이에 맞춰 영변 밖의 은닉시설이나 농축시설 전체에 대해 북측이 신고를 마치도록 한다. 신고된 핵분열물질 생산시설들은 해체대상이 된다. 영변 핵단지 내의 주요 시설을 36개월간 검증된 동결을 시행한 뒤, 다음 단계로 해체 작업에 들어가야 한다. 제1단계에서 불능화조치를 취한 영변 핵단지의 모든 시설들은 북한당국이 대규모로 투자하지 않고는 원상 복귀될 수 없음이 검증될 수 있을 수준으로 해체되어야 한다.

영변 이외 지역에 존재하는 우라늄 농축시설 및 여타 핵시설의 가동을 중단할 것을 약속한다. 북한이 신고한 핵무기 프로그램 관련시설 및 핵분열물질과 방사성 동위원소 생산시설들 외에 없는지 확인하는 작업이 필요할 것이다.

다음은 신고에 포함되는 시설들이지만 이에 국한될 필요는 없다.

첫째, 강선을 포함한 영변 이외에 은닉된 것으로 의심되는 모든 농축시설 현장
둘째, 모든 리튬-6 생산시설
셋째, 서위리 육불화우라늄(UF6) 생산시설
넷째, 평산·순천 우라늄광산, 평산 우라늄 정련공장 및 농축 우라늄 저장고를 포함해 핵분열물질 비축 장소

북한이 이러한 시설들을 신고한다고 해도 여전히 불충분할 가능성이 있다. 북한의 신고가 불충분하거나 부정확하다고 생각된다고 해도 절차 진행을 중단할 필요는 없다. 하지만 신규 시설들은 △북한의 자체 핵프로그램 전체 범위와 기술력을 알아내기 위한 목적, △불능화 및 해체 대상시설의 우선순위를 정한 목적 등을 위해 현장검증(on-site inspection)에 따를 수 있도록 한다.

(2) 핵탄두의 시범적 해체 및 북한지역 보관

최대 관건은 북한이 일부 핵탄두와 미사일 해체를 수용할 것인가 하는 점이다. 트럼프 행정부 시기 북한은 핵분열물질 생산시설의 해체까지는 동의했지만, 핵탄두·미사일과 관련해서는 일절 언급조차 하려

고 하지 않았다. 하지만 바이든 대통령은 후보시절이던 2020년 10월 22일 트럼프 대통령과의 TV토론에서 "(북한의) 미사일이나 핵무기는 한 대도 파괴되지 않았으며, 사찰관 한 명도 현장에 있지 않다"고 비판했다. 그러면서 "김 위원장이 핵능력 축소에 동의할 경우 만날 용의가 있다"고 밝혀 핵능력의 축소를 중요시한다는 입장을 보였다.

하지만 미·중 대립이 격화되고 군비경쟁이 확산되고 있는 동북아시아의 안보 환경으로 볼 때 앞선 제1단계 시행 정도로 북한이 핵억제력을 내줄 가능성은 매우 낮다. 그런 점에서 제0~1단계에서는 핵탄두 및 탄도미사일을 제한하는 조치는 의미가 없을 것이다. 하지만 북한이 어떠한 핵군축 조치도 취하지 않는 상황에서는 의미 있는 상응조치를 제공하기 어려운 것도 사실이다. 그런 점에서 제2단계에서는 북한의 안보 우려를 감안해 '가역성'을 보장하는 방식으로 핵군비통제를 '시범사업'으로 추진할 필요가 있다.

북한의 핵군비통제 조치와 관련한 시범사업으로, 미국이 테러지원국 목록에서 북한을 제외시키는 조치의 시행하고 이에 맞추어 북한은 미국 전문가의 입회 아래 북한기술자가 1~2개라도 핵탄두를 시범적으로 해체하도록 한다. 해체된 핵탄두는 미국이 주도하는 국제감시팀의 감시 아래 북한지역 안에 보관토록 한다. 북한제 핵탄두와 탄도미사일의 원천기술들이 러시아제라는 점에서 러시아 전문가의 입회도 고려할 수 있다. 핵탄두의 해체량을 점차 늘려나가되, 핵무력의 신고 이전인 제2단계 초기에는 총량을 알 수 없으므로 해체량은 '일정 비율'이 아닌 '일정량'으로 한다.

제2단계의 후반에 이르게 되면, 북한의 대륙간탄도미사일도 위와 동일한 방법으로 일정 수량씩 해체하기 시작해 보관하도록 한다. 아울러 이동발사대(TEL)도 일정 수량씩 단계적으로 해체한 뒤 동일한 장소에 보관한다. 또한 앞서 제2단계 초반에 신고를 마친 핵분열물질들도 이곳으로 옮겨와 국제감시팀의 감시 아래 보관하도록 한다.

북한의 제2단계 비핵화 조치 이행에 따라, 우선해서 테러지원국에서 북한을 제외시키는 조치를 취한다. 또한 유엔안보리 제재 유예 연장 및 대상품목 확대, 북·미 무역협정(BTA) 체결과 같이 북한에 상응조치를 제공한다. 이때 북한에 제공하는 모든 상응조치들은 북한의 비핵화 조치처럼 가역성(reversibility)을 보장할 필요가 있다.

대북 상응조치의 가역성을 확보하기 위해서는 북한의 약속 불이행 때는 제재를 원상회복할 수 있도록 하는 스냅백을 도입하도록 한다. 이 스냅백 옵션은 이란핵합의(JCPOA)에도 적용한 바 있지만, 악용을 피하기 위한 제도 보완이 필요하다. 또한 북한의 이행 지체를 막기 위해 이행시기를 정하는 '시한 설정', 대북 상응조치를 일괄적으로 제공하는 것이 아니라 몇 단계로 나눠 제공함으로써 합의 이행 지연 때는 상응조치 제공도 지연시키는 '보상총량제'의 도입을 적용한다.[43]

4. 제3단계: 완전한 비핵화의 실현

제3단계(PhaseⅢ)의 목표는 한국이나 미국 그리고 오늘날 대부분의 국제사회에서 바라는 최종상태와 일치한다. 이는 북한의 핵무기 및 전략적 운반수단이 모두 폐기되어 부재한 상태를 가리킨다. 이 단계가 시작되려면 제2단계에서 영변 핵시설뿐만 아니라 영변지구 밖에 있는 핵분열물질 생산시설의 해체가 성공적으로 시행됐어야 한다.

---

43) 이용준, 『북핵 30년의 허상과 진실: 한반도 핵게임의 종말』, p.232.

제3단계에서는 북한이 전면적으로 활동과 시설들을 검증을 통해 중단되고 해체되어야 할 대상은 다음을 포함한다.

첫째, 제1, 2단계에서 일찍이 폐쇄되고 불능화된 모든 현장
둘째, 대륙간탄도미사일 연구개발시설 및 제조공장, 대형
셋째, 제조된 모든 핵탄두
넷째, 모든 무기급 핵분열물질의 재고

앞에서 시범적으로 해체된 핵탄두뿐만 아니라 대륙간탄도미사일도 시범적으로 해체하며, 그 뒤에 해체 및 보관하는 수량을 점차 늘려간다. 북·미 양측이 합의한 어느 시점에 도달하면, 북한은 핵탄두와 운반수단에 대한 포괄적 신고를 실시한다.

해체되어 보관 중인 핵탄두 및 대륙간탄도미사일 전량을 해외 반출하는 시점에 맞춰 북한은 핵무기확산금지조약(NPT)에 재가입하며 IAEA 추가의정서(IAEA additional protocol)를 체결한다. 포괄적 신고 이후에는 핵 종사자들의 직업전환을 위해 군사목적이 아닌 민간 프로젝트를 공동 수행할 수 있도록 하는 다국간 조직인 국제과학기술센터(ISTC-NK)를 평양과 영변에 설립한다.

북·미 수교협정을 발효시킨 뒤 평양에 있는 연락사무소를 대사관으로 승격하고 미국 대사를 파견하도록 한다. 아울러 남북한과 미국, 중국 4자 간에 한국전쟁을 법적으로 종식하는 한반도 평화협정을 체결하고 즉시 발효토록 한다. 이와 함께 북한에 대한 유엔안보리 제재 및 미국의 독자제재를 완전히 해제하고, 북한에게 항구적 정상무역관계(PNTR) 지위를 부여함과 동시에 이미 체결된 북·미 무역협정(BTA)을 발효한다. 또한 세계무역기구(WTO) 가입을 승인한다.

〈표 7-4〉 한반도 비핵화 및 상응조치 로드맵(안)

		비핵화의 단계			
		제0단계	제1단계	제2단계	제3단계
비 핵 화					
핵분열물질 생산시설 (영변 핵단지 및 외부 핵시설)		-	•가동중단과 봉인 •신고	•해체	•IAEA추가의정서
핵탄두 및 탄도미사일	시험시설	-	•미사일 발사대, 엔진 시험장 해체	-	
	제조시설	-	•가동중단과 봉인	•신고와 폐쇄	•해체
생산된 핵분열물질 및 제조 핵탄두, 탄도미사일	핵분열물질	•비확산	•비확산	•핵분열물질 전량 보관	•해외반출
	핵탄두 및 미사일	•비확산	•핵실험, 미사일 시험 중지	•일정량 해체·보관 •신고	•전량 해체·보관 및 해외반출
핵 과학자 및 미사일 기술자		-	•비확산	•국제과학기술센터(평양, 영변) 설립 및 재교육	•재취업
상 응 조 치					
경제적 인센티브		•인도적 식량 지원 •북한 개별관광	•유엔제재 일부 해체	•유엔제재 추가해제 •테러지원국 지정해제 •대외원조법, 수출관리법 •국제금융기구 가입 •북·미 무역협정 체결	•모든 제재 해제 •항구적 정상무역 관계 지위 부여 •세계무역기구 (WTO) 가입
외교관계 정상화		•연락사무소 (평양, 워싱턴)	•종전선언 •평화협정 협상 시작	-	•대사급 외교관계 •평화조약
체제 안전보장		•한미군사연습 잠정중단 •전략자산의 한국 이동중단	•대규모 한미군사 연습 중단 •남북미 3자 군사 협의 개시 •소극적 안전보장 (NSA)	•모든 한미군사연습 중단 •남북미 3자 군사 합의서 채택	-

V. 핵무기 없고 핵위협 없는 한반도 평화를 향하여

현재 북한의 핵무기 보유 수량은 정확히 파악되지는 않으며, 핵분열물질의 생산능력을 통해 추정할 뿐이다. 바이든 신행정부에 들어와 북·미 비핵화 협상이 재개될 것으로 보이지만, 설사 한반도 비핵화 프로세스가 재가동되더라고 넘어야 할 과제가 산적하다. 국내외에서 제기되는 점은 북한이 핵포기를 약속해 체제안전을 보장받고 경제제재마저 해제됐는데 몰래 핵무기나 핵분열물질의 일부를 숨겨놓지 않을까 하는 우려다.

당장은 핵분열물질이나 핵무기를 포기했다고 해도, 설계도면을 숨겨놨다가 다시 핵무기를 개발하거나 설계도면마저 없앴다고 해도 핵·미사일 과학자와 기술자들이 기억을 되살려 국제사회의 감시가 소홀한 틈을 이용해 재개발에 나설 가능성도 걱정거리다. 이러한 것들은 충분히 상정해 볼 수 있는 합리적인 우려들이지만, 다음 조치들을 통해 상당 부분은 해소될 수 있다.

완전한 비핵화 합의에 따른 핵억제력의 상실

어느 단계에서 미국과 북한과 북한의 핵무기 수량을 줄이도록 하는 핵군비통제에 합의했을 경우, 북한당국이 일부 핵무기나 핵분열물질을 은닉한 채 자신의 보유량을 적게 신고하는 경우를 생각해 볼 수 있다. 그럴 경우 북한 내부자의 협조가 없는 한, 은닉한 핵분열물질이나

핵무기를 미국이나 국제원자력기구가 찾아내기는 쉽지 않다. 핵군비
통제가 마무리되지 않은 단계에서는 북한이 핵·미사일을 운용하는
전략군을 그대로 유지할 것이기 때문에 핵과 미사일도 일부만 감축한
채로 갖고 있게 되기 때문에 우려는 더 크다.

하지만 북한이 핵포기의 이행을 완료했다고 선언한 뒤로는 핵분열
물질이나 핵무기를 은닉했다고 해도 핵억제력을 발휘할 수 없다. 핵억
제가 상대국에게 통하려면 한 국가의 핵무기에 대해 상대국이 위협을
느꼈을 때 작동된다. 핵억제가 작동하기 위해서는 북한의 능력
(Capability)과 의도(Intention)가 상대국에게 전달(Communication)되고
상대국이 그것을 신뢰(Credibility)했을 때 비로소 작동하게 되기 때문
이다.44)

이처럼 핵억제력은 능력(Capability), 전달(Communication), 신뢰
(Credibility)의 3개 패키지(3Cs)로 이루어지기 때문에, 패키지의 요소
들 가운데 하나라도 결여되면 북한의 핵억제력은 작동되지 않는다.45)
북한이 모든 핵무기를 포기한다고 약속했고 그에 따라 신고된 핵무기
를 폐기했다면 설사 은닉된 핵무기가 있다고 해도 국제사회는 북한의
핵 능력 및 의도가 소멸했다고 믿게 된다. 그에 따라 핵위협이 다른 나

---

44) Yehoshafat Harkabi, *Nuclear War and Nuclear Peace*, Transaction
Publishers, September 18, 2017.

45) 핵억제의 패키지를 능력, 의도, 전달, 신뢰의 4요소(Harkabi, 2017)로 보거
나, 능력에 의도가 포함된다고 보고 능력, 전달, 신뢰의 3요소(Major and
Mölling)로 구성된다고 보기도 한다. Claudia Major and Christian Mölling,
"Rethinking Deterrence: Adapting an Old Concept to New Challenges,"
The German Marshall Fund of the United States, *Policy Brief*, No. 130,
2016, p.2.

라들에게 전달되지 못하면서 더 이상 핵위협의 존재는 신뢰성을 잃게 된다.

이처럼 완전한 비핵화에 합의한 이상, 최종적인 단계에서는 핵분열 물질과 핵탄두를 완전히 제거하도록 되어 있다. 북한이 완전한 핵포기를 약속했기 때문에, 최종단계에서는 핵미사일을 운용하기 위해 창건된 전략군도 해체되거나 원래의 포병부대로 돌아가도록 해야 한다. 이런 상태에서 완전한 핵포기 이후에 북한당국이 핵분열물질이나 핵무기를 은닉한 사실이 발각되면, 스냅백 조항이 작동되어 북한에 대한 체제보장 약속이 전면 취소될 뿐 아니라 해제됐던 경제제재 조치들이 전면적으로 부활하고 경우에 따라 추가제재가 가해진다.

〈그림 7-1〉 핵억제 패키지의 3요소(3Cs)

<출처> Claudia Major and Christian Mölling, "Rethinking Deterrence: Adapting an Old Concept to New Challenges," The German Marshall Fund of the United States, Policy Brief, No. 130, 2016, p.2를 참고로 필자가 작성

북한판 협력적 위협감소 프로그램과 핵·미사일 종사자의 재취업

북한이 미국이 요구한 '최종적이고 완전히 검증된 비핵화(FFVD)' 방식으로 비핵화를 이행한다고 해도, 수천 명에서 수만 명에 달하는 것으로 추산되는 북한의 핵·미사일 과학자, 기술자들이 남아있는 한 언제라도 재개발이나 해외 확산 가능성이 남아 있는 것이 사실이다. 만약 핵·미사일 개발에 참여한 인력들의 문제를 해결하지 못한다면 비가역적(irreversible) 비핵화는 달성하기 어려울 것이다.

이와 관련해서는 우크라이나와 카자흐스탄, 벨라루시 등 옛소련 소속 3개국들의 비핵화 경험에서 해답을 얻을 수 있다. 미국을 비롯한 국제사회는 1991년부터 2012년까지 22년간 협력적 위협감소 프로그램(CTR program)을 운용했다. 미국은 CTR 프로그램을 적용하여 우크라이나와 카자흐스탄, 벨라루시 소재의 핵무기 및 핵시설, 운반수단 등을 폐기하기 위해 필요한 기술과 자금을 제공하였는데, 총 150~200억 달러가 소요됐으며 이 가운데 미국은 매년 4~5억 달러씩 총 88억 달러를 부담하였다.[46]

이 프로그램에 따라 옛소련 3개 국이 보유했던 수천 기에 달하는 핵탄두와 대륙간탄도미사일 537기, 핵폭격기 128대, 잠수함발사탄도미사일 496기, 핵잠수함 27척을 폐기하는 성과를 거두었다. 이와 같은 CTR 프로그램을 보완하여 북한에 적용한다면 재개발이나 확산의 우려를 해소할 수 있을 것이다. 이 프로그램은 초기에 핵무기 중심에서 생·화학무기로 초점이 옮겨졌고, 점차 무기해체를 통한 위협감소를 넘어 군사변환이나 기술자 재교육 등과 같은 비확산에 더 많은 관심을 쏟았다.[47]

이처럼 CTR 프로그램은 단지 핵무기나 관련 시설의 폐기뿐만 아니라 핵·미사일과 관련된 과학자와 기술자들을 위한 평화적인 과학활

---

46) Amy F. Woolf, "Nonproliferation and Threat Reduction Assistance: U.S. Programs in the Former Soviet Union," *CRS Report* RL31975, February. 4, 2011, p.11.

47) 박종철·손기웅·구본학·김영호·전봉근, 『한반도 평화와 북한 비핵화: 협력적 위협감축(CTR)의 적용 방안』, 통일연구원 KINU 연구총서 11-07, 2011년 12월, p.62.

동, 재교육과 재취업 알선 등 직업전환 프로그램 운영 등을 지원해 제3
국가나 테러단체로 핵·미사일 기술이 유출되는 것을 막는 데 크게 기
여하였다. 이 법안에 따라 시행된 핵·미사일 관련 인력들에 대한 재
훈련과 재취업, 해외이주를 지원하는 프로그램에 따라 5만 8,000명이
다른 분야 직종으로 전환했다.

CTR 프로그램의 성과를 교훈 삼아, 이를 북한의 비가역적 비핵화에
적용할 필요가 있다. 북한에서 이 프로그램을 적용하여 핵과학자들의
재교육 및 재취업 알선을 통해 핵기술 유출을 막는 데 중점을 둘 필요
가 있다.48) 미 의회를 중심으로 논의되고 있는 CRT프로그램의 북한
적용 방안은 기존의 「넌–루거 법(Nunn-Lugar law)」을 개정해 대상을
북한으로 확대하는 것이다.

샘 넌과 리차드 루가 전(前) 상원의원은 『워싱턴 포스트』
(2018.4.23.) 기고문에서 북한의 핵무기, 여타 대량살상무기 및 운반수
단을 검증을 통해 해체하기 위해 협력적 위협감소(CRT)의 개념을 적
용하자고 다시 제안했다.49) 북한의 핵물질 생산시설과 핵무기, 탄도미
사일 및 제조시설을 완전히 폐기하는 데는 천문학적인 자금이 소요된
다. 이를 위해 미국을 비롯해 동맹국들과 국제사회의 국가들이 중심이

---

48) Joseph P. Harahan, *With Courage and Persistence: Eliminating and Securing Weapons of Mass Destruction with the Nunn-Lugar Cooperative Threat Reduction Programs,* Defense Threat Reduction Agency, U.S. Department of Defense, 2014.; Paul F. Walker, "Cooperative Threat Reduction in the Former Soviet States: Legislative History, Implementation, and Lessons Learned," *The Nonproliferation Review* 23, no. 1–2, March 3, 2016, pp.115–29. https://doi.org/10.1080/10736700.2016.1178442.

49) Sam Nunn and Richard Lugar, "What to Do If the Talks with North Korea Succeed," *The Washington Post,* April 23, 2018.

되어 자금을 모아 시행할 것을 촉구하는 등 구체적인 대안을 제시한 것이다.

핵무기확산금지조약(NPT) 가입과 원자력의 평화적 이용

2019년 1월 신년사에서 김정은 위원장은 "나라의 전력문제를 풀기 위한 사업을 전국가적인 사업으로 … 원자력 발전능력을 전망성있게 조성"해 나갈 것을 지시해, 북한의 완전한 비핵화 이후에 원자력의 평화적 이용권리를 포기하지 않고 보유하겠다는 의지를 간접적으로 나타냈다. 여기서 완전한 비핵화의 종료 뒤에 과연 북한이 다시 평화적 목적으로라면 원자력 발전을 재개할 수 있는지 여부가 쟁점이 된다.

「핵무기확산금지조약(NPT)」은 제4조 1항에서 "본 조약의 어떠한 규정도 차별 없이 또한 본 조약 제1조 및 제2조에 의거한 평화적 목적을 위한 원자력의 연구생산 및 사용을 개발시킬 수 있는 모든 조약당사국의 불가양의 권리에 영향을 주는 것으로 해석되어서는 아니된다," 제4조 2항에서 "모든 조약당사국은 원자력의 평화적 이용을 위한 장비 물질 및 과학기술적 정보의 가능한 한 최대한의 교환을 용이하게 하기로 약속하고, 또한 동 교환에 참여할 수 있는 권리를 가진다"라고 규정하여 비핵무기국가의 평화적 이용권리를 인정하고 있다.

이처럼 원자력의 평화적 이용권은 주권국가라면 어느 나라에게도 인정된 권리이지만, 북한의 경우는 「핵무기확산금지조약(NPT)」에 가입한 채로 핵무기 프로그램을 개발했고 핵무기가 완성될 단계에 탈퇴를 선언하는 등 '불량행동'을 했다. 그렇기에 국제사회는 북한의 평화적 이용권을 제약했던 것이다. 따라서 한반도의 완전한 비핵화가 실현된 뒤에는 북한에게 다시 원자력의 평화적 이용권이 되돌려져야 한다.

실제로 2005년의 「9.19 공동성명」에서도 북한의 의무사항으로 "모든 핵무기와 현존하는 핵 계획을 포기할 것과, 조속한 시일 내에 핵무기확산금지조약(NPT)과 국제원자력기구 안전조치(IAEA safeguards)에 복귀할 것"을 공약하였다.[50] 또한 "조선민주주의인민공화국은 핵에너지의 평화적 이용에 관한 권리를 가지고 있"고 여타 당사국들은 이에 대해 존중을 표명했다고 밝히면서 적절한 시기에 북한에 대한 경수로 제공 문제를 논의하기로 한 바 있다.

여기서 '현존하는 핵 계획'으로 특정한 것은 향후 경수로와 같은 미래의 원자력 발전을 허용한다는 의미를 내포하고 있는 것이다. 다만 북한의 핵프로그램 포기를 검증하기 위해 IAEA 안전조치의 복귀는 사전에 가능하지만, 이와 달리 NPT 복귀는 완전한 비핵화를 완료할 때까지는 어려울 것으로 보인다. 북한은 「9.19 공동성명」 발표 이후에도 6차례나 핵실험을 실시하는 등 사실상 핵무기국가가 되어 있어 NPT 회원국의 자격이 없다. 북한이 평화적 핵에너지를 이용할 수 있는 시점은 비핵화 로드맵의 최종단계에서 NPT에 재가입한 뒤에나 가능할 것이다.[51]

---

50) "The DPRK committed to abandoning all nuclear weapons and existing nuclear programs and returning, at an early date, to the Treaty on the Non-Proliferation of Nuclear Weapons and to IAEA safeguards."

51) 북·미 협상의 막후 채널이었던 앤드루 김 전 CIA 코리아미션 센터장도 2018년 2월 22일 스탠포드대학 강연에서 북한의 NPT 재가입을 비핵화 로드맵의 최종단계로 설정하고 있다. 『연합뉴스』, 2018년 2월 23일.

제8장

벌병(伐兵) : 북한 연착륙을 위한 군사 해법
- 한반도 평화의 두 가지 길과 군비통제 -

Ⅰ. 지속가능한 한반도 평화는 가능한가

북한은 2017년 11월 29일 화성-15형 대륙간탄도미사일의 시험발사에 성공한 직후 '국가핵무력의 완성'을 선언했지만, 그 뒤로도 군비증강을 계속해 오고 있다. 북한군은 2020년 10월 10일 새벽에 실시된 당 창건 75주년 열병식에서 화성-16형 신형 대륙간탄도미사일과 북극성 4-ㅅ형, 그밖에도 전술무기 4종 세트를 선보였다. 제8차 당대회가 끝난 직후인 2021년 1월 14일에 열린 열병식에서는 추가로 북극성 5-ㅅ형과 북한판 이스칸데르 개량형 등을 등장시켰다.

북한은 2018년 6월 싱가포르 북·미 정상회담 이후 핵실험과 대륙간탄도미사일 시험발사를 중단해 왔지만, 2019년 2월 하노이 북·미 정상회담 결렬 직후인 5월부터 2020년 3월까지 17차례에 걸쳐 4종 세트의 전술무기 시험발사를 실시해 왔다. 이에 대해 제8차 당대회에서

제8장 **벌병(伐兵)**: 북한 연착륙을 위한 군사 해법 ▍ 395

개정된 당규약 서문에서는 "조국통일을 위한 투쟁과업 부분에 강력한 국방력으로 근원적인 군사적 위협들을 제압하여 조선반도의 안정과 평화적 환경을 수호한다"고 밝혀 이른바 '핵억제 평화론'을 주장하고 있다.[1] 이는 김정일 국방위원장 시절에 선군정치가 한반도 평화를 가져온다는 '선군평화론'의 계승이라고 할 수 있다.[2]

그렇다면 이러한 북한의 국방력 증강이 과연 한반도 평화를 가져다줄까? 북한이 2017년 7월 4일과 28일 두 차례에 걸쳐 미 하와이와 알래스카까지 도달할 수 있는 대륙간탄도미사일(ICBM) 화성-14형을 시험발사하였다. 8월에는 미국의 최서단 영토인 괌도에 중거리탄도미사일(IRBM) 화성-12형 네 발로 포위 사격하겠다며 엄포를 놓았고, 9월 3일 수소탄으로 6번째 핵실험을 단행했다.

이에 맞서 미국의 트럼프 대통령(당시)은 '화염과 분노', '군사적 해결책 완전 준비' 등 대북 군사행동을 적극적으로 검토했다. 뿐만 아니라 2017년 9월 23일 23시 30분에서 24일 01시 30까지 분단 이후 최초로 북방한계선(NLL) 이북인 원산 동쪽 300km 지점에서 B-1B 랜서 전략폭격기 2대와 F-15C 전투기 편대가 전략폭격 및 공중공격 훈련을 실시했다.

그렇다면 2017년의 한반도 전쟁 위기는 어떻게 해소되었나? 김정은 위원장이 2018년 신년사에서 "세계가 공인하는 전략국가의 지위에 당당히" 올랐다고 자평하면서 북한 선수단을 평창 동계올림픽에 참가시키겠다는 뜻을 전했다. 평창올림픽의 폐막식 직후 북측 특사단이 서울

---

1) 『로동신문』, 2021년 1월 10일.

2) 조성렬, "선군평화론과 민주평화론을 넘어," 『대한민국 국정브리핑』, 2006년 7월 21일. *https://www.korea.kr/news/policyNewsView.do?newsId=148603481

을 찾아 문재인 대통령을 예방해 남북정상회담 의사를 전달하였고, 3월 초 우리측 특사단이 평양을 방문했을 때 김정은 위원장은 군사위협 해소와 체제안전 보장을 조건으로 핵을 포기할 수 있다고 밝혔다. 그 뒤로 세 차례의 남북정상회담과 두 차례의 북·미 정상회담과 한 차례 회동을 가지면서 한반도 전쟁 위기국면은 급속히 해소되었다.

김 위원장이 제시한 핵 포기의 조건 가운데 체제안전 보장이 미국이 나서야 하는 것이라면, 군사위협 해소는 일방적인 보장이 아니라 상호 위협의 제거가 필요하다는 점에서 남북 군비통제를 통해 우선적으로 추진될 수 있는 것이다.3) 그리하여 「4.27 판문점선언」 제2조에서 "첨예한 군사적 긴장상태를 완화하고 전쟁 위험을 실질적으로 해소하기 위하여 공동으로 노력"한다고 합의한 뒤 남북 군사당국 간에 본격적인 군비통제 협상이 시작되었다. 마침내 「9월 평양 공동선언」의 부속합의서로 「4.27 판문점선언의 이행을 위한 남북군사합의서」(이하 9.19 군사합의서)가 채택되었다.

하지만 2019년 2월 말 하노이 북·미 정상회담에서 합의서 채택이 불발로 끝난 뒤 북한이 신형 단거리발사체를 잇달아 시험·시범 발사하고 잠수함발사탄도미사일, 순항미사일의 개발을 본격화하고 있다.4) 11월 5일에는 북측이 창린도에서 해안포 사격훈련을 실시하고, 2020년 5월 3일 북한군 총알이 우리측 경계초소(GP)에 박히는 등 「9.19 군사합의서」 위반이 발생했다. 특히 2021년 1월 제8차 당대회의 사업총화에서 김정은 위원장은 "국가방위력을 순간도 정체함이 없이 강화하

---

3) 조성렬, 『한반도 비핵화 리포트: 포괄적 안보–안보 교환론』, 백산서당, 2019, p.269.

4) 김동엽, 「북한의 무력 현대화와 정면돌파전」, 『IFES Brief』, 20-02경남대 극동문제연구소, 2020, pp.1~5.

여야 미국의 군사적 위협을 억제하고 조선반도의 평화와 번영을 이룩할 수 있다'고 밝히고 있다. 이처럼 북한은 재차 한반도 군사적 긴장의 수위를 높여가고 있어 새롭게 군비통제의 필요성이 대두되고 있다.

제8장에서는 한반도 군사적 긴장완화와 평화체제 구축을 위한 군비통제의 방향을 모색하기 위해 한반도 평화의 두 가지 방법을 비교 고찰하고 한반도 3단계 평화론에 따른 적극적 평화의 실현을 위한 군비통제의 의의를 설명한다. 또한 한국전쟁의 휴전 이후 남북한 군사충돌 속에서 한반도 군비통제의 추진 경과와 논의를 정리하고 현 단계 군비통제의 추진과 이행실태를 살펴본다. 이어서 핵 없는 한반도 평화를 구축하기 위해 동북아 군비경쟁과 한반도 군사력 상황을 분석하고 한반도 군비통제의 추진에 따른 3대 딜레마와 향후 추진 방향과 과제를 제시한다.

II. 한반도 평화와 군사적 긴장완화

1. 한반도 평화의 두 가지 길

(1) 군비증강 대 군비통제

국방의 관점에서 바라볼 때 평화를 이루는 두 가지 길이 있다. 하나는 일방적인 군비증강(Arms Buildup)의 추진으로 전쟁억제력을 강화함으로써 평화를 유지하려는 절대안보의 길이고, 다른 하나는 양자·다자간 조치에 의해 군비통제(Arms Control)를 추진해 전쟁위험도를 낮춤으로써 평화에 이르는 협력안보, 공동안보의 길이다.5) 두 가지의 길은 굳이 선택의 문제는 아니지만 전략적 목표에 따른 정책우선순위는 존재한다.

군비증강은 일방적으로 압도적인 군사력 건설이나 군사동맹의 체결을 통해 상대방이 전쟁을 도발하지 못하도록 억제함으로써 평화를 유지하려는 것이다. 냉전시기 우리 정부의 평화전략은 한미동맹을 강화하고 대북 우위의 국방력 건설을 통해 북한으로 하여금 감히 전쟁을 도발하지 못하도록 억제함으로써 평화를 유지하는 것이었다.

이러한 길은 우리측이 군비증강을 통해 평화를 얻고자 한 의도와 달리, 체제경쟁의 상대인 북한 측도 군비증강에 나서 남북이 군비경쟁하는 안보딜레마를 낳았다. 북한이 사회주의 세계체제의 해체와 국내 경제난의 심화로 재래식 군비 면에서 우리 측에 밀리기 시작하자 이번에는 북한이 핵무기 개발에 나섰다. 이것은 군비증강에 의한 평화의 길이 안고 있는 한계를 단적으로 보여주는 것이다.

군비통제는 양자 간 혹은 다자간에 상호 협의를 통해서 서로의 군사적 위협을 제거하거나 감소시킴으로써 무력충돌이나 전쟁의 가능성을 낮춰 평화를 확보하려는 길이다. 전쟁을 억제하고 평화를 확보하기 위해 군사적 신뢰구축, 군사력의 배치제한, 무기감축 등으로 상호위협의 감소를 추진한다. 동서 유럽국가들 사이에서 있었던 재래식 군비통제와 공동안보를 위한 노력이 군비통제를 통해 평화를 이룩한 대표적인 사례이다.

하지만 남북한이 군비통제를 통해 한반도 평화의 기반을 이룩하는 데까지는 장기간이 소요되며, 상대측에 대한 신뢰 부족 때문에 군비통

---

5) 한용섭, 『한반도 평화와 군비통제』, 박영사, 2004, p.195.

제 과정에서 합의 위반이나 파기의 위험성이 상존한다. 때로는 군비증 강을 중단하고 군비통제만 추구하다가 오히려 군비통제가 실패로 끝 나 낭패를 보는 경우도 있다.6) 그 동안 남북 간에는 교류・협력사업의 군사적 보장을 위해 1991년 말「남북기본합의서」를 채택해 불가침을 약속했지만 유명무실화되었고, 그 뒤 남북 국방장관회담과 장성급회 담에서 발표한 각종 군사합의들도 제대로 지켜지지 않은 사례가 빈번 하게 발생하는 등 군비통제가 실패한 경우가 여러 번 있었다.

그렇다면 현 단계 대북 군사정책은 군비증강과 군비통제 가운데 어 느 길을 우선할 것인가? 동아시아 안보환경의 불안정성과 주변국의 잠 재적 위협 증대를 고려해 우리 정부는「'19-'33 국방기본정책서」,「국 방개혁2.0 기본계획」과「국방중기계획(2021~2025)」등을 통해 지속적 으로 군사력 정비를 추진해 오고 있다. 이처럼 군비증강을 통한 군사 력 정비는 선택의 문제가 아니라 국방의 기본과제이다. 하지만 남북관 계에서 대북정책의 초점을 군비증강에 둘지 군비통제에 맞출지 하는 것은 차원이 다른 문제이다. 한반도 차원의 군비통제는 군사적 긴장완 화를 통해 전략목표인 남북 평화공존과 한반도 평화체제를 뒷받침해 주기 때문이다.

(2) 평화공존 패러다임과 군비통제

1988년 민주대항쟁 이후 한국정치에 정권교체가 가능한 민주주의 가 정착되면서, 정당들은 집권을 통해 자신의 가치(전략목표)에 따른 국가전략을 세우고 그 하위로 정책을 추진해 오고 있다. 그러다 보니

---

6) 한용섭,『한반도 평화와 군비통제』, pp.192~194.

정당들은 자신이 추구하는 가치에 맞는 정치적 합목적성을 추구하지만, 관료집단은 정권과 무관하게 일관성과 연속성 있는 정책적 합리성을 추구한다. 이러한 정당–관료 관계의 특성을 '정치적 합목적성과 정책적 합리성' 명제라고 부를 수 있을 것이다.

미국 정치학자 데이비드 이스턴(David Easton)의 정의대로 정치란 '사회적 가치의 권위적 배분 과정'이기 때문에 집권당은 자신이 추구하는 가치를 배분할 수 있는 권위를 갖게 된다. 따라서 집권당이 자신이 지향하는 가치를 대북정책을 통해 구현하려는 것은 당연한 것이다. 이에 비해 가치중립적인 관료집단은 정권교체와는 독립적으로 정책의 연속성을 강조하지만, 결국은 집권당의 전략 목표와 조화를 이루며 정책을 추진하지 않을 수 없다.

역대 진보–보수 정부의 정책들을 보면, 대북 국가전략은 햇볕정책 대 강압정책으로, 대북 군사정책은 군비통제 대 군비증강으로 크게 구분할 수 있다. 진보정부는 햇볕정책에 따라 남북화해와 평화공존을 전략목표로 삼고 군비통제를 중요시하는 경향을 보였다면, 보수정부는 조기통일을 전략목표로 삼아 북한지도부를 굴복시키거나 와해시키기 위해 압도적인 군사력을 확보하려는 군비증강 선호의 경향성을 보여왔다.

그런 점에서 이명박, 박근혜 정부의 대북정책 패러다임을 조기통일이라고 한다면, 문재인 정부는 평화공존이라고 할 수 있다.[7) 이명박 및 박근혜 정부의 조기통일론은 북한지도부가 흡수통일에 대한 두려움을 갖게 돼 오히려 북한이 핵·미사일 개발을 가속화하고 한반도 군

---

7) 조성렬, "문재인 정부 대북정책의 과제와 전망: 한반도 비핵화와 평화체제의 비전을 중심으로," 『통일정책연구』, 제26권 1호, 2017년, pp.15~18.

사적 긴장을 고조시키는 명분으로 작용하기도 했다. 무엇보다 미·중 패권경쟁이 본격화되면서 남북 간의 과도한 체제경쟁이 한반도를 강대국의 각축장으로 만들 수 있다는 우려를 낳았다. 문재인 정부가 추진하는 평화공존 패러다임 하의 대북 군사정책은 북한의 군사도발을 거부할 억제력을 유지하면서도 군사적 긴장 수위를 낮추는 군비통제에 더 많은 관심을 기울이고 있다.

하지만 한반도 평화를 중시하는 진보정부에서 오히려 국방비 증가율이 높다는 '진보정부의 역설'도 존재한다. 한미동맹에 대한 의존도가 높은 이명박, 박근혜 정부보다 자주국방을 지향하는 노무현, 문재인 정부에서 국방비 증가율이 상대적으로 높다.

노무현 정부(2003~07)의 전년대비 국방비 증가율은 평균 8.4%인데 비해8), 이명박 정부(2008~12)는 평균 6.1%였으며, 박근혜 정부(2013~17)는 평균 4.1%의 증가율을 기록했다.9) 문재인 정부에 들어와 2018년 7.0%, 2019년 8.2%, 2020년 7.4%, 2021년 5.4% 증가했다. 그 배경에는 중국의 군사적 급부상과 일본의 재군비 같은 주변국들의 군사동향에다가 '조건'에 기초한 전시작전통제권의 조기전환을 위해 군비증강이 불가피했던 점도 크게 작용했다.

---

8) 노무현 정부는 2003년부터 2007년까지 매년 7.0%, 8.1%, 11.4%, 6.7%, 8.8%로 증가했고, 이명박 정부는 2008년부터 2012년까지 매년 8.8%, 8.7%, 2.0%, 6.2%, 5.0%으로 증가했으며, 박근혜 정부는 2013년부터 2017년까지 매년 4.7%, 3.5%, 5.2%, 3.4%, 3.8%의 증가율을 보였다.

9) 국방부, 『2020 국방백서』, 대한민국 국방부, 2020년 12월, p.289.

2. 한반도 평화 3단계론과 군사적 과제

한반도 평화를 위한 군비증강과 군비통제는 단지 정치적 선택의 문제는 아니다. 한반도 평화의 길이라는 점에서 군비증강과 군비통제는 일정한 상관관계를 갖고 있다. 한반도 평화의 길을 설계하기 위해 국제정치학의 평화 개념을 활용해 한반도 평화를 소극적 평화, 적극적 평화, 항구적 평화의 3단계로 재구성하도록 한다.10)

(1) 제1단계: 소극적 평화(Passive Peace)과 군비증강

국제정치학자 한스 모겐소(Hans J. Morgenthau)는 자신의 저서 『국가 간의 정치(*Politics among Nations*)』(1948)에서 세력균형에 의한 "전쟁이 없는 상태"를 평화라고 불렀다. 모겐소는 국제관계에서 국가는 자국의 의사를 상대국에게 강제할 수 있는 영향력을 추구하고 있기 때문에 평화를 위해서는 국가 간의 세력균형이 필요하다고 본 것이다. 이러한 평화는 단순히 전쟁이 일어나고 있지 않은 상태를 의미한다는 점에서 소극적 평화 또는 수동적 평화라고 부를 수 있을 것이다.

소극적 평화는 기본적으로 국가 간 힘의 균형에 의해 가능하다는 점에서 "전쟁이 없는 상태"를 만들기 위한 군사적 억제력 확보에 초점을

---

10) 여기서 말하는 소극적 평화, 적극적 평화는 국제정치적인 개념으로 수동적 평화(Passive Peace), 능동적 평화(Active Peace)로 표기하며, 요한 갈퉁이 말하는 Negative Peace, Positive Peace와 개념적으로 구분된다.

맞추게 된다. 그런데 남북한처럼 전쟁을 경험한 교전당사자들 사이에는 평화 유지가 급선무이기 때문에, 이러한 소극적 평화의 개념을 한반도 문제에 적용한다면 군사적 억제에 의해 전쟁이 재발하지 않도록 정전체제를 유지·관리하는 것이라고 볼 수 있다. 이와 같은 소극적 평화 단계에서는 군사적 억제력 확보를 위해 군비증강을 추구하는 경향이 강하다.

역대 한국정부는 소극적 평화론에서 출발하고 있다. 박정희 정부 때는 자주국방을 내세우며 군비증강을 추진했다. 김대중 정부가 제시한 햇볕정책의 제1원칙도 '무력사용 불용의 원칙'으로 대북 억제력을 전제로 하고 있다. 박근혜 정부도 '튼튼한 안보'를 바탕으로 남북한 사이에서 '신뢰'를 만드는 프로세스를 추진한다고 밝혀 군사적 억제력의 중요성을 강조하고 있다. 문재인 대통령도 2019년 9월 유엔총회 연설에서 한반도문제 해결의 3원칙(전쟁 불용, 상호 안전보장, 공동번영)을 발표하면서 맨 먼저 전쟁 불용을 내걸었다.[11]

(2) 제2단계: 적극적 평화(Active Peace)와 군비통제

부투로스 갈리 유엔 사무총장(당시)은 1992년 7월 유엔에 제출한 보고서 「평화를 위한 의제(An Agenda for Peace)」에서 평화의 개념을 발전시켰다.[12] 그는 '평화를 만들어가는 능동적 과정'으로 국제사회가 싸움을 말리고(평화창출, Peace-Making), 더 이상 싸우지 않은 채 지켜

---

11) 문재인 대통령, "제74차 유엔총회 기조연설," 2019년 9월 24일. (https://www1.president.go.kr)

12) Boutros Boutros Ghali, *An Agenda for Peace*, UN Doc. A/47/277, S/24111.

널 뿐만(평화유지, Peace-Keeping) 아니라, 이를 넘어 전쟁당사자들이 새로운 평화관계를 만들어낼 수 있는 구조를 쌓아올릴 것(평화구축, Peace-Building)을 강조한다.

그런 점에서 적극적 평화는 정치적·군사적 신뢰구축 조치와 운용적·구조적 군비통제 등을 통해 평화체제를 구축해 나가는 과정을 의미한다고 볼 수 있다. 갈리 사무총장이 말하는 적극적 평화는 한반도 차원에서 볼 때 평화창출, 평화유지, 평화구축의 3단계 가운데 평화구축에 가깝다. 평화창출이란 갈등의 전환을 가리키는 것으로 정전 협상을 통해 전쟁을 멈추도록 한 것이다. 평화유지란 정전협상을 이해하여 무력충돌이 재발하지 않도록 하는 것이다. 평화구축은 우발적 무력충돌 방지나 공격무기 배치 제한, 나아가 군비축소 등을 이루어 지속가능한 평화를 제도화하는 것이다.

한반도에서는 1953년 정전협정이 체결됨으로써 평화창출은 이미 이루어졌다. 하지만 아직 한국전쟁이 국제법적으로 끝나지 않은 전쟁상태에 있으며 세력균형에 의해 불안정한 평화(소극적 평화)가 유지되어 오고 있다. 따라서 한반도에서 고조된 남북한 군사적 긴장을 완화하고 지속가능한 평화를 이루기 위해 평화유지를 해나가면서 평화구축을 추진해야 한다. 이를 위해 남북 군사대화를 통해 군비통제를 적극적으로 추진하고 이를 토대로 한반도 평화체제를 구축해 전쟁 방지를 위한 법적·제도적 장치를 마련해 나아간다. 더 나아가 항구적 평화(통일)로 나아가기 위한 안보환경을 만들기 위해서도 군비통제가 필요하다.

(3) 제3단계: 항구적 평화(Perpetual Peace)와 군사통합

독일 철학자 임마누엘 칸트(Immanuel Kant)은 『항구적 평화: 철학요

강(Perpetual Peace: A Philosophical Sketch)』(1795)에서 항구적 평화(perpetual peace)의 개념을 제시했다. 그는 국제사회의 각 국가들이 이해대립으로 전쟁을 일으키지 않고 평화를 지속할 수 있는 조건으로 평화조약(peace treaty)보다는 평화연맹(peace foundation)을 대안으로 제시하고 "공화정을 실시하는 국가들의 국제조직을 만들고, 지속적인 평화를 유지하기 위해 세계공민법을 만들 것"을 주장하였다.

이처럼 항구적 평화는 '전쟁의 원인이 구조적으로 제거된 상태'로 정의될 수 있다. 남북이 분단된 현실에서 항구적 평화의 상태는 바로 평화적 방법에 의한 통일국가이다. 한반도에서 항구적 평화는 하나의 통일국가가 만들어져 전쟁 위협이 구조적으로 제거됐을 때 가능하다. 항구적 평화, 즉 통일국가의 단계에서 추진해야 할 군사적 과제는 남북한 군사(지휘체계, 병력, 장비 등)를 통합해 동아시아 주변국가들과의 세력 균형에 맞는 적정한 군사력을 유지하는 구조를 만드는 것이다.13)

통일국가를 건설하기 위해서는 이에 앞서 한국전쟁의 법적 종식이 필요하므로, 남북경제공동체의 건설과 함께 한반도 평화체제의 구축에 박차를 가할 필요가 있다. 통일로 가는 중간단계에서 남북연합을 수립하여 사실상의 통일(de facto unification)을 이룩한 뒤 법적인 통일(de jure unification)을 달성함으로써 항구적 평화를 실현할 수 있다. 김대중 대통령(당시)은 한반도 평화체제 구축을 토대로 한 남북연합의 수립을 '사실상의' 통일이라고 언급한 바 있다. 그런 의미에서 제3단계인 항구적 평화는 '통일을 품은 평화'라고 부를 수 있을 것이다.

---

13) 하정열, 『한반도 통일후 군사통합 방안: 독일 군사통합 과정과 교훈』, 팔복원, 1996 및 권양주, 『남북한 군사통합 구상: 남북한 군사통합의 이론과 실제』(증보판), 한국국방연구원, 2014년; 정충열, 『남북한 군사통합 전략』, 시간의 물레 출판사, 2014년 등을 참조할 것.

〈표 8-1〉 한반도 평화 3단계론에 따른 군사적 과제

	정 의	군사적 과제
소극적 평화 (Passive Peace)	o 군사적 억제력을 통해 전쟁의 발생 가능성을 봉쇄하는 것	군비증강 o 대북 억제력 강화 o 6자회담을 통한 북한 핵의 관리 o 남북대화를 통한 긴장완화
적극적 평화 (Active Peace)	o 전쟁 가능성을 낮추고 구조적으로 전쟁을 없애려는 노력 o 평화창출→ 평화유지→ 평화구축	군비통제 o 군사적 신뢰구축, 군비통제 o 한반도 비핵화의 추진
항구적 평화 (Perpetual Peace)	o 전쟁 위협이 구조적으로 제거된 상태	군사통합 o 평화체제 + 남북연합 → 통일 o 한반도 비핵화 실현

<출처> 조성렬, "한반도 3단계 평화론과 적극적 평화 추진방안." 『동북아연구』, 2016년 6월, p.43에서 일부 수정.

III. 한반도 재래식 군비통제의 추진 배경과 경과

1. 남북한 군사충돌의 유형과 흐름

정전협정의 체결 이후 지난 60여 년 동안 남북 간에 발생한 군사충돌은 공간적으로 지상, 해상, 공중으로 나눌 수 있고 유형별로 침투교전, 국지도발, 경미한 위반 등으로 구분할 수 있다. 국내의 한 연구에 따르면, 『로동신문』에 보도된 한국군과 미군에 의한 군사도발 건수가 1,607건이며 『동아일보』에 나타난 북한군의 군사도발 건수는 1,231건이다. 남북한 군사충돌은 분단 이후 점차 늘어나다가 체제경쟁이 활발하던 1960년대에 최고조에 달했고, 그 뒤 점차 감소하고 있다.(<그림

8-1> 참조) 충돌지역도 1950년대와 1960년대에는 한강하구와 파주 일대인 서부지역에서 군사적 충돌이 잦았고 1980년대는 강원도 인제나 동해 연안에서 군사충돌이 빈번했으며 1990년 후반과 2000년대에 들어서는 서해 해상에서 발생한 군사충돌의 비중이 커졌다.14)

〈그림 8-1〉 연대별 남북한 군사충돌 추이

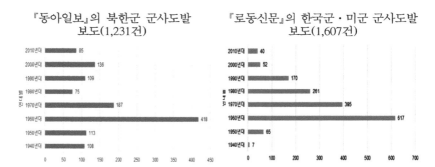

<출처> 김일한·남영호, "남북 군사충돌과 동아일보·로동신문의 보도," 「DMZ, 미래를 상상하다」 토크콘서트 자료, 2019년 4월 26일.

특히 서해 북방한계선(NLL) 문제로 제1연평해전(1999.6.15.), 제2연평해전(2002.6.29.), 대청해전(2009.11.10.)이 서해 NLL 부근 해상에서 잇달아 발생했으며, 2010년 3월 26일에는 백령도 인근에서 한국해군 프리깃함이 침몰해 승조원 46명이 사망하는 천안함 사태가 발생하였고, 당시 이명박 정부는 이 사건을 북한군의 어뢰공격으로 규정하였다.15) 같은 해 11월에도 북한군이 연평도에 약 100발의 해안포를 쏘아

---

14) 김일한·남영호, "남북 군사충돌과 동아일보·로동신문의 보도," 「DMZ, 미래를 상상하다」, 토크콘서트 자료, 2019년 4월 26일.

▌ 북한 체제의 전망과 삼벌(三伐) 전략 구상

우리 군 2명이 사망하고 16명이 부상당했으며, 민간인 3명도 부상 당하는 대규모 국지도발사건이 발생하였다.

1960년대 이후 김정일 국방위원장이 사망한 2011년 12월까지 주요한 남북한 군사충돌의 사례를 보면 <표 8-2>와 같다.

〈표 8-2〉 한국전쟁 이후 김정은 정권 이전의 무력충돌 일지

발생시점	교전 내용	교전 결과
1962.12.13.	연평도 근해 북 함정과 교전	국군 6명 사망
1967년 1월	해상분계선 인근 순찰중인 해군함 북측공격으로 침몰	승조원 39명 사망, 40명 부상
1968. 1.21.	청와대 침투사건, 울진·삼척 무장간첩 침투사건 총격전	군경 38명, 민간인 23명 사망 공비 113명 사살, 7명 생포
1973. 3. 7.	군사분계선 안에서 표지작업 중인 국군에 북측 총격	국군 1명 사망
1984.11.23.	판문점 공동경비구역 내 총격전	국군 1명 사망, 1명 부상 북한군 3명 사망, 1명 부상
1992. 5.22.	북측 무장병력 3명 중부전선 군사분계선 넘으려다 피격	북한군 3명 부상
1996년 9월	무장간첩 26명 강릉 해안 침투	북측 13명 사살, 11명 자폭 국군 사망 5명, 부상 9명
1999년 6월	1차 서해교전: 북측경비정 남측에 기관포 사격, 남측 대응사격으로 북한어뢰정 1척 침몰, 경비정 5척 파손	북한군 약 30명 사망, 국군 9명 부상
2002년 6월	2차 서해교전: 북측 경비정 남측에 함포 사격	국군 6명 사망, 18명 부상, 북한군 13명 사망
2009년 11월	3차 서해교전(대청해전): 북측 경비정 NLL 침범 후 경고 무시, 남측 경고사격으로 북 경비정 1척 반파	북한군 1명 사망
2010년 3월	백령도 인근에서 천안함 침몰 (※정부는 북측 어뢰공격 규정)	승조원 46명 사망
2010.11.23.	연평도에 북측 해안포 약 100발 발사, 남측 대응사격	군인 2명 사망, 16명 부상, 민간인 3명 부상

<출처> 『경향신문』, 2010년 11월 24일을 참고로 작성.

---

15) 국방부, 『천안함 피격사건 합동조사결과 보고서』, 대한민국 국방부, 2010년 9월, pp.204~205.

김정은 정권의 출범 이후 북한의 군사도발 양상이 바뀌었다. 해상에서는 북한군의 국지도발이 없었고 지상과 공중에서만 발생했다. 지상국지도발로는 연천지역에서 대북전단을 담은 고무풍선을 향한 북한군의 고사총 발사(2014.10.10.), 파주지역에서 북한군의 군사분계선 침범 및 우리 군의 경고사격에 따른 북한군의 우리 군 GP에 대한 총격(2014.10.19.), 파주지역 비무장지대 군사분계선 남쪽에서 북한군이 매설한 목함지뢰에 의한 우리 병사의 부상(2015.8.4.), 연천지역에서 우리군의 확성기방송에 반발한 북한군의 포격(2015.8.20.), 철원지역 우리군 GP에 대한 총격(2020.5.3.) 등 5건이 있었다.16) 공중 국지도발로는 파주, 백령도, 속초 등에서 발견된 소형무인기에 의한 침투 도발(2014.3.24.~4.6), 강원도 인제에서 발견된 소형무인기 침투 도발(2017.6.9.) 등 2건이 있었다.

김정은 정권에서 자행된 군사도발의 특징은 소규모의 재래식 도발보다는 핵실험이나 중장거리 탄도미사일 시험발사와 같은 전략도발이 주를 이루고 있다는 점이다. 2011년 12월 김정은 위원장이 권력을 장악한 이래 2012년 2발, 2014년 13발, 2015년 2발, 2016년 24발, 2017년에 들어와 16차례에 걸쳐 21발을 발사하는 등 탄도미사일을 총 62발 시험 발사했다.17) 이것은 김정일 정권(1998~2011) 11년 동안 총 9회에 걸쳐 16발을 쏜 것보다 더 많다. 특히 2017년 7월 4일과 28일 사거리 7,000km의 대륙간탄도미사일 화성--14형, 11월 29일 사거리 13,000~14,000km의 대륙간탄도미사일 화성--15형을 시험발사하는 데 성공하

---

16) 육군군사연구소, 『대침투작전사(1981년~2017년)』, 육군본부, 2017년 10월, pp.522~534.

17) 육군군사연구소, 『대침투작전사(1981년~2017년)』, p.588.

였다. 또한 2013년 2월 12일 제3차 핵실험을 시작으로 2017년 9월 3일 여섯 번째로 수소탄 핵실험하는 등 총 6차례의 핵실험 가운데 4차례가 김정은 정권에서 실시되었다.

2. 남북한 군비통제 추진 경과와 논의

(1) 김정은 정권 이전의 군비통제 추진 경과

역대 남북한 당국은 한반도 군사적 긴장완화와 교류협력의 군사적 보장을 위해 정상회담, 총리회담 및 장성급 군사회담, 군사실무회담을 통해 기본적인 군비통제 방안에 대해 합의한 바 있다. 남북 간의 주요 합의사항은 다음과 같다.18)

첫째, 사회주의 세계체제의 붕괴 이후 진행된 남북고위급회담에서 1991년 12월 31일 「남북기본합의서」가 채택되었다. 기본합의서 제2항 남북불가침 조항에서 △무력불사용, △분쟁의 평화적 해결, △우발적 인 무력충돌 방지, △불가침 경계선 및 구역, △남북군사공동위원회의 구성·운영, △군사직통전화의 설치·운용, △남북군사분과위원회의 구성·운영 등에 합의하였다. 같은 날 「한반도 비핵화 공동선언」을 채 택하고 핵무기의 시험·제조·생산·접수·보유·저장·배비·사용 금지, 핵에너지의 평화적 이용, 핵재처리시설 및 우라늄농축시설 보유 금지, 사찰 절차와 방법, 남북 핵통제공동위원회 구성에 합의하였다.19)

---

18) 황진환, "남북한 군사적 신뢰구축과 군비통제 추진 방향," 『한반도 군비통 제』, 제49집, 국방부, 2011년 6월, p.44 및 p.48, p.53.

둘째, 개성공단의 개발과 육로관광을 위해 동서해지구에서 철도와 도로 연결이 필요하게 되었다. 이에 따라 남북은 군사실무회담을 갖고 △남북관리구역의 설정, △철도·도로작업의 군사보장, △남북관리구역 임시도로 통행의 군사보장, △남북관리구역 경비초소의 설치·운영 등에 잠정 합의하였다. 그런데 「정전협정」에 의거해 유엔군사령부가 군사분계선의 통행과 남쪽구역에 대한 관할권을 갖고 있기 때문에 비무장지역 일부구역의 개방을 위해 2000년 11월 17일과 2002년 9월 12일 유엔사측과 북한군 사이에서 정전협정 수정합의서가 채택되었고, 이에 근거해 한국군은 유엔사로부터 군사분계선 통과와 비무장지대 남쪽 구역의 일부 관리권을 위임받았다.[20]

셋째, 서해상에서 제1연평해전(1999.6.15.)에 이어 제2연평해전(2002.6.29.)이 발생하자, 「6.15 남북공동선언」 이후의 화해협력 분위기를 이어가기 위해 2004년 6월 제2차 남북장성급 군사회담을 갖고, 마침내 서해상의 우발적 충돌방지와 선전활동 중지 및 수단제거에 관한 「6.4합의」를 채택하였다.[21] 서해상 우발적 충돌방지 조치로 △국제상선 공동망 운용, △쌍방 경비함정 간 기류(旗類) 및 발광신호 운용, △

---

19) 북한은 우리 군당국자가 '도발원점', '지휘부 타격' 등을 언급하자 조국평화통일위원회 명의의 성명을 발표하여, ① 남북 간의 불가침에 관한 모든 합의들의 전면 폐기, ② '한반도 비핵화 선언'의 완전 백지화, ③ 남북 간 판문점 연락사무소 폐쇄를 선언하였다. 조국평화통일위원회 성명, "우리는 조국통일대전의 절호의 기회를 절대로 놓치지 않을 것이다,"『로동신문』, 2013년 3월 9일.

20) 「비무장지대 일부구역 개방에 대한 국제연합군과 조선인민군 간 합의서」(2000.11.17.) 및 「비무장지대 일부구역 개방에 대한 국제연합군과 조선인민군 간 합의서」(2002.9.12.)

21) 조성렬, 『뉴 한반도 비전: 비핵 평화와 통일의 길』, 백산서당, 2012, p.178.

쌍방 관련 군사당국 간 불법 조업선박에 대한 정보 교환, △새로운 통신선로 및 통신연락소 설치·운용, △통신 운용 등이 있고, 선전활동 중지 및 선전수단 제거 조치로 △2004.6.15. 0시부터 군사분계선 지역에서 모든 선전활동 중지, △8.15까지 군사분계선 지역에서 모든 선전수단 제거, △합의사항에 대한 구체적 이행방안 마련을 위해 후속회담 개최 등이 합의되었다.

넷째, 2007년 2차 남북정상회담에서 채택된 「10.4 정상선언」에서는 서해해상의 군사충돌을 제도적으로 막기 위해 서해협력특별지대를 설치하기로 합의하였다. 서해협력특별지대의 주요 내용은 △남북공동어로구역과 평화수역 설정, △해주 경제특구의 건설, △해주항의 평화적 활용, △민간선박의 해주직항로 통과, △한강하구의 공동이용 등이다.

김대중 정부와 노무현 정부를 통해 개선되었던 남북관계는 이명박 정부에 들어와 점차 악화되다가 2008년 7월 11일 금강산관광객 피격 사망 사건을 계기로 군사적 긴장까지 높아졌다. 북측의 요구로 2008년 10월 2일에 열린 제37차 남북군사실무회담에서 우리 정부는 △우리 대통령에 대한 비방·중상의 중지, △모든 수준 대화의 전면적 재개, △금강산관광객 피격사망에 대한 진상규명과 재발방지, 신변안전보장 대책, △남북관리구역 출입·통행의 불편과 애로의 해결을 요구하였으나, 북측은 정당한 군사적 조치였음을 강변하였다.[22] 2010년 3월 26일과 11월 23일의 천안함 및 연평도 사태가 발생한 뒤 열린 남북군사실무회담에서도 우리측은 '천안함 폭침과 연평도 포격도발 문제'를 제기하였으나,[23] 북한은 책임 회피의 태도로 일관했다.[24]

---

22) 남북회담본부 편, 『남북대화(2008.2~2009.12)』, 제74호, 통일부, 2010년, pp.7~17,

(2) 김정은 정권 출범 이후 남북 군비통제 논의

김정은 정권의 출범 이후 북한은 몇 차례 남북군사회담을 제안하였다. 2013년 신년사에서는 한반도가 '세계 최대의 열점지역'이라고 진단하면서 외세의 영향력을 배격하고 민족적 단합과 자주권을 이룩하자고 주장하였다.25) 2014년 신년사에서는 '우리민족끼리'의 입장에서 남북관계를 개선해나가자면서 남북 간의 상호 비방과 중상, '종북' 소동을 중지할 것을 요구하였다.26)

북한은 2014년 1월 16일 국방위원회를 통해 우리측에 △ 1월 30일 설 명절을 계기로 상호 비방·중상과 관련한 모든 행위를 전면 중지, △ 2월 말부터 진행될 키리졸브(KR) 연습과 독수리(FE) 훈련중단을 비롯한 모든 군사적 적대행위 중지 및 굳이 한미 합동군사연습을 추진하려면 한반도 지역에서 멀리 벗어난 장소에서 할 것과 서해5도에서 쌍방을 자극하는 모든 행위를 중지, △ 한반도의 핵재난 방지를 위하여 미국의 핵전력을 끌어들이지 말 것 등 세 가지를 요구하였다.27)

---

23) 국방부, 『2020 국방백서』, pp.202~205.

24) "백년, 천년이 흐른다 해도 《천안》 호 침몰사건의 《북소행설》은 절대로 통할수 없다: 조선민주주의인민공화국 국방위원회 검열단 비망록," 『로동신문』, 2014년 3월 26일. 이러한 북한의 입장은 2014년 4월 '무인기 사건'이 발생하였을 때 다시금 제시되었다. "무인기사건의 《북소행》 설은 철두철미 《천안》 호사건의 복사판: 조선민주주의인민공화국 국방위원회 검열단 진상공개장," 『로동신문』, 2014년 4월 15일.

25) 김정은, "신년사," 『로동신문』, 2013년 1월 1일.

26) 김정은, "신년사," 『로동신문』, 2014년 1월 1일.

27) "우리 민족끼리의 단합된 힘으로 북남관계개선의 활로를 열어나가자: 남조선 당국에 보내는 중대 제안," 『로동신문』, 2014년 1월 17일. 북한의 이러

2014년 2월 8일 북한 국방위원회는 남북고위급 접촉을 제안하였고, 우리측이 이 제안을 수용해 2월 12~14일 판문점에서 남북 간에 접촉이 있었다. 이 접촉에서 남측은 이산가족상봉행사 개최, 핵문제 해결을 요구하였고, 북측은 한·미 군사연습 연기, 상호비방과 적대행위 중단을 요구하였다. 결국 양측 입장을 조율하여 ① 이산가족 상봉행사 진행, ② 신뢰증진을 위한 상호 비방·중상의 중지, ③ 상호 관심사에 대한 지속적 협의를 통해 남북관계 발전 등 3개 사항을 내용으로 하는 「2.14합의」가 채택되었다.28)

그 뒤에도 북한은 같은 해 6월 30일 국방위원회 명의의 특별제안29), 8월 14일 조국평화통일위원회의 성명30)에서도 비슷한 주장을 되풀이하였다. 그러던 중 남북 고위당국자 회담이 열린 지 3일 뒤인 2014년 10월 4일 서해상에서 남북 함정끼리 총격전이 벌어졌다. 북측은 남북관계 개선 국면을 보장하자며 우리측에 접촉을 제의해 왔다. 그리하여 10월 15일 판문점에서 남북 긴급접촉이 이루어졌는데, 여기서 북측은 서해상 우발적 충돌방지를 위한 5개 방안을 제시했으나, 우리측과 이

한 제안은 일주일 후인 1월 23일에 동일하게 반복되었다. "북남관계개선의 활로를 열어나가는데 한사람같이 떨쳐나서자: 남조선당국과 여러 정당, 사회단체들, 각계층 인민들에게 보내는 공개서한," 『로동신문』, 2014년 1월 24일.

28) 『조선중앙년감』, 조선중앙통신사, 2015, pp.405-406.

29) "자주, 평화, 민족대단결의 3대원칙을 틀어쥐고 북남관계개선의 새로운 국면을 열어나가자: 남조선당국에 보내는 특별제안," 『조선중앙통신』, 2014년 7월 1일.

30) "8.15해방을 맞던 환희와 기세로 민족의 완전한 자주독립과 조국통일을 위한 거족적인 성전에 한사람같이 떨쳐나서자: 조국평화통일위원회 성명," 『로동신문』, 2014년 8월 14일.

견을 좁히지 못한 채 결렬되었다.[31]

2015년 8월 4일 군사분계선 남측지역에서 목함지뢰사건이 발생하자 우리측이 대북 확성기 방송을 시작하였고, 이에 8월 20일 북한군이 우리측 확성기를 향해 포격을 가하고 전선지대에 준전시상태를 선포하였다. 일촉즉발의 위기 속에서 북측이 대화를 제의해 와서 8월 25일 우리측 김관진 국가안보실장과 홍용표 통일부장관, 북측 황병서 총정치국장, 김양건 당비서가 참석한 가운데 판문점에서 접촉을 갖고 남북 간의 긴장완화와 관계개선에 합의하고 공동보도문을 발표하였다.

여기서 발표된 「남북고위당국자접촉 공동보도문」의 내용은 ① 남북관계를 개선하기 위한 당국자 회담을 개최해 대화·협상 진행, ② 북측은 지뢰폭발로 남측 군인들이 부상을 당한 것에 대한 유감 표명, ③ 남측은 비정상적인 사태가 발생하지 않는 한 군사분계선 일대의 모든 확성기 방송 중단, ④ 북측은 준전시 상태를 해제, ⑤ 올해 추석을 계기로 이산가족 상봉, ⑥ 다양한 분야에서의 민간교류 활성화 등 6가지이다.[32]

3. 현 단계 한반도 군비통제의 추진과 이행실태

(1) 「9.19 군사합의서」의 채택

2017년 북한의 잇단 핵·미사일 전략도발과 이에 대한 미국의 군사

---

31) "북남관계개선분위기를 흐리게 하는 부당한 처사의 진상을 밝힌다: 조선중앙통신사 공개보도," 『로동신문』, 2014년 10월 17일.

32) 국방부 정책기획관실, 『남북군사회담 자료집』, 대한민국 국방부, 2017년 11월, p.216.

행동론으로 한반도 군사적 긴장이 최고조에 달했다. 2018년부터 시작된 화해국면 속에서 4.27 판문점 남북정상회담에 이어 두 번째 남북정상회담이 9월 18~20일 평양에서 열리고 이 때 함께 개최된 제3차 남북국방장관회담에서 「9.19 군사합의서」가 채택되었다.

「9.19 군사합의서」의 정식명칭은 「4.27 판문점선언 이행을 위한 군사분야 남북합의서」로서 「9월 평양공동선언」의 부속문서로 채택되었다. 이 합의서는 사문화되다시피 한 정전협정 조항을 원상회복해 우발적 충돌방지 조치를 담았을 뿐만 아니라, 최근년에 발생한 남북 군사충돌의 사례들을 반영해 초보단계의 운용적 군비통제 조치를 취한 것이다.

「9.19 군사합의서」의 주요 내용은 △육·해·공의 적대행위 중지(공동 작전수행절차 합의), △비무장지대의 평화지대화(GP철수·JSA 비무장화, 유해·역사유적 공동발굴), △서해해상평화수역 조성(우발적 충돌방지 복원 이행, 평화수역·공동어로시범수역, 남북공동순찰), △남북교류협력 군사 보장(3통 군사적 보장, 철도·도로협력 보장, 해주직항로, 제주해협 통과, 한강하구의 공동이용), △남북군사공동위원회 구성·운영 등이다.[33]

「9.19 군사합의서」의 채택은 크게 다음과 같은 세 가지 안보적 의의를 갖고 있는 것으로 평가할 수 있다.[34]

첫째, 한반도 비핵화 협상 분위기의 조성이다. 지금까지의 남북관계를 되돌아보면, 작은 군사충돌만 발생해도 그 동안 쌓아왔던 신뢰가

[33) 「역사적인 「판문점선언」 이행을 위한 군사분야 합의서」, 2018년 9월 19일. (*남북회담본부 편, 『남북대화(2016.1~2018.12)』, 제78호, 통일부, 2020년, pp.177~181.)

34) 조성렬, 『한반도 비핵화 리포트: 포괄적 안보-안보 교환론』, pp.297~298.

무너지고 일체의 대화와 교류가 단절되는 사태가 되풀이되었다. 그런 점에서 북한의 비핵화 촉진을 위해 우발적 충돌 방지로 군사적 긴장을 완화해 북한을 안심시킬 필요가 있다. 이 합의서는 남북간에 우발적 군사충돌을 막기 위한 초보단계의 운용적 군비통제로서 비핵화의 협상 분위기를 만들고 유지한다는 데 의의가 있다.

둘째, 비핵화 이후의 군비경쟁 차단이다. 한반도 비핵화가 이루어질 경우 현 재래식 군비 열세를 극복할 수 없게 될 것을 우려해, 2019년 2월 하노이 노딜 이후 협상이 교착상태에 빠진 것을 기화로 북한당국은 재래식 전술무기의 확장에 힘을 쏟고 있다. 따라서 군사합의가 잘 지켜진다면, 남북한이 서로의 군사위협을 완화해 재래식 군비경쟁 가능성을 줄이는 효과를 기대할 수 있다. 한반도 비핵화 완료로 경제제재가 완전히 해제되어 본격적으로 경제개발에 나섰을 때 군사위협이 남아있다면 북한당국은 경제성장의 성과를 재래식 군사력 건설에 우선 투입할 가능성이 크기 때문이다.

셋째, 평화체제 구축의 핵심요소이다. 한반도 평화체제 구축을 위한 군비통제의 의미를 갖고 있다. 한반도의 공고한 평화체제 구축을 위한 군사적 토대를 마련하기 위한 것이다. 한반도 평화체제를 구축하기 위해 국제법 및 국제관계의 현안들이 해결되더라도 남북한이 고강도로 군사 대치가 계속된다면 평화협정의 문서는 언제라도 휴지조각이 될 수 있다. 그런 점에서 「9.19 군사합의서」는 한반도 평화체제 수립과정에서 상호 군사적 신뢰를 쌓는 출발점이 될 수 있다.

(2) 「9.19 군사합의서」의 이행실태와 추진계획

「9.19 군사합의서」가 가진 주요한 특징 중 하나는 핵심사항을 단기간 내에 이행 완료하기로 합의했다는 점이다. 첫째, 2018년 11월 1일부터 군사분계선 일대에서 상대방을 겨냥한 각종 군사연습의 중지, 군사분계선 상공에서 모든 기종들의 비행금지구역 설정, 우발적 무력충돌을 막기 위한 절차의 시행, 둘째, 2018년 10월 1일부터 20일 안에 판문점 공동경비구역(JSA) 내 지뢰의 제거, 지뢰 제거 후 5일 내에 초소, 인원, 화력장비의 철수, 셋째, 2018년 10월 1일~11월 30일 비무장지대 시범적 남북공동유해발굴을 위한 지뢰 제거, 12월 31일까지 발굴지역 내 남북도로 개설, 2019년 2월 말까지 공동유해발굴단 구성 완료 및 통보, 2019년 4월1일~10월 31일 공동유해발굴 진행, 넷째, 2018년 12월 말까지 한강하구 공동이용을 위한 수역에 대한 현장조사 등이다.

그 뒤에도 남북한 군당국은「9.19 군사합의서」를 준수, 이행하여 군사분계선 일대에서 군사적 안정성이 지속되고 있다. 2021년 1월까지 남북한의 이행실태와 향후 추진계획은 다음과 같다.[35]

첫째, 상호 적대행위의 중지이다. 남북 간에 상호 지상·해상·공중 적대행위 중지 등 합의사항을 지속적으로 이행하고 확인·점검하는 작업을 진행하고 있다. 그밖에「9.19 군사합의서」에 따라 남측 국방부 차관, 북측 인민무력부 부부장을 위원장으로 하는 남북군사공동위원회의 구성 작업이 1992년 이미 합의한「구성·운영합의서」에 따라 조율 중이다. 지상·해상·공중에서 완충구역을 설정하고 후발적인 무력충돌 방지 조치가 시행된 이후 2019년 11월 25일 북측 창린도에서 한 차례의 해안포 사격과 2020년 5월 3일 철원지역에서 우리 군 GP에 대한 북한군의 고사총 총격 사건 등 두 차례의「9.19 군사합의서」위반 행위를 제외하고는 상호 적대행위가 발생하지 않고 군사적 안정성이

---

35) 국방부,『2020 국방백서』, pp.259~263.

지속되고 있다.36)

둘째, 상호 감시초소(Guard Post)의 시범철수이다. 2018년 12월 12일까지 비무장지대 내의 GP 가운데 11개씩이 시범적으로 철거되었다. 그에 따라 파주, 철원, 고성에서 'DMZ 평화의 길'의 일부로 민간에게 개방했다가 북측에서 발생한 아프리카돼지열병(ASF)으로 잠정 중단된 상태이다. 비무장지대(DMZ) 내의 전방초소(GP) 철수를 위해 상호 비례성 원칙을 적용하여 동부·중부·서부 지역별로 단계적인 철수방안을 검토하고 대북 협의 및 세부추진방안을 마련해 나가고자 하고 있다.

셋째, 공동경비구역(JSA)의 비무장화이다. 「9.19 군사합의서」에 따라 '남·북·유엔사 3자 협의체'가 운영되었고, 2018년 10월까지 공동경비구역(JSA)의 비무장화가 완료된 뒤 2019년 5월 1일부터 9월까지 남쪽지역의 견학이 재개되어 약 2만 4천여 명이 방문했다. 판문점 공동경비구역의 비무장화 조치와 연계하여 남북 군인들의 공동근무 및 자유왕래를 추진하고 있으며, 이를 위해 남·북·유엔사 3자 협의체를 가동하여 새로운 「JSA 공동근무 운영수칙 (안)」의 합의를 도출한다는 계획이다.

넷째, 비무장지대(DMZ) 내의 남북공동유해발굴이다. 2019년 4월부터 공동유해 발굴을 위해 군사분계선 이남의 우리측 지역에 대한 지뢰제거 및 기초발굴이 진행되어 2020년 11월까지 국군뿐만 아니라 유엔군(추정), 중국군 전사자 등 400여 구의 유해를 발굴하였다. 향후 국방부는 남북 공동유해발굴을 추진하고 북측과 협의해 점차 유해발굴지

---

36) 우리 군당국은 북측의 11.25. 해안포 사격이 「9.19 군사합의서」 위반임을 지적하고 남북군사합의의 철저한 준수를 촉구하는 통지문을 발송하였고, 5.3. 우리 군 GP에 대한 총격에 대해 경고방송 뒤 대응사격을 실시하였고 이후 남북장성급회담 한국측 수석대표 명의로 북측에 전통문을 보냈다.

▌ 북한 체제의 전망과 삼벌(三伐) 전략 구상

역을 확대한다는 계획이다. 또한 '비무장지대 평화지대화' 추진과 연계해 남북 외에도 미국, 중국 등 한국전쟁 참전국이 참여하는 방안도 검토해 나간다는 방침이다.

다섯째, 한강하구의 평화적 이용이다. 한강하구 공동조사 및 해도 제작이 완료되어 2019년 1월 30일 북측에 해도를 전달하는 등 자유항행의 여건이 마련되었고, 한강하구 우리측 수역에서 두 차례나 민간선박의 시범 항행이 이루어졌다.[37] 향후 남북간 실무협의를 통해 민간선박의 자유항행이 이루어질 수 있도록 준비하고, 우리 측이 '한강하구 공동이용 종합계획' 수립을 위한 정밀 수로조사 및 수산자원, 생태·환경 등 종합조사를 위해 군사적으로 지원한다는 방침이다.

「9.19 군사합의서」의 취지를 살려 2019년 9월 24일 제74차 유엔총회에서 문재인 대통령은 △전쟁불용, △상호안전보장, △공동번영 원칙을 바탕으로 대북안전보장 및 무력충돌 방지를 실천하기 위해 '비무장지대(DMZ)의 국제평화지대화'를 제안하였다. 이와 관련해 남북 및 국제사회와의 협력을 통해 △남북공동 유네스코 세계유산 등재 △판문점−개성 평화협력지구 지정 △지뢰제거 관련 국제협력 등 3대 사업 중심으로 추진체계 구축 및 추진계획 등을 수립하고 있다. 비무장지대를 국제평화지대로 건설함으로써 남북 간의 상호안전보장 장치로서의 의미를 갖고 있다.[38]

---

37) 국방부 국방정책실, 『국민과 함께, 평화를 만드는 강한 국방−후반기 국방정책실 정책자문위원 오찬간담회 자료』, 국방부, 2019년 10월 17일, p.8. 및 국방부, 『2021년 국방부 업무보고: 강한 안보, 자랑스러운 군, 함께하는 국방』, 2021년 1월 21일.

38) 대한민국 정부, 「「제3차 남북관계발전기본계획」 2020년도 시행계획」, 2020년 4월, pp.9~10.

문재인 대통령은 2021년 1월 18일 신년 기자회견에서 북한 제8차 당 대회에서 김정은 위원장이 남북 관계개선의 전제조건으로 요구한 한미 군사연습의 중지 문제에 대해 "필요하다면 남북군사공동위원회를 통해서 북측과 협의할 수 있다"고 밝혔다. 이것은 '상대방을 겨냥한 대규모 군사훈련 및 무력증강 문제'에 대해 남북군사공동위원회를 가동해 협의할 수 있다고 한 「9.19 군사합의서」 1-①에 따른 것으로, 군사공동위원회 구성에 방점을 찍은 발언이다.[39] 남북군사공동위원회는 「9월 평양공동선언」에서 남북정상이 합의한 것으로, 현재 국방부는 「남북군사공동위원회」 구성·운영 합의서(안)을 체결하고 남북군사공동위원회 회의를 비롯해 남북군사회담의 정례를 추진한다는 계획을 세워놓고 있다.[40]

Ⅳ. 핵 없는 한반도 평화를 위한 군비통제 방향

1. 동북아 군비경쟁과 한반도 군사력 상황

(1) 동북아 군비경쟁과 군사력 평가

냉전체제의 종식과 중국의 급부상 이후 동북아 지역에서 군비경쟁

---

39) 남북회담본부 편, "9월 평양공동선언," 『남북대화(2016.1~2018.12)』, 제78호, 통일부, 2020년, p.162.

40) 국방부, 「2021년도 국방부 업무보고: 강한 안보, 자랑스러운 군, 함께하는 국방」 2021년 1월 21일.

이 치열하게 전개되고 있다. 특히 시진핑 체제의 등장 이후 중국은 '중국몽'의 실현을 내세워 일대일로를 추진하면서 이를 뒷받침하기 위한 군사력을 빠르게 키워오고 있다. 미국도 '아시아 재균형 정책'에 이어 '인도–태평양 전략'을 수립해 자국의 이익을 지키고 중국의 영향력 확대를 견제하고 나섰다. 이처럼 미국과 중국이 본격적인 전략경쟁을 시작하면서 동북아 역내 안보구도의 유동성이 증대되고 있다.

동북아 군비경쟁에 대비하기 위해 각국이 보유한 군사력을 객관적으로 평가할 필요가 있다. 스웨덴 국제평화연구소(SIPRI)의 『SIPRI Yearbook』, 영국 국제전략문제연구소(IISS)의 『Military Balance』 등의 자료도 있지만 질적 평가보다는 양적 평가 위주여서 한계가 있다. 질적 평가로는 여전히 한계가 있지만 미국 군사전문사이트인 GFP (Global Firepower.com)가 2005년부터 발표하는 「글로벌파이어파워」 지수를 참고할 수 있다. 글로벌 화력 순위는 인구(현역, 예비군), 군사력(지상군, 해군, 공군) 및 물류능력, 국방비, 지리의 8개 범주와 50개 변수들을 활용하여 전세계 138개 국가의 화력지수(PowerIndex, 0.000에 가까울수록 '완벽'으로 평가)를 산출하여 비교한 것이다.[41]

한반도 주변국가들의 화력지수 추이(2005~2021)를 보면, 미국이 지속적으로 1위를 차지하고 있으며 2011년 이후 러시아가 2위, 중국이 3위를 차지하고 있다. 일본은 2014년 10위를 차지한 데 이어 점차 군사력이 증강되어 마침내 2020년부터 5위를 차지하였다. 북한은 줄곧 20위권에 머물다가 2018부터 18위로 순위가 올라갔다가 2020년에 다시 25위로 떨어졌고 2021년에는 28위로 더 떨어졌다. 한국은 2018년에

---

41) 글로벌파이어파워 측은 초기 지수들이 불정확하다는 점을 인정하고 있다. 따라서 김정은 정권의 등장 이후인 2012년 지수부터 유의미하게 보고 있다.

7위로 올라선 뒤 유지되다가 2020년과 2021년에는 6위를 차지했다.

2021년 1월에 발표된 화력지수를 살펴보면, 세계 1, 2, 3위인 미국이 0.0718, 러시아가 0.0791, 중국이 0.0854이며 세계 5, 6위인 일본과 한국은 각각 0.1599, 0.1612이며 세계 28위를 기록한 북한은 0.4673을 나타내고 있다. 미국은 국방비가 7,405억 달러로 1위를 기록하고 있으며, 그 뒤를 이어 중국이 1,782억 달러로 2위, 일본이 517억 달러로 6위, 한국이 480억 달러로 8위, 러시아가 421억 달러로 11위, 북한이 35억 달러로 54위를 기록하고 있다.

〈표 8-3〉 한반도 주변국들의 군사력 순위 (Global Fire Power 2005~2021)

연도[1]	미 국	러시아	중 국	일 본	북 한[2]	한 국
2005	1	3	2	18	8	14
2006	1	3	2	18	8	14
2007	1	2	3	7	18	12
2010	1	3	2	9	20	12
2011	1	2	3	9	22	7
2012	1	2	3	17	-	8
2014	1	2	3	10	-	9
2015	1	2	3	9	-	7
2016	1	2	3	7	25	11
2017	1	2	3	7	23	12
2018	1	2	3	8	18	7
2019	1	2	3	6	18	7
2020	1	2	3	5	25	6
2021	1	2	3	5	28	6

1) 2008, 2009, 2013년은 조사내용 없음. 2) -는 25위 밖의 순위
<출처> https://www.globalfirepower.com/global-ranks-previous.asp

미국은 공군력에서 압도적인 1위를 차지하고 있으며 해군력의 원양함정(항모, 경항모, 구축함) 분야에서 1위, 육군력에서는 자주포 1위, 탱크 3위를 기록하고 있다. 러시아는 육군력에서 1위를 차지하고 있지만 공군력과 해군력에서 2위를 나타냈다. 중국은 육·해·공군력에서 모두 3위를 기록하고 있지만 해군력은 빠른 속도로 신장하고 있다. 일본은 육군에서는 약세를 보이지만 해군력은 빠르게 전력을 증강하고 있으며 공군력은 6위를 기록했다. 한국은 공군력이 5위, 해군력은 13위 수준이나 원양작전 능력이 부족하다. 북한은 육군력은 한국과 비슷한 수준이나 공군력과 해군력의 원양함정 분야에서는 크게 뒤져 있다.

(2) 한반도 군사력 균형과 군비통제 추진시 고려사항

재래식 전력에서 한국군이 북한군에 비해 우위에 있다고 해도 북한은 군대의 전방배치에 따른 기습공격능력과 핵무기, 생화학무기와 같은 비대칭전력을 갖고 있어 남북한의 화력지수(PowerIndex) 비교만으로는 한반도 군사력 균형 여부를 평가하기 어렵다. 군사력 균형을 위해서는 북한이 핵무기를 보유하고 있는 한 미국에 의한 확장억제력에 의존할 수밖에 없으며, 설사 북한 핵무기가 완전히 제거되더라도 한반도 주변의 러시아, 중국의 핵무력에 대응하기 위한 별도의 대책이 마련되어야만 한다.

앞에서 살펴본 화력지수 평가에서 빠져 있는 것이 동맹변수이다. 동맹변수를 고려한다면, 한국군과 주한미군의 연합 화력은 북한군을 압도할 수 있는 군사력을 갖추고 있다. 게다가 유엔안보리 결의 84조에 따라 편성된 유엔군과 「한미 상호방위조약」에 따라 주둔한 주한미군 외에 미 본토의 미군과 유엔 참전국들로 구성된 전시증원전력이 참전할 수 있도록 준비태세가 갖춰져 있다.

또 다른 '동맹변수'는 북·중 관계이다.「북·중 우호협력조약」은 사실상의 동맹조약으로,「한미 상호방위조약」에도 없는 '자동개입조항'이 들어있다. 한국전쟁에 참전했던 중국인민지원군이 1958년 10월에 중국 본토로 전면 철수한 뒤 해편되기는 했으나, 신의주 바로 건너에는 기존의 선양군구를 토대로 베이징군구, 지난군구의 일부 부대를 흡수해 확대 개편한 중국인민해방군 북부전구의 쾌속반응부대인 80집단군이 주둔하고 있다.

중국인민지원군이 본국으로 철수할 당시에는 미국의 해외투사능력이 충분하지 않았고「한미 상호방위조약」에는 '자동개입조항'이 들어있지 않다. 그렇기 때문에 주한미군은 한국전쟁 직후 32만 5천 명에 달했던 병력을 52,000명으로 대폭 감축했지만, 휴전선 인근에 전진배치해 '인계철선' 역할을 유지함으로써 자동개입이 가능하도록 했다. 또한 압록강 건너의 중국군이 재개입할 것을 우려해 1957년 12월부터 1958년 1월초까지 남한지역에 핵무기를 첫 배치하였고 중국이 핵개발에 성공한 직후인 1967년에는 배치된 핵무기가 949기로 절정에 이르렀다.[42]

한반도 군비통제를 추진할 때 고려해야 할 또 다른 요소는 남북한의 병력 수에 관한 것이다.「4.27 판문점선언」에서 약속한 '단계적 군축'을 어떻게 추진할 것인가 하는 문제다.『2020 국방백서』는 한국군 병력이 육군 42만 명, 해군 7만 명, 공군 6만 5천 명으로 55만 5천 명인데 비해, 북한군 병력이 육군 110만 명, 해군 6만여 명, 공군 11만여

---

42) 조성렬,『전략공간의 국제정치: 핵·우주·사이버 군비경쟁과 국가안보』, 서강대학교 출판부, 2016, p.227.

명, 전략군 1만여 명 등 128만여 명으로 2년 전과 같은 수치를 제시하고 있다.[43)

하지만 2008년 10월 유엔인구기금(UNPF)의 지원으로 실시된 북한 인구센서스를 분석한 연구들은 북한군 병력수를 128만 명보다 훨씬 적은 70만 명 이하로 평가하고 있다.[44) 따라서 남북한 간에 병력 위주로 군축이 실시될 경우, 북한군은 가공의 숫자만 줄이면 되지만 우리 군은 실제로 병력을 대폭 감축하게 될 위험성을 안고 있다. 그런 점에서 북한군 병력수 추계를 보다 현실화해서 『국방백서』의 내용에 반영해야 할 것이다.

2. 한반도 군비통제의 추진과 딜레마

(1) 한반도 비핵화 협상의 지체와 군비통제 딜레마

한반도 군비통제의 가장 큰 딜레마는 비핵화 협상이 지체될 경우 군비통제의 협상 동력도 크게 떨어질 수밖에 없다는 점이다. 우리 군의 입장에서 볼 때 북한이 한반도 비핵화 협상을 거부하며 핵·미사일 전력을 계속 강화할 경우, 우리 군이 상대적으로 우위에 있는 재래식 분

---

43) 국방부, 『2018 국방백서』, p.244 및 국방부, 『2020 국방백서』, p.290.

44) 宮本 悟, "朝鮮人民軍の軍制と戰力," 『오늘의 북한학, 한반도 통일을 말하다. 2015 세계 북한학 학술대회 발표논문집』, 2015년 10월 13~14일 및 정영철, 『북한의 인구 통계와 사회 변화—교육체제의 변화와 군대 규모에 대한 새로운 추정』, 국회 정보위원회 정책연구용역보고서, 2015년 11월, pp.55~66.

야의 군비통제 협상에 나설 동기가 줄어드는 것은 사실이다.

2018년 제3차 남북장관급회담에서 「9.19 군사합의서」가 채택될 수 있었던 배경에는 북한의 비핵화 의지가 있었다. 북한은 2017년 11월 29일 대륙간탄도미사일의 시험발사 직후 '국가핵무력의 완성'을 선언한 뒤 2018년 1월 김정은 위원장의 신년사에서 대화 의지를 밝히면서 한반도 비핵화 협상의 막이 올랐다. 마침내 3월 5일 김정은 위원장이 군사위협 해소와 체제안전 보장을 조건으로 한반도 비핵화 협상에 응할 수 있다고 밝히면서 본격적인 한반도 군비통제의 길이 열린 것이다.

실제로 「9.19 군사합의서」가 채택된 것은 김정은 위원장이 요구했던 비핵화의 두 가지 상응조치 가운데 하나인 상호 군사위협의 해소라는 의미가 있다. 「9.19 군사합의서」의 정전협정 복구와 초보단계 운용적 군비통제의 내용들은 「9월 평양공동선언」에서 합의된 비핵화의 진전(동창리 엔진시험장·미사일 발사대, 영변핵시설 및 추가조치)에 따른 상응조치의 일부라는 성격을 갖고 있다.

따라서 만약 북한과의 비핵화 협상이 진전되지 않는다면, 「9.19 군사합의서」의 이행 동력이 떨어질 수밖에 없을 뿐 아니라 한 단계 높은 운용적 군비통제나 구조적 군비통제(군축)을 추진하기 어렵다. 따라서 재래식 군비통제 협상을 지속하기 위해선 기존 합의의 이행은 물론이고 완전한 한반도 비핵화로 나아가기 위한 협상의 진전이 불가피하다.

(2) 전시작전통제권 전환 추진과 군비통제 딜레마

한반도 군비통제를 추진하는 과정에서 직면하게 되는 두 번째 딜레마는 '조건에 기초한 전시작전통제권 전환'(conditions-based Wartime OPCON transition)을 추진하는 데 필요한 군비증강의 수요를 어떻게

관리하는가 하는 점이다. 앞에서 필자가 '진보정부의 패러독스'라고 표현했듯이, 이러한 '조건'을 맞추기 위해서는 우리 군의 군비증강이 불가피하기 때문이다.

작전통제권의 전환은 1987년 노태우 대통령(1988.2~1993.2)의 대통령 선거공약으로 제기되어 한미 공동연구를 거쳐 1992년 10월 제24차 한미 안보협의회의(SCM)에서 1994년 말 이전까지 한국군에 대한 평시 작전통제권을 되돌려받기로 합의하였다. 그리하여 1994년 12월 1일 작전통제권 가운데 전시작전통제권 및 연합권한위임사항(CODA)이 제외된 평시작전통제권을 한국군 합참의장이 행사할 수 있게 된 것이다.[45]

전시작전통제권은 2009년 10월 제41차 SCM에서 한미 국방장관이 2012년 4월 17일에 병립형 지휘체제에 따른 전작권 전환에 합의하였다. 하지만 북한의 핵·미사일 시험발사 등 전략도발이 계속되자 한미 양국은 전작권 전환을 연기하면서 병립형이 아닌 단일형 지휘체제를 유지하기로 합의한 데 이어, △한국군의 연합방위 주도를 위해 필요한 능력 확보, △동맹의 포괄적 북한 핵미사일 대응능력 확보, △안정적인 전작권 전환에 부합하는 한반도 및 지역 안보환경의 관리 등 전작권 전환의 3대 조건에 합의하였다.[46] 그리고 기본운영능력(IOC), 완전운용능력(FOC), 완전임무수행능력(FMC) 등 3단계 검증평가를 거치도록 하였다.

전작권 전환 과정에서 군비통제와 관련된 부분은 동맹의 포괄적 북한 핵미사일 대응능력 확보와 관련되어 "북한의 핵·미사일 위협에 대

---

45) 조성렬·김일영, 『주한미군: 역사, 쟁점, 전망』, 한울아카데미, 2003년, pp.197~198.

46) 양영모, "전시 작전통제권 전환 3대 조건 고찰," 『월간 KIMA』, 2020년 4월호, pp.16~17.

해 우리 군은 초기 필수대응능력을 구비하고, 미국은 확장억제 수단 및 전략자산을 제공·운영"하기로 한 점이다. 「2021~25년 국방중기계획」에서 초기 필수대응능력을 갖추기 위해 탐지거리가 확장된 탄도탄 조기경보레이더 및 이지스함 레이더의 추가 도입, 탄도탄 작전통제소의 성능개량, 패트리어트와 국내 개발 철매-Ⅱ 성능개량형의 추가 배치, 그리고 장기적으로 장거리 지대공유도무기(L-SAM)과 한국형 아이언돔인 장사정포 요격체계 개발에 착수한다는 계획이다.47)

우리 군은 북한의 핵·미사일 위협에 대비하기 위해 초기 필수대응능력을 구비해 나가고 있지만, 이에 대해 제8차 당대회 사업총화보고에서 김정은 위원장은 "계속되는 첨단공격장비 반입목적과 본심을 설득력 있게 해명해야 할 것이다"라며 우리 군의 군비증강에 문제제기하고 있다.48) 하지만 이를 통해 한국군의 군사력이 크게 증강되는 것은 맞지만, 향후 미군 전력이 조정될 가능성이 있기 때문에 한미 연합방위능력의 총량이 증가하는 것은 아니다. 그런 점에서 그 동안 북한이 주장해 왔던 주한미군의 전력을 포함한 한미연합군의 전력과 북한군의 전력 간에 비례성의 원칙에 따라 한반도 군비통제를 추진한다면 북측도 수용할 수 있을 것이다.

(3) 주변국 잠재위협의 증대와 군비통제 딜레마

냉전시대가 막을 내리면서 동북아지역에서 전면전쟁의 가능성은 과

---

47) 『국방일보』, 2020년 8월 13일.

48) 김정은, "조선로동당 제8차 대회에서 한 중앙위원회 사업총화보고," 『로동신문』, 2021년 1월 9일.

거보다 낮아졌지만, 해상영토 침범과 배타적경제수역(EEZ) 내 어로활동, 자원개발 등 회색지대 사태(Grey Zone Situation)의 발생 가능성은 더 높아졌다. 무력침공과 같은 정규전이 아니지만 군함이나 전투기가 한국의 EEZ나 방공식별구역(KADIZ)을 무단으로 항행·진입하거나 일본 해상보안청, 중국 해안경비대와 무장어선 등이 분쟁해역에서 무단활동하는 사태가 자주 발생하여 저강도 충돌 위험성이 늘고 있다.49)

최근 들어 중국과 러시아 군용기들이 한국방공식별구역(KADIZ)을 무단진입하는 사태가 빈번해지고 있으며, 특히 2019년 7월 23일에는 러시아 정찰기가 독도영공을 두 차례나 침범했다가 우리 공군기의 경고사격을 받고 되돌아가는 일까지 벌어졌다. 그밖에도 중국 어선과 군함들이 배타적경제수역(EEZ)의 중간선을 무시한 채 어로작업을 하거나 항행하는 일이 비일비재하게 일어나고 있다. 2018년 12월 구조활동 중이던 우리 함정에 대한 일본 초계기의 위협적인 근접 비행이 있었고,50) 2021년 1월에는 한·일 EEZ 중첩수역인 제주 해상에서 일본해상보안청 측량선과 우리 해경선이 대치하는 상황도 있었다.

일본은 2020년 8월 발간된 『2020년판 일본 방위백서』에서 2005년 고이즈미 준이치로 정부 이후 16년째 방위백서를 통해 독도를 자국영토라고 억지 주장해 오고 있으며 대한민국 영토인 독도에 항공자위대 전투기의 출격 가능성을 시사하는 도발적 태도를 보였다.51) 그에 앞서 2020년 1월 초 육상자위대는 '다차원 통합방위력 구축'을 내세운 홍보

---

49) 조성렬, "'회색지대 사태'와 북한의 대처법," 『경향신문』, 2019년 10월 15일.

50) 국방부, 『2020 국방백서』, p.173.

51) 防衛省·自衛隊, 『令和2年版防衛白書－日本の防衛』, 2020年 8月, p.42, p.246.

영상에서 독도를 일본영토로 표시했다.52) 또한 2020년 4월 9일 일본방위성이 공개한 '항공자위대 전투기의 긴급발진 회수' 통계에 러시아 정찰기의 독도 영공 침범을 포함시켰다.53)

이와 같은 주변국들의 회색지대 전술에 대해 한미동맹으로 대응하기에는 한계가 있다. 「한미 상호방위조약」 제2조는 "외부의 무력공격(external armed attack)"에만 미국이 군사개입을 검토할 수 있다고 규정하여 회색지대 사태가 발생할 경우 미군의 지원을 기대하기 어렵다. 이처럼 회색지대 사태의 확대에 따른 「한미 상호방위조약」의 한계와 함께 우리 정부의 「한·일 군사정보보호협정(GSOMIA)」 종료결정 및 우리 군의 독도방어훈련 때 일부 미국관리들이 보인 일본 편향적인 태도는 일방적인 대미 의존의 한계를 여실히 보여주고 있다.54)

국방부는 「2021~25년 국방중기계획」을 통해 회색지대 사태에도 대비하기 위한 전력강화를 추진하고 있다.55) 기존에 운용중인 다목적실용위성(상용), 글로벌호크 고고도 무인정찰기, 유인정찰기에 더해 2025년까지 군사용 정찰위성, 중고도 무인정찰기를 추가로 전력화하고, 향후 초소형 정찰위성도 개발에 착수한다는 계획이다. 이렇게 영상촬영 주기를 향상시키게 되면 한반도 전역에 대한 거의 실시간에 가까운 파악이 가능해진다. 또한 KADIZ를 포함한 한반도 전역에 대한 24시간 통신·계기정보를 탐지할 수 있는 공중 신호정보 수집체계와 항공통제기를 추가 확보하고, 잠수함 음향정보 등을 탐지하는 해양정보함도

---

52) 『경향신문』, 2020년 1월 28일.

53) 『연합뉴스』, 2020년 4월 10일.

54) 조성렬, "한미동맹 갱신은 자기주도외교, 이익, 집단안보 고려해야," 『통일시대』, 2020년 1월호, p.32.

55) 국방부, 『'21~'25 국방중기계획』, 2020월 8월 10일.

추가 건조할 계획이다.

이처럼 우리 군보다 군사력 우위에 있는 주변국에 의한 회색지대 사태 발생에 대비하기 위해 저강도 분쟁용 전력증강이 불가피하지만, 북측이 군비통제 협상과정에서 이것을 문제 삼을 수 있다. 하지만 북한당국은 고강도 전쟁억제력 증강에 매몰된 나머지 저강도 분쟁 대비에는 소홀했다. 그러다 보니 서해어장을 중국어선에게 내주고 동해 배타적경제수역도 제대로 관리하지 못하고 방치해 왔다. 2019년 10월 7일 동해 대화퇴 해역부근에서는 북한어선이 일본 어업단속선과 충돌해 침몰했지만 북한당국은 일방적으로 당하고도 속수무책이었다.

그런 점에서 전면전 대비에만 주력하며 정작 발생빈도가 높은 회색지대 사태에 대처할 능력을 못 갖춘 북한당국은 우리측 대응을 문제 삼기보다 스스로 배타적경제수역(EEZ)을 수호할 수 있는 저강도 분쟁용 재래식 군사력 확보에 나서야 할 것이다. 남북이 투명성 보장을 전제로 EEZ 등에서 저강도 분쟁에 대비한 방위태세를 위한 적절한 재래식 군비 증강을 양해하고 공동협력 방안을 찾을 필요가 있다.

3. 한반도 군비통제의 추진 방향

(1) 한반도 군비통제의 세 방향

한반도 평화체제를 완성하기 위해서는 비핵화 협상이 진전되지 않으면 안 된다. 북한에 대한 불신 때문에 비핵화 협상의 진전 없이 군비통제 협상을 추진하기에 부담이 있는 것이 사실이지만, 경우에 따라 일정한 수준의 군비통제를 진행함으로써 비핵화 협상의 동력을 불어

넣는 방법도 고려해 볼 수 있을 것이다.

북한을 비핵화 협상으로 이끌어내기 위해 법제도적인 체제안전보장을 넘어 북한의 '핵억제력'을 대체할 수 있는 군사적 안전보장 방안의 마련을 병행해 추진하는 것이 불가피하다. 남북관계의 개선에 따라 교류·협력의 군사적 보장 외에 우발적 무력충돌의 방지, 전쟁 억제, 군비경쟁 완화, 평화체제 전환, 역내 안정성 강화 등 조치가 필요하다. 아울러 완전한 비핵화 이후 항구적이고 공고한 평화체제 구축을 위해서는 적정군사력(optimum military force)을 갖춘 새로운 한반도 군사관계를 실현하는 것이 중요하다. 그런 점에서 한반도 군비통제의 기본방향은 크게 세 가지로 정리할 수 있을 것이다.56)

첫째는 남북 교류·협력의 군사적 보장이다. 군사적 충돌이 발생하게 되면 남북 간에 교류·협력이 잘 진행되다가도 곧바로 중단되는 경우가 비일비재하다. 2008년 7월 금강산관광객 피격사망 사건이 발생하자 우리 정부는 관광을 중지시켰으며, 천안함 사태가 발생하자 모든 교류·협력사업을 중지시키는 「5.24 조치」를 발표했다. 이에 맞서 북한당국은 현대아산의 자산 몰수 및 독점계약권 취소 조치를 취하였고, 「5.24 조치」가 나온 직후 북한군 총참모부도 '중대 통고문'을 통해 "남북교류에 대한 군사적 보장의 철회"를 발표하였다.

2018년 2월 북한선수단의 평창올림픽 참가와 남북정상회담을 계기로 통신연락선이 재개통되고 남북연락사무소가 개성에 설치되는 등 화해 국면에 접어들었으나 2019년 하노이 북·미 정상회담의 결렬 이후 또다시 남북대화가 단절되었다. 마침내 2020년 6월 북한 통일전선

---

56) 조성렬, 『한반도 비핵화 리포트: 포괄적 안보-안보 교환론』, pp.283~286 에서 일부 수정.

부는 대변인 담화를 통해 대남관계를 적대관계로 전환한다고 선언한 뒤 남북통신연락선을 차단하고 남북공동연락사무소를 폭파했다. 따라서 남북 교류·협력을 추진하기 위해서는 우선 통신연락선을 복원하고 교류·협력에 대한 군사적 보장방안이 마련되어야 한다.

둘째는 군사적 신뢰구축 조치의 추진이다. 군사분계선을 접한 전방부대 지휘관 간의 직통전화 설치와 신호규정의 제정 등 상호통보체제 구축과 초보적인 군 인사교류나 함정 및 항공기, 지휘관 상호방문 등의 조치를 취해 군사 분야의 투명성과 예측성을 확보함으로써 남북한이 상호 간의 불신과 적대감을 상당 정도로 해소하고 할 수 있도록 해준다. 남북간 군비통제 회담을 제도화해 본격적인 군비통제를 추진하기 위한 기반을 만들어야 한다. 이를 위해 「9월 평양공동선언」에서 합의한 대로, 차관급을 위원장으로 하는 남북군사공동위원회의 구성을 서두르고 남북군사회담을 정례화해야 한다.

셋째는 운용적, 구조적 군비통제의 추진이다. 군비통제는 운용적 군비통제와 구조적 군비통제로 나눌 수 있다. 운용적 군비통제로서 군사력의 구조나 규모를 변경하지 않고 군사력의 운용과 배치에 대한 제한을 통해 기습공격과 전쟁 발발의 위험성을 감소 및 방지하는 군사적 조치이다. 이를 통해 우발적인 충돌을 예방할 수 있을 뿐만 아니라, 군사충돌이 발생하더라도 국지전으로 확대되는 것을 막을 수 있다. 구조적 군비통제는 군사력의 규모, 편성 등 군사력을 구성하는 실질적인 요소인 병력과 무기체계를 구조적인 차원에서 제한 및 감축하여 군사적 안정성과 균형을 유지하려는 제반 군사적 조치로서 군비경쟁의 완화와 평화체제의 전환을 위해 필요하다. 구조적 군비통제는 역내 안정성 강화의 관점에서 접근해야 하며, 주한미군의 전력은 한반도 전체의 세력균형 차원에서 고려되어야 한다.

<표 8-4> 정책목표별 한반도 군비통제 조치

	우발적 충돌방지	전쟁억제	군비경쟁 완화	평화체제 전환	역내 안정성 강화
신뢰 구축 조치	· 대규모 군사훈련 1년전 통보 · 직통전화의 설치 · 일정한 규모 이상의 군사훈련 중단	· 대규모 군사훈련 참관단 파견 · 남북미, 상호 무력불사용 선언 · 핵무기와 장거리 미사일 모라토리움, 폐기 선언 및 검증	· 군사 현대화 문제 관한 상호 토의 · 경제 건설을 위한 군병력 전용 사용	· 비난 · 파괴활동금지 · 정부,민간 간 교류 활성화 · 안보우려 해소위한 공식, 비공식 포럼 개최 및 정례화	· 지역안보대화에서 미래 한국군 역할 토론 · 동북아 6자 지역 신뢰구축방안 토의
운용 적 군비 통제	· 비대칭적인 후방 배치 · 후방이동한 지역에 레드라인 설치	· 기습공격 방지위한 군사력 재배치 및 레드라인 설정	· 현재 훈련강도와 준비태세의 감소	· 대규모 훈련 중단 · 한미 군사력 급속 변화 금지	· 남북한 신뢰구축과 공격제한 조치 뒤 미지상군 점진적 감축
구조 적 군비 통제	· 신속공격 가능한 군사현대화 금지	· 동등한 낮은 수준으로 병력 감축	· 동등한 낮은 수준으로 병력 감축	· 주한미군 문제 협상의제 수용, 국방비 증가율 제한	· 미래 통일한국의 독립 안전보장 위한 군사력 수준 확보

<출처> 조성렬, 『한반도 비핵화 리포트: 포괄적 안보-안보 교환론』, p.285.

(2) 남북한 적정군사력과 군비통제의 범위

한반도 평화체제를 구축하기 위해서는 남북한의 군비통제를 통해 적정군사력을 갖춘 새로운 한반도 군사구조를 건설하는 것이 필요하다. 하지만 동북아지역에 화력지수(PowerIndex) 1, 2, 3, 5위 국가들이 포진되어 있는 등 주변국들의 잠재적 위협이 높고 군비경쟁이 벌어지고 있는 상황에서 남북한이 서로의 군사적 위협만을 상정해 쌍방 간의 군비통제를 추진할 수는 없다.

당면한 한반도 비핵화 협상의 진전뿐만 아니라 주변국들의 군비경쟁 양상 등 변화된 안보환경을 고려한 군비 소요를 토대로 남북한의 적정군 사력(optimum military force)을 평가해야 한다. 남북한의 적정군사력은 '자국에 대한 침략을 격퇴하기에는 충분하지만 공격을 감행하기에는 적절치 않게 방어적인 것으로 군사조직을 재편성하고, 규모는 합리적이고 신뢰할만한 충분한 수준으로 유지'하는 합리적 충분성(reasonable sufficiency) 원리에 입각한 군사력을 보유하는 것으로 정의될 수 있다.[57]

우리 군의 현실적인 적정군사력은 북한의 핵위협 여부에 따라 달라진다. 당면한 북한의 핵·미사일과 같은 대량살상무기 위협이 존재하는 상황에서는 이를 억제·대응하기 위해 한국형 미사일 방어체계(KAMD)와 전략적 타격체계의 구축과 같은 '플랜A'로 대처해야 한다. 북·미 비핵화 협상이 진전을 이루게 된다면, 한반도 비핵화 이행과 병행하여 남북한 평화공존의 법제화, 즉 한반도 평화체제 구축을 위한 남북 군비통제를 더욱 가속화하는 '플랜B'를 가동해야 한다.

〈그림 8-2〉 「국방개혁 2.0」에 따른 군비통제의 두 방향

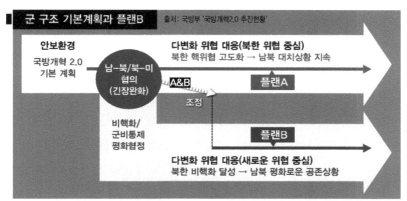

<출처> 『한겨레신문』, 2018년 12월 10일.

---

57) 합리적 충분성 원리는 소련공산당 제27차 및 제28차 전당대회, 그리고 1987년 베를린문서(Berlin Document), 고르바초프 당서기장의 1987년 9월 프라우다(Pravda) 회견, 1988년 12월 유엔총회 연설 등에서 언급되었다. 김승국, "한반도 중립화 통일의 이행(5)," pressian.com, 2011년 9월 25일에서 재인용.

한반도 비핵화가 달성된 뒤, 우리 군의 군비통제 방향은 한편으로 주변국들의 군비증강에 대응하면서 다른 한편으로 역내 평화와 안정을 위해 동북아국가들 간의 군사적 신뢰구축과 군비통제를 추진하는 것이 될 수 있다. 동북아지역에서 전면전쟁의 가능성은 과거보다 작아졌지만 지정학적 경쟁이 본격화하면서 주변국들과의 해상영토, 배타적 경제수역(EEZ) 내 어로활동, 자원개발 등 회색지대 사태 발생에 따른 군사충돌의 가능성이 커지고 있기 때문에 이를 예방하기 위한 조치들이 필요하다.58)

한반도 군비통제의 범위 설정과 관련해 주목해야 할 또 다른 부분은 최종적이고 완전한 비핵화(complete denuclearization) 이후 한미 양국이 용인할 수 있는 북한의 적정군사력이 어디까지인지 평가해 볼 필요가 있다. 북한의 경우는 재래식 군사력의 열세를 만회해 군사적 균형을 이루려는 의도에서 핵·미사일과 같은 대량살상무기를 개발했기 때문에 한반도 비핵화 전후의 적정군사력은 달라질 수밖에 없다.

지금까지 북한은 전쟁공간을 한반도와 일본열도를 넘어 미국의 서태평양 전진기지가 있는 괌도까지 넓혀 놓고 있다. 이에 따라 재래식·핵 배합 군사전략에 따라 방사포 및 단거리탄도미사일 뿐만 아니라, 준중거리탄도미사일(MRBM), 잠수함발사탄도미사일(SLBM), 미군의 증원을 막기 위해 괌도를 겨냥한 중거리탄도미사일(IRBM) 화성--12형과 배후기지인 하와이 및 미 본토를 겨냥한 대륙간탄도미사일(ICBM) 화성--14형 및 화성--15형의 실전배치를 서두르고 있다.59)

---

58) 조성렬, "한미동맹 갱신은 자기주도외교, 이익, 집단안보 고려해야," p.32.

59) 북한의 최신 핵·재래식 배합 군사전략에 관한 분석은 다음을 볼 것. 조성렬, "북한의 핵·미사일 위협과 우리의 대응전략",『새로운 안보환경과 한국의 생존전략』, 한국군사학회, 2020년 8월 30일.

2018년 4월 20일 북한은 당 전원회의 결의를 통해 '한미 군사연습의 중단'을 조건으로 '모든 핵무기와 현존하는 핵프로그램' 및 '중거리 및 대륙간 탄도미사일(IRBM, ICBM)'의 시험중단을 약속한 바 있다.60) 이것은 북한의 요구가 수용된다면 미국의 최서방 영토인 괌도를 포함해 미국 영토를 공격할 수 있는 핵무기와 IRBM, ICBM은 폐기할 용의가 있음을 시사하였다. 하지만 북한이 약속대로 대량살상무기들을 포기할 경우, 핵무기 없는 북한군은 미군은 물론 우리 군에 비해서도 절대적인 군사력 열세에 놓이게 되어 어떻게든 군사력을 강화할 재래식 군비증강의 수요가 발생한다.

북한은 핵무기 없는 조건에서 체제안전을 위해 일정한 수준의 군사력을 가지려고 할 것으로 보인다. 그런 점에서 한반도 비핵화 이후 한미가 용인할 수 있는 북한의 적정군사력 수준을 사전에 평가해 놓아야 할 것이다. 상대적으로 열세인 북한의 재래식 군사력을 고려할 때 우리 군의 군사력 우위를 쉽게 쫓아오기 어렵다는 점에서 북한의 적정군사력에는 한미의 대북 불가침 공약을 추가해 고려해야 할 것이다.

이렇게 되면 북한의 적정군사력은 각종 대포 등 재래식무기와 단거리 및 준중거리 탄도미사일(SRBM, MRBM), 그리고 잠수함발사탄도미사일(SLBM)을 보유하는 수준이 될 가능성이 높다.61) 여기서 북한

---

60) 북한은 2018년 4월 20일 당중앙위원회 제7기 제3차 전원회의 결정서에서 "그 어떤 핵시험과 중장거리, 대륙간 탄도로케트 시험발사도 필요없게 되었으며 이에 따라 북부핵시험장도 자기의 사명을 끝마치였다"고 선언하고 5월 24일 풍계리 북부핵시험장을 폭파·해체했으며, 6월 12일 싱가포르 북·미 정상회담에서 한미군사연습의 중단을 조건으로 위의 약속을 재확인한 바 있다.

61) 일각에서는 북한의 단거리탄도미사일 보유는 "탄도미사일 프로그램을

이 보유하고 있는 것으로 추정되는 생화학무기를 어떻게 폐기할지 검토가 필요하다. 북한은 화학무기금지협약(CWC)에 가입하고 생물무기금지협약(BWC) 의무도 준수하도록 해야 한다.[62] 남북한은 국제기구의 검증을 통해 생화학무기의 부재를 함께 증명해야 한다. 미국은 CWC와 BWC를 잘 준수해 오고 있지만, 북한의 동참을 유도하기 위해 국제기구와 협력해 국제의무의 이행을 보증할 필요가 있다.

V. 한반도 평화체제 구축을 위한 군비통제의 과제

지속가능한 평화의 제도적 완성

지속 가능한 한반도 평화의 제도적 완성은 평화체제의 구축을 통해 이루어질 수 있다. 한반도 평화체제는 국제법적으로 정전협정의 종료와 평화협정의 체결, 국제관계상으로 주변국들과의 외교관계 수립을 통한 평화로운 안보환경의 조성, 그리고 군사적으로 신뢰구축과 군비통제를 통한 전쟁의 재발 방지로 이루어지는 일련의 체계이다.[63]

CVID방식으로 폐기해야 한다'고 규정한 유엔안보리 결의(UNSCR) 위반이라고 비판하나 이는 잘못된 것이다. 북한이 '모든 핵무기와 현존하는 핵프로그램'을 포기한 뒤에는 이미 유엔안보리 결의가 효력을 잃기 때문이다.

62) U.S. Department of State, Executive Summary of Findings on Adherence to and Compliance with Arms Control, Nonproliferation, and Disarmament Agreements and Commitments, April 2020, p.11. 한국은 BWC, CWC 모두 가입했으나 북한은 BWC에만 가입하고 CWC에는 가입하지 않았다.

63) 조성렬, 『뉴 한반도 비전: 비핵 평화와 통일의 길』, pp.171~177.

평화협정이 체결되더라도 지켜지지 않는다면 한낱 휴지조각에 불과할 수 있고, 신뢰가 없는 외교관계는 국제정세 변화에 따라 흔들릴 수 있다. 평화협정의 이행을 강제하고 안정적인 외교관계를 뒷받침하기 위해서는 협력안보를 통해 정치적·군사적 신뢰구축과 군비통제를 실현하는 것이 중요하다. 그런 점에서 평화체제의 3요소 가운데 군비통제야말로 한반도 평화를 지키기 위한 대북정책의 우선과제이다.

한반도 군비통제의 최종목적은 적극적 평화를 실현해 한반도 평화체제를 구축하는 데 있다. 한반도 평화체제를 통해 한국전쟁을 국제법적으로 종식하고 남북한이 평화공존할 수 있는 기반을 만드는 것이다. 남북한이 서로의 실체를 인정하며 평화롭게 공존하는 평화협력공동체 위에서 경제협력공동체를 만들어 궁극적으로 항구적 평화, 즉 통일을 실현해 나가도록 군사적인 측면에서 뒷받침하는 것이다.64)

한반도 군사구조의 재편

그동안 군사적 신뢰구축과 군비통제가 주로 남북 교류협력 사업의 군사적 안전보장 차원에서 이뤄졌다면, 「9.19 군사합의서」는 초보단계의 운용적 군비통제 방안에 합의하고 부분적으로나마 이행이 완료되는 성과를 거두었다. 향후 한반도 군비통제는 「9.19 군사합의서」를 완전히 이행할 뿐 아니라, 이를 뛰어 넘어 한 단계 높은 운용적 군비통제와 주변국들의 군사동향을 고려한 구조적 군비통제로 나아가야 할 것이다. 특히 정전체제를 평화체제로 전환하기 위해서는 남북한 군대와 주한미군을 아우르는 새로운 한반도 군사구조를 만드는 노력을 계속

---

64) 문재인 대통령, "제100주년 3.1절 기념식 기념사," 2019년 3월 1일,

해야 할 것이다.

한반도 군비통제가 평화협력공동체의 기반이 되기 위해 합의사항들을 군사협정으로 법제화해야 한다. 평화협정의 서명 당사자가 남·북·미·중 4자인 것과 달리, 군비통제의 당사자는 남·북·미 3자로 국한하도록 한다. 중국은 평화협정의 서명 당사자로 참여할 자격이 있지만, 중국인민지원군이 이미 본국으로 돌아가 편성 해체됐고 1994년 군사정전위원회에서 철수한 이래 유엔사-북한군 장성급회담에도 참석하지 못하고 있으므로 군사문제를 논의할 자격은 갖추지 못했다. 따라서 군비통제는 한반도 내에 군대가 주둔하고 있는 남북한과 미국이 주체가 되어 추진하는 것이 현실적이다.[65]

첫째, 남북한이 군사적 신뢰구축 조치와 운용적 군비통제를 주도적으로 이행하되 북한의 핵실험 중지, 중장거리 탄도미사일 시험발사 중단에 상응하여 대규모 훈련의 중지, 한미 군사력의 급속한 증강을 금지하는 문제를 다룰 필요가 있다.[66] 정전협정의 복원과 이행에 관련된 문제는 한미 협의를 거쳐 남북 및 유엔사 간 3자 협의로 진행한다.

둘째, 한반도 평화협정의 체결 단계에서 유엔사, 주한미군 문제를 의제로 수용한다. 한반도 평화체제와 한미동맹 관련 사안은 별개이지만, 평화협정 논의의 최종단계에서 남북한 군대의 감축과 함께 주한미군의 규모와 구조에 대한 논의가 함께 이루어져야 할 것이다.[67] 이 의제들도 한미 협의를 거친 뒤 남·북·미 3자가 합의토록 하며, 합의사

---

65) 조성렬, 『한반도 비핵화 리포트: 포괄적 안보-안보 교환론』, pp.286~287.

66) 한미 양국은 비핵화 협상을 촉진하기 위해 키리졸브연습·독수리훈련을 종료하고 '동맹' 연습으로, 프리덤가디언 연습을 종료하고 '연합지휘소훈련(CCPT)'으로 조정했다.

67) 조성렬, 『한반도 비핵화 리포트: 포괄적 안보-안보 교환론』, p.314.

항을 바탕으로 '3자 군사협정'을 체결한다.[68]

셋째, 정전체제를 평화체제로 전환하기 위해서는 군사분계선과 비무장지대를 대체해 평화경계선을 획정하고 평화지대를 만들어야 한다. 또한 정전체제를 감시·감독해 온 군사정전위원회를 대신하여 평화관리기구를 창설한다. 이때 유엔사의 미래를 명확히 하기 위해 유엔사의 창설 근거가 되는 유엔안보리 결의 84조의 "국제평화와 안전회복"의 개념에 관해 공동정의를 분명히 해 두어야 할 것이다.[69]

한반도 냉전체제 해체와 통일기반 조성

군비증강을 강조하며 절대안보만 추구하게 되면 남북 군사대결을 심화시키고 당면한 북한 핵문제의 해결을 어렵게 할 뿐이다. 나아가 급변하는 국제정세의 흐름 속에서 한반도를 또다시 강대국들의 각축장으로 내몰리게 만들 위험을 안고 있다. 남북 대결 위주의 발상과 주장은 작은 군사적 기득권을 지키기 위한 몸부림으로밖에 보이지 않을 뿐 아니라 한반도 평화의 큰 흐름을 외면한 시대착오적인 것이다.

불확실성이 커지고 있는 최근의 국제정세일수록 남북한이 적정군사력에 입각한 대량살상무기 및 재래식 무기체계의 군비통제를 추진할 필요가 있다. 평화협정 체결이나 교차승인 등이 외교적 노력으로 이루어지는 것이라면, 전쟁 위험성을 실질적으로 감소시켜 평화를 가져오고 지켜주는 것은 바로 군비통제의 몫이다. 이러한 과정을 통해 한반

---

68) 한용섭, 『한반도 평화와 군비통제』, p.511.

69) 조성렬, "유엔사를 둘러싼 쟁점과 과제," 『월간 KIMA』 vol.26, 2020년 4월호. p.15.

도 평화체제가 구축된다면 우리는 다음과 같은 것들을 기대할 수 있게 될 것이다.

우선, 한반도 평화체제 구축은 남북관계에서 군사적 긴장을 완화하고 상호 위협을 해소함으로써 평화공존의 기반을 마련해 줄 수 있다. 군비통제를 추진함으로써 평화공존 관계를 뒷받침하고 한반도 비핵화를 촉진할 수 있을 뿐 아니라, 더 나아가 통일과정을 평화적으로 관리하고 군대통합을 이룰 수 있는 기반을 마련해 줄 것이다.

다음, 한반도 평화체제 구축은 우리 외교안보의 자율적인 공간을 넓혀줄 것이다. 그동안 한국은 선진 중견국가(Advanced Middle Power)임에도 불구하고 북한문제에 발이 묶여 국가 위상에 걸맞는 국제적인 역할을 제대로 발휘하지 못했다. 우리 군사력도 북한의 현실적 위협에 초점을 맞춰 건설이 진행됐지만, 이제 주변국들의 잠재적 위협 등 다변화 위협에 대응할 수 있는 능력을 키울 수 있게 될 것이다.

끝으로, 한반도 평화체제 구축으로 한국전쟁이 국제법적으로 종식된다면 남북한은 서로를 적대시하는 국내 법률과 제도를 유지할 필요가 없게 된다. 이렇게 되면 냉전적 사고, 소모적인 이념 대결도 끝나 국내 남남갈등도 해소될 것이다. 또한 적대적 공생(Adversary Symbiosis) 관계가 해체되어 분단체제에 기생했던 냉전세력들도 뿌리를 잃게 될 것이다.[70]

---

70) 조성렬, "53년 체제의 극복과 한반도 평화체제," 『통일논쟁: 12가지 쟁점, 새로운 모색』, 한울아카데미, 2015, pp.214~215.

참고문헌

국내자료

고수석, 『북한 중국 동맹의 변천과 위기의 동학: 동맹 이론의 적용과 평가』, 고려대학교 북한학과 박사학위논문, 2007.

"공화국 정부·정당·단체 특별성명," 『조선중앙통신』, 2016년 3월 16일.

곽길섭, 『김정은 대해부』, 도서출판 선인, 2019년 4월.

국방부, 『2004 국방백서』, 대한민국 국방부, 2004년 12월.

_____, 『천안함 피격사건 합동조사결과 보고서』, 대한민국 국방부, 2010년 9월.

_____, 『2018 국방백서』, 대한민국 국방부, 2018년 12월.

_____, 『'21~'25 국방중기계획』, 2020월 8월 10일.

_____, 『2020 국방백서』, 대한민국 국방부, 2020년 12월.

_____, 「2021년도 국방부 업무보고: 강한 안보, 자랑스러운 군, 함께하는 국방」 2021년 1월 21일.

_____ 국방정책실, 『국민과 함께, 평화를 만드는 강한 국방-후반기 국방정책실 정책자문위원 오찬간담회 자료』, 국방부, 2019년 10월 17일.

_____ 정책기획관실, 『남북군사회담 자료집』, 대한민국 국방부, 2017년 11월.

"국방연구원, 북, 핵무기 EMP탄으로 쓸 수도," 『연합뉴스』, 2009년 6월 26일.

국토통일원, "북조선로동당 제2차 전당대회 회의록," 『조선노동당대회 자료집』, 제1집, 1980.

권양주, 『남북한 군사통합 구상: 남북한 군사통합의 이론과 실제』(증보판), 한국국방연구원, 2014년.

권영경, "2012년체제 구축전략과 북한경제의 변화," 『KDI 북한경제리뷰』, 한국개발연구원, 2012년 3월호.

_____, "북한의 경제건설노선 변화과정에 대한 분석과 향후 전망," 통일부 통일교육원 연구과제논문, 2018년 12월.

글랜 허버드·윌리엄 더건(조혜연 옮김), 『원조의 덫: 빈곤퇴출에 관한 불편한 진실들』, 비즈니스맵, 2010년.

김갑식, "1990년대 '고난의 행군'과 선군정치," 『북한의 정치 2』, 경인문화사, 2006.

_____, "북한의 제8차 조선로동당대회 소집과 '새로운 길 시즌2'," 『Online Series』, 통일연구원, 2020년 8월 21일.

김기수, 『북한정책론』, 팔복원, 2013년 7월.

김 덕, 『약소국 외교론: 국제체제 속의 약소국』, 탐구당, 1992.

김동엽, "북한의 핵무력 운용전략," 경남대 극동문제연구소 편, 『한반도 정세: 2017년 평가 및 2018년 전망』, 2017년 12월.

_____, 「북한의 무력 현대화와 정면돌파전」, 『IFES Brief』, 20-02경남대 극동문제연구소, 2020.

김보미, 「북한 당 중앙군사위 제7기 제3차 확대회의: 분석과 평가」, 『이슈브리핑』, 통권 162호, 2019년 12월 26일, 국가안보전략연구원.

_____ · 김일기, 「김정은 시대 북한의 국가전략 변화와 군사분야 동향」, 『INSS전략보고』, no.59, 국가안보전략연구원, 2020년 2월.

_____, "북한의 핵전력 지휘통제체계: 이론적 예측과 안정성 전망," 『INSS 연구보고서』, 2020-3, 2020년 12월.

김석진, "경제정책," 『북한 제7차 당대회 분야별 평가 및 향후 전망』, 통일연구원, 2016년 8월.

김승국, "한반도 중립화 통일의 이행(5)," pressian.com, 2011년 9월 25일

김여정, "조선로동당 중앙위원회 김여정 제1부부장 담화," 『조선중앙통신』, 2020년 7월 10일.

_____, "3년전의 봄날은 다시 돌아오기 어려울 것이다," 『조선중앙통신』, 2021년 3월 16일.

_____, "조선로동당 중앙위원회 선전선동부 부부장 담화," 『조선중앙통신』, 2021년 3월 30일.

김연철, 『북한의 경제개혁이 북한에 주는 시사점』, 대외경제정책연구원, 2002년 12월 30일.

김열수, "사드 성능개량 계획과 안보적 함의," 『월간 KIMA』, 2020년 3월호.

김영윤, "북한 대외경제정책의 변화과정과 한계(1)," 『북한』, 1999년 10월호.

김영준, "미국의 독자제재 완화 및 해제 절차와 대북제재에 대한 시사점," 「이슈브리핑」, 국가안보전략연구원, 2018년 7월 3일.

김영희, "북한의 '경제발전 5개년 전략'의 함의와 전망," 『KDB 북한개발』 2016년 여름호 (통권 제7호).

_____, "최근 북한 관광산업 동향," 『KDB 북한개발』, 제22호, 한국산업은행, 2020년 6월.

_____, "2020년 북한경제와 향후 전망," 『KDB 북한개발』, 2020년 겨울호(통권 제23호).

_____, "북한 제8차 당 대회(경제) 분석," 「북한 제8차 당대회 평가와 전망」, 『통일전략포럼 자료집』 제68호, 경남대 극동문제연구소, 2021년 1월 14일

_____ · 김민관, "북한의 최근 공채 발행 현황과 향후 전망," 『KDB북한개발』, 통권 23호, KDB산업은행, 2021년 1월 22일.

김용호, "북한의 외교정책 결정요인," 『북한외교정책』, 도서출판 서울프레스, 1995.

김일성, 『김일성저작집 19』 조선노동당출판사, 1965.

_____, 『김일성 저작집』, 제25권

_____, 『김일성 저작집』, 제32권, 1977년 12월 22일 문건.

_____, 『김일성 저작집』, 제41권, 1988년 4월 24일 문건.

_____, 『김일성 저작집』, 제44권, 1994년 6월 30일 문건.

김일한·남영호, "남북 군사충돌과 동아일보·로동신문의 보도,"「DMZ, 미래를 상상하다」토크콘서트 자료, 2019년 4월 26일.

김정일, "주체사상에 대하여: 위대한 수령 김일성 동지 탄생 70돐 기념 전국주체사상 토론회에 보낸 론문," 1982년 3월 31일.

_____, 『김정일 선집』, 제11권, 1991년 5월 5일 문건.

_____, "조선로동당 중앙위원회 책임일군들과 한 담화,"『김정일 선집』, 제15권.

김정은, "신년사,"『로동신문』, 2013년 1월 1일.

_____, "신년사,"『로동신문』, 2014년 1월 1일.

_____, "조선로동당 제7차 대회에서 한 중앙위원회 사업총화보고,"『로동신문』, 2016년 5월 9일.

_____, "신년사,"『로동신문』, 2018년 1월 1일.

_____, "신년사,"『로동신문』, 2019년 1월 1일.

_____, "현 단계에서의 사회주의건설과 공화국정부의 대내외정책에 대하여(최고인민회의 제14기 제1차회의 시정연설, 2019.4.12),"『조선중앙통신』, 2019년 4월 13일.

_____, "당창건 75주년 기념 열병식 연설,"『조선중앙통신』, 2020년 10월 10일.

_____, "조선로동당 제8차 대회에서 한 중앙위원회 사업총화보고,"『로동신문』, 2021년 1월 9일.

_____, "조선로동당 제8차 대회에서 한 결론,"『로동신문』, 2021년 1월 13일.

『김정일 선집』제13권, 1994년 10월 16일 문건.

『김정일 선집』제14권, 1999년 1월 1일 문건.

김진아,「미국 신행정부의 대북정책 특징」,『동북아안보정세분석』, 한국국방연구원, 2020년 11월 10일.

김진호·모니즈, "어니스트 모니즈 전 미국 에너지부 장관-NTI 공동의장 인터뷰,"『경향신문』, 2018년 10월 8일.

김 철, "조중관계의 기둥을 찍어버리는 무모한 언행을 더 이상 하지 말아야 한다,"『로동신문』, 2017년 5월 3일.

김학일, "북 스마트폰 결제 도입,"『노컷뉴스』, 2020년 10월 21일.

김한권, "중국의 북·미 핵협상 '중개자' 역할의 의미와 전망: 제5차 김·시 회담, G-20 미·중 및 6.30 북·미 회담 결과를 중심으로,"『IFANS 주요국제문제분석』, 2019-18, 2019년 7월 10일.

김형기,『남북관계 지식사전』, 통일부 통일교육원, 2011년,

김 훈, "10년 걸리는 백신 개발, 18개월 안에 성공하기," 최종현 학술원 편,『코로나19: 위기·대응·미래』, 도서출판 이음, 2020년 11월 20일.

남문희, "붉은 모자 쓴 북한기업가," 『시사IN』 제412호, 2015년 8월 11일.

남북회담본부 편, 『남북대화(2008.2~2009.12)』, 제74호, 통일부, 2010년.

_____, 『남북대화(2016.1~2018.12)』, 제78호, 통일부, 2020년.

다니엘 튜더・제임스 피어슨(전병근 옮김), 『조선자본주의공화국』, 비아북, 2017년 8월.

「대북 제재・정책 강화법(H.R.757)」 Title II SEC. 208. (c) Waiver 및 (d) Financial Services for Humanitarian and Consular Activities.

대한민국 정부, 「제3차 남북관계발전기본계획」 2020년도 시행계획」, 2020년 4월.

데이비드 샴보(최지희 옮김), 『중국의 미래』, 한국경제신문사, 2018년 2월.

동용승, "북한의 시장물가 폭등, 신경제노선 실험을 멈추고 북・미대화로 풀어라," 『현안진단』, 제246호, (재)평화재단, 2020.12.

"무인기사건의 《북소행》 설은 철두철미 《천안》 호사건의 복사판: 조선민주주의인민공화국 국방위원회 검열단 진상공개장," 『로동신문』, 2014년 4월 15일.

문대근, "김정은 시대의 북중관계," 『북중관계: 1945-2020』, 경남대 극동문제연구소, 2021년 1월.

문성민・김병기, "달러라이제이션이 확산된 북한경제에서 보유외화 감소가 물가・환율에 미치는 영향," 『경제분석』, 제26권 제2호, 한국은행 경제연구원, 2020.6.

문재인 대통령, "제74차 유엔총회 기조연설," 2019년 9월 24일. (https://www1.president.go.kr)

미국 평화기금(Fund for Peace) 홈페이지 http://ffp.statesindex.org

박영자・이교덕・한기범・윤철기, 『김정은 시대 북한의 국가기구와 국가성』, 통일연구원, 2018년 12월 15일.

박은진, "북한 정권별 산업정책 변천과 전망," 『KDB 북한개발』, 2017년 여름호 (통권11호).

박정진, "급변하는 북・일 관계와 아베의 야망," 『오마이뉴스』, 2014.08.04.

박종재, "안보정책 결정 과정에서 국가정보 생산자와 소비자 관계 고찰," 『국가정보연구』 제7권 1호, 2014년.

박종철・손기웅・구본학・김영호・전봉근, 『한반도 평화와 북한 비핵화: 협력적 위협감축(CTR)의 적용 방안』, 통일연구원 KINU 연구총서 11-07, 2011년 12월.

박해식・이윤석, 『북한의 경제개발을 위한 금융 활용방안』, 한국금융연구원, 2018년 9월.

박훤일, "북한의 신흥자본가 '돈주'의 활동과 그 파장," 『남북물류포럼 칼럼』 제287호, 2015년 10월 20일.

"백년, 천년이 흐른다 해도 《천안》 호 침몰사건의 《북소행설》 은 절대로 통할수 없다: 조선민주주의인민공화국 국방위원회 검열단 비망록," 『로동신문』, 2014년 3월 26일.

"북남관계개선의 활로를 열어나가는데 한사람같이 떨쳐나서자: 남조선당국과 여러 정당, 사회단체들, 각계층 인민들에게 보내는 공개서한," 『로동신문』, 2014년 1월 24일.

"북남관계개선분위기를 흐리게 하는 부당한 처사의 진상을 밝힌다: 조선중앙통신사 공개

보도," 『로동신문』, 2014년 10월 17일.

"북 리용호·최선희 심야 기자회견 발언 [전문]," 『연합뉴스』, 2019년 3월 1일.

"'北, 전자파 무기로 美 공격 가능'…국토안보부 보고서," 『조선닷컴』, 2014년 4월 11일.

「비무장지대 일부구역 개방에 대한 국제연합군과 조선인민군 간 합의서」(2000.11.17.)

「비무장지대 일부구역 개방에 대한 국제연합군과 조선인민군 간 합의서」(2002.9.12.)

서정건, 『미국 정치가 국제 이슈를 만날 때-정쟁은 외교 앞에서 사라지는가 아니면 시작
하는가?』, 서강대학교출판부, 2019년 11월.

서 훈, 『북한의 선군외교: 북한의 선군외교: 약소국의 대미 강압외교 관점에서』, 도서출판
오름, 2008.

성재용, "김정은, 경제 실패 인정 후 공채발행 '중단'," 『데일리 NK』, 2020년 10월 22일.

습근평, "중조친선을 계승하여 시대의 새로운 장을 계속 아로새기자," 『로동신문』, 2019년
6월 19일.

신승기, 「북한의 유도무기 개발 방식, 함의 및 전망」, 『동북아안보정세분석』, 한국국방연구
원, 2021년 1월 25일.

_____, 「북한의 유도무기 개발 과정 분석과 향후 전망」, 『동북아안보정세분석』, 한국국방
연구원, 2021년 1월 27일.

신영순, "최근 북한의 미사일/방사포 도발 의도," 『국가안보전략』 2020년 5월호, 한국국가
안보전략연구원.

양문수, "시장화 측면에서의 김정은 체제 5년," 『김정은 체제 5년, 북한을 진단한다』, 늘품
플러스, 2016년 12월.

_____·이 석, "북한경제전문가 대화·북한의 시장 I: 발전, 구조 그리고 변화," 『KDI 북
한경제리뷰』, 2021년 2월호.

양영모, "전시 작전통제권 전환 3대 조건 고찰," 『월간 KIMA』, 2020년 4월호.

외교부 유라시아과, 『2016 러시아 개황』, 외교부, 2018년 6월.

외무성 대변인 성명, 『조선중앙통신』, 2009년 1월 13일.

"우리 민족끼리의 단합된 힘으로 북남관계개선의 활로를 열어나가자: 남조선 당국에 보
내는 중대 제안," 『로동신문』, 2014년 1월 17일.

유승민·김지연, 「불가역적 '시장화'로 불가역적 '비핵화'를」, 삼성증권 북한투자전략
In-depth 보고서, 2018년 10월 15일.

유엔경제사회국(UNDESA), 『세계인구 전망 2015년 개정판』, 2015년 7월 29일.

유영구, 『김정은의 경제발전전략1』, 경인문화사, 2020년 12월.

_____, 『김정은의 경제발전전략2』, 경인문화사, 2020년 12월.

유현정, 「시진핑2기 중국의 한반도 정책과 우리의 대응방향」, 『INSS전략보고』, 국가안보
전략연구원, 2018년 6월.

육군군사연구소, 『대침투작전사(1981년~2017년)』, 육군본부, 2017년 10월.

윤기관·고성호 외,『현대 북한의 이해』, 법문사, 2004.

윤덕민 외,『동맹강화와 북핵 대응에 관한 제언: 북한 핵위협에 어떻게 대응할 것인가?』, 공감한반도연구회, 2021년 1월.

윤성학, "우크라이나 사태 이후 강화된 러시아의 극동정책,"『오마이뉴스』, 2014년 8월 4일.

이기동, "김정은 권력승계 과정과 과도기 권력구조,"『김정일 시대의 정치와 외교- 선군인가, 선경인가』, 한울아카데미, 2014년 12월.

이근영,『무엇이 북한을 부패하게 했는가 - 부패 유형 변화와 제도적 원인』, 도서출판 선인, 2015년 2월.

이대근, "당·군 관계와 선군정치,"『북한 군사문제의 재조명』, 한울아카데미, 2006.

이석기, "2021년 북한경제 전망,"『2021 한반도 및 남북관계 전망』, 우리민족서로돕기운동 평화나눔센터 토론회, 2021년 1월 4일.

_____, "북한 제8차 당대회(경제) 분석- 토론,"「북한 제8차 당대회 평가와 전망」,『통일전략포럼 자료집』제68호, 경남대 극동문제연구소, 2021년 1월 14일.

이승열, "북한 당 정치국 회의와 최고인민회의 제14기 제3차 회의 분석과 시사점,"『이슈와 논점』, 제1707호, 2020년 4월 29일, 국회입법조사처.

이왕휘, "19기 5중전회의 정치경제적 함의: 쌍순환 발전전략 분석을 중심으로,"『성균 차이나 브리프』, 제9권 제1호(통권 58호), 2020년 12월 31일.

이용준,『북핵 30년의 허상과 진실: 한반도 핵게임의 종말』, 한울아카데미, 2018년 12월.

이정철, "북한의 제8차 당대회 및 남북관계 전망,"『2021 한반도 및 남북관계 전망』, 우리민족서로돕기운동 평화나눔센터 토론회, 2021년 1월 4일.

이종석,『새로 쓴 현대북한의 이해』, 역사비평사, 2000.

_____,『북한-중국관계 1945~2000』, 도서출판 중심, 2000.

이종화, "북한 경제개혁 모델과 국제협력," 경제·인문사회연구화·중앙일보 공동 학술회의, 2018년 12월 21일.

이준혁·김보미,「북한 당 중앙군사위 제7기 제1차 확대회의와 향후 북한군의 역할」,『이슈브리핑』, 18-17, 2018년 6월 12일, 국가안보전략연구원.

이찬우, "북한의 5개년 전략목표와 탄소하나화학 산업,"『서민에너지에서 평화에너지로』, 대한석탄공사, 2020년 11/12월호.

이창희,「북한의 자립적 민족경제건설노선의 형성과 특징」(동국대학교 대학원 박사학위논문, 2013년).

이해정·김성환·강성현, "북한의 관광정책 추진 동향과 남북 관광협력에 대한 시사점," 대외경제정책연구원 전략지역심층연구 19-06, 2020년 8월 3일.

이해정·강성현, "문헌으로 본 김정은 시대 북한의 관광산업 인식," 세종연구소 편,『국가전략』, 제26권 3호 2020년 가을호.

인남식, "이란 핵협상 타결의 함의와 전망,"「주요국제문제분석」, 국립외교원 외교안보연구소, 2015년 7월 24일.

임수호, "북한의 대미 실존적 억지 · 강제의 이론적 기반," 『전략연구』, 통권 제40호, 2007.

_____, "대북제재와 북한의 대응," (사)통일경제연구협회 통일경제정책워크숍 발제문, 2017년 9월 15일.

_____, 「북한 '사회주의 기업책임관리제' 분석 및 시사점」, 『INSS전략보고』 제49호, 2019년 12월.

_____, "8차 노동당대회 이후 북한, 중앙집권성 경제관리 강조 가능성," 『통일시대』, 2021년 2월호.

임을출, 「국제금융기구의 북한 개입: 조건, 시나리오 및 과제」」, 통일연구원 정책연구 시리즈 07-06, 2007년.

_____, 『김정은 시대의 북한경제: 사금융과 돈주』, 한울아카데미, 2016년.

_____, "김정은의 시장경제에 대한 인식: 평가와 전망," (사)통일경제연구협회 통일경제 정책워크숍 발제문, 2017년 9월 15일.

임형섭, "에너지 · 자원 분야에서 국제사회의 대북제재," 『서민에너지에서 평화에너지로』, 대한석탄공사, 2020년 9/10월 창간호.

"자주, 평화, 민족대단결의 3대원칙을 틀어쥐고 북남관계개선의 새로운 국면을 열어나가자: 남조선당국에 보내는 특별제안," 『조선중앙통신』, 2014년 7월 1일.

장형수 · 이창재 · 박영곤, 「통일대비 국제협력과제: 국제금융기구 활용방안을 중심으로」, 대외경제정책연구원, 1998.

_____, "3세선 북한 개발을 위한 국제사회의 역할 토론문," 경제인문사회연구회 · 중앙일보 공동학술회의, 2018년 12월 21일.

_____, "북한개발의 국제화, 그리고 남북경협.," 『KDI 북한경제리뷰』, 2019년 3월호.

전경만 · 임수호 · 방태섭 · 이한희, 『북한 핵과 DIME구상』, 삼성경제연구소, 2010년.

전략물자관리원, 『대북제재 참고 자료집 4.0: 유엔안보리 결의 2397호 및 미국 독자제재 등』, 남북교류협력지원협회, 2018년 9월.

전현준 · 김성철 외, 『북한 이해의 길잡이』, 박영사, 2005.

정민정, 「최근 미국의 대북제재 법령 동향과 시사점」, 『외국입법 동향과 분석』 제66호, 2020년 11월 11일.

정연욱, "디달러라이제이션 정책 사례 및 북한 적용 가능성," 『KDB북한개발』, 통권 23호, KDB산업은행, 2021년 1월 22일.

정영철, 「북한의 인구통계와 사회변화: 교육체제의 변화와 군대 규모에 대한 새로운 추정」, 국회 정보위원회 정책연구용역보고서, 2015년 11월.

정창현, "5.30문건과 사회주의 기업책임관리제," 『통일뉴스』, 2014년 12월 8일.

_____, "조선노동당 8차대회와 남북관계 전망," 『스페셜 리포트』, KPEI 평화경제연구소, 2021년 1월 25일.

정충열, 『남북한 군사통합 전략』, 시간의 물레 출판사, 2014년.

정태용, "북한경제 개방과 국제금융기구의 역할," 경제인문사회연구회·중앙일보 공동 학
　　술회의 자료집, 2018년 12월 21일.

"제7기 제6차 당 전원회의 결정서," 『로동신문』, 2020년 8월 20일.

제롬 김, "초고속으로 개발한 백신이 과연 안전할까?," 최종현 학술원 편, 『코로나19: 위기
　　·대응·미래』, 도서출판 이음, 2020년 11월 20일.

조 민, "북한의 '전쟁 비즈니스'와 중국의 선택," 「Online Series」, 통일연구원, 2010년 12월
　　1일.

조비연·이장욱, 「한미 핵위기 의사결정과정의 수립 필요성: 쿠바 미사일 위기를 중점으
　　로」, 『동북아안보정세분석』, 한국국방연구원, 2021년 3월 3일.

"조선민주주의인민공화국 외무성 성명(2013년 1월 23일)," 『로동신문』, 2013년 1월 24일.

"조선민주주의인민공화국 정부 대변인성명(2016년 7월 7일)," 『로동신문』, 2016년 7월 7일.

「조선민주주의인민공화국 사회주의헌법」, 2019년 8월 29일.

"조선민주주의인민공화국 정부 성명," 『조선중앙통신』, 2016년 1월 6일.

"조선인민군 최고사령부 중대성명-우리 운명의 눈부신 태양을 감히 가리워보려는자들을
　　가차없이 징벌해버릴것이다," 『로동신문』, 2016년 2월 24일.

『조선중앙년감』, 조선중앙통신사, 1981.

『조선중앙년감』, 조선중앙통신사, 2015.

조선중앙통신 론평, "세계최대의 랍치범죄국의 흉상부터 털어버려야 한다," 『조선중앙통
　　신』, 2020년 12월 23일.

조선중앙통신 론평, "세계최대의 랍치범죄를 덮어버리려는 파렴치한 망동," 『조선중앙통
　　신』, 2021년 2월 2일.

조성렬·김일영, 『주한미군: 역사, 쟁점, 전망』, 한울아카데미, 2003년.

_____, 「한반도 비핵화와 평화체제 구축의 로드맵 : '6자회담 공동성명' 이후의 과제」,
　　KINU 정책연구시리즈 2005-05, 2005년 9월.

_____, "선군평화론과 민주평화론을 넘어," 『대한민국 국정브리핑』, 2006년 7월 21일.

_____, 『뉴 한반도 비전: 비핵 평화와 통일의 길』, 백산서당, 2012.

_____ 외, 『통일시대의 준비와 한반도판 마셜플랜 A&B』, 한국정책금융공사, 2014년.

_____ 외, 『신뢰기반형 통일과정 로드맵에 관한 연구』(통일준비위원회 정책연구용역
　　결과보고서), 2014년 12월.

_____, "53년 체제의 극복과 한반도 평화체제," 『통일논쟁: 12가지 쟁점, 새로운 모색』,
　　한울아카데미, 2015.

_____ 외, 『남북관계의 협력 유도 방안 연구』(국가안보실 정책연구용역 결과보고서),
　　2015년 12월.

_____, "김정은 체제의 불안요인과 지속요인," 『KDB 북한개발』, 통권 제5호, 한국산업은

행, 2015년 12월.

_____, "한반도 3단계 평화론과 적극적 평화 추진방안." 『동북아연구』, 2016년 6월.

_____, 『전략공간의 국제정치: 핵·우주·사이버 군비경쟁과 국가안보』, 서강대출판부, 2016년 9월.

_____, "문재인 정부 대북정책의 과제와 전망: 한반도 비핵화와 평화체제의 비전을 중심으로." 『통일정책연구』, 제26권 1호, 2017.

_____, 『한반도 비핵화 리포트: 포괄적 안보·안보 교환론』, 백산서당, 2019년 3월.

_____, "'회색지대 사태'와 북한의 대처법." 『경향신문』, 2019년 10월 15일.

_____, "노태우 정부의 북방정책과 남북관계." 『한반도 국제관계사』, 한울아카데미, 2019년 12월.

_____, "한미동맹 갱신은 자기주도외교, 이익, 집단안보 고려해야." 『통일시대』, 2020년 1월호.

_____, "북·미 관계정상화로 비핵화 물꼬를 트자." 『내일신문』, 2020년 2월 11일.

_____, "유엔사를 둘러싼 쟁점과 과제." 『월간 KIMA』 vol.26, 2020년 4월호.

_____, "북한의 전략도발 막으려면." 『내일신문』, 2020년 5월 26일.

_____, "북한의 단거리 발사체와 국가안보." 『계간 외교』 제134호, 한국외교협회, 2020년 7월.

_____, "북한의 핵·미사일 위협과 우리의 대응전략." 『새로운 안보환경과 한국의 생존전략』, 한국군사학회, 2020년 8월 30일.

_____, "이란핵합의는 북핵 해법의 청사진이 될 수 있나." 『내일신문』, 2020년 12월 1일.

_____, "미국 바이든 정부의 대외전략과 한반도 정책." 『KIMA 정책연구』, 통권 제2호, 한국군사문제연구원, 2020년 12월 31일.

_____, "바이든 신행정부의 출범과 북·미관계 전망." 『KDB 북한개발』, 통권 23호, KDB 산업은행 미래전략연구소, 2021년 1월.

_____, "'백·투·더 2018년'이 되려면." 『경향신문』, 2021년 2월 2일.

_____, "'작은 거래'가 아닌 '충분히 좋은 거래'가 되려면." 『내일신문』, 2021년 2월 9일.

_____, "미·중 사이 전략적 선택의 기준은." 『경향신문』, 2021년 3월 30일.

조태형·김민정, 「북한의 장기 경제성장률 추정: 1956~1990년」, 『BOK 경제연구』 제 2020-17호, 2020년 7월 28일.

조한범 외, 『북한에서의 사적경제활동이 공적경제부문에 미치는 영향 분석』, 통일연구원, 2016년.

존 볼턴(박산호·김동규·황선영 옮김), 『존 볼턴의 백악관 회고록: 그 일이 일어난 방』, 시사저널사, 2020년 9월.

진익·모주영·박승호·조은영, 『북한 경제개발 재원조달을 위한 국제기구와의 협력방안』, 국회예산처, 2018년 12월.

최고인민회의, "자위적 핵보유국의 지위를 더욱 공고히 할데 대한 법," 『조선중앙통신』, 2013년 4월 1일.

최선희, "조선민주주의인민공화국 최선희 외무성 제1부상 담화", 『조선중앙통신』, 2021년 3월 18일.

최지영, 「북한 인구구조의 변화 추이와 시사점」, 『BOK 경제연구』 2015-18호, 한국은행 경제연구원, 2015년 6월.

최필수, "중국의 쌍순환 구상과 산업정책," 『성균 차이나 브리프』, 제9권 제1호(통권 58호), 2020년 12월 31일.

통계청, 「보도자료: 2019년 장래인구특별추계를 반영한 세계와 한국의 인구현황 및 전망」, 2019년 9월 2일.

통일교육원, 『2021 북한 이해』, 통일부 통일교육원, 2021년 2월.

"8.15해방을 맞던 환희와 기세로 민족의 완전한 자주독립과 조국통일을 위한 거족적인 성전에 한사람같이 떨쳐나서자: 조국평화통일위원회 성명," 『로동신문』, 2014년 8월 14일

편집자, "북한의 신종무기 4종 세트," 『국가안보전략』, 2020년 5월호, 한국국가안보전략연구원.

하정열, 『한반도 통일후 군사통합 방안: 독일 군사통합 과정과 교훈』, 팔복원, 1996.

한기범, 『북한의 경제개혁과 관료정치』, 도서출판 북한연구소, 2020년 7월.

한국무역협회, 「국가의 수출입」

한국은행 국제협력국, 『국제금융기구(2018년판)』, 한국은행, 2017년 12월 29일.

한용섭, 『한반도 평화와 군비통제』, 박영사, 2004.

홍 민, 「북한 제7기 제4차 당 중앙군사위원회 확대회의 분석」, 『Online Series』, 통일연구원, 2020년 5월 28일.

홍제환·최지영·정은이·정은미·조정아, 「조선노동당 제8차 대회 분석(2): 경제 및 사회문화 분야」, 『Online Series』, 통일연구원, 2021년 1월 15일.

황수환, "군사분야," 『북한노동당 8차 대회 분석: 7차 대회와 분야별 비교』, 동국대 북한학연구소, 2021년 1월 13일.

황일도, "북한 SLBM과 우리 해군의 역할," 『KIMS Periscope』, 제34호, 2016년 3월 21일.

황진환, "남북한 군사적 신뢰구축과 군비통제 추진 방향," 『한반도 군비통제』, 제49집, 국방부, 2011년 6월.

Futter, Andrew(고봉준 옮김), 『핵무기의 정치』, 명인문화사, 2016년 3월.

KDB산업은행, 『2020 북한의 산업Ⅰ』, 2020년 12월 28일.

KOTRA 선양무역관, 「2020년 북한의 대중 무역동향」, 2021년 2월 18일.

외국문자료

宮本 悟, "朝鮮人民軍の軍制と戰力," 『오늘의 북한학, 한반도 통일을 말하다: 2015 세계 북한학 학술대회 발표논문집』, 2015년 10월 13~14일.

李 策, "党員證再交付で '索出'," 石丸次郎 編 , 『北朝鮮配付影像・文書資料集: 金正恩の新「十代原則」策定・普及と張成澤肅淸』, ASIA PRESS出判部, 2014.

朴健一, 「'一帶一路'国際合作与'中蒙俄經濟走廊'建設及'东北亚經濟走廊'構想」, 中国社会科学院 亚太与全球战略研究院 东北亚研究中心, 2020年11月25日.

防衛省・自衛隊, 『令和2年版 防衛白書: 日本の防衛』, 2020年 8月.

北京大学 中国社会科学調査中心, 『中国民生發展報告書 2014』, 北京大学出版社, 2014年 10月1日.

新华社, "习近平同金正恩举行会谈," 『新华网』, 2018年 3月28日.

"习近平就朝鲜国庆72周年向朝鲜最高领导人金正恩致贺电," 『人民网』, 2020年 9月 9日.

"习近平同金正恩舉行会談," 『新华网』, 2018年 3月 28日.

"习近平同朝鲜劳动党委员長金正恩在大連舉行会晤," 『中华人民和国外交部网站』, 2018年 5月 8日.

中国外交部, "习近平同朝鲜劳动党委员长金正恩举行会谈," 2019년 1월 10일.

Albert, Eleanor, "North Korea's Military Capabilities," CFR, *Backgrounder*, November 16, 2020.

Abramowitz, Morton, "North Korean Latitude," *The National Interest*, Feb. 26, 2009.

Agreement Establishing The Asian Development Bank.

Albright, David, "North Korea's Lithium 6 Production for Nuclear Weapons," *ISIS*, March 17, 2017.

Annual Report 2017 Members, Capital Stock, and Voting Power (as of 31 December 2017)

Articles of Agreement of the International Monetary Fund Article V: Operations and Transactions of the Fund Section 5. Ineligibility to use the Fund's general resources.

Asian Development Bank https://www.adb.org/about/members

Bermudez Jr. Joseph S., *North Korea's Development of a Nuclear Weapons Strategy*, US-Korea Institute at SAIS, August 2015.

Bermudez, Joseph, Victor Cha and Lisa Collins, "Undeclared North Korea: Missile Operating Bases Revealed," *Beyond Parallel*, November 12, 2018,

Biden, Jr. Joseph R.,"Why America Must Lead Again : Rescuing U.S. Foreign Policy After Trump," *Foreign Affairs*, March/April, 2020.

Blinken, Anthony, "The Best Model for a Nuclear Deal with North Korea? Iran," *The New York Times*, June 11, 2018.

Blinken, Anthony, Michael Morell, "Anthony Blinken talks with Michael Morell on 'Intelligence Matters'," *CBS News*, January 19, 2019.

Bloomberg News, "Xi Jinping Millionare Relations Reveal Fortunes of Elite," Bloomberg Business, June 29, 2012.

Bloomberg News, "Heirs of Mao's Comrades Rise as New Capitalist Nobility," Bloomberg Business, December 27, 2012.

CIA, *The World Factbook*, September 2020.

CRS, *The February 2019 Trump-Kim Hanoi Summit*, March 6, 2019.

Dalton, Toby & George Perkovich, *Thinking the Other Unthinkable – Disarmament in North Korea and Beyond,* Livermore Papers on Global Security No.8, Lawrence Lovermore National Laboratory Center for Global Security Research, July 2020.

DePetris, Dan, "North Korea's First Missile Launch of 2020 Shouldn't Be a Cause for Concern: There's no need to panic over North Korea's latest missile test," *The Diplomat*, March 4, 2020.

"Donald Trump & Joe Biden Final Presidential Debate Transcript 2020," Oct 22, 2020.

Einhorn, Robert and Duyeon Kim, "Will South Korea go nuclear?" *Bulletin of the Atomic Scientists*, August 15, 2016.

Ferguson, Charles D., "How South Korea Could Acuire and Deploy Nuclear Weapons," *Nonproliferation Policy Education Center*, May 5, 2015.

Ghali, Boutros Boutros, *An Agenda for Peace*, UN Doc. A/47/277, S/24111.

Global Firepower.com, https://www.globalfirepower.com/global- ranks-previous.asp

Goldring, Edward, "How Would Joe Biden and Kamala Harris Handle North Korea?," The National Interest, August 20, 2020.

Harahan, Joseph P. *With Courage and Persistence: Eliminating and Securing Weapons of Mass Destruction with the Nunn-Lugar Cooperative Threat Reduction Programs,* Defense Threat Reduction Agency, U.S. Department of Defense, 2014.

Harkabi, Yehoshafat, *Nuclear War and Nuclear Peace*, Transaction Publishers, September 18, 2017.

Hill, Jon A. and Michelle C. Atkinson, "Department of Defense Press Briefing on the President's Fiscal Year 2021 Defense Budget for the Missile Defense Agency,"

Department of Defense, Feb. 10, 2020.

ICBC Internatioanl, *New round of globalization: 'Multi-modal structure'*, 2020.

IDA Articles of Agreement Article II: Membership, Initial Subscriptions SECTION 1. Membership.

IDA, *International Development Association: The World Bank's Fund for the Poorest*, World Bank Group, October 2017. Articles of Agreement of the International Monetary Fund Article II: Membership Section 2. Other members.

Jackson, Van, "Nukes They Can Use? The Danger of North Korea Going Tactical," *38 North: Informed Analysis of North Korea*, March 15, 2016.

Jackson, Van, *Alliance Military Strategy in the Shadow of North Korea's Nuclear Future*, U.S.-Korea Institute at SAIS, September 2015.

Joanna. Weschler, "The Evolution of Security Council Innovations in Sanctions," *International Journal*, Winter 2009-2010.

Kirby, John F., "U.S. Conducts Defensive Airstrikes Against Iranian-backed Militia in Syria," *DOD News*, Feb. 25, 2021. (*https://www.defense.gov)

Krepon, Michael, "The Stability-Instability Paradox, Misperception,and Escalation Control in South Asia," The Henry Stimson Center, May 2003.
(http://www.stimson.org/southasia/ pdf/kreponmay03.pdf)

Kristensen, Hans M. & Robert S. Norris, "North Korean Nuclear Capabilities, 2018," *Bulletin of the Atomic Scientists*, Vol.74, No.1, 2018.

Larison, Daniel, "What Is Kamala Harris'Foreign Policy?" *The American Conservative*, August 14, 2020.

Lee, Kristine, Joshua Fitt and Coby Goldberg, *Renew, Elevate, Modernize: A Blueprint for a 21st-Century U.S.-ROK Alliance Strategy*, CNAS, November 16, 2020.

Lewis, Jeffrey G. and Scott D. Sagan, "The Nuclear Necessity Principle: Making U.S. Targeting Policy Conform with Ethics & the Laws of War," *Daedalus* 145, no. 4, September 1, 2016

Lim Soo Ho, "Growth despite Sanctions? Revisiting the Effect of North Korea Sanctions," *KIEP Opinions*, September 18, 2017.

Major, Claudia and Christian Mölling, "Rethinking Deterrence: Adapting an Old Concept to New Challenges," The German Marshall Fund of the United States, *Policy Brief*, No. 130.

Narang, Viping, "Posturing for Peace? Pakistan's Nuclear Postures and South Asian Stability," *International Security*, Vol. 34, No. 3, Winter 2009/10.

Narang, Vipin, "Nuclear Strategies of Emerging Nuclear Powers: North Korea and Iran," *The Washington Quaterly* 38, No.1, Winter 2015.

Narang, Vipin and Ankit Panda, "North Korea: Risks of Escalation," Survival 62, no.1, January 2, 2020.

North Korea Sanctions and Policy Enhancement Act of 2016.

Office of The Secretary of Defence, *Nuclear Posture Review Report 2010*, April 2010.

Office of The Secretary of Defence, *Nuclear Posture Review Report,* February 2018.

Panda, Ankit, *Kim Jong Un and the Bomb: Survival and Deterrence in North Korea*, Oxford University Press, 2020.

Pence, Mike, "Vice President Mike Pence's Remarks on the Administration's Policy Towards China," Hudson Institute, October 4, 2018.

Rennack, Dianne E., "North Korea: Legislative Basis for U.S. Economic Sanctions," *Congressional Research Service* R41438, June 11, 2018.

Sam Nunn and Richard Lugar, "What to Do If the Talks with North Korea Succeed," *The Washington Post*, April 23, 2018.

Schilling, John and Henry Kan, *The Future of North Korean Nuclear Delivery Systems*, US-Korea Institute at SAIS, August 2015.

Schoff, James L., *Broaching Peace Regime Concepts to Support North Korean Denuclearization*, IFPA, November 16, 2009.

Shulsky, Abram & Gary Schmitt, *Silent Warfare: Understanding the World of Intelligence*, 3rd ed. Brassey's Inc., 2002.

Smith, Shane. *North Korea's Evolving Nuclear Strategy*, US-Korea Institute at SAIS, August 2015.

Snowden, Mareena Robinson, "Probabilistic Verification: A New Concept for Verifying the Denuclearization of North Korea," *Arms Control Today,* September 2019.

Solarz, Stephen J. and Michael O'Hanlon, "A new North Korea strategy," *USA Today*, June 25, 2009.

Swami, Praveen, "Why North Korean strikr will not trigger world war three," *The Daily Telegraph*, Nov. 23, 2010.

Terrill, W. Andrew, *Escalation And Intrawar Deterrence Duding Limited Wars In the Middle East*, September 2009.

The New York Times, March 11, 2018.

The 2020 Platform Committee, *2020 Democratic Party Platform*, July 27, 2020.

The White House, "Readout of President Joseph R. Biden, Jr. Call with Prime Minister

Yoshihide Suga of Japan," January 27, 2021.

Tiezzi, Shannon, "China's Fifth Plenum : What You Need to Know China's leaders issued a blueprint for the next five years—and beyond. Below, the highlights," *The Diplomat*, October 29, 2020.

United Nations, *Report of the Informal Working Group of the Security Council on General Issues of Sanctions*, UN Doc. S/2006/997, December 22, 2006.

UN Security Council Working Methods https://www.securitycouncilreport.org/un-security-council-working-methods/procedural-vote.php

UN Security Council Resolution. 1267, para. 14.

UN Security Council Resolution. 2231, supra note 2, para. 7.

UN Security Council Resolution. 2231, supra note 2, para. 12.

U.S. Census Bureau, *International Data Base*, 2020.

U.S. Code Title 22 Foreign Relations and Intercourse Chapter 101 Countering Iran's Destabilizing Actiities § 9411 Presidential Waiver Authority (a) Case-By-Case Waiver Authority (1) In General.

U.S. Department of State, Executive Summary of Findings on Adherence to and Compliance with Arms Control, Nonproliferation, and Disarmament Agreements and Commitments, April 2020.

Walker, Paul F., "Cooperative Threat Reduction in the Former Soviet States: Legislative History, Implementation, and Lessons Learned," *The Nonproliferation Review* 23, no. 1–2, March 3, 2016.

Ward, Alex, "Exclusive : here's the tentative deal Trump and Kim Jong Un may strike in Vietnam," *VOX*, February 26, 2019.   https://www.vox.com/2019/2/26/18240805/trump-north- korea-kim-vietnam-deal

White House, *National Security Strategy of the United States of America*, Dec. 18, 2017.

Woolf, Amy F., "Nonproliferation and Threat Reduction Assistance: U.S. Programs in the Former Soviet Union," *CRS Report* RL31975, February. 4, 2011

Wroughton, Lesley and David Brunnstrom, "Exclusive: With a piece of paper, Trump called on Kim to hand over nuclear weapons," *Reuter*, March 30, 2019.

언론자료

『경향신문』, 2010년 11월 24일.; 2020년 1월 28일.

『국방일보』, 2020년 8월 13일.

『뉴시스』, 2015년 2월 6일.

『로동신문』 1998년 5월 26일.; 2000년 10월 3일.; 2013년 3월 7일.; 2013년 3월 9일.; 2013년 4월 1일.; 2013년 10월 23일.; 2014년 3월 6일.; 2016년 3월 9일.; 2016년 7월 20일.; 2017년 8월 14일.; 2019년 1월 10일.; 2019년 6월 19일.; 2019년 10월 23일.; 2019년 12월 31일.; 2020년 4월 12일.; 2020년 12월 20일.; 2021년 1월 6일.; 2021년 1월 9일.; 2021년 1월 10일.; 2021년 1월 12일.; 2021년 1월 18일.; 2021년 2월 12일.; 2021년 2월 25일.; 2021년 3월 26일.

『미국의 소리(VOA)』, 2020년 1월 24일.; 2020년 1월 29일.

『연합뉴스』, 2012년 8월 5일.; 2014년 2월 16일.; 2016년 2월 4일.; 2018년 2월 23일.; 2018년 12월 1일.; 2019년 1월 10일.; 2019년 4월 5일.; 2019년 9월 18일.; 2020년 4월 10일.; 2020년 8월 20일.; 2021년 1월 23일.; 2021년 1월 28일.; 2021년 2월 16일.; 2021년 3월 30일.

『자유아시아방송(RFA)』, 2015년 11월 13일.; 2021년 2월 12일.

『조선신보』, 2013년 5월 10일.; 2016년 5월 17일.

『조선중앙통신』, 2011년 1월 15일.; 2012년 4월 15일.; 2013년 3월 31일.; 2014년 3월 5일.; 2014년 7월 27일.; 2015년 1월 10일.; 2015년 5월 30일.; 2015년 10월 10일.; 2016년 2월 13일.; 2016년 5월 8일.; 2016년 7월 20일.; 2017년 12월 23일.; 2018년 4월 6일.; 2018년 4월 21일.; 2019년 6월 20일.; 2019년 10월 6일.; 2020년 1월 1일.; 2020년 10월 10일.; 2021년 1월 10일.; 2021년 3월 28일.

『조선중앙TV』, 2016년 7월 20일.

『중앙일보』, 2018년 4월 11일.

『통일뉴스』, 2019년 9월 22일.

『한겨레신문』, 2018년 12월 10일.

『Daily NK』, 2019년 1월 21일.

『CNN』, August 25, 2017.

『新华网』, 2019年 1月 10日.

찾아보기

김정은 시대 북한의 국가전략
- DIME 분석과 삼벌(三伐) 구상

초판 제1쇄 펴낸날 : 2021. 4. 5.

지은이 : 조 성 렬

펴낸이 : 김 철 미

펴낸곳 : 백산서당

등록 : 제10-42(1979.12.29)

주소 : 서울 은평구 통일로 885(갈현동, 준빌딩 3층)

전화 : 02)2268-0012(代)

팩스 : 02)2268-0048

이메일 : bshj@chol.com

값 28,000원

ISBN 978-89-7327-713-1 93340